Louis-René Nougier
Die Welt der Höhlenmenschen

Louis-René Nougier

# Die Welt der Höhlenmenschen

Aus dem Französischen übertragen
von Verena E. Müller

Albatros

Titel der französischen Originalausgabe:
*Premiers éveils de l'homme*
Lieu Commun, Paris 1984

Bibliographische Information der Deutschen Bibliothek

Die Deutsche Bibliothek verzeichnet diese Publikation
in der Deutschen Nationalbibliographie;
detaillierte bibliographische Daten sind im Internet
über http://dnb.ddb.de abrufbar.


Umschlaggestaltung: butenschoendesign, Lüneburg
Printed in Germany
ISBN 3-491-96128-9
www.patmos.de

# Inhalt

## 1 Die Ursprünge

## 2 Kunst und Magie

# 1 Die Ursprünge

# Die überragende Bedeutung der Zeit

## Die relative Zeit

Vor langer Zeit kam ich an einem nebligen Winterabend nach Antwerpen; ich machte mich auf die Suche nach dem königlichen Lyzeum unterhalb der Kathedrale. Als Gast der Alliance française war ich eingeladen, einen Lichtbildervortrag über die bedeutendsten prähistorischen Höhlen Frankreichs, Lascaux, Rouffignac und Niaux, zu halten. Eine Stunde vor dem Auftritt – für mich eine ernsthafte Sache, die Wunder unserer prähistorischen Kunst vor einer ausländischen Zuhörerschaft darzustellen – meldete ich mich beim Direktor des vornehmen königlichen Mädchengymnasiums. Das flämische Terrain gilt als schwierig, doch war der Empfang herzlich. Nach einer halben Stunde ausgetauschter Artigkeiten faßte sich der Direktor ein Herz...

«Ihre Zuhörerinnen sind etwa sechzig junge Damen aus der guten, ja der besten Antwerper Gesellschaft. Sie sind jung, jedoch sehr gebildet; zwar wissen sie nichts über Ihre Archäologie und Ihre prähistorische Kunst. Sie werden ihnen das gewiß nachsehen! Die meisten sprechen flämisch, aber auch fließend französisch. Sie sind begeistert darüber, Sie in der Sprache Racines vortragen zu hören. Alle verstehen Englisch und Deutsch, oft auch Polnisch, Russisch und Tschechisch. Von den alten Sprachen sind ihnen Latein, Griechisch und Hebräisch geläufig. Vereinzelte, die Mutigsten, muß ich gestehen, belegen Abendkurse in Spanisch und Italienisch...»

So viel Gelehrsamkeit stimmte mich nachdenklich und ließ mich verstummen, während mein Gesprächspartner verlegen fortfuhr: «Dagegen befürchte ich, haben sie in Archäologie noch alles zu lernen! Ich weiß, Sie sind einfach und klar, dies sind Eigenschaften, die unsere jungen Damen zu schätzen wissen... aber... darf ich eine Bitte an Sie richten?»

Ich versprach ihm im voraus, seinem Wunsche nachzukommen.

«Verstehen Sie, unsere Schülerinnen werden in streng religiösem Geiste erzogen... Sie kennen ausschließlich die biblische Überlieferung und die biblische Zeitrechnung...»

«Und die ist?» fragte ich, denn ich kenne mich da nicht aus.

«4004 für die Erschaffung der Welt!»

Ich wagte nicht zu fragen, ob man damit Jahrtausende oder Jahrhunderte meinte! Es ging um Jahre...

«Sie würden mir einen großen Gefallen erweisen», fuhr der Direktor vertrauensvoll fort, «wenn Sie auf allzu schwierige Probleme der Chronologie nicht eingingen. Ich weiß, Ihr Wissenschaftler jongliert mit Jahrtausenden...»

(Mit Jahrmillionen, mein lieber Herr Direktor!)

Ich konnte gleichwohl nichts versprechen und trat auf. Meine Zuhörerinnen waren so aufmerksam, so reizend und auch so hübsch, daß ich entschied, in meinem Vortrag alle Hinweise auf die Datierung wegzulassen. Während anderthalb Stunden ließ ich die Mammute von Rouffignac, die wundervollen Auerochsen von Lascaux erstehen, ohne ein einziges Jahrtausend zu nennen. Diese Leistung verdient einiges Lob und mindestens ebensoviel Tadel. Die Götter der exakten Wissenschaften mögen mir vergeben!

# Eine notwendige Chronologie

Wenn ich dieses Buch schreibe, darf ich nicht ein zweites Mal um die Nachsicht der Götter und die – noch unwahrscheinlichere – meiner Kollegen betteln. Das Hauptanliegen des Archäologen, und mehr noch des Prähistorikers, ist die Datierung, die Zuordnung der untersuchten Fundstücke und der dargelegten Sachverhalte zu einer bestimmten Zeit! Der Prähistoriker tut dies zum gleichen Zeitpunkt, da die Historiker unserer Volks- und Mittelschulen es wagen, darauf zu verzichten.

Es ist schon einige Jahrzehnte her, daß ich meine Ausbildung in guten Schulen erhalten habe; ich gewöhnte mich daran, die Chronologie genau zu beachten. Ich kümmere mich um sie, ohne zu ihrem Sklaven zu werden. Und an dieser Stelle muß ich berichten, daß meine erste große archäologische Erinnerung wesentlich mit Chronologie in Zusammenhang steht.

Tief in der Erde eines frischgepflügten Ackers entdeckte ich 1928 eines meiner ersten prähistorischen Werkzeuge, einen riesigen Feuerstein, auf beiden Seiten bearbeitet, mit einer wellenförmig gewundenen Kante. Es war ein «Faustkeil», wie man damals sagte, übrigens ein recht ärgerlicher Ausdruck, der an die bösen amerikanischen Buben erinnert, die ihre Fäuste mit gefährlichen Eisen ausrüsten. Der heutige Ausdruck «Zweiseiter» ist gewiß harmloser. Dieser «Zweiseiter» also war das Werkzeug für alles in prähistorischer Zeit. Er konnte zerstoßen, schaben, durchbohren, genau wie er auch eine gefährliche Waffe sein konnte. Aber brauchte es die zu jener Zeit?

Unser Zweiseiter aus dem Acker des Gatinois wurde seinerzeit auf rund 120 000 Jahre geschätzt *(Tafel 1)*. Die weit entfernte Datierung schien mir damals schlicht schwindelerregend! Hundertzwanzigtausend Jahre! Vor etwa sechzig Jahren war dies der entfernteste Zeitpunkt, auf den man ein prähistorisches Fundstück zurückdatieren konnte. In der Gelehrtensprache konnte dies nur altes *Acheuléen* bedeuten, es sei denn, es handle sich um ein ganz seltenes Fundstück, einen Zweiseiter aus dem *Chelléen*! Diese archäologischen Bezeichnungen stammten von den Ortschaften Saint-Acheul, einer Vorstadt von Amiens, und Chelles an der Marne im Norden von Brie, wo Feuersteine der gleichen Herstellungsart gefunden wurden (heute braucht man anstelle von *Chelléen* den Begriff *Abbevillien* nach einer Fundstätte im archäologisch reichen Tal der Somme).

Hundertzwanzigtausend Jahre! Welch tiefes Eintauchen in die Vergangenheit! Drei- oder vierhundert Generationen vor «unsern Vorfahren, den Galliern». Wenigstens hatte ich dies überschlagsmäßig berechnet, denn ich wußte schon damals, daß die Menschen der Vorgeschichte jung starben! Und ich war mit meiner Rechnung noch nicht fertig: Gegen 1960, am Ende seines Lebens, hätte der große Pionier der Prähistorie, Abbé Breuil, die ältesten «Zweiseiter» gerne auf 800 000 Jahre datiert!

Heute drängen sich andere Steinfunde aus Quarz, Quarzit oder Feuerstein, Gebeine, Schädel, Schienbeine im Bereich von drei oder vier Millionen Jahren. Gelegentlich noch viel mehr ... Kühn geht man über fünf Millionen Jahre hinaus; wir nähern uns den zehn Millionen.

Auf der Suche nach ihren Ursprüngen wird die ganze Welt von einem chronologischen Schwindel erfaßt. Afrika führt den Tanz an, gefolgt von Asien, und sogar unser altes Europa nimmt teil am Galopp: Nordöstlich von Budapest beispielsweise weist man auf den *Rudapithecus* als Vorfahren hin, der auf zehn Millionen Jahre zurückblicken kann, und in der Nähe von Brioude in unserem Cantal meldete man im August 1982 Funde des *Homo erectus*, die 1 500 000 Jahre alt sind.

## Um zu begreifen: ein Jahr als «Anhaltspunkt»

Was bedeuten dem Leser diese Zeitangaben von zwei, drei oder mehreren Millionen Jahren, die es uns ermöglichen, einige Meßlatten an unser «Abenteuer Menschheit» zu legen? Um eine klarere Vorstellung von der Unendlichkeit zu vermitteln, die uns von unsern Ursprüngen trennt, nehmen wir als Maßstab die Länge eines Jahres von 365 Tagen und tragen darauf die Gesamtheit der konkreten Sachverhalte, der Funde und der Ereignisse ein, deren Spuren unserm Planeten ihren Stempel aufdrücken, die die Entwicklung und Ausbreitung des Lebens, die Geburt und die Entwicklung des Menschen kennzeichnen. Ordnen wir darin jene Sachverhalte ein, die wir ausführlich erörtern werden.

In diesem Kalender steht der 1. Januar für die Entstehung unseres Planeten. Die ersten Spuren des Lebens erscheinen gegen den 7. August, während die ersten Wirbeltiere noch bis zum 24. November auf sich warten lassen. Die ersten Säugetiere, die uns sehr direkt angehen, weil wir zu ihnen gehören, haben ihren Auftritt am 9. Dezember. Wie sich das Jahr bereits zu Ende neigt! Und die ersten Formen, die den Menschen ankünden, zeigen sich ihrerseits während der letzten drei Tage...

So erscheint der älteste bisher bekannte Verwandte, der *Aegyptopithecus* (ägyptischer Affe) aus der Oase Fayum, am 29. Dezember gegen Abend. Der *Ramapithecus* aus Zentralasien stellt sich ganz zu Ende des 30. Dezember vor, während Silvester bei weitem ausreicht, die großen Etappen der Menschheitsgeschichte aufzunehmen.

In einem vollständigen Erdenjahr spielt sich also das Abenteuer der Menschheit im Verlaufe des allerletzten Tages ab! Wie nahe uns dieses Datum doch erscheinen mag! Irrtum: Es umfaßt rund zwölf Millionen Jahre und reicht gelegentlich darüber hinaus! Später werden wir genauer auf diese allgemeinen zeitlichen Hinweise eingehen, aber schon jetzt soll sich dieser Abgrund von Jahren, von Millionen Jahren, fest in unserm Geiste verankern.

Durch ihre Arbeiten und Entdeckungen versuchen Forscher täglich, das Geheimnis dieses gähnenden Abgrundes von Jahrmillionen etwas zu lüften. Unaufhörlich erweitert sich das Feld ihrer Forschungen. Täglich werden Gegenden, reich an Fossilien der geheimnisvollen Prähominiden und Hominiden, durch zahlreiche internationale Gruppen erkundet, ausgegraben und in ihren Einzelheiten untersucht. Geologen, Archäologen, Paläontologen und mittlerweile «spezialisierte» Spezialisten für Zähne, lange Knochen, Becken, Füße oder Hände sind am Werk. Beim Versuch, dem Geheimnis unseres Ursprunges auf die Spur zu kommen, graben Männer und Frauen wie Maulwürfe in allen Erdteilen. In Kenia, in Tansania, im Süden Äthiopiens sowie in verschiedenen andern Gebieten des afrikanischen Kontinents sind Forscher auf der Suche nach unserer entferntesten Vergangenheit. In Asien wie in Europa machen sie gute Fortschritte.

Australien, genau wie die Inseln des fernöstlichen Asien, hat seine Forschungsgruppen. Selbst die Neue Welt legt ihre «Identitätskarte» vor: Ein Archäologe aus Toronto entdeckte im Verlaufe seiner Arbeiten im großen Tal von Alaska, dem Yukon, Werkzeuge und Überreste gejagter Tiere, die er auf etwa 150 000 Jahre datiert, während es früher üblich war, diesen Kontinent bei den frühen Datierungen auszulassen – behaupteten doch die Wissenschaftler, er sei erst vor 150 000 Jahren besiedelt worden!

Hunderte, ja Tausende von Gebeinen und Knochenbruchstücken werden auf diese Weise gesammelt. Meistens muß sich der Forscher mit einem Zahn, einem Teil der Schädeldecke zufriedengeben, um sich ein Bild zu machen und sein Urteil zu untermauern. Die Entdeckung des Skelettes der kleinen Lucy, das 3 600 000 Jahre alt ist, war und bleibt die Ausnahme; wir werden noch davon hören. Ihr Skelett bot uns in der Tat zweiundfünfzig von einer Gesamtheit von zweihundertacht Knochen. Die rührende Lucy lebte früher einmal an den Ufern eines Sees im äthiopischen Afar.

## Illusorische Datierungen

Zwar gleicht die Welt der Vorgeschichte nicht mehr nur einer tiefen Nacht, in der wir uns blind vortasten müssen; sie bleibt jedoch eine Wirklichkeit, die sich nur mit Mühe genau erfassen läßt. In dieser großen Landschaft, die allmählich ihren Schleier lüftet, erklären sich die Lücken in unserm Wissen durch die Spärlichkeit der Funde einerseits und mit den Schwierigkeiten einer genauen Datierung andererseits. Neue Techniken stehen den Wissenschaftlern aber zur Verfügung: Die Radiokarbonuntersuchung (C-14-Methode) zählt jene radioaktiven Elemente, die ihre Radioaktivität nach einer gewissen Zeit (rund 50 000 Jahre) verlieren. Zeitbestimmungen in der Größenordnung von 500 000 Jahren werden nach der Potassium-Argon-Methode ermittelt, und die Strontium-Technik schließlich wird für noch weiter zurückliegende Zeiträume eingesetzt. Diese drei Methoden sind alle wertvoll – unter der Bedingung, daß man von ihnen nicht eine Genauigkeit und einen absoluten chronologischen Wert erwartet, die sie nicht leisten können.

Man wird aber das Unbehagen des Forschers begreifen, der anhand dieser Daten jenen Ort auf der Erde bestimmen soll, an dem sich erstmals eine bestimmte tierische oder technische Form offenbarte.

Die genauen Datierungen, die den Gelehrten zunächst beruhigen, veranlassen ihn in einem zweiten Schritt dazu, sich Fragen über die wissenschaftliche Illusion zu stellen, die durch eben diese Datierung geschaffen wurde.

Nach dem gegenwärtigen Stand der Forschung erscheint der Hund als Haustier in den archäologischen Schichten von Afontora Gora in Ostsibirien 17850 v. Chr. (Datierung mit C-14). Im übrigen wird er in einem Grab in Palästina 12000 v. Chr. als domestiziert gemeldet. In Maglemose auf der dänischen Insel Seeland kommt er gegen 7000 vor, und von diesem Zeitpunkt an stößt die Neugier des Spezialisten auf eine Fülle von benachbarten Daten.

Diese bedeutsamen zeitlichen Angaben erlauben uns dennoch nicht, einen bestimmten Ort zu bevorzugen und ihn als die «Wiege» zu bezeichnen, wo erstmals eine lebende Form oder eine Technik in Erscheinung traten. Die Rätsel der Vorgeschichte verdichten sich zusätzlich, wenn wir die Ungewißheit der Datierung mit der geographischen Entfernung verknüpfen. Nehmen wir beispielsweise drei archäologische Fundstätten, die Tausende von Kilometern voneinander entfernt sind: Welche dieser Stätten soll nun der archäologisch älteste Ort sein? Der afrikanische, dem 50 000 Jahre zugebilligt werden, oder der vergleichbare asiatische, mit seinen 40 000 Jahren? Oder der 60 000 Jahre alte europäische? Ausgehend von diesen Daten lassen sich leicht auf dem Globus Richtungspfeile einzeichnen, Entstehungs- oder Ausgangsbereiche bezeichnen, Richtungen vorstellen, Einflüsse feststellen, kurz, eine Geographie der Entstehung der Lebensformen und der prähistorischen Techniken vorschlagen, unter der Bedingung allerdings, daß man diese Hypothesen oder Vorschläge nicht als absolute wissenschaftliche Wahrheiten betrachtet.

Selbst die Erforschung der Techniken geht nicht ohne eine gewisse Verwirrung ab. Die zeitliche und geographische Bestimmung des Auftauchens der Keramik stellt uns vor eine Reihe von Problemen, die vergleichbar sind mit jenen, die wir eben abgehandelt haben: In der afrikanischen Sahara wurden Keramikscherben entdeckt, die man den Jahren 6120, 6100, 5480, oder 5230 v. Chr. zuschreibt. In Korsika datiert man mit

5700 und 5650 v. Chr., im Nahen Osten mit zahllosen Daten im Bereich des 5. und 4. Jahrtausends, in Sibirien mit 6494 v. Chr. (in Goreljles)! Japan nennt 7491 in Kijima, 6443 in Nat-sushina, 10050 in der Bucht von Kasumi-gaura und gut zehn Fundstellen in Kin Siu, die alle um 10 000 datiert sind. Die Schlacht der Zahlen könnte abgeschlossen werden, riefe nicht die chinesische Kandidatur zur Ordnung, denn das Reich der Mitte bietet in seinen Keramiksammlungen im Nationalmuseum von Shanghai Daten an, die sich zeitlich von 5860 bis 8800 mit Zwischenstufen von 5989, 6500 und 6725 v. Chr. erstrecken.

Ist es angesichts dieses Zahlengewitters vernünftig, einem einzigen Datum den Vorzug zu geben, das es erlauben würde, die Wiege dieser grundlegenden Erfindung zu benennen? Soll man bei dieser weltweiten Abfolge der Daten, alle stichhaltig begründet, auf den japanischen Vorschlag von 10 050 eingehen, der den Ursprung der Keramik an die Ufer der Bucht von Kasumi-gaura verlegt? Trotz meiner Hochachtung vor Zahlen glaube ich es nicht. Wäre nicht eine Art von vielfacher Entstehung an verschiedenen Geburtsstätten denkbar, weil die Zeiten reif für diese Neuerungen waren?

Wenn wir diese Hypothese aufstellen, geht es in keiner Weise darum, die Zuverlässigkeit der wissenschaftlichen Arbeit in diesem wichtigen Bereich der Vorgeschichte in Zweifel zu ziehen. Meine Vorsicht möchte nur das Ausmaß unserer Kenntnisse relativieren und gleichzeitig die Demut der «Detektive» der Geschichte hervorheben. Um so mehr, als es in einer viel näheren Vergangenheit sogleich Streit gibt, wenn im Katalog der Erfindungen bestimmt werden soll, welcher Mann oder welche Nation eine bestimmte Entdeckung als erste gemacht haben! Fragen Sie einmal ein größeres Publikum, wer die «Bildscheibe» unseres Fernsehers erfunden hat. Sie werden die Namen Branly, Hertz und Marconi aufgezählt bekommen. Alle drei und viele andere mehr haben ihren Beitrag dazu geleistet. Versetzt man nun ein entsprechendes Entdeckungs- oder Erfindungsproblem um zehn- oder zwanzigtausend Jahre zurück, innerhalb eines geographischen Raumes, der sich über ganz Eurasien erstreckt, bekommt man eine Vorstellung von den Schwierigkeiten, die unserer harren. Was nun Zeitangaben in der Größenordnung von Millionen Jahren angeht, die die großen Entwicklungsstufen der Menschwerdung kennzeichnen, muß eine Abweichung im Rahmen von jeweils einem Zehntel – nach vorne oder zurück – in Rechnung gestellt werden, um zeitliche Unterschiede bei der Ermittlung irgend eines Ursprunges festlegen zu können.

Nehmen wir als Beispiel vormenschliche Gebeine aus dem ostafrikanischen Kenia und Gebeine mit denselben physiologischen Eigenschaften aus dem Siwalikgebirge im Süden des Himalajas; die einen werden auf 4 500 000 und die anderen auf 5 500 000 geschätzt. Diese beiden Funde trennen 8000 Kilometer und eine Million Jahre. Läßt sich sagen, welcher älter ist? Welcher den anderen hervorgebracht hat? Paradoxerweise nein. Es wäre weiser, sie als verhältnismäßig gleichzeitig einzustufen und auf reichhaltigere Grundlagen zu warten...

## Auftauchen der Primaten

Der schwedische Naturforscher Karl von Linné schlug 1758 eine erste Definition dessen vor, was wir sind: Primaten. Inzwischen ist diese Zuordnung allgemein üblich geworden. Zusammen mit den Affen bilden wir eine wichtige zoologische Gruppe, die – aufgrund verwandter Eigentümlichkeiten – die ganze große Familie, Vorfahren mit eingerechnet, der Affen und Menschen umfaßt.

Wenn der Mensch zwar nicht vom Affen abstammt, wie es noch immer böse Zungen, insbesondere Engländerinnen behaupten, die ihrem Landsmann Darwin sein Werk «Über den Ursprung der Arten» noch nicht verziehen haben, so «stammt er doch von einem Primaten ab», wie sich Madame Genet-Varcin ausdrückt, und Professor Yves Coppens bedient sich einer gleichen Formel: «Der Mensch stammt nicht vom Affen, aber von einem Affen ab»[1].

Ich bin nicht sicher, ob nicht etliche Zeitgenossen noch mit der Reaktion der Gattin des Bischofs von Worcester einig gehen: «Vom Affen abstammen! Hoffentlich nicht. Aber wenn es so sein sollte, beten wir zu Gott, daß es sich nicht herumspricht.» Ich würde wetten, daß meine charmanten Zuhörerinnen in Antwerpen nicht weit von dieser Ansicht entfernt waren.

Doch kommen wir nach diesem kleinen Exkurs auf den Steckbrief unserer Vorfahren zurück. Die Primaten sind Säugetiere mit einer Plazenta, die mit Vorliebe auf Bäumen leben. Sie weisen alle dieselben Eigentümlichkeiten auf: Ihr Schädel hat sich stark auf Kosten des Gesichts entwickelt. Ihr Gehirn hat an Inhalt und Komplexität gewonnen. Die nach vorn gerichteten Augenhöhlen begünstigen eine bessere Sicht und ermöglichen das räumliche Sehen. Ihr Rumpf ist beim Sitzen aufrecht, wodurch die Hände freigestellt werden. Diese zählen fünf Finger; bei den oberen Gliedmaßen kann der Daumen den übrigen Fingern gegenübergestellt werden.

Die Primaten tauchen zu Beginn des Tertiärs auf, des dritten großen geologischen Zeitalters, d. h. ungefähr vor sechzig oder siebzig Millionen Jahren (kurz nach Weihnachten, gegen den 26. bis 27. Dezember in unserem Vergleichsjahr). Die Primaten sind kleine Lebewesen, kaum größer als eine kleine Ratte. Sie sind weit verbreitet, aber das Wissen, das wir von ihnen haben, ein Wissen, das sich auf einige Zähne, Kieferknochen oder gelegentlich einen einzelnen Zahn beschränkt, läßt eine zuverlässige Genealogie kaum zu.

Trotzdem haben Paläontologen ihre vereinzelten Funde in

Untergruppen aufgeteilt. Eine Gruppe, die «Pongiden», erweisen sich als nahe Verwandte des Menschen. Zu den gegenwärtig noch lebenden Pongiden gehören die Gibbons, die man in Südostasien findet, sowie die Gorillas und Schimpansen, die unter großen Schwierigkeiten in den Wäldern Sumatras und Borneos überleben.

## Die Geschichte der Pongiden, der nächsten Verwandten des Menschen

Für einmal sind sich die Naturwissenschaftler einig: Die Pongiden, diese großen Affen, diese Primaten, sind die nächsten Verwandten des Menschen. Ihr Schädel weist ein sehr entwikkeltes Gesicht und einen verhältnismäßig geringen Gehirninhalt von 370 bis 500 Kubikzentimeter auf. (Der Schädel des *homo sapiens sapiens* aus dem Cro-Magnon, unseres direkten großen Vorfahren, des Rentierjägers und «Künstlers» unserer ausgeschmückten Höhlen, erreicht einen Inhalt von 1600 Kubikzentimeter...). Auf dem Scheitel haben die Pongiden einen eigentlichen «Kamm», den Scheitelkamm, an dem die gewaltige Kaumuskulatur befestigt ist. Bezeichnenderweise sollte dieser Kamm noch mehrere Millionen Jahre überdauern. Die Augenhöhlen verstecken sich unter einem Wulst, der auf seine Art einen typischen Schirm bildet.

Diese großen Affen leben in sozialen Gruppen, in Banden von etwa zwanzig Individuen, die von einem erwachsenen männlichen Tier angeführt werden, dem untergeordnete Männchen zur Seite stehen. Andere, wie der Orang, leben allein und bilden nur zur Fortpflanzungszeit ein Paar.

Nun müssen wir uns einer grundsätzlichen Frage zuwenden: Wo und wie haben die Primaten der alten Welt die Stufe der Hominiden hinter sich gelassen, um den Weg zum «moder-

ADS

DBS Mangelzustand
Stimulin

zuwenig Vitamine usw.

wie Rennwagen

1 konservierte Nahrungsmittel
2 phosphathaltige " weg
3 zuckerreiche " weg.

4 KG oder
5 Ergotherapie

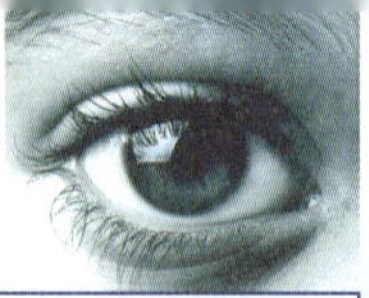

# Ihr nächster Termin:

| | MO | DI | MI | DO | FR |
|---|---|---|---|---|---|
| Datum | | | | | |
| Uhrzeit | | | | | |

▶ Falls Sie verhindert sein sollten, bitten wir um rechtzeitige Absage.

OKKLUsan & OKKLUsan+ sanfte Augenkompressen auch für die Nachsorge zu Hause

## Für die häusliche Nachsorge empfehlen wir aus Ihrer Apotheke:

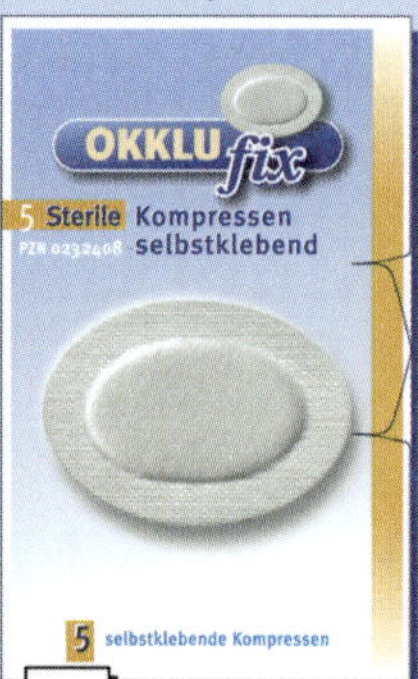


☐ PZN 4143943

☐ PZN 4143966

☐ PZN 0232408

▲ empf. Apotheken-Verkaufspreis 4,00 €

▲ empf. Apotheken-Verkaufspreis 4,98 €

▲ empf. Apotheken-Verkaufspreis 3,95 €

seit 1960 = 20. Jahrhundert

- wir wollen immer mehr sein
- " müssen " " "

Güter-Wohlstand
Zeit-Wohlstand

Zeitnotstand Flucht in Depression

oder SUCHT.

alle Bereiche des Lebens können

nicht gleichermaßen beschleunigt

werden.

Demokratie ist zeitaufwendig.

Zeitinsel = 3 Wo. Kloster

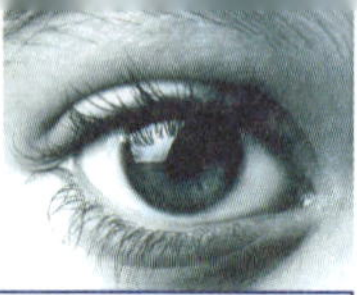

# Ihr nächster Termin:

| | MO | DI | MI | DO | FR |
|---|---|---|---|---|---|
| Datum | | | | | |
| Uhrzeit | | | | | |

▶ Falls Sie verhindert sein sollten, bitten wir um rechtzeitige Absage.

OKKLUsan & OKKLUsan+ sanfte Augenkompressen auch für die Nachsorge zu Hause

## Für die häusliche Nachsorge empfehlen wir aus Ihrer Apotheke:

☐ PZN 4143943

▲ empf. Apotheken-Verkaufspreis 4,00 €

☐ PZN 4143966

▲ empf. Apotheken-Verkaufspreis 4,98 €

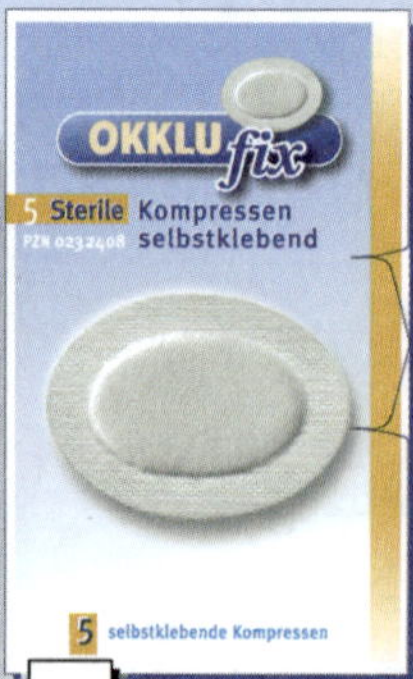


☐ PZN 0232408

▲ empf. Apotheken-Verkaufspreis 3,95 €

nen» Affen und zum Menschen einzuschlagen? Forscher der Universität Yale, etwas Elwyn Simons[2], vermuten die Oase Fayum nordwestlich von Kairo.

Die Fundstelle weist Spuren eines allmählich verschwindenden Sees auf, der noch bis ins zehnte Jahrtausend hinein bestand. Die Primaten begleiteten das stufenweise Verschwinden, indem sie sich immer möglichst nahe beim Wasser, an den aufeinanderfolgenden Uferlinien niederließen, ganz gleich wie die neolithischen Vorfahren in der Champagne, die Schritt für Schritt dem Austrocknen der Sümpfe von Saint-Goud folgten. Gegen Ende des Tertiärs (siebenunddreißig bis dreiundzwanzig Millionen Jahre, oder am 29. und 30. Dezember unseres Vergleichsjahres) überschwemmten das Mittelmeer und gewaltige Seen die Gegend. Dreißig Meter hohe, fossile Bäume berichten von tropischen Wäldern, die dort gediehen. Während der langfristigen Verwandlung der Fundstätte wurden zweihundert Meter Material angeschwemmt und abgelagert, eine kostbare Fundgrube für Fossilien. Die mit Hilfe des Potassium Argon auf 27 200 000 bis 24 700 000 datierten oberen Schichten gaben einen großen Primaten frei, den man *Aegyptopithecus* nannte.

Nach der Untersuchung der Stätte und der bei den Grabungen gemachten Funde bezeichneten die amerikanischen Gelehrten Fayum als die ursprüngliche Wiege, als den Ort der ersten Veränderungen bei den Primaten, die das Erscheinen der modernen Affen und des *homo erectus* begünstigten. Die geographische Lage Fayums an der Nahtstelle dreier Welten, Afrikas, Asiens und Europas, gibt dieser paläontologischen Hypothese zusätzliches Gewicht. Bei der allmählichen Umwandlung des *Aegyptopithecus* und aufgrund seiner Verbreitung auf den drei Kontinenten findet man als Zwischenglieder auf dem Weg zum Menschen den europäischen *Dryopithecus*, den afrikanischen *Proconsul* und den asiatischen *Sivapithecus*.

Um mit unserem fernen Vorfahren engere Bekanntschaft zu

schließen, sehen wir uns zunächst die verschiedenen Arten an, die die Stufen seiner Verwandlung kennzeichnen. Begrüßen wir als ersten den *Dryopithecus* oder Eichenaffen.

## Die Dryopithecine Eurasiens oder der Eichenaffe

Die sehr zahlreichen Dryopithecine bewohnten gegen Ende des Tertiärs, im Miozän, die Wälder. Sie ernährten sich von Früchten, Blättern, Schößlingen, Blumen und vermutlich Insekten. Wie sich nun das Klima veränderte, lichteten sich die Wälder. Die Zahl der Dryopithecine nahm ab, und die verbleibenden mußten sich nach einer neuen Überlebenswirtschaft umsehen.

Fontan entdeckte den ersten *Dryopithecus* 1856. Es war ein einfacher Unterkieferknochen aus der fossilienreichen Fundschicht von Sansan bei Saint-Gaudens, der vom Paläontologen Edouard Lartet, dem Archäologen der Pyrenäen, untersucht wurde. Da er in einer zeitgenössischen Ablagerung von Braunkohle lag, die reich an zersetzten Eichenstämmen war, wurde er sogleich «Eichenaffe» genannt.

In Afrika entdeckten Louis und Mary Leakey 1948 auf der Insel Rusinga im Viktoriasee einen beinahe vollständigen Schädel und Teile eines Skeletts in Ablagerungen aus dem Miozän. Diese wurden im naturhistorischen Museum in London untersucht, das damals einen berühmten Schimpansen namens «Consul» beherbergte; daher bekam das neue Fossil, das möglicherweise dessen Vorfahre war, den Namen «Proconsul».

Am panafrikanischen Kongreß in Dakar 1965 stellte Dr. Leakey einen sehr archaischen, massiven Unterkieferknochen aus derselben Dryopithecinengruppe vor. Der Fund ist deshalb interessant, weil er in einem Anschwemmungsgebiet gemacht wurde. Mit ihm wurden zwei Bruchstücke von Kieselsteinen gefunden, die zwar auf natürliche Weise zerbrochen sind, aber geologisch nicht zur Fundstätte gehören können und wahrscheinlich dorthin gebracht wurden. Dieser Unterkieferknochen wurde *Keniapithecus* genannt und auf etwa zwanzig Millionen Jahre geschätzt. Gewisse Leute gingen sogar bis auf achtundzwanzig Millionen! So viel Tollkühnheit ruft jedoch nach Vorbehalten.

In Europa entdeckte man 1967, nordöstlich von Budapest, verwandte Funde. Sie wurden als zum *Rudapithecus* (hungaricus kretzoi) zugehörig eingeordnet: ein Unterkieferknochen und einige Zähne, die Gabor Hrnyak gefunden hat. Bei Grabungen, die Milos Kretzoi zwischen 1967 und 1979 leitete, kamen ebenfalls zahlreiche Gebeine zum Vorschein: Unterkieferknochen, Zähne, lange Gliedknochen, Oberschenkelknochen, Schienbeine, Oberarmknochen, Mittelfußknochen, Sprungbein... Die Datierung aufgrund der begleitenden Fauna sowie der Lage der Funde in der geologischen Schicht führt uns diesmal in den Bereich von zehn oder zwölf Millionen Jahre. Der *Rudapithecus* war etwa 1,30 bis 1,40 Meter groß, ist eindeutig zweifüßig, und man vermutet, daß er der Sprache mächtig war! Da er sich auf seinen beiden Hintergliedern fortbewegen konnte, darf man annehmen, daß ihm seine beiden freien Oberglieder zu andern Tätigkeiten dienten...

## Wo die Entscheidung fiel

Nach Jean Piveteau[3] befände sich der *Dryopithecus* «beinahe an der Schwelle zur Menschheit». Diese Schwelle verdient es, daß wir sie genauer nachzeichnen und ihre typischen Merkmale herausarbeiten.

Aus Schichten in Fort-Ternan in Kenia, die vierzehn Millionen Jahre alt sind, meldet Yves Coppens «Basaltsteine mit

Schneiden, die zermalmt, und Tierknochen, die künstlich zerbrochen schienen». Handelt es sich hier um erste Werkzeuge?

Schon 1925 hatte Raymond Dart Funde aus Südafrika vorgelegt, die er als Zeichen einer allerersten menschlichen «Industrie» glaubte deuten zu können, Bruchstücke von Knochen und zerbrochenen Hörnern und Zähnen. Lange Knochen waren systematisch aufgesprengt worden, um daraus das Mark zu gewinnen. Diese Knochenindustrie wurde «osteodontokeratisch» genannt, aber nicht allgemein akzeptiert. Neuerliche Forschungen vervielfachen die anthropologischen Funde, die zwischen sechs und, vor allem, drei bis eine Million Jahre alt sind. Der Schädel eines sechsjährigen Kindes aus Taung in Südafrika, den Dart untersuchte, wäre im Bereich von 800 000 Jahren anzusiedeln.

Die kürzlich untersuchten Höhlen von Sterkfontein, Swartkrans und vor allem Makapansgat geben uns noch Fragen auf, wie man so schön sagt. In Makapansgat sammelte Robert Dart mit seinen Kollegen unter den schwierigsten Arbeitsbedingungen 250 000 Tierknochen, aber zweifellos hat man diese Funde noch nicht vollständig ausgewertet.

Wir müssen uns sogar fragen, ob wir uns bei dieser primitiven Knochenwirtschaft nicht einem Problem ähnlich der «Aeolithen» (oder der Kultur «der Morgenröte des Steins») gegenüberfinden, das Frankreich in den ersten Jahren dieses Jahrhunderts in Atem hielt. Blenden wir kurz zurück: In einem Zementwerk bei Mantes im Seine-Tal stieß man auf Kreidefeuersteine. Man hielt sie für Menschenwerk. Trotzdem hat Marcellin Boule[4] nachgewiesen, daß die Feuersteine, die in dieser Sandgrube gefunden worden waren, nicht das Ergebnis irgendeiner Bearbeitung waren, selbst wenn ihr Aussehen täuschend war.

Der Forscher konnte unter diesen gerollten und zerkleinerten Steinen eine wundervolle Reihe von «Aeolithen» ausmachen. Wie er die Fundstücke sortierte, fand er ohne weiteres

Schlagsteine, Hobel, Kratzer, Retuschiersteine, Kerbklingen: «Von gewissen Musterbeispielen, die von wirklich außerordentlicher Vollkommenheit sind, könnte man glauben, sie seien Gegenstand einer abgeschlossenen Arbeit, von mehrmals wiederholter methodischer Verbesserung gewesen», schrieb Marcellin Boule in seinem grundsätzlichen Artikel von 1902.

Werkzeuge aufgrund natürlich zersplitterter oder zerbrochener Knochen zu erkennen, sollte verhältnismäßig einfach sein, wenn man über Hunderttausende von zu ordnenden und zu klassierenden Knochen verfügt. Und dennoch meint Yves Coppens: «Es ist unnötig hervorzuheben, daß man hier an die Wahrnehmungsgrenze stößt, an der sich das Absichtliche, als Merkmal der menschlichen Arbeit, feststellen läßt.»

Es ist logisch, daß wenigstens an gewissen Orten ein Knochenzeitalter dem Steinzeitalter vorausging. Nach dem lateinischen Schriftsteller Lukrez hatte dies auch Abbé Breuil ins Auge gefaßt, besonders für Gegenden, in denen es kaum Steine gibt, wie in den unendlichen Löß-Schichten Chinas: «Hart, elastisch, wenig zerbrechlich, war der frische Knochen ein ausgezeichneter Rohstoff für den Menschen.»

## Der Dryopithecus Asiens

Der Dryopithecus, der in der ganzen Alten Welt vorkommt, ist in Asien unter den urasiatischen Namen *Ramapithecus* und *Sivapithecus* bekannt. Die großwüchsige Art ist nach dem indischen Gott Siva benannt, während die zierlichere Art an eine Inkarnation Wischnus erinnert. Oft begegnet man ihnen gleichzeitig. Für die einen handelt es sich dabei um zwei verschiedene Arten, andere sehen darin einen einfachen «sexuellen Dimorphismus», bei dem der männliche Teil robuster und der weibliche graziler ist. Solche Unterscheidungen lassen sich auch in Ostafrika beobachten.

Diese Vervielfachung der Begriffe ist ein weiteres Beispiel für das «unentwirrbare Durcheinander der paläontologischen Nomenklatur», das J. Carles anprangerte. Die Forscher sind sich jedenfalls nach wie vor nicht einig, welchen Platz sie dem *Ramapithecus* in der Ahnengalerie des Menschen zuweisen sollen.

Die weltweite Verbreitung des *Ramapithecus* erstreckt sich in der Tat von Zentraleuropa – ich habe die Bedeutung des zweifüßigen, der Sprache mächtigen *Rudapithecus* nördlich von Budapest erörtert – über die Türkei (rund hundert Zähne wurden in Pasalar gefunden) bis nach China, wo in Lufeng ein Unterkieferknochen, Gesichtsknochen und an die hundert Zähne entdeckt wurden. In Afrika lassen sich Spuren des *Dryopithecus* von der Bruchzone des ostafrikanischen Grabens über Kenia bis zum äußersten Zipfel Aethiopiens ausmachen. Auf eine merkwürdige Weise bilden diese zahlreichen Entdeckungen eine Art Rahmen rund um das sehr reichhaltige Gebiet Zentralasiens, die Bergketten von Siwalik. Diese weltweiten Streuungsgebiete enthalten ebenfalls jene beiden Landschaften, welche die Hauptkandidaten für den Titel der «Wiege der Menschheit» sind, die vielleicht eine «Wiege auf Rädchen» war, wie Abbé Breuil einmal humorvoll meinte. Sollte er recht bekommen? Ich glaube es trotz allem nicht, aus geographischen, und viel mehr noch, aus biologischen Gründen.

# Die asiatische Wiege

Die Siwalik, ein Vorgebirge des Himalajas, sind eine Bergkette, die durchschnittlich zwischen 1500 und 2000 Meter hoch ist. Einzelne Gipfel erreichen bis zu 3000 Meter. Sie bilden eine lange, gradlinige Sperre, die über 2600 Kilometer hinweg die indische Gangesebene beherrscht. Im Norden trennt ein gewaltiger Grabenbruch, der an die großen ostafrikanischen Brüche erinnert, die Siwalik von der hohen Kernzone des Himalajas. Flüsse und Pässe zerklüften dieses lange, dichte und gradlinige Massiv und machen es leicht zugänglich.

## Die Siwalik – Zone der weltweiten Ausbreitung

Neun Flüsse durchbrechen die Schranke der Siwalik. Ihre Quellen liegen jenseits der höchsten Gipfel der Erde, in Tibet. Anschließend durchqueren sie den Himalaja, wie beispielsweise der Indus und der Brahmaputra. Diese Durchbrüche entstanden durch kräftige Erosionen, deren Wirksamkeit durch ein nahes und niedriges Endniveau beträchtlich gesteigert wurde. Es entstanden zahlreiche, für menschliches Leben geeignete Becken, die durch tiefe Engpässe voneinander getrennt sind, Engpässe, die für den modernen Menschen Hindernisse darstellen. Sie waren dies für den Fußgänger der Vorgeschichte offenbar nicht. Für die Siwalik war es ein großes Glück, daß die natürlichen Flußläufe diese Durchbrüche geschaffen hatten, denn sie ermöglichten dem prähistorischen Menschen einen einfachen Verkehr. Erinnern wir uns daran, daß dagegen kein einziger Fluß die Rocky Mountains oder die

Anden durchquert. In den Schluchten von Kali Gaudaki dagegen ergießt sich ein Sturzbach auf einer Höhe von 1200 Metern, rechts beherrscht vom Dhaulagiri mit seinen 8172 Metern und links vom 8078 Meter hohen Anapurna. Eine 7000 Meter breite Schlucht trennt die 34 Kilometer breiten Massive. Diese Täler sind wichtige natürliche Wege, welche die Ebene mit Tibet verbinden, jenem gewaltigen Wasserschloß, dem «Dach der Welt», mit seinen zahlreichen Flüssen, die in alle Richtungen ausströmen und das großartigste Verteilungszentrum der Welt bilden.

Daneben nimmt sich der ostafrikanische Graben nur wie ein – wenn auch gewaltiger – 6000 Kilometer langer Hausgang aus, der in der ostafrikanischen Sackgasse endet. Im Vergleich dazu bilden die großen Pässe des Himalaja wunderbare Verbindungswege, welche die Bedeutung der Siwalik-Kette für die Ausbreitung des Menschen noch unterstreichen. Entlang der sino-nepalesischen Grenze reihen sich ein Dutzend Pässe aneinander, die zwischen 4900 und 5975 Meter hoch sind. Der Nangapaß wird nach wie vor von den Yak-Karawanen begangen, den asiatischen Büffeln mit ihren berggängigen Füßen.

Die geologische Geschichte dieser zentralasiatischen Landschaft begünstigt demnach ganz offensichtlich die Anwesenheit von Menschen oder Vormenschen. Die Auffaltung einer Bergkette verläuft sehr langsam: Der Geologe André de Cailleux[5] schätzt, daß sich ein Berg mit einer Geschwindigkeit von 50 bis 750 Millimeter im Jahrtausend erhebt. Das bedeutet, daß kein Lebewesen diese Erhebung mit seinen Sinnen mitverfolgen kann. Cailleux nimmt für ein Jahrtausend einen mittleren Wert von 170 Millimeter an; dies ergibt für die Formation ungefähr 30 Millionen Jahre, während denen die Ablagerung reichlich Zeit hatte. Die Bildung der Bergkette wäre in der Mitte des Tertiärs von gegen 38 Millionen Jahren bis ins Quartär vor zwei Millionen Jahren einzuordnen.

Die letzten zehn dieser Millionen Jahre waren Zeugen der

tiefgreifenden Klimaveränderungen in Eurasien, der ersten großen ökologischen Krise des Globus. Überall wird der dichte tropische Regenwald von der Savanne abgelöst. Auf den Weiden der Hochebenen Ostafrikas, wie im Serengeti oder an den Abhängen des Ngorongoro, entwickeln sich Antilopen und Giraffen. In Asien scheiden die Monsunregen nun klar die Trocken- von den Regenzeiten. Während der Trockenheit versammeln sich die Tiere zu Tausenden, ja zu Zehntausenden in der Nähe der noch verbleibenden Wasserstellen. Sobald die Sümpfe austrocknen, sterben sie dort massenweise. Während den Regenzeiten erfolgen riesige Überschwemmungen. Gewaltige Erdrutsche füllen die Flüsse mit ihrem Geschiebe auf, im Rahmen von 300 bis 600 Metern! Die Wasserführung kann sich dann in kurzer Zeit in einem Verhältnis von 1 zu 100 ändern. Wildwasser führen Tierkadaver mit sich, welche jene Aufschüttung von Gebeinen bilden, die für sieben, sechs oder fünf Millionen Jahre typisch sind.

## Wo sich chinesische Apotheken eindecken

Wir werden sehen, wie wichtig diese Ablagerungen, und vor allem ihre zeitliche Einordnung, sind. Sie entsprechen nämlich dem Zeitraum, jenen Millionen Jahren, in denen sich die allmähliche Menschwerdung vollzog.

Diese gewaltigen Knochenhaufen, «bone beds» (Knochenbetten) genannt, waren von alters her den chinesischen Nachbarn bekannt.

In diesen Knochenbetten versorgen sich alle guten chinesischen Apotheken mit Drachenzähnen (Loung Tse) und Drachenknochen (Loung Kou). Wie G. H. R. von Koenigswald[6] feststellt: «Um in deren Genuß zu kommen, braucht man nur ein ‹Rezept› vorzuweisen und genügend Geld in seiner Tasche zu haben, denn alles, was von einem so mächtigen Tier stammt, ist notwendigerweise ein sehr wirksames Heilmittel und daher sehr teuer.» So verkaufte zu Beginn dieses Jahrhunderts in Beijing ein Apotheker einen sehr abgewetzten oberen Molar, der von einem affenähnlichen Menschen oder einem menschenähnlichen Affen herstammen konnte. Aufgrund dieser Entdeckung machten sich die Gelehrten eifrig an die geologische Untersuchung der Gegend nördlich von Beijing.

Gewaltige Ausgrabungen – 3000 Kubikmeter Erde wurden im Hügel von Chou Kou Tien gesiebt – lieferten Davidson Black «einen großen unteren Molar von typisch menschlichem Aussehen». Bei der Untersuchung des Zahnes taufte Black dessen Eigentümer «Sinanthropus». Die Ablagerungen aus dem Miozän gegen Ende des Tertiärs aus den Siwalik belieferten auch die Apotheken von Kanton. Ab 1934 entdeckte man dort zahlreiche Überreste von Primaten, Kieferknochen, die den Hominiden nahestehen; zu Ehren des hinduistischen Rama erhielten sie den Namen *Ramapithecus*. Die Entdeckungen nehmen ihren Fortgang. Bisher sind mehr als 350 Fundstätten erfaßt. Sie liefern Tausende von Knochen, unter denen sich zahlreiche Dryopithecine, Ramapithecine, Sivapithecine und Gigantopithecine befinden... Amerikanische Forschergruppen, u. a. von der Universität Yale, sammelten außerordentlich reiche Schätze.

Die wissenschaftliche Auswertung eines Schädels aus diesen fernen Zeiten – ist er unvollständig oder bruchstückhaft, stellen sich zusätzlich Rekonstruktionsprobleme – erfordert lange Monate, wenn nicht Jahre der Arbeit. In Zentralasien sind die natürlichen Forschungsbedingungen, die eine zeitliche Einordnung der Fundstücke an Ort und Stelle erlauben würden, äußerst schwierig.

Forschungen in Ostafrika dagegen sind einfacher. Gewiß befinden sich die Funde in der Tiefe der Erde, aber viele liegen in Schluchten von bloß 150 Metern, wie in Oldoway, wo sie auf den Abhängen an die Oberfläche treten. Sie befinden sich in übereinander gelagerten Tuffsteinformationen, die aufgrund der vulkanischen Ausbrüche, wie in Laëtolil, zeitlich gut einzuordnen sind. In den tausend Meter tiefen Schichten, wie in den Tälern des Omo oder des Aouche, haben neuerliche «Schaukelbewegungen» Fossilien und Werkzeuge an die Oberfläche gebracht. Dagegen hüten in den Tälern der Siwalik sowie in der Ganges-Ebene Hunderte von Metern aufgehäufter Anschwemmungen eifersüchtig ihre Geheimnisse.

Diese mehr oder weniger günstigen Aussichten auf Entdekkungen, die von den Bedingungen an den Fundstätten abhängen, machen deutlich, daß unsere Karten, die aufgrund der verfügbaren Funde gezeichnet wurden, nur vorläufige Karten sein können, erstellt «nach dem neuesten Stand der Forschung». Die Erstellung einer (verhältnismäßig) endgültigen Karte setzt noch jahrzehntelange Arbeit voraus...

Selbst wenn wir heute eine ganz vorläufige Karte der Verbreitung des Menschen zusammenstellen, müssen wir zukünftige Möglichkeiten im Auge behalten. Bestimmt ist es gewagt und verfrüht, eine bestimmte Landschaft als die Wiege der Menschheit zu bezeichnen. «Einzig der Zufall der Entdeckungen spielt vielleicht zugunsten des afrikanischen Ursprung», gab Daniel Cahen 1976 zu bedenken.

Aber, wie vor einigen Jahrzehnten H. V. Vallois[7] feststellte, «hat man den Eindruck, daß Asien zu jenem Zeitpunkt das Laboratorium war, in dem die Differenzierung der Vorfahren der Hominiden ausgearbeitet wurde.» Wem soll man da Glauben schenken?

## Lehren aus der Geographie der Erdkugel

Versuchen wir nun, etwas Ordnung in die Gesamtheit unserer Daten zu bringen, nicht nur aus chronologischer Sicht, sondern mit Hilfe einer zuverlässigen geographischen Methode. Tragen wir die Entdeckungen auf der Erdkugel ein.

Richard E. Leakey versuchte das Experiment, indem er auf ein und derselben Karte die Fundstätten der Ramapithecine und der Dryopithecine einzeichnete. Ihre anthropologischen Ähnlichkeiten sowie ihre zeitliche Nähe (zwischen zwanzig und vierzehn Millionen Jahre) lassen eine solche Annäherung statthaft erscheinen.

Leakeys Analyse ist sehr einfach, und es lassen sich daraus einige Schlußfolgerungen ableiten:

– In einer Zone in Zentralasien gruppieren sich die Entdekkungen in Pakistan.

– Ein reichhaltiger «europäischer» Zweig führt uns im Westen in die Türkei, in den Donauraum, erreicht schließlich in Sansan die Pyrenäen und greift sogar auf die Iberische Halbinsel über.

– Fundstellen in China bilden den Osten der Zone.

– Der afrikanische Ausläufer geht durch den natürlichen Korridor des ostafrikanischen Grabens bis nach Kenia.

Einige Jahre früher, 1955, hatte ich in der «Histoire universelle des explorations» eine Karte veröffentlicht *(Abbildungen 1 und 1 bis)*, die mit der meines Kollegen beinahe identisch ist, sich aber einer leicht späteren Datierung bedient. Auf der Erde zeichnete ich die anthropologischen Fundstätten des *Australopithecus* ein, denen ich jene seltenen archäologischen Fundstätten beigesellte, die um zwei Millionen Jahre alt sind[8]. Diese beiden Karten, die zeitlich aufeinanderfolgen, sind erstaunlich aufschlußreich. Sie ergänzen und vervollständigen einander. Von der einen zur andern verändert sich der europäische Zweig kaum, im Gegensatz zum afrikanischen, der bei Leakey viel dichter und ausgeprägter ist. Er geht bis zur Fundstätte von Taung, an der äußersten Spitze des afrikanischen Grabens, die erfreulicherweise von Dart entdeckt wurde. Es ist im wesentlichen eine Nord-Süd-Achse, die sich in Ägypten verzweigt. Ein Arm führt in Richtung des Tschad. Die «anthropologische Wegkreuzung» könnte der *Aegyptopithecus* aus der Oase Fayum sein, deren geographische Bedeutung wir bereits erörtert haben. Der östliche Strang führt uns nach wie vor nach China, aber er spaltet sich in Burma und gelangt von dort direkt in den Süden Malaysias, nach Java und Indonesien. Die bearbeiteten Kiesel von Ketjtje auf Indonesien werden tatsächlich auf 1 500 000 Jahre geschätzt, und Werkzeuge aus Java sollen 2 700 000 Jahre alt sein. Wir finden vergleichbare Zeitangaben für gleiche Kiesel, die in Malaysia in der Nähe von Perak gefunden wurden. Diese Fundstätten sind vor allem wegen ihrer geographischen Abgeschiedenheit interessant, denn sie liegen am äußersten, verlorensten Ende des malayischen großen Bogens, «am Ende der Welt». Es bereitet jedenfalls Mühe anzunehmen, die Australopithecine aus Ostafrika hätten diese Sackgassen «kolonisiert».

«Nehmen wir an», schreibt J. Carles[9], «daß ein Stamm mit der unübertriebenen Geschwindigkeit von einem Kilometer täglich vorwärtswandert, so hätte er während der Dauer eines Menschenlebens auf diese Weise Europa und Asien durchquert.» Gewiß, aber warum, aus welchen ökologischen Gründen würde der Stamm täglich einen Kilometer zurücklegen wollen? Und wenn dem tatsächlich so wäre, würde er natürlichen Wegen folgen, Durchgangskorridoren, begehbaren Pässen, wichtigen Wasserläufen... Stellen wir uns für einen Augenblick die Reise von Kenia nach Indonesien vor: Es ist dies eine «Straße» von 18 000 Kilometern! Unter der Bedingung, daß man sich in der Geographie auskennt und sich nicht verirrt. Was für die damalige Zeit zweifelhaft erscheinen mag.

Dagegen sind die beiden Strecken Siwalik-Kenia einerseits

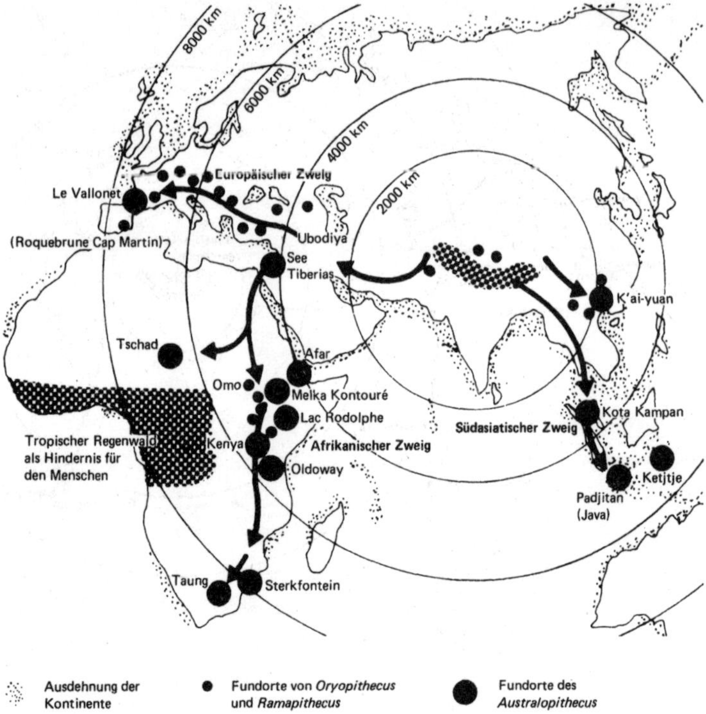


Abb. 1: Räumliche Verteilung der Hominiden und Prä-Hominiden

und Siwalik-Indonesien andererseits über ihre doppelten «direkten» Verbindungen bekannterweise kürzer und vor allem schneller. Die geologische Karte der im Pleistozän aufgetauchten Länder, die J. S. Weiner 1972 zusammengestellt hat, untermauert ihrerseits die These dieser «Routen».

Malaysia ist mit Sumatra, Java und Borneo verbunden, die wuchtigere Inselgruppe Indonesiens liegt ganz nahe bei Borneo... Ein grafisches Verfahren, das ich für meine Karte verwendet habe, verdeutlicht diese Vorrangstellung der Siwalik. Ausgehend von der zentralen Zone habe ich konzentrische Kreise mit einem jeweiligen Radius von 2000 Kilometern ein-

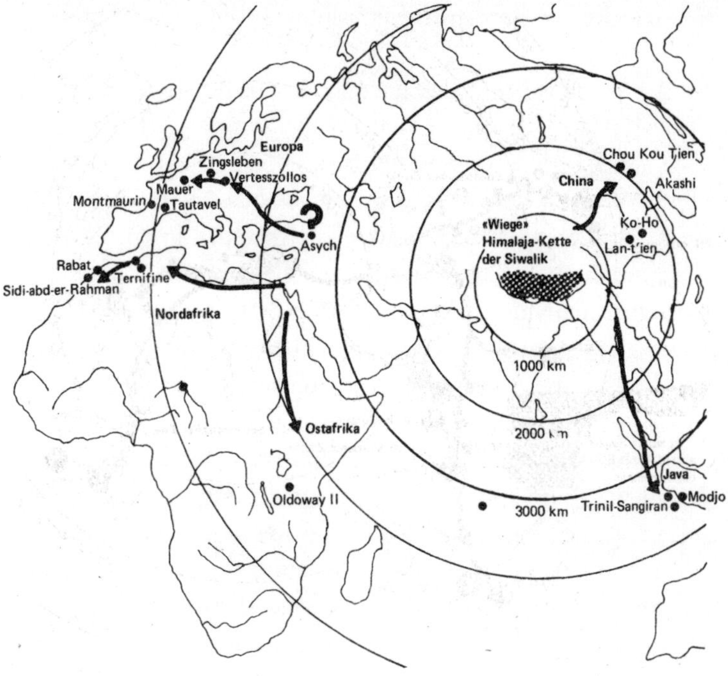


Abb. 1 bis: Räumliche Verteilung des *homo erectus*

gezeichnet. Beinahe alle anthropologischen und archäologischen Fundstätten liegen in einem Umkreis von 6000 Kilometern.

Es bleibt nun, die Spuren jener Übergänge zu finden, deren sich die Menschen bedient haben, um entlang der großen Täler in die Ebenen zu gelangen. Die neuesten Entdeckungen in der Genetik tragen das ihre zur Stützung der Hypothese bei, Zentralasien sei die Wiege der Menschheit gewesen.

## Wo sich die Chromosomen einschalten

Auf der verhältnismäßig neuartigen Ebene der Genetik hat die gegenwärtige Menschheit – alle Volksgruppen, alle Farben – eine einzige chromosomale Karte: alle Menschen weisen denselben «Speisezettel» vor! Man hat sie noch und noch gezählt: das Menschengeschlecht besitzt 46 Chromosomen. Gewisse Leute möchten in dieser Einheit – vielleicht etwas überstürzt, ohne ausreichende Beweise – den «Beweis» eines einzigen Paares zu Beginn sehen (und damit Darwins Sicht der Dinge und die Evolution der Arten verurteilen).

Unsere Nachbarn, unsere wahren Nachbarn, die Simier, und unter ihnen die primitivsten, die Lemuriden Madagaskars beispielsweise, sind mit 48 Chromosomen ausgestattet. Dieser Übergang, oder genauer, diese Verringerung von 48 auf 46 Chromosomen, könnte nach der Meinung der Genetiker – und ich überlasse ihnen dafür die volle Verantwortung – ziemlich logisch vor 25 Millionen Jahren eingetreten sein, kurz vor dem Silvester unseres Vergleichsjahres. Gewiß sind solche Übergänge, solche Mutationen selten. Insbesondere ist es ausgeschlossen, daß sie innerhalb größerer Populationen auftreten und sich erhalten konnten. Holen wir uns bei André Langanay[10], dem Direktor des anthropologischen Laboratoriums im Musée de l'Homme (Paris), die neuesten Erkenntnisse, die über meinen eigenen Fachbereich hinausgehen. Mutationen erfolgen im Verlaufe der Evolution der Arten und bei den Vorfahren des Menschen in nur beschränkter Anzahl. Die Mutationen erhalten sich ausschließlich in kleinen Bevölkerungsgruppen. In der Tat erfordert die Schöpfung einer neuen Art eine Reihe blutsverwandter Verbindungen, auf daß der Fortbestand der Eigenschaften gewährleistet ist. Diese neuartigen, mit 46 Chromosomen ausgestatteten Lebewesen sind durch eine um so engere Verwandtschaft miteinander verbunden, als sie im Inzest gelebt haben mußten...

Der Ausdruck «Inzest» sollte uns nicht weiter erschrecken: «Adam erkannte seine Frau Eva; sie empfing und gebar den Kain... Weiter gebar sie seinen Bruder Abel...»

Man kennt die Tragödie der Ermordung Abels durch Kain. Wird er für seinen Brudermord bestraft werden? «Jeder der mich findet, wird mich erschlagen», fürchtet er (1. Mos. 4). Zu Unrecht. «Der Herr machte dem Kain ein Zeichen, damit ihn niemand erschlage, wer immer ihn finde.» (5–15). «Kain aber erkannte seine Frau; sie empfing und gebar Henoch...» (4–17). Wie kann man leugnen, daß der biblische Bericht eindeutig die Blutsverwandtschaft annimmt, wenn nicht gar den Inzest?

Auch die Erfahrung meines Freundes Santiago Genovès ist dazu angetan, mich moralisch zu beruhigen. Er, der 1973 die Expedition des Floßes Acali leitete, das den Atlantik überquerte, vertraute mir damals an: «Man kann aus der Expedition eindeutig schließen, daß der Inzest ein mehr kulturelles als biologisches Konzept ist.» Und er fuhr fort: «Wir würden ruhig mit unserer Schwester schlafen; wenn wir anschließend Selbstmord begingen, wären daran Tabus schuldig, die nichts mit der biologischen Wirklichkeit zu tun haben.»

## Das Blut der Geschichte... und der Vorgeschichte

Die jüngsten Arbeiten Jean Bernards[11], zusammen mit den Forschungen der Professoren Dausset und Ruffié, zeigen, daß die Blutgruppen treu den Zustand der Gene unserer Zellen, unserer Chromosomen wiedergeben. Die Bedeutung dieser Bluntuntersuchungen ist beachtlich: Ein Tropfen ist leicht zu gewinnen und reich an möglichen Aussagen. Er gestattet, die molekulare Pathologie zu überprüfen, die Fortdauer gewisser Merkmale des Blutes von der Geburt bis zum Tod und darüber hinaus. Auf diese Weise konnte man bestimmen, daß der ägyptische Weber Nakht, ein Zeitgenosse Ramses II., dessen Mumie man gefunden hatte, der Blutgruppe B angehörte.

Professor Bernard wies beispielsweise nach, daß die Indianer Amerikas aus Asien kommen. Man wußte es aus der Archäologie. Die Blutanalyse bestätigt dies und bringt sogar noch weitere Aufschlüsse: Acht amerikanische Bevölkerungsgruppen, die kürzlich entdeckt worden waren, weisen erstaunliche Ähnlichkeiten mit dem Blut der Mongolen auf.

Die ersten Wanderbewegungen lägen demnach sehr weit zurück. Man schätzte sie früher auf rund 20000 Jahre, eine Zeitspanne, die nicht ausreicht, um die außerordentliche Vielfalt der Gesichter, der Sitten und der Sprachen in der Neuen Welt zu erklären, und nun vermutet Jean Bernard eher 50000 Jahre.

Jacques Ruffié seinerseits untersuchte die Ainu, die Einwohner der Insel Hokkaido im äußersten Norden Japans. Sie sind weißhäutig und haben waagrechte Augen... daher nahmen viele Leute an, sie seien Weiße. Das Ergebnis der hämatologischen Untersuchung ist eindeutig: die Ainu sind keine Weißen, sondern Ur-Asiaten, die vor dem verhältnismäßig kurz zurückliegenden Erscheinen der mongoliden Völkergruppen Asien bewohnt hatten. Die mongoliden Völker entwickelten sich erst im Verlaufe der letzten Eiszeit auf den Hochebenen Zentralasiens.

Auch Jean Dausset bleibt uns nichts schuldig: er erforschte die Paskuan; ihr Blut gleicht dem Blut der Polynesier, das sich seinerseits vom Blut der Melanesier und zahlreicher Indianer Amerikas unterscheidet; deren Blut wiederum ist mit dem der Mongolen verwandt. Die Hämatologie unterstreicht damit die Bedeutung und das Überwiegen der West-Ost-Wanderungen, d. h. der Wanderungen von Ozeanien nach Südamerika.

Andere Wissenschaftsrichtungen haben vor einiger Zeit dazu beigetragen, das Geheimnis der Osterinseln und ihrer mächtigen Statuen zu lüften ... Die Pollenanalyse – die Untersuchung versteinerter Pollen, die sich über Jahrtausende hinweg erhalten – ergab, daß bis vor wenigen tausend Jahren Palmen und Toromiros vorhanden waren. Mit Hilfe ihrer Stämme konnten die tonnenschweren Felsblöcke für die Statuen gerollt werden. Beim Aufrichten dienten sie als Hebel; die Seile wurden aus Hibiskusrinde geflochten. Dies sind übliche Verfahren, welche bei unseren westeuropäischen Megalithen vor vier, fünf oder sechs Jahrtausenden ebenfalls angewandt wurden.

Es braucht wirklich keine Außerirdischen, um die Rätsel unserer Archäologie zu lösen. Neue wissenschaftliche Forschungsrichtungen, richtig eingesetzt, reichen dazu völlig aus.

Kommen wir abschließend auf die Ergebnisse zurück, die Jean Bernard[12] in seinem Buch «Das Blut und die Geschichte» vorgelegt hat: «Die Forschung unterscheidet zwei große Blutgruppen: Einerseits Europa, Afrika und der Nahe Osten, andererseits Ostasien, die amerikanischen Indianer und die Polynesier, die auf eine ursprünglich paläo-asiatische Wurzel zurückzugehen scheinen.» Man beachte die Wichtigkeit der hervorstechenden Merkmale: der Westen einerseits, der Osten andererseits, diesseits und jenseits von Zentralasien.

Würde von daher nicht genau dieses Zentralasien die Herausbildung gemeinsamer Eigenschaften erklären, die man anschließend im Westen und im Osten wiederfindet?

## Die große Mutation

Professor H.-V. Vallois[13] war der Ansicht, daß es für den Ursprung des Menschengeschlechtes nur eine logische Lösung gebe, welche eine einzige Wiege für die Menschheit annehme. Professor Piveteau aus der nächsten Generation der großen Paläontologen dachte, daß «die Menschwerdung nur an einer einzigen Schnittstelle des Zweiges der Hominiden stattfinden konnte.»

Gewisse Biologen würden gerne die große Mutation, den Übergang der Lebewesen mit 48 Chromosomen, der Affen, zu den Lebewesen mit 46 Chromosomen, den Menschen, auf einen Zeitpunkt vor 25 Millionen Jahren legen; die Ablagerungen in den Siwalik würden uns noch darüber hinaus auf gegen 30 Millionen Jahre führen.

Gewisse ihrer Kollegen bringen ebenso gute Gründe für bescheidenere Zeiträume zwischen 20 und 15 bis 7 Millionen Jahre vor. Die Biochemiker schließlich gehen davon aus, daß die DNS, Träger des Erbgutes der Menschen und der Affen, sich vor rund 7 Millionen Jahren spaltete. Paläontologen schlagen für das, was ich die «große Mutation» zu nennen wage, eine Zeitspanne vor 20 bis 8 Millionen Jahre vor. Die unmittelbare Zukunft wird neues Licht in dieses Dunkel bringen. Die Daten weichen vorläufig zu stark voneinander ab, es braucht noch zusätzliche Zinken in dieser gewaltigen, letzten «Zeitgabel». Ebenso zeichnet sich ein einziger geographischer Ort als wahrscheinlich ab, der wohl in Zentralasien liegt; die Siwalik bleiben die aussichtsreichste Kandidatur für die Rolle der «Wiege der Menschheit».

# Auf den Spuren des Menschen

## Schritt für Schritt

Uralte Erinnerungen, jahrtausendalte Überlieferungen, die in späteren Texten festgehalten werden, enthalten immer ein winziges Körnchen Wahrheit.

Zweimal war ich mit dabei, als wissenschaftliche Vorstellungen und religiöse Überlieferung einander gegenübergestellt wurden.

1942 erörterte ich in einem Vortrag in der Baracke IV, D an der äußersten Grenze Schlesiens, über die eisige Winde hinwegfegten, vor einem leidenschaftlich interessierten Publikum von 300 oder 400 gefangenen Offizieren, gemeinsam mit Pater Congar, dem Verantwortlichen der Dominikaner, dem großen Apostel der Ökumene der Kirchen, erörterte ich also...: den Ursprung der Menschheit.

Wir haben uns Schritt für Schritt vorgekämpft, der eine gestützt auf seine wissenschaftlichen Quellen, der andere auf theologische und religiöse Argumente. Ich glaube, daß die Bestattungsbräuche des Neandertalers, seine absichtlichen Grablegungen mit Proviant für die ewige Reise, mein gefährliches Gegenüber davon überzeugt haben, daß wir uns etwa im 50. Jahrtausend in Gegenwart eines Menschen mit einer Seele befinden. Das Ritual der Verteilung unserer mageren täglichen Brühe setzte der Debatte ein Ende und verhinderte den Vorstoß in weiter zurückliegende Zeiträume.

Die zweite Auseinandersetzung fand im Januar 1980 statt. Gesprächspartner war mein Kollege und Freund, Professor P.-J. Carles[14] von der katholischen Universität Toulouse. Der

Hörsaal war voll zukünftiger Tierärzte. Wir beide debattierten über den Ursprung des Menschen und die Frage, wie sich seine Existenz beweisen ließe. Carles hielt sich an die Definition, die er in seinem Buch über den ersten Menschen aufgestellt hatte: «Der erste vernünftige Mensch war jener, der als erster einsichtig war, der als erster anfing, *Gut und Böse* zu unterscheiden. Er ist mehr als 120 000 Jahre alt.» Dieser erste «vollwertige» Mensch wäre demnach der *homo sapiens neandertalensis* sowie der *homo sapiens sapiens,* der Cro-Magnon. Ich stellte fest, daß innerhalb der letzten vierzig Jahre Fortschritte gemacht worden waren. Das Dogma hatte seinen Bereich erweitert und seine Zeitrechnung ausgedehnt; der Neandertaler war in den Kreis der Menschheit aufgenommen worden. Trotzdem wagte ich nicht darauf zu bestehen, daß man mir handfeste Beweise des Erkennens von Gut und Böse vorlege, und, warum nicht, eine Definition. Knöcherne, zur Not archäologische und seien sie steinerne Beweise dieses Begriffes von Gut und Böse wären wertvoll gewesen. Aber o weh! Zwei Stunden hitziger und leidenschaftlicher Debatten erschöpften das Thema nicht.

Diese Probleme habe ich nie mit Abbé Breuil besprochen, obschon wir uns während zwanzig Jahren regelmäßig begegnen. Ihm, der Ehrenchorherr des Bistums Soissons war, stellte sich die Frage nicht. Er jonglierte mit den Jahrtausenden und folgte Schritt für Schritt dem chronologischen Rausch der Geologen und Paläontologen. Zweifellos hätte er gelächelt, wenn ich es gewagt hätte, ihn an das Jahr 4004 zu erinnern, den «offiziellen» christlichen Zeitpunkt der Schöpfung. Mit der gleichen heiteren Ironie verurteilte er den Kult der «Steinfiguren», jene Spiele der Natur, welche die Sammler auf zahllosen Fundstellen quer durch die Welt finden und von denen sie sich eine glückbringende Wirkung erhoffen. Aber auf seinem überladenen Schreibtisch an der Avenue La Motte-Picquet konnte jedermann eine solche Figur thronen sehen, ein prächtiges Exemplar, das sich gleich neben dem riesigen Cache-Pot befand, der während den Jahren der Besatzung seine Zigarettenstummel und die seiner Besucher aufgenommen hatte...

Diese Fragen des Ursprungs, und das bedaure ich noch lebhafter, habe ich auch nicht mit Pater Teilhard de Chardin angeschnitten, als ich die Ehre hatte, mich mit ihm zu unterhalten. Ich traf ihn kurz nach seiner Rückkehr aus China, etwa 1947, im Institut für Humanpaläontologie. Von ihm wollte ich damals das Neueste über den Stand der neolithischen Forschung in China erfahren, um meine Habilitationsschrift zu vollenden, die ich im folgenden Jahr vorlegen sollte. Wir sprachen mehr als drei Stunden miteinander, doch der Ursprung des Menschen war nicht unser Anliegen.

Ist eine Versöhnung möglich – wäre sie nicht erwünscht? –, die sowohl die Anhänger wie die Gegner der Evolution zufriedenstellen könnte, die Menschen guten Willens, die von der einzigen Sorge um die reine Wahrheit beseelt sind, um den bescheidenen Ursprung des Menschen zu erhellen und zu verstehen? Könnte dieses Verständnis nicht auch ein bißchen Weisheit für die Zukunft mit sich bringen?

## «Er» kam hier vorbei... vor 3 500 000 Jahren

«Dies ist die bemerkenswerteste Entdeckung meiner ganzen Laufbahn», erklärte Mary Leakey. Und welch großartige Laufbahn hatte diese Frau, die Gefährtin Dr. Louis Leakeys, hinter sich. Eine Gelehrtenfamilie, die ihr Leben in den Dienst der Ergründung der Rätsel unseres menschlichen Ursprungs stellte, und zwar in den geheimnisvollsten Gegenden Afrikas, in diesem weiten ostafrikanischen Grabenbruch, den sie für eine «Wiege» hielten, der aber möglicherweise bloß eine gewaltige Reuse war. Doch was soll's – die Funde sind zahlreich, und aus ihrer Dichte mag sich eine Antwort ergeben.

Großvater Leakey war ein anglikanischer Pastor, der sich als Missionar in Kenia niederließ. Sein Sohn, Louis Seymour Bazet Leakey, kam 1903 in Kenia zur Welt und widmete sein ganzes Leben der anthropologischen Forschung. Gründlicher als irgendwer spürte er den tiefen Wurzeln Afrikas nach, eines Afrika, das zweifellos älter als die Négritude ist, die Präsident Senghor verherrlichte. Ich traf Dr. Leakey beim panafrikanischen Kongreß über Vorgeschichte in Dakar, den der Präsident Senegals eröffnete: «Wir müssen unsere Geschichte auf den tiefen Felsen unserer Vergangenheit aufbauen», verkündete er zu diesem genau richtigen Zeitpunkt.

Leakey legte den massiven Unterkieferknochen eines Vorhominiden vor, der etwa zwanzig Millionen Jahre alt ist, der *Keniapithecus*, und es sind diese zwanzig Millionen Jahre, die mir beim Aufstellen unseres Bezugsjahres als Anhaltspunkt dienten. Leakey starb 1975; als Kenia unabhängig wurde, hatte er dessen Staatsbürgerschaft angenommen. Seine neuen Landsleute wußten es ihm zu danken. Vor dem Forschungsinstitut, das seinen Namen trägt, errichteten sie ihm eine überlebensgroße Bronzestatue! Da sitzt Dr. Leakey in seiner gewohnten Haltung und hält in der einen Hand eine Axt und in der andern den Schlagstein, mit dem das Gerät hergestellt worden war. Tiefe Symbolik... Er ist heute der einzige Weiße mit einem Denkmal auf dem schwarzen Kontinent, zu dessen Vorgeschichte seine Studien so viel beigetragen haben.

Schließen wir hier unsere Klammer. Diese «bemerkenswerteste Entdeckung meiner Laufbahn» machte Mary Leakey, als sie 1935 die Fundstätte Laëtolil entdeckte *(Abb. 2)* Sie widmete ihr ein halbes Jahrhundert ihres Lebens; Richard, einer ihrer Söhne, stand ihr zur Seite.

1959 und erneut 1974 gab die Fundstätte zahlreiche Zähne von Säugetieren frei, die – in Anschwemmungen verstreut – durch einen Lavastrom versiegelt und datierbar geworden waren. Lava erlaubt eine genaue zeitliche Zuordnung, da sie sich

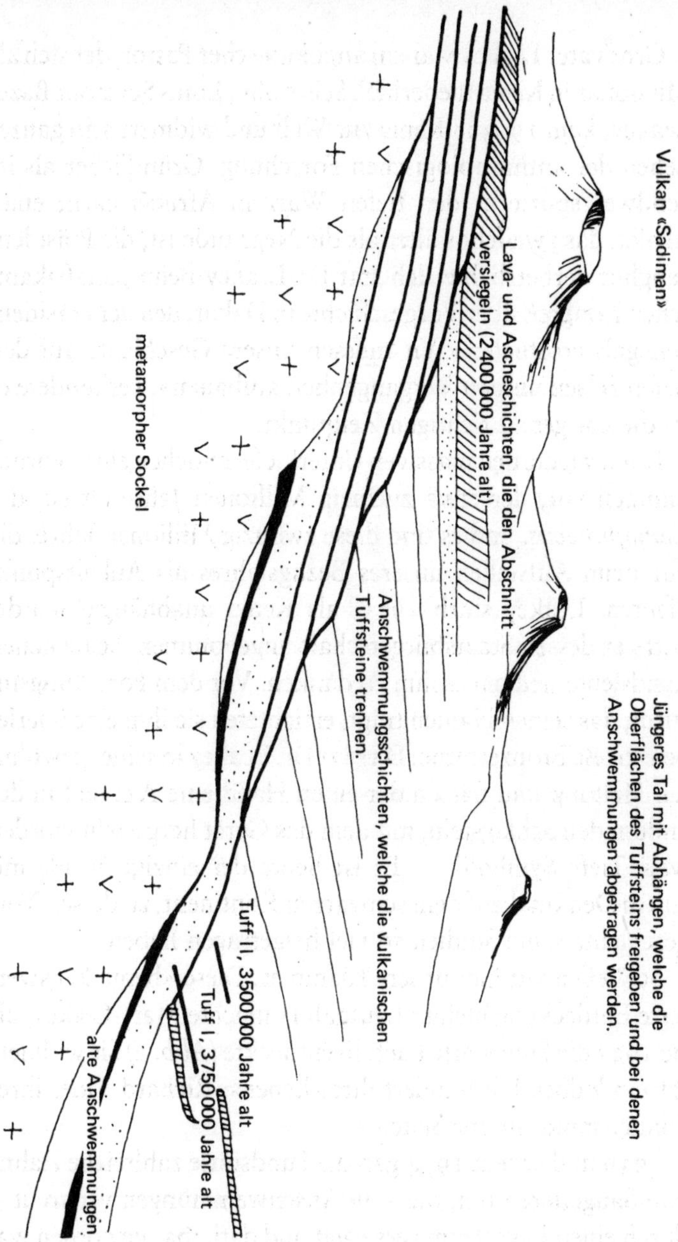


Abb. 2: Laëtolil (Tansania). Schema

für radiometrische Messungen im Labor eignet. In diesem Sinne ist es einer der Glücksfälle der afrikanischen Geschichte. Die Schicht, die in Laëtolil untersucht wurde, ist 2 400 000 Jahre alt. Die darin eingeschlossenen versteinerten Ablagerungen sind demnach älter als diese Lava, also älter als 2 400 000 Jahre. Mary entdeckte darin den Zahn eines Hominiden. Ein Zahn, das ist nichts, vielleicht ... und doch! Ich lese in Gedanken, was Anatole France in seinem «Buch meines Freundes» schrieb, als der Vater des kleinen Peter ihm mit Liebe von der Bedeutung und dem Wert eines Zahnes sprach, eines menschlichen Zahnes. Dies war jedoch nur ein Zahn aus der Zeit des Cro-Magnon, nur etwa 20 000 oder 30 000 Jahre alt. Dagegen ein 2 400 000 Jahre alter Zahn! Welch wundervolles Abenteuer! Ermutigt machte sich Mary 1975/1976 an eine vierte Grabung; dabei fand sie zwei Unterkieferknochen von Hominiden und Überreste von 21 Hominiden. Später legte sie ebenfalls eine beachtliche Anzahl Schichten frei, eine Masse von 150 Meter Ablagerungen, die durch 22 vulkanische Tuffs getrennt waren – immer leicht zu datieren. Die tiefste, älteste Schicht ist 3 750 000 Jahre alt ist. Darüber liegt der «neuere» Tuffstein, der «nur» 3 500 000 Jahre alt ist. Mary entdeckte darin Spuren von Hominiden: unbestreitbar die ältesten der Welt!

## 3 500 000 Jahre alte Fuß-Spuren

Selten habe ich eine so beeindruckende Stätte wie Laëtolil in Tansania bewundert: eine wunderbare, ruhige Savannenlandschaft mit vereinzelten Bäumen, übersät mit Mimosendolden. In der Ferne erblickt man den großen für diese Chronologie Verantwortlichen, den Vulkan Sadiman, der bei zweiundzwanzig Ausbrüchen seine Lava ausspuckte. Auf der staubigen, vom Nieseln oder Regen feuchten Asche sind vielfältige Spuren sowohl von Tieren wie von Prähominiden dank genauester Grabungen aus der Erde, die sie enthielt, hervorgeholt worden. Sie sind verhältnismäßig ordentlich, sogar aneinandergereiht und scheinen alle denselben Weg zu gehen, in Richtung einer nahen Quelle.

Mit welcher Rührung, mit welch tiefer Achtung sind auch wir den Weg gegangen, den unsere Vorfahren und ihre Begleittiere vor mehr als drei Millionen Jahren genommen hatten. Mary Leakey führte an, ihr folgte Professor von Koenigswald von der Universität Leyden, der erfahrene Erforscher Javas und der Fundstätte Sangiran. Ich machte den Schluß.

Die Fußabdrücke von Laëtolil sind sehr vielfältig. Man unterscheidet Spuren von großgewachsenen Antilopen, die den heutigen Thompson gleichen, und dann kleinere, die sich mit der Dyck-Dyck vergleichen lassen, jenem lebhaften Tier, das sich kaum fotografieren läßt, weil es so schnell ist. Die Perlhühner haben Spuren ihrer merkwürdigen kleinen, dreiteiligen Füße hinterlassen. Aber wie viel beeindruckender sind noch die breitgewalzten Spuren des Vorfahren unseres heutigen Elefanten, des Dinotheriums. Dieses ist ein gewaltiges Tier und, was für uns noch wichtiger ist, ein gutes Fossil. Denn es gibt auch schlechte Fossile, die sich den unterschiedlichsten Umgebungen und Klimaveränderungen anpassen und daher keine genauen zeitlichen Angaben bringen. Dies sind schlechte Fossile, wie das Nashorn von Merck in Europa, das man unterschiedslos in warmen und kalten Ländern findet. Das *Rhinocerus tichorhinus* oder das Nashorn mit den geteilten Nüstern dagegen ist ein ausgezeichnetes Fossil. Als Tischgenosse des Mammuts versetzt es uns sogleich in ein kaltes Klima. Zu Beginn meiner Lehrtätigkeit stellte ich gelegentlich folgendes Rätsel: «Welches ist das schlechteste Fossil des Planeten?» Die Antwort erforderte keinen Rückgriff auf komplizierte, naturwissenschaftliche Begriffe, denn es handelt sich selbstverständlich – um den Menschen!

Aber machen wir kurz Halt beim Dinotherium. Es war vor etwa zwanzig Millionen Jahren voll entwickelt, war noch kolossaler als der Elefant, der von ihm abstammt, denn es wurde fünf Meter hoch und sechs bis sieben Meter lang, ohne Stoßzähne und Rüssel mitzurechnen. Nehmen wir zum Vergleich einen zeitgenössischen afrikanischen Elefanten: Er bringt es auf eine Höhe von 3,2 Meter und seine Gefährtin auf 2,8 Meter. Ein afrikanischer Elefant, der 3,7 Meter hoch wird, ist bereits rekordverdächtig. Doch neben einem Dinotherium wäre er ein Winzling. In unserer Geschichte beeindruckt letzteres aber weniger aufgrund seines Ausmaßes, als wegen seiner Stoßzähne. Es verfügt über zwei kräftige, nach unten gerichtete Stoßzähne, die ihm als Schaufel oder zum Entwurzeln der Bäume dienen. Diese natürliche Geste des Tieres, diese Arbeitsbewegung von oben nach unten in Richtung Boden und das schließliche Emporschwingen, um Wurzeln, Knollen und Wurzelstöcke auszugraben, ist entscheidend. Es konnte, es mußte den *Australopithecus* zur Nachahmung anregen, ihm den Gebrauch eines Asts nahelegen, um die Erde «umzugraben», sie aufzuwühlen, dort dieselben Nahrungsmittel zu finden, ferner kleine Säugetiere, Nager, Würmer, die den Speisezettel dieses Allesfressers bereicherten, ihn bald zum Fleischfresser machten.

Das Beispiel des Tieres wirkt ansteckend. So wurde der Ast zugespitzt, wie es der gebogene Stoßzahn des Dinotheriums natürlicherweise ist. Dieser Stecken war zweifellos das erste Gerät, das schließlich zum Spieß wurde, mit der offensiveren Funktion von Angriff oder Verteidigung.

Neben den Spuren des Dinotheriums endlich die Fußabdrücke der Hominiden, mehrere vom gleichen Individuum, zwischen Antilopen- und Perlhuhnspuren, ein ausgezeichneter Abdruck eines rechten Fußes mit klarem Fußgewölbe und einer abstehenden Zehe. Die Fußlänge entspricht einem etwa 1,2 Meter hohen Individuum (der *Australopithecus* war unseres Wissens etwa 1,2 bis 1,4 Meter hoch). Bei den gegenwärtig bekannten Völkern sind die Pygmäen aus dem Gebiet des Äquators durchschnittlich 1,44 Meter hoch, und die Buschmänner aus der Kalahari-Wüste bringen es auf 1,47 Meter. Diese beiden Völkerschaften wurden in feindliche Landstriche abgedrängt, in dichte Wälder oder an den Rand der Wüste, nachdem ihr eigentlicher, traditioneller Lebensraum die mit einzelnen Bäumen bewachsenen Hochebenen Ostafrikas gewesen waren.

Abends kamen wir mit von Koenigswald und Mary Leakey müden Schrittes in unser Lager zurück, unsere langsame, zögernde, etwas «wiegende» Gangart erinnerte zweifellos etwas an den *Australopithecus* von Laëtolil. Im Lager fanden wir wieder die moderne Zivilisation mit dem Knistern des Rundfunks vor. Daneben gab es auch das ewige Afrika, mit dem Kopf einer Giraffe, der sich zwischen den Bäumen zeigte, und diese vielfältigen Vögelchen mit ihren leuchtenden Federn, die das Wasser tranken, das sich im Kranz des Ersatzreifens angesammelt hatte...

Während ich mich vom Zauber des Ortes mitreißen ließ, legte mir Mary Leakey zwei «Steine» vor. Waren sie von Menschenhand bearbeitet worden? Mary hielt sie nicht für menschliche Geräte, ich auch nicht. Dies war im September 1977. Aber es ist denkbar, daß unser Urteil in naher Zukunft anders lauten wird.

Diese Beratung erinnerte mich an eine ähnliche Szene, die sich gut zehn Jahre früher abgespielt hatte. Abbé Breuil schenkte mir sehr geheimnisvoll drei «bearbeitete» Quarzite aus Tampanilla, einer Fundstätte in Andalusien. Anläßlich der Übergabe hielt ich die Stücke für ganz uninteressant, aber aus Hochachtung für meinen Lehrer bewahrte ich sie sorgfältig auf. Heute kenne ich sie... ich kenne sie besser. Ich analysiere ihre Facetten, ihre Ausbuchtungen, ihre Bearbeitung, ich fühle sie, liebkose sie, schätze sie. Meine Studenten gehen ihrer Schnitt-Technik nach. Es sind wundervolle, sehr alte Funde (etwa eine Million Jahre oder älter), die man der Technik des Clactonien-Abevillien zuordnen könnte. Ein vergleichbares Abenteuer war mir bereits beim schwierigen «Wiedererkennen» der «Sphäroide» von Haïn Hanech zugestoßen, auf das ich noch zu sprechen kommen werde...

Nachdem ich mit von Koenigswald die beiden steinernen Funde begutachtet hatte, kamen wir auf die Frage der Wiege der Menschheit. Mitten im Herzen Afrikas erörterten wir die Aussichten – Asiens!

## Die Odyssee der Australopithecinen

Diese Australopithecine, deren Spuren wir verfolgten, wären ohne einen jener Glücksfälle, die den Forschern gelegentlich zu Hilfe kommen, wohl nie entdeckt worden. Seine Geschichte verdeutlicht übrigens aufs beste, wie unsicher unsere genealogischen Kenntnisse nach wie vor sind. Im November 1924 untersuchte ein Geologe aus Johannesburg das Füllmaterial der Steinbrüche in Taung im Betschuanaland. Auf dem Schreibtisch des Direktors der Steinbrüche lag als Papierbeschwerer der fossile Schädel eines Primaten, der sich noch inmitten des ihn umgebenden Gesteins befand. Der Geologe lieh sich das Fossil aus, um es dem Paläontologen Raymond Dart zu zeigen. Dieser Schädel, der einem sechsjährigen Kind gehört hatte, hat ein Hinterhauptsloch, das bezeugt, daß das Individuum «zweifüßig» war! Bei einem entsprechenden Erwachsenen hätte der Schädel einen Inhalt von 600 Kubikzentimetern. Und Dart dachte, daß dieser Kinderschädel eine «erloschene Rasse zwischen den gegenwärtigen Anthropoiden und dem Menschen darstellt»; er gibt ihm den Namen «Australopithecus» (südlicher Affe). Seine Beurteilung ist eindeutig: «Es ist offensichtlich, daß wir uns in Gegenwart eines vormenschlichen Lebewesens befinden.» Was sich fünfzig Jahre später als genau richtig herausstellte. Aber alle die ehrenwerten Kollegen Darts mußten noch überzeugt werden, und es hob eine polemische Auseinandersetzung an zwischen den Parteigängern von «Australopithecus-Mensch» und «Australopithecus-Affe». Raymond Dart reiste mit seinem Fossil bis nach London, um es zu verteidigen. In der Hitze des Gefechtes ließ er es in einem Taxi liegen. Es kostete Scotland Yard einige Mühe, das Fossil wieder aufzufinden. Seither hat man in den Steinbrüchen von Taung nichts mehr entdeckt, aber der *Australopithecus* hat sich sein Bürgerrecht in unserem Stammbaum erworben. Er ist eine wirkliche «Frucht des Wunders»!

Wundern wir uns daher nicht, wenn in unserer Genealogie ein Glied in der Kette fehlt: Noch ist nicht die ganze Welt erforscht, weit entfernt davon...

## Die berühmte Lucy

Gäbe es sie nicht, man müßte sie erfinden. Aber sie ist da, wirklich vorhanden. Im November 1975 gelang Donald Johanson und seinen Kollegen Maurice Taïeb und Yves Coppens in der Gegend von Hadar (im Dreieck von Afar in Äthiopien) ein außergewöhnlicher Fund. Afar ist die nördliche Verlängerung des ostafrikanischen Grabens, den wir bereits in Tansania und Kenia verfolgt haben. Die Forschergruppe förderte dort eine Serie von mehreren hundert Knochen zutage, die dreizehn Individuen gehörten, einer «Familie» mit fünf Kindern, Jugendlichen und Erwachsenen. Im folgenden Jahr fanden Donald Johanson und Tom Gray Bruchstücke eines halbwüchsigen Hominiden. Man sammelte sorgfältig alle Knochen ein und bemerkte schließlich im Laboratorium, daß es sich um ein einziges Skelett handelte, das einer zwanzigjährigen jungen Frau gehört hatte, die 1,2 Meter groß gewesen war und die als «Lucy» berühmt wurde. Warum? Ganz einfach, weil das ganze Lager während der Entdeckung den berühmten Beatles-Song «Lucy in the Sky with Diamonds» gehört hatte.

«Lucy» darf noch einen andern Anspruch auf Berühmtheit erheben: Sie bietet uns 52 Knochenbruchstücke, was aus ihr das vollständigste Skelett macht, das jemals aus dieser Zeit gefunden wurde. Um ein weiteres, so vollständiges Skelett anzutreffen, müssen wir bis zu den Neandertalern warten; es gehört in die Zeit um 80 000 Jahre. Eine Zeitspanne von rund drei Millionen Jahren trennt es also von seiner älteren Schwester.

Das untere Omotal ist reich an fossilen Gebeinen. Bei gewissen Grabungen findet man bis zu fünfzig Tonnen, 77 Fundstätten sind bekannt, 200 Zähne, 10 Kieferknochen, 10 lange Knochen sowie 3 Bruchstücke von Schädeln; die meisten Gebeine stammen von Austalopithecinen. Man fand dort auch nach Professor C. Arambourg 44 neue Arten von Säugetieren. Einige Jahre später waren es bereits rund hundert neue Arten.

1973 machte man eine neue archäologische Fundstätte aus, die zwischen 2 100 000 und 1 900 000 Jahre alt ist. Eine Grabung über nur sechs Quadratmeter förderte 768 Funde zutage, worunter sich Geräte, Splitter, ziemlich große Scherben, Spuren menschlicher Arbeit befinden, d.h. 191 Exemplare auf einen Quadratmeter. Zwei Bruchstücke einer grob bearbeiteten großen Klinge, die 18 Zentimeter entfernt voneinander gefunden worden waren, passen zusammen. Der archäologische Boden war nicht erschüttert worden. Die Human-Paläontologie kann immer mehr Raum an ihre Schwester, die Vorgeschichte, abtreten.

## Die größte Stratigraphie der Welt

Seit 1911 erforschten Gelehrte die Oldowayschlucht in Tansania *(Abb. 3)*. Zur günstigen Jahreszeit, nach den großen Regenfällen, entreißen sie den Abhängen der Schlucht, die ein eigentlicher hundert Meter tiefer Cañon ist, beinahe jährlich Gebeine von Säugetieren, deren Spitzen aus der Erde herausragen, bearbeitete Kiesel, die den Abhang herunterrollen. Mehrmals erfolgten wilde Sammlungen, bis zu jenem Tage, als sich Dr. Leakey, seine Gattin und sein Sohn einschalteten. Von da an wurde ermittelt, verglichen, aufgeschrieben, systematisch ausgegraben. Mit wissenschaftlicher Genauigkeit suchte man gewisse Terrassen zwischen Felsblöcken ab, um Geräte und zerbrochene Gebeine sowie Überreste von Mahlzeiten jener Menschen zu entdecken, die dort gelebt hatten. Bis zu jenem Tag, wo man den Menschen selber fand.

Am Rande eines felsigen Steilhanges, mehr als hundert Meter über der Tiefe der Schlucht, erklärt Mary Leakey mit ihrer rauhen Stimme begeistert die Geschichte ihres «Königreiches», das den Jahrtausenden trotzte. Die archäologischen Betten, die «beds», beginnen auf Basalt. Die tiefste Schicht, die Schicht I, besteht aus vulkanischem Tuffstein (wir befinden uns immer noch in der großen Wunde der Erde, im ostafrikanischen Grabenbruch). Seitwärts findet man Lehm, ein Hinweis auf ein regenreiches Klima. Darüber bildet Mergel, der sich in früheren Seen gebildet hatte, die Schicht II, die zweite Regenphase des afrikanischen Klimas. Die verschiedenen Klimaperioden folgen sich bis zur Hochebene. Dort stößt man auf neolithische Beile oder dann halbverkohlte Holzreste des letzten Massai-Lagers. Vom Anbeginn bis zur Geschichte, von den Anfängen bis zur Gegenwart, könnte man über diesem wundervollen Buche raunen, das Abschnitte aus den ältesten Epochen der Welt offenlegt. In welche Zeiträume versetzt uns Oldoway? Die Analysen mit Hilfe des Potassium Argon ergaben für die

Basis, das Bed I, die Zahl von 1 850 000 Jahren, für die Spitze 1 230 000 Jahre. Der *homo habilis*, den wir gleich vorstellen werden, wird auf 1 750 000 Jahre geschätzt. Aber die Laboratorien sind sich noch lange nicht einig. Von Koenigswald, der Funde aus Oldoway in den Laboratorien der Universität Heidelberg untersuchen ließ, kommt auf die Zahl 1 300 000 Jahre für die Basis von Oldoway, was einen Unterschied von einer halben Million Jahre bedeutet!

Eine neue Datierungsmethode mit Hilfe von Uranium 238, genannt «glass-fission-track», kommt für die Basis auf eine Schätzung von 2 030 000 Jahre (ich bewundere die 30 000), mit möglichen Abweichungen von 280 000 Jahren, vorwärts oder rückwärts, was einer gesamten Zeitspanne von 2 310 000 bis 1 750 000 Jahren entspricht. Andere, neuere Untersuchungen schlagen 2 300 000 Jahre vor. Aber was sollen uns diese Abweichungen, die aufs ganze gesehen gering sind. Merken wir uns einfach, daß uns die Basis der Schlucht von Oldoway in einen Abgrund von rund zwei Millionen Jahren versetzt.

## Der *homo* wird endlich ... *habilis*

1960 entdeckten L. S. B. Leakey und P. V. Tobias in den tiefen Schichten des Oldoway am Fundort Flknni, in den Schichten I, ein neues Glied in der menschlichen Kette. Um etwas logische Ordnung in den unordentlichen Stammbaum zu bringen, gaben sie ihm den Namen *homo habilis*; das Lebewesen ist entwickelter als der *Australopithecus*, sein Vorgänger, und etwas weniger entwickelt als der *homo erectus*, der Aufrechte, sein Nachfolger. Zum *homo erectus* gehören beispielsweise der *Pithecanthropus* und der *Sinanthropus*, die wir seit Jahrzehnten aus unseren Schul-Erinnerungen kennen. Der *homo habilis* bewegt sich auf dem nicht rückgängig zu machenden

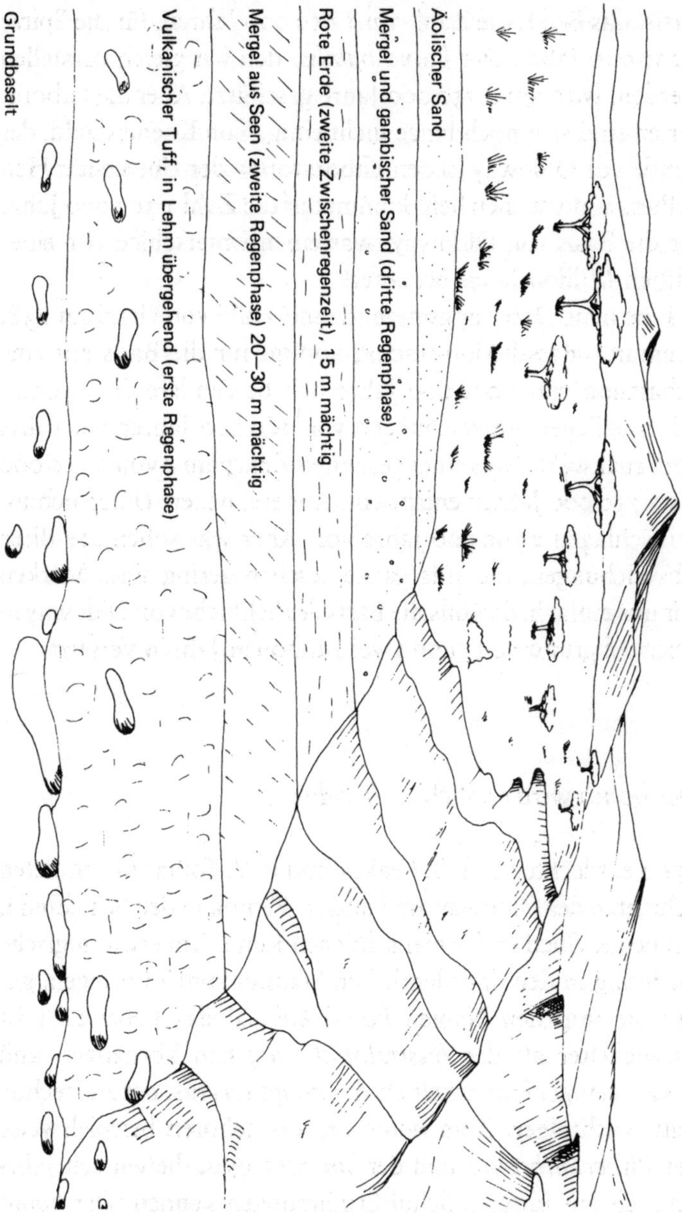


Abb. 3: Schnitt durch die Oldoway-Schlucht (Tansania)

Weg zum späteren Menschen. Dürfte man sagen, auf dem nicht rückgängig zu machenden Weg des Fortschrittes? Eine solche Behauptung würde nur weitere Probleme stellen.

Gewisse anatomische Einzelheiten sind für die Evolution bezeichnend. Das «durchschnittliche» Schienbein des *homo habilis* mißt 28 Zentimeter, beim Schimpansen 20 bis 22 Zentimeter, beim Pygmäen von Ituri 29 bis 31 Zentimeter, während der Europäer mit 34 bis 38 Zentimetern aufwarten kann. Die Verlängerung der unteren Glieder, die den Menschen vom Affen unterscheidet, hat demnach bereits beim *homo habilis* ihren Anfang genommen.

Ursprünglich lebten die Primaten in den Bäumen, wie wir bereits gesehen haben. Diese Baumbewohner ernährten sich von Früchten und Pflanzen. Als die Bäume seltener wurden, die Wälder der Savanne Platz machten, verließen die Primaten ihre belaubten Verstecke. Aufrechten Ganges nützten sie ihre Zweifüßigkeit, um die zahlreichen tierischen Nahrungsquellen der Savanne besser auszubeuten. Klimatische Veränderungen brachten neue Vegetationen. In Ostafrika wie in den Siwalik veränderte sich die Ernährung mit der Kehrtwendung der Natur. Das neue Lebewesen, erhobenen Hauptes, befreit sein Gehirn und leitet endlich die große Wende zur Menschwerdung ein.

Seit der Entdeckung des *homo habilis* und der Anerkennung seiner Bedeutung in der menschlichen Ahnenreihe wurden die Funde immer zahlreicher. Östlich des Turkana-Sees (des ehemaligen Albert-Sees) fand B. Ngeneo in Koobi Fora einen beinahe vollständigen Schädel, der inzwischen zum Klassiker geworden ist und unter der Nummer KNM ER 1470 eingetragen wurde.

An dieser Stelle lohnt es sich, die große chronologische Auseinandersetzung in Erinnerung zu rufen, den Sturm, den ein Schädel bei den Spezialisten ausgelöst hatte. Diesem Schädel, einem nahen Verwandten des *homo erectus* (dem aufrechten Menschen, dem großen und echten Vorfahren des Menschen), hat man folgende Zeitangaben zugeschrieben: 2 600 000, 2 480 000, 1 820 000 1 600 000, 2 440 000, 1 870 000, usw. Oder kurz, eine chronologische Bandbreite, die sich von 2 600 000 bis zu 1 600 000 Jahren erstreckt. Die Spanne zwischen den Extremwerten macht also eine Million Jahre aus. Sind wir hier nicht wieder bei jenen täuschenden Zeitangaben angelangt, die wir uns immer wieder vor Augen halten müssen?

## Der *homo erectus*: der *Pithecanthropus*

Die Schichten aus der zweiten Regenperiode von Oldoway enthalten am Fundort HEB eine ausgezeichnet erhaltene Schädeldecke eines *Pithecanthropus*. Zusammen mit der Fauna, die diesen begleitet, finden wir die üblichen typischen Geräte, die große Familie der «Zweiseiter», die ehemaligen «Faustkeile», wie wir in unserer Jugend sagten. Die Entdeckung dieser Schädeldecke ist wichtig. In Schichten, die zeitlich auf den *homo habilis* folgen, belegt sie an dieser Stelle die Anwesenheit des *Pithecanthropus*, der mehr oder weniger der Erbe des *homo habilis* ist, und stellt eine Verbindung mit gleichen, früheren Entdeckungen her, die an verschiedenen Orten der Welt gemacht wurden. Sie erlaubt ebenfalls, gewisse Verwandtschaften aufzudecken: mit dem *Pithecanthropus* aus Java, mit dem chinesischen *Pithecanthropus*, dem *Sinanthropus*, mit dem *Pithecanthropus* aus Nordafrika, dem *Atlanthropus*, und schließlich mit den Vertretern aus unserem alten Europa, wie dem Unterkieferknochen aus dem Steinbruch von Grafenrain in Mauer bei Heidelberg, und dem Schädel von Bilzingsleben, in der DDR *(Tafel 2)*.

Auf jede dieser archäologischen Entdeckungen folgen jahrelange, aufmerksamste, in die Einzelheiten gehende Untersuchungen. Welch schönes Glück für den Entdecker – fast möchte man «Erfinder» sagen –, welches Glück, wenn sein persönliches Fossil einen Höcker, den winzigen Punkt eines Molars, aufweist, der etwas besser entwickelt ist als der Hökker des Konkurrenzfossils seines verehrten Kollegen und Freundes! Diese Besonderheit wird es ihm erlauben, seiner Entdeckung den Hauch des Neuen zu geben und, höchstes der Gefühle, seinen eigenen Namen an dritter Stelle beizufügen, um sie vor der Ewigkeit zu preisen. Der Anthropologe «Hans Jedermann» kann sein Fossil *homo neandertalensis sapiens communis* nennen ...

Diese Tradition wissenschaftlicher Terminologie erklärt die ausufernde Entwicklung der paläontologischen Benennungen, selbst wenn sich diese Namen «klären» und die Doppelbegriffe allmählich verschwinden werden. Das gute Geld vertreibt das schlechte, sagen die Wirtschaftsfachleute.

Immerhin reichen drei Namen aus, um die letzten Stufen der Menschwerdung ins richtige Licht zu rücken:

– Der *homo erectus* mit der Subsistenzwirtschaft der Sammler.

– Der *homo sapiens neandertalensis* mit der Jagdwirtschaft der letzten Eiszeit (Würm-Eiszeit).

– Der *homo sapiens sapiens*, dessen bester Vertreter der Cro-Magnon-Mensch bleibt, mit der Stammeswirtschaft der Jäger unserer ausgeschmückten Höhlen.

Der Mensch der großen wirtschaftlichen und demographischen Veränderungen des Neolithikums wird uns nur einige Augenblicke beschäftigen ... und nur aufgrund seiner Verbreitung, und falls die Zeit überhaupt dazu ausreicht, bis zu ihm zu gelangen!

## Ein aufschlußreiches Fundstück: das Sphäroid

Das «Sphäroid» genannte Gerät erzählt uns die ziemlich neue Geschichte des ältesten Werkzeuges der Welt. Wir befinden uns im Afrika der dreißiger Jahre. Die «Schlangenquelle», sechs Kilometer nord-nordöstlich von Saint-Arnaud, östlich von Sétif, am Ort Haïn Hanech, liegt am Ausgang einer kurzen Schlucht. Im Verlaufe des Quartärs füllte sie mit ihren Anschwemmungen eine weite Senke auf. Gewisse tiefer liegende Anschwemmungen gehen auf das Tertiär zurück. Die Geologen des Maghreb haben sich für diese natürlichen, zweihundert Meter hohen Ablagerungen interessiert. Der Paläontologe Pomel hatte dort – wie auch an der Fundstätte Ternifine – gearbeitet. 1931 nahm Camille Arambourg die paläontologischen Forschungen wieder auf, später übrigens auch in Ternifine.

Der Ort ist wundervoll, reich an einer großartigen Fauna, genannt von «Villefranche», die für den ganzen Beginn des Quartärs typisch ist. Daher das zusätzliche Interesse für die Fundstätte mit ihrer Fauna aus dem Quartär. Vielleicht würde man eines Tages das Glück haben, dort einen Menschen aus dem Quartär zu entdecken. In Haïn Hanech fand man Elefanten, Pferde und archaische Horntiere, Flußpferde sowie eine sehr homogene und fortdauernde Fauna, dazu eigenartige Steinfunde, behauene Steine und Steinkugeln mit vielfältigen kleinen Facetten, die regelmäßig, kugelförmig und von der Größe einer Orange sind. Man kann sie gut in einer Hand halten; sie sind so regelmäßig bearbeitet, daß man auf der Oberfläche kaum mehr die Facetten spürt. Erstmals wurden diese Kugeln 1947 gefunden. Arambourg brachte sie nach Paris, um sie im Verlaufe des Jahres 1949 vorzustellen und Meinungen über sie einzuholen.

Eine kleine Versammlung scharte sich damals um den Entdecker, Frau H. Allimen, L. Balout, G. Gaudron, G. Malvesin-

Fabre aus Bordeaux und ich selber. Reihum nahmen wir diese «Sphäroide» – dies wird in Zukunft ihr Name sein – in die Hand. Man untersuchte ihre vielfältigen Facetten. Einige holten ihre Lupen hervor, um die Steine besser untersuchen zu können. Wir wiegen sie in der Hand und stellen Vermutungen über ihren Gebrauch an. Sie passen genau in die menschliche Hand, können kratzen, schaben, zerquetschen. Beim Wurf erreichen sie ihr Ziel genau. Nach dieser Untersuchung macht sich unsere kleine Versammlung auf die Suche nach ethnographischen Parallelen. Bindet man diese Steine in Dreiergruppen mit einem Band zusammen, entstehen Bola-Gewichte, jenen ähnlich, die südamerikanische Stämme werfen, um damit die Füße des Wildes zu zertrümmern. Diese Sphäroide aus Haïn Hanech sind jedoch vereinzelte Funde, und es gilt als merkwürdig, an einer Fundstelle nur einen einzigen Gerätetypus zu entdecken. Zurückhaltend akzeptieren die anwesenden Prähistoriker dennoch die Sphäroide als von Menschenhand hergestellte Werkzeuge.

Während des panafrikanischen Kongresses in Algier 1952 macht eine der Exkursionen einen Umweg durch die Gegend von Sétif. Kontrolluntersuchungen brachten bei dieser Gelegenheit neue, vollkommen kugelförmige Sphäroide zutage; einige haben einen ausgesparten Absatz, ein Teil des Steines ist nicht behauen, nicht bearbeitet, er läßt sich gut halten. Andere haben – wie die «Zweiseiter» des Abbevillien – eine klar gewundene Schneide. Damals wurde das Sphäroid in das Arsenal der allerersten menschlichen Werkzeuge aufgenommen ... Später wird man es auch in den alten Schichten von Oldoway entdecken, und das Problem ist erledigt. *(Tafel 3)* Dieser neue Gerätetyp fand vor etwas mehr als dreißig Jahren mit Mühe Anerkennung.

Tafel 1: Zweiseiter aus dem Acheuléen (gleichnamige Fundstätte Saint-Acheul, Sammlung L.-R. Nougier, Photo L.-R. Nougier)

Tafel 3: Sphäroide aus Oldoway (Photo L.-R. Nougier)

Tafel 2: Schädel des *homo erectus* (Bilzingsleben, DDR)

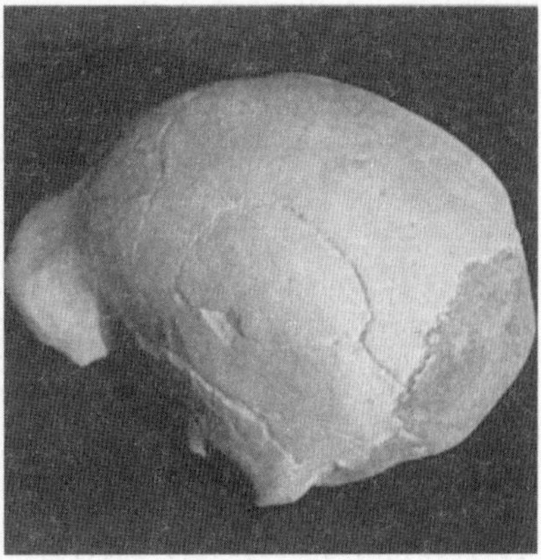

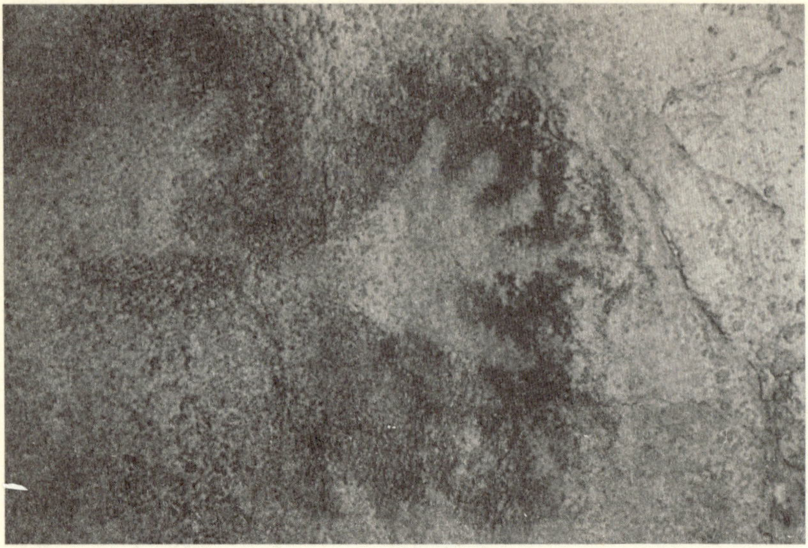

Tafel 5: Verstümmelte Hand aus Gargas (Photo Nougier/Robert)

Tafel 4: Knochengeräte aus Bilzingsleben (Photo L.-R. Nougier)

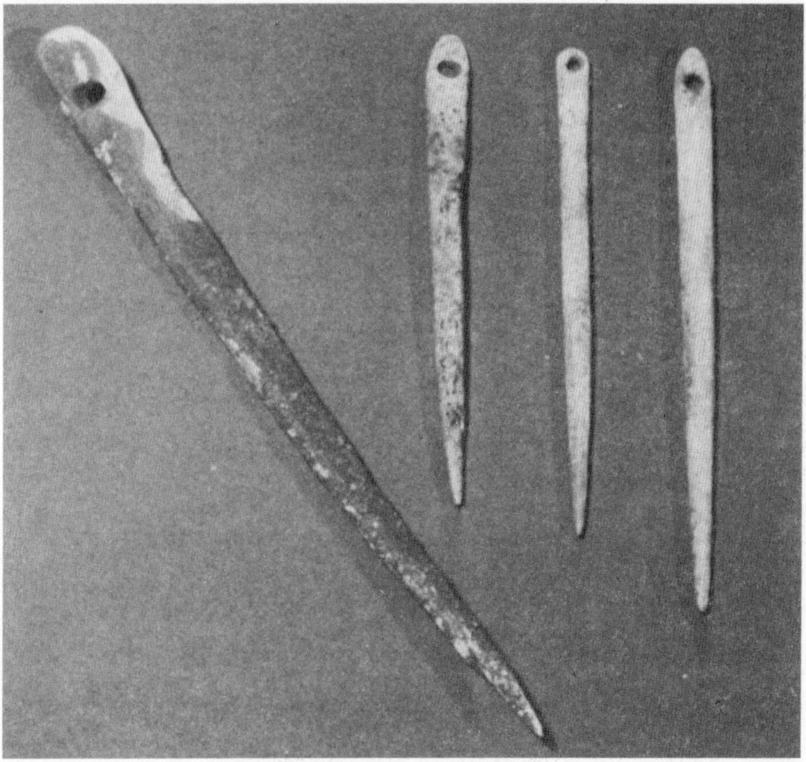

Tafel 6: Nähnadeln mit gebohrtem Öhr (Photo Hachette)

Tafel 7: Der «Großvater» aus Rouffignac (Photo Nougier/Robert)

Tafel 8: Der «Patriarch» aus Rouffignac (Photo Nougier/Robert)

Tafel 9: Kopf des Bisons mit den Einschußlöchern aus Niaux (Photo Nougier/Robert)

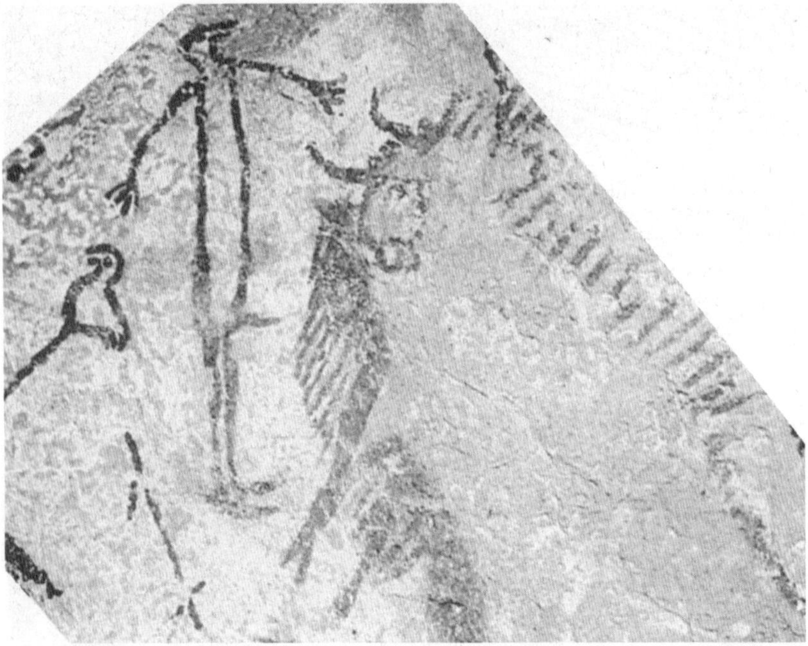

Tafel 10: Szene aus dem Schacht von Lascaux (Photo Nougier/Robert)

Tafel 12: Die drei Lehm-Bisons aus Le Tuc d'Audoubert

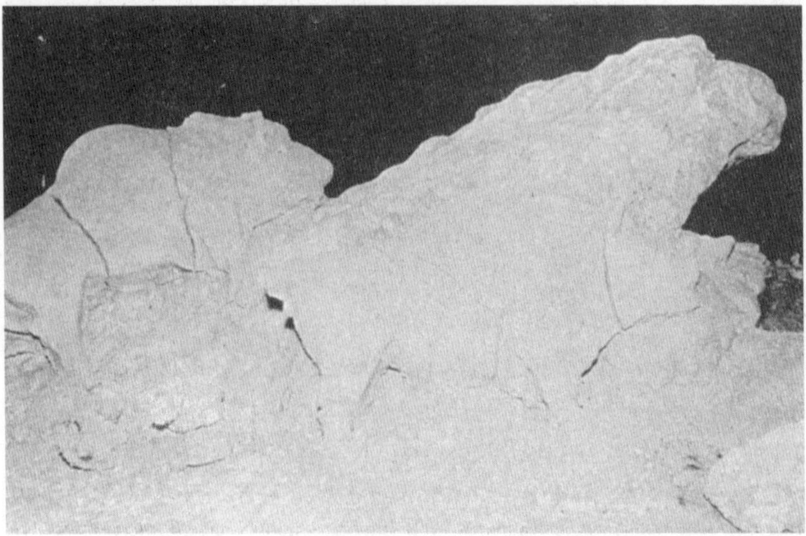

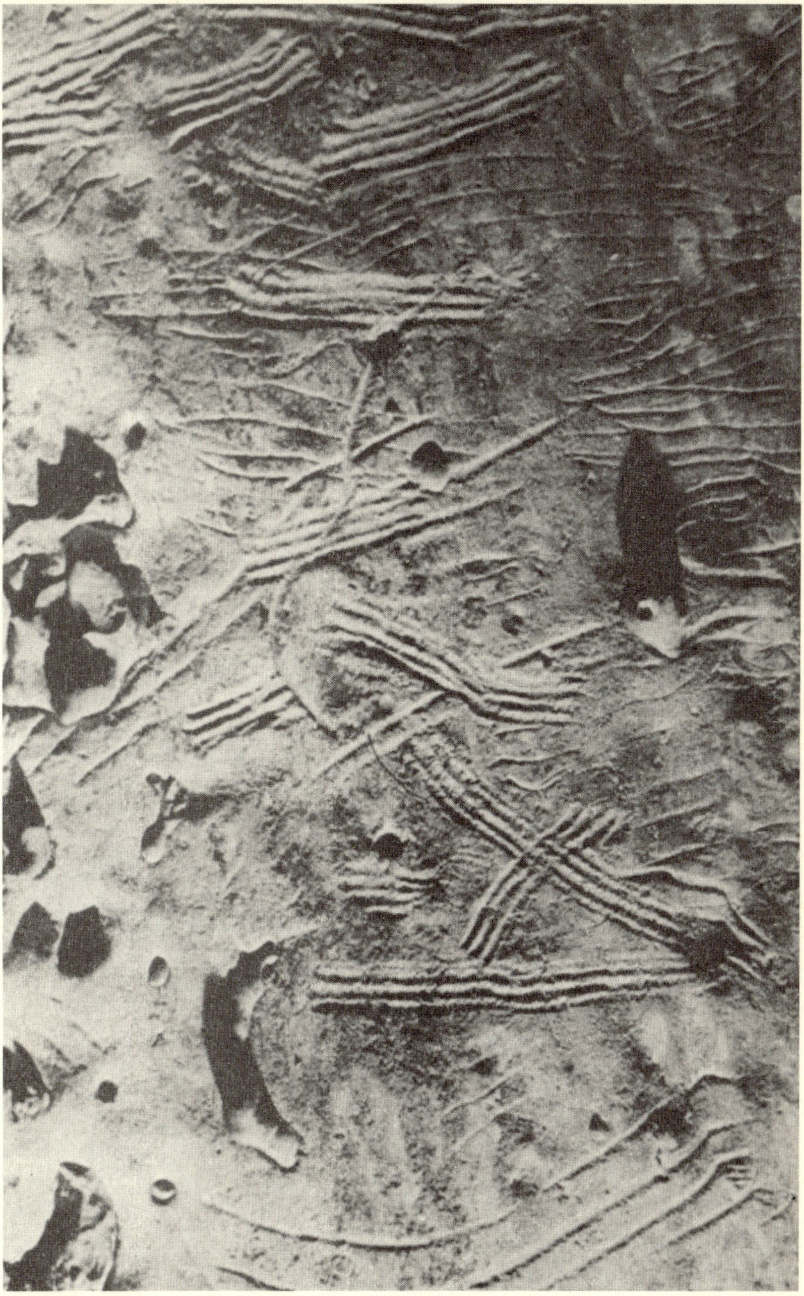

Tafel 11: Palimpsest von Fingerspuren aus Rouffignac (Photo Nougier/Robert)

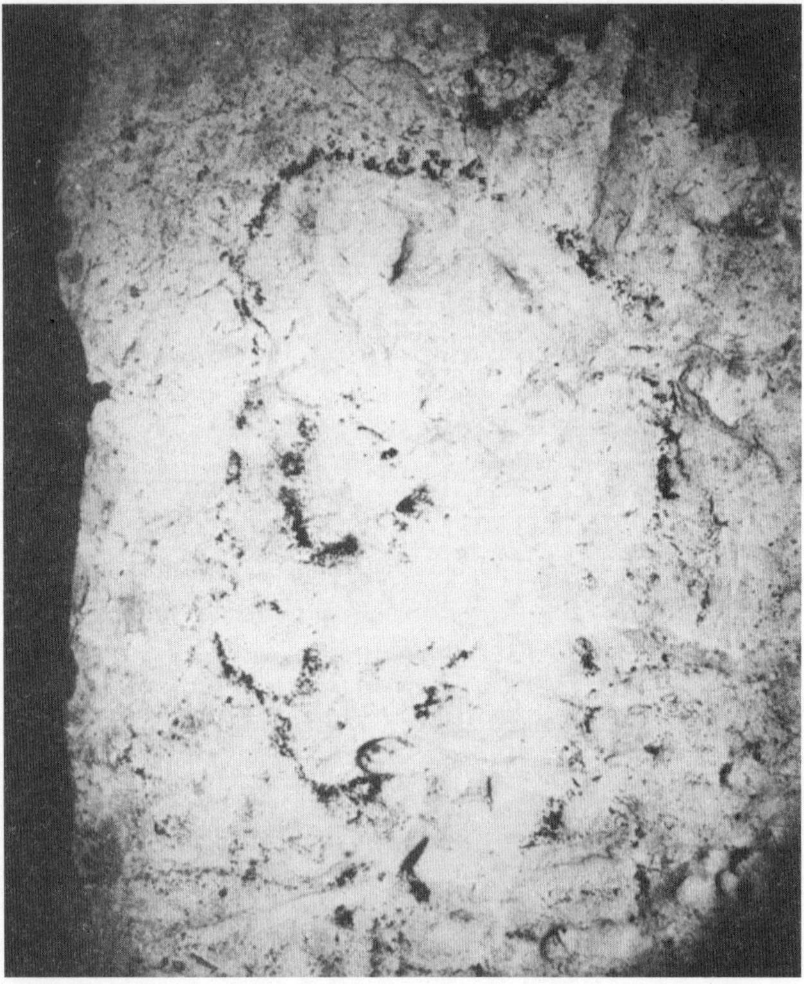

Tafel 13: Das «Große Wesen» aus Rouffignac (Photo Barrière/Nougier)

# 2 Kunst und Magie

# Die Menschwerdung

## Stufen der Urmenschen und Menschwerdung

Wissenschaftler, welche die verschiedenen Stufen von den Primaten zum Menschen untersuchen, haben für diese Entwicklung eine Reihe typischer Merkmale herausgearbeitet: die Zweifüßigkeit und den ununterbrochen aufrechten Gang; die Entwicklung des Gehirns und die Verbesserung der Sehkraft; die Veränderung des Fußes und die Befreiung der Hände; die Veränderung des Kiefers, ein nicht-spezialisiertes Gebiß und die Rückbildung der Schnauze...

Das wichtigste Element, das alles weitere zu prägen scheint, ist zweifellos die Zweifüßigkeit, deren Beginn etwa zehn Millionen Jahre zurückliegt. Diese paläontologischen Ereignisse treten jedoch nicht alle genau zum selben Zeitpunkt auf; wenigstens nimmt man dies bis heute so an. Sie wickeln sich in Zeiträumen von Millionen Jahren ab. Diese Stufen bleiben Forschungsaufgaben für Paläontologen, Geologen und Physiker, die versuchen, eine genaue zeitliche Einordnung vorzunehmen. Diese Spezialisten sind untereinander nicht immer einig, in welche Hierarchien diese Verwandlungen gehören und welches ihr eigentlicher Platz auf der langen Leiter der Menschwerdung ist.

Dieselben Individuen, seien sie nun *gracile* oder *robustus*, sind für die einen Forscher die Angehörigen zweier verschiedener Arten, während sie für andere eine einzige Art darstellen, das Weibchen als *gracile* und das Männchen als *robustus* (unterschätzen wir die Bedeutung des sexuellen Dimorphismus bei den Primaten nicht... ein einfacher Blick auf unsere Zeitgenossen reicht aus, um uns notfalls davon zu überzeugen!)

Der Schädel-Inhalt spielt bei dieser Erforschung der menschlichen Paläontologie ebenfalls eine entscheidende, vielleicht sogar eine etwas übertriebene Rolle. Bei den anthropomorphen Affen ist das Fassungsvermögen des Schädels bei den Männchen im Durchschnitt größer als bei den Weibchen. Aber, wie Jean Chaline scharfsinnig feststellte, «verhindert dies natürlich nicht, daß gewisse weibliche Schädel ein Fassungsvermögen aufweisen, das größer als das der Männchen ist.» Ein Weibchen, dessen Gehirn entwickelter als das seines Gefährten ist, würde deshalb Gefahr laufen, in eine spätere Zeit eingeordnet zu werden ... ein Argument, das unsere Feministinnen bisher offensichtlich übersehen haben.

Die Abweichungen in der zeitlichen Zuordnung eines Fundstückes werden ebenfalls oft übertrieben. Wir befinden uns mitten im Forschungsfieber. Zu Tausenden werden Funde laufend untersucht. Weitere Tausende werden im kommenden Jahrzehnt an den verschiedensten Enden der Welt entdeckt werden. Was bewirkt in unserem Vergleichstag, der zwölf Millionen Jahren entspricht, der Unterschied von einer Stunde, sogar im Verlauf des letzten Tages, für die Datierung eines Gebisses auf der Basis von drei abgenützten, ausgewaschenen Zahnstummeln? Diese Bemerkung mag etwas ernüchternd klingen, sie gibt aber eine neue, andere Sicht frei.

Es geht nicht an, das Menschengeschlecht einzig aufgrund seiner Zweifüßigkeit oder seiner Größe zu definieren, es mit Hilfe des Gewichtes seines Gehirns, der Anzahl und des Zustandes seiner Höcker und Molare oder des Hohlmaßes der Schädelhöhle die Stufen seiner «Menschwerdung» erklimmen zu lassen. Der Mensch läßt sich durch diese physischen Merkmale nicht ausreichend erfassen. Sobald die ersten Werkzeuge auftauchen, können wir erkennen, daß diese das Ergebnis einer Entscheidung sind, einer Suche nach der Form und dem Nutzen, eine Vielseitigkeit, welche die nicht-verbale Verständigung und bald auch die Sprache voraussetzen. Der Mensch ist vor allem «gesellig». Sehr früh schon gibt er seinem Bedürfnis nach Verständigung mit seinesgleichen Ausdruck, wie er auch versuchen wird, mit den Verstorbenen in Verbindung zu bleiben. Er vervielfacht seine Ausdrucksmöglichkeiten, wenn er in Höhlen Unterschlupf sucht; dort findet er dauerhafte Träger für seine Zeichnungen. Ihrem Wesen nach sind diese zunächst naturalistisch und stellen Tiere dar, später werden sie abstrakt. Es wird zahllose Werke von Künstlern und Handwerkern geben.

Warum sträubt sich der Mensch, sich selber darzustellen? Warum sind die Darstellungen seiner eigenen Gestalt so mittelmäßig? Warum scheut er sich, die Paarung in der Tierwelt wiederzugeben, von der er lebt, und warum ist er noch zurückhaltender bei der Wiedergabe seiner eigenen Paarung? Wie kommt er dazu, es zu wagen, sich von Angesicht zu Angesicht abzubilden? Die Begegnung des Paares läßt die Zärtlichkeit entstehen, die Liebe. «Wie wurde der Mensch menschlich?» – dies fragte sich Roger Garaudy für die Geschichte, wir nehmen diese Frage für die Vorgeschichte auf. Dies ist die Reise, die ich jetzt mit dem Leser antreten möchte.

Neben den notwendigen technischen Fragestellungen, den Bestandesaufnahmen der Schienbeine, der Aufschlüsselung von Strahlungen, die vom Potassium Argon ausgesendet werden, bleibt genügend Raum für die vielfältigen Formen des Erwachens des menschlichen Geistes, seiner Empfindsamkeit und seines Bewußtseins. Zweifellos wird man bedauern, daß es schwierig ist, diesen Gefühlsäußerungen genaue Daten zuzuweisen, aber die Datierung eines einzigen Hinterhauptknochens ist nicht weniger heikel, und wir sind uns des relativen Wertes dieser Zahlen bereits bewußt.

Nachdem wir unseren Tribut an die Erforschung unserer Ursprünge und unserer «Wiege» geleistet haben, soll uns nichts davon abhalten, uns nun mit jenen anderen Seiten des Abenteuers der Menschheit auseinanderzusetzen, die uns ganz in die Nähe von uns selbst führen. Ich spreche nun von der «Menschwerdung».

## Die Verständigung

Wenn das Lebewesen von Laëtolil der Stufe «praefaber» zuzurechnen ist, also vor dem Auftauchen der Werkzeuge gelebt hat (ich glaube nicht, daß die beiden zerbrochenen Vulkansteine, die mir Mary Leakey 1977 gezeigt hatte, Menschenwerk sind), so sind dagegen die «Werkzeuge» in Oldoway in den tiefen Schichten sehr zahlreich und weisen ein Alter von ungefähr zwei Millionen Jahren auf. Das Aufkommen des Werkzeugs läßt sich wahrscheinlich im Verlauf der dritten Jahrmillion ansetzen. Auch hier sind die Prähistoriker wieder einmal über die ganze Welt verstreut, die das «erste Werkzeug» vorlegen, wie Jean Chavaillon, der an den Fundstätten des Omotales in Äthiopien, im nördlichen Abschnitt des ostafrikanischen Grabens, mehrere Funde gemacht hat: bearbeitete Kiesel und Quarzsplitter. Doch sind diese Streitereien um den Vorrang etwas eitel, denn schon morgen sehen sie sich auf Gedeih und Verderb einer andern wundervollen Entdeckung gegenüber, ebenfalls wundervoll datiert. Wie viele Wunder braucht doch die Wissenschaft! Von Bedeutung ist jedoch der «technische Sprung», dessen Sinnbild zu jener Zeit die ersten Werkzeuge sind, selbst wenn sich ihre zeitliche Zuordnung nur annähernd auf etwa eine halbe Million Jahre genau bestimmen läßt.

Untersuchen wir sie mit Sorgfalt und auch mit einer gewissen Hochachtung. Die Menschen von damals haben rohe Steine «gewählt», zweifellos aufgrund ihrer Größe und weil sie handlich waren. Einer dieser Steine wurde zurückbehalten, um zum Werkzeug zu werden. Ein anderer mit andersartigen Eigenschaften wurde wegen seiner Kraft und Dichte gewählt.

Ihm weist man die neue Rolle des Hammers zu, des Schlagsteins, er ist ein neuer Kraftfaktor (tatsächlich ist er die erste Energie auf der Welt, auch wenn es sich dabei um statische Energie handelt). Er wird von einem andern Stein zwei, drei Splitter abschlagen. In den ersten Jahrtausenden unseres Abenteuers nicht mehr als das. Das reicht aus, um eine neue Bruchstelle zu bekommen, eine frische, schneidende, unendlich viel schärfere als jene der mehr oder weniger natürlichen Bruchstellen weggeworfener Steine.

«Der Mensch ist geräuschlos auf der Bühne der Welt angetreten», pflegte Teilhard de Chardin zu sagen. Mein Kollege Lionel Balout rückte dies zurecht und meinte: der Mensch trat mit diesem leisen, sehr leisen Stoß zweier aufeinanderprallender Steine in die Geschichte ein, mit diesem Stoß eines Schlagsteins auf einen anderen Stein, der zum zukünftigen Werkzeug bestimmt war. Wäre es möglich, diesen entscheidenden Augenblick einem bestimmten Zeitpunkt zuzuordnen?

## Der «Ur-Stoß» – noch und noch wiederholt

Dieser Urstoß, dieses Geräusch, das in der afrikanischen oder asiatischen Savanne widerhallte, verlor sich, tausendfach, millionenfach, bis es wiedergefunden wurde, um erneut verlorenzugehen und wiedergefunden zu werden, während Jahrtausenden, bis es endgültig ins menschliche Bewußtsein eindrang. Das Bewußtsein: ich bediene mich dieses schwierigen Begriffes fast widerwillig. Ein erworbenes materielles Wissen, das weitergereicht wird, das dauert. Ja, genau zu diesem Zeitpunkt zeichnet sich, noch schüchtern, das Bewußtsein des Menschen ab, das Bewußtsein des *homo faber*.

Es braucht wohl Jahrtausende, vielleicht sogar Hunderte von Jahrtausenden, um durch abwechslungsweises Abschlagen von zwei oder drei Splittern auf der einen, dann auf der andern Seite, eine wirkliche Schneidekante herzustellen. Diese unebene, wellige, gewundene Kante mit ihren unruhigen Seiten eignet sich ausgezeichnet zum Schaben, Kratzen, um ein Stück Fleisch von einem Knochen loszulösen, um ein Gelenk zu zerlegen und zu zerbrechen, um eine Frucht zu schälen, um das Fruchtfleisch vom Stein zu lösen, sowie für tausenderlei Anderes, das uns unbekannt bleiben muß. Die täuschende Langeweile dieses Steines mit seinen drei oder vier wechselweisen Abschlägen verbirgt ein Werkzeug mit vielerlei Funktionen. Ganz für sich allein ist er eine vollständige Ausrüstung, eine eigentliche «Werkzeugkiste».

Hier ist einer jener bearbeiteten Steine aus Oldoway in Tansania, und da ein zweiter von der reichen Fundstelle Olorgesaillie in Kenia, ein weiterer aus Karianduse auf dem Weg zu den Seen Kenias. Aber außerhalb der inzwischen sehr bekannten Gegenden Afrikas gibt es Beispiele aus Java, Indonesien und sogar aus Europa.

1974 gab die Fundstätte von Chilhac bei Brioude (Auvergne) drei Werkzeuge frei, die gegenwärtig als die ältesten Europas gelten:

– ein behauener Quarz mit nur vier Abschlägen;
– ein halber Stein, ebenfalls aus Quarz, mit Spuren von Abschlägen;
– ein Stein mit einer wellenförmigen Kante, mit abwechselnden Abschlägen auf jeder seiner beiden Seiten.

Diese Werkzeuge sind bestimmt eine Million Jahre alt. Damals umspülte das Mittelmeer die benachbarten Strände, denn der Meeresspiegel lag hundert Meter höher als heute. Verwandte Werkzeuge wurden in der Höhle von Vallonnet in Roquebrune-Cap Martin gefunden. Hier strandeten Wale, und der Mensch trug Fleischstücke davon, um sie in seiner Höhle zu zerlegen. Daher diese ersten «Messer».

Es wäre ein Leichtes, weitere Beispiele aus Asien und Afrika aufzuzählen. Doch legen wir nun diese groben Funde auf unsere Labortische, legen wir sie mit der groben Seite, dem Absatz, nach unten; die bearbeitete Seite mit ihren drei oder vier Abschlägen – auf einer Seite oder zweien – richten wir nach oben. Wie sich diese Werkzeuge gleichen, wie sie kongruent sind! Und doch stammen sie aus verschiedenen geographischen Zentren, aus Kontinenten, die Tausende von Kilometern voneinander entfernt sind. Sie wurden von Handwerkern bearbeitet, die nichts voneinander wußten, und doch, wie verblüffend ähneln sich diese Werkzeuge!

## Nicht-verbale Verständigung

Der chronologische Beweis, der vielleicht diese Gleichheit erklären könnte, hat kaum Gewicht. In unserer Zeitrechnung mit dem Bezugstag Silvester – jawohl, wir sind am Ende unseres Jahres angelangt! – würden diese bearbeiteten Steine in Java etwa um 18 Uhr 30, in Chilhac oder Vallonnet um 21 Uhr auftauchen, nur wenige Minuten später als die Funde aus Ostafrika.

Diese Ähnlichkeiten und technischen Gleichheiten lassen eine tiefe und eigentliche Verständigung zwischen den Menschen vermuten. Kann man so weit gehen und sagen: es gibt Menschen, sobald es eine Verständigung gibt? Später wird die Sprache bei der Vermittlung kultureller Errungenschaften mithelfen, aber ist die technische Vermittlung des Werkzeuges nicht älter als die Sprache? Man muß sich die Bedeutung der nicht-verbalen Verständigung vor Augen halten. Selbst bei unseren «zivilisierten» Kontakten bleibt diese Verständigung wesentlich. Mußte dies in einer Phase der «Vor-Sprache» nicht ebenso sein? «Ein Blick, eine Bewegung mit dem Kopf, den Beinen oder mit dem ganzen Körper sagen oft mehr als Worte und zerstören oder widersprechen, trotz unserer Anstrengungen oder denen unseres Gesprächspartners, was Worte täuschend zu übermitteln suchen», erklärt Santiago Genovès von der Universität Mexico. Auf der Stufe der Vor-Sprache müssen ein Blick, eine Bewegung, alles sagen.

Der gleiche Autor, der über die ebenso wichtigen wie spektakulären Untersuchungen zum Tierverhalten (Lorenz, von Frisch, Tinbergen usw.) berichtet, ist der Ansicht, daß sie praktisch nicht auf die zwischenmenschlichen Beziehungen übertragbar sind... «Wir sind etwas anderes», schließt Santiago Genovès. Der Mensch unterscheidet sich von Anbeginn an vom Tier, und zwar auf grundlegende Weise.

Die nächste Stufe, die der Sprache, ist vom Tierverhalten sehr verschieden; sie zeichnet sich durch neue anatomische Strukturen klar aus, welche die Befähigung zum Sprechen eindeutig bezeugen. Diese Strukturen liegen in der linken Hirnhälfte, auf der Höhe der Gehirnwindung, benannt nach Paul de Broca. Der Gründer der anthropologischen Schule von Paris legte die Grundlagen für die wichtigsten Erkenntnisse der Menschwerdung. Der *Rudapithecus* aus Ungarn, der gegen zehn Millionen Jahre alt ist, hätte demnach die Sprache gekannt. Der innere Schädelabguß des *homo 1470*, des *homo habilis* vom Osten des Turkanasees, ergibt einen Schädelinhalt von 775 Kubikzentimetern und weist auf eine verhältnismäßig entwickelte de Broca-Zone hin. Man kann sich vorstellen, daß er fähig war, Wörter zu bilden, und demnach einer gesprochenen Sprache mächtig.

Bei diesem geheimnisvollen Ursprung der Sprache bleibt erneut ein zeitliches Problem, weil acht Millionen Jahre den *Rudapithecus* vom *homo habilis 1470* des Turkanasees trennen; ein Problem, das die Spezialisten der Menschwerdung lösen müssen.

## Was läßt sich mit einem Splitter machen?

Ein uninformiertes, aber neugieriges Publikum stellt gerne die Frage: «Aber was kann man mit einem bearbeiteten Stein anfangen, mit einem dieser formlosen Steinsplitter, die auf beiden Seiten bearbeitet sind?»

Richard Leakey erzählte mir im September 1977 im Lager von Laëtolil, wie er nach den Anweisungen eines Masai-Kriegers mit Hilfe einiger Feuerstein-Splitter eine Antilope zerlegt hatte. Sein Informant, ein alter Jäger, der zur Groß- und Kleinviehzucht übergegangen war, kannte sich im feinen Spiel der Gelenke und der Muskelgewebe aus und beherrschte die Kunst, diese geschickt und rasch zu zerschneiden. Der ganze Zertrennungsvorgang nahm zwischen einer halben und einer Stunde in Anspruch.

François Poplin von der Universität Lyon machte einen ähnlichen Versuch. Er verwendete einen Chaille-Splitter, ein sehr schlechtes, knotenreiches, zerklüftetes Material, um eine Hyäne zu zerlegen. Der Autor, ein erfahrener Paläontologe, ist ein ausgezeichneter Anatom. Dies gilt ebenso für die Jäger, die ihm zur Seite standen. Ein einziger Chaille-Splitter reichte aus, um das Tier in einer halben Stunde zu zerlegen. Aus diesen beiden Versuchen ergibt sich folgender Schluß: zu Zeiten der Vorgeschichte genau wie heutzutage sind die Kenntnisse, welche der Mensch erworben hat, von größerer Wichtigkeit als die Qualität des Werkzeuges, das er benutzt.

Die vollkommene Handhabung eines Werkzeuges, das unzureichend erscheinen mag, bleibt entscheidend. Sie erklärt sowohl seine Verbreitung überall auf der Welt wie die Dauer seiner Verwendung, solange es den Anforderungen ganz und gar genügt. Während Jahrtausenden bleibt der bearbeitete Stein (*Chopper* auf einer Seite bearbeitet, *Chopping tool* beidseitig bearbeitet) das allumfassende Werkzeug. Dies bringt mich auf den Gedanken, daß diese wichtigsten Werkzeuge vielleicht keinen einzelnen Erfinder oder Schöpfer zum Vater haben und wohl auch keinen genau bestimmbaren Ursprungsort kennen, im Unterschied zum Menschen selber. Es scheint, als ob sich alles auf eine Weise abspielte, daß zu einem bestimmten Zeitpunkt des menschlichen Abenteuers eine bestimmte Innovation ausgelöst werden *mußte*.

Schritt für Schritt, wie durch eine technische Osmose, unterstützt durch die nicht-verbale Verständigung, durch Nachahmung, breitete sich die Innovation aus, gestaltet sich einheitlich, ohne daß es möglich wäre, Schlüsse über ihren ursprünglichen Ausgangspunkt zu ziehen.

## Ein guter Handwerker: der *homo erectus*

Sehr langsam entwickelt das Handwerk neue Formen, die sich immer deutlicher in den paläontologischen Funden spiegeln.

Ein Knochenbruchstück vermittelt eine Vorstellung vom Werkzeug und vom Menschen, der sich seiner bedient, es steht für den Menschen. Der Mensch ist sein Werkzeug, das Werkzeug ist der Mensch *(Tafel 4)*.

Für meine Generation war eines der eindrücklichsten Beispiele dieser tiefen Übereinstimmung menschlicher Paläontologie und Archäologie die Fundstätte Ternifine Palikao, die Camille Arambourg ausgegraben hat.

Sandgrube und Steinbruch Ternifine wurden kurz vor 1870 für den Bau der kleinen Stadt Palikao ausgebeutet, die rund 20 Kilometer von Maslava in Algerien liegt. Gewisse Autoren nehmen sogar an, es gebe zwei voneinander verschiedene Stätten, Ternifine einerseits und das Dorf der Kolonisatoren, Palikao, andererseits. Die Stätte hat die Form eines Sandhügels mit eingeschobenen Sandsteinschichten; der Hügel erhebt sich zwischen 25 und 30 Meter über einer Senke, die teils natürlich, teils künstlich entstanden ist; sie bildet ein Seebecken, das die Fluten einer artesischen Quelle von Zeit zu Zeit auffüllen.

Der panafrikanische Kongreß in Algier hatte die Stätte in sein wissenschaftliches Exkursionsprogramm aufgenommen. Man wußte von ihrer Bedeutung. Der Geologe und Paläontologe Pomel, später stieß auch noch der Archäologe Pallary dazu, hatte einen Elefanten, ein Flußpferd, einen für diese entfernte Zeit typischen Einhufer, Giraffen und Antilopen gefunden – mit einem Wort: eine Fauna nach Villafranca vom frühen Beginn des Quartärs, etwa eine Million Jahre alt.

Mit der Fauna fanden die Kongreßteilnehmer auch archäologische Funde, Steine, Zweiseiter, Keramik und sogar eine Glasscherbe! Eine scheußliche, aber faszinierende Mischung.

Am selben Abend versammelte sich der Kongreß zu einer außerordentlichen Sitzung im Rathaus von Palikao. Abbé Henri Breuil war dabei. Mit der ihm eigenen Autorität beschloß er auf der Stelle, wieder Grabungen aufzunehmen. Die Aufgabe wurde Professor Arambourg anvertraut (was zeigt, daß Kongresse doch zu etwas nütze sind!). Ich erspare mir das Aufzählen der zahllosen Zwischenfälle. Logischerweise wollte man den Steinbruch von oben her untersuchen. Aber zuoberst auf dem Hügel befand sich das verehrte Grabmal des Marabut Sidi Esnoussi. Man mußte die Arbeiten unterbrechen. Arambourg fand sich damit ab, in der Senke, die regelmäßig von artesischen Wassern überflutet wurde, zu graben.

Die Ergebnisse waren für die damalige Zeit wichtig: man fand drei ausgezeichnete menschliche Unterkiefer vom Typus des *homo erectus*, ein naher Verwandter des *Pithecanthropus* von Java, der ferner Ähnlichkeiten mit dem *Sinanthropus* von Beijing und mit dem Kiefer des *Pithecanthropus* von Mauer bei Heidelberg aufwies. Eine spätere Entdeckung in Oldoway stützte die These von der allgemeinen Verbreitung des *homo erectus*: eine Karte verkündete bereits, daß er sehr wahrscheinlich aus Zentralasien stammte.

Auf archäologischer Ebene wies Arambourg die gesicherte Koexistenz gewisser Sphäroide, der *Choppers*, Bestandteile einer schon sehr alten Handwerkstradition mit dem Proto-Zweiseiter, dem Zweiseiter und den kleinen Äxten nach. Insgesamt fand er etwa hundert bis hundertfünfzig Werkzeuge in den verschiedensten Felsen, im Quarzit, im Sandstein, im harten Kalk. Alle diese Steingeräte waren mit hartem Schlag behauen worden, mit einem Schlagstein.

Der *homo erectus* war wirklich der Hersteller dieser typischen Geräte.

## Das Sphäroid, die Arbeit eines überlegenen Handwerkers

Mit welchem Vergnügen lasse ich mich zum großartigen Sphäroid von Oldoway zurückführen, das in der Schicht II gefunden wurde und auf dessen Bedeutung ich bereits (vgl. S. 63) hingewiesen habe. Nun will ich es mit den Augen eines Kunsthistorikers wiederfinden, empfänglich nicht mehr nur für seine Bedeutung und seine archäologische Lage, sondern für seinen ästhetischen Wert. Es hat eine vollkommene Kugelform, ein Volumen von absoluter Reinheit. Die Härte, der edle Rohstoff, sein Leuchten (es ist aus strahlendem Quarz) machen es zu einem eigentlichen Meisterwerk, der schwierige Zuschnitt zu einer technischen Großtat. Ebenso stellt es eine seltene geistige Großtat dar, denn seine vollkommene Form verkörpert eine erste Anwendung der Wissenschaft von der räumlichen Geometrie.

Wenn wir hier an den schöpferischen Handwerker erinnern, sehen wir uns nicht veranlaßt, ihn als *überlegenen* Handwerker zu bezeichnen, um den schönen Ausdruck von Paul-Marie Duval vom Collège de France wieder aufzunehmen? Diese Bewertung ist wichtig. Nicht alle Handwerker, die vor einer

Million Jahren tätig waren, kann man als überlegene Handwerker bezeichnen. Die Hersteller der Choppers, der «gewöhnlichen» Zweiseiter, der gewöhnlichen Sphäroide erreichen die Vollkommenheit der Schöpfer gewisser Werkzeuge nicht. Eine eigentliche Hierarchie in der Steinbearbeitung wird offenbar, die gewiß auch eine gesellschaftliche Hierarchie ausdrückte, eine Hierarchie unter den Menschen. Vielleicht ist dies einer der psychologischen und soziologischen Aspekte der Verständigung, bereits in dem Sinne, in dem man ihn heute versteht.

## Das ewige Fortbestehen der Kugelform

Geschichte und Vorgeschichte lehren uns, daß eine Form, auch wenn sie aus Stein ist, im Verlaufe der Jahrtausende an Bedeutung gewinnt oder verliert – je nach der Lebensweise, die sie begleitet –, doch nie ganz verschwindet. Man beobachtet ein Fortdauern der Formen. Selbst wenn sich die eine oder andere gelegentlich zu verflüchtigen scheint, leben sie im Gedächtnis und im kollektiven Erfahrungsschatz der Menschheit weiter.

Das Sphäroid, vor etwa zwei Millionen Jahren grob entworfen, erreicht dank überlegener Handwerker seine technische Vollkommenheit gegen eine Million Jahre vor unserer Zeitrechnung. Es findet sich in gewissen archäologischen Schichten des Moustérien, gegen 50 000 Jahre beim Neandertaler in der Form von Sphäroiden gleicher Größe, die aber weniger «vollendet» sind, oft in Gruppen von zwei, drei, vier. Man vermutet, daß es sich um Bolasteine handelt, Steine, die an langen Lederriemen befestigt, in die Beine des Wildes, des Pferdes geschleudert werden, um diese zu zermalmen und so das Tier erlegen zu können.

Auf dem einheimischen Markt von Santa Fé in Argentinien

bietet man noch heute den Touristen solche Bolas an, die in feine Riemen aus weißem Leder eingewickelt sind. Hatte sich diese Jagdtechnik an Ort und Stelle entwickelt, oder wurde sie von den ersten spanischen kolonialen Züchtern mitgebracht? Ich stelle diese Frage, ohne eine Antwort zu wissen.

In den Pampas von Santa Fé und von Rosario habe ich auch Umzäunungen angetroffen, die aus Palisaden oder Draht hergestellt waren. In gewissen Abständen weisen diese Gehege enge Öffnungen auf, die nach innen auf eine schiefe Ebene gehen. Nach außen, nach der «Straße», auf die die Tiere hinausgetrieben werden, schließt eine bewegliche Schranke die Öffnung. Der Einsatz ist wunderbar einfach. Um die Tiere in die großen Schlachthöfe von Buenos Aires zu bringen, dringen die Gauchos in die Umzäunung ein, wählen die Tiere aus und hetzen sie auf die schiefen Ebenen. Das erschreckte Tier geht die Steigung hoch, stößt gegen die bewegliche Schranke, die sich zur rechten Zeit öffnet, und das Tier steigt auf gleicher Höhe in den Viehwagen, der es zum Schlachthaus bringt.

Die Beschreibung dieses Vorganges erklärt die Darstellungen in der Höhle von La Pileta in Andalusien, die früher als geheimnisvoll galten. Rot bemalte Einfriedungen mit Trennwänden, die mit kleinen Strichen gezeichnet sind, bilden dort mit viel Genauigkeit und Wirklichkeitssinn Umzäunungen wie bei den argentinischen Herden ab. Ich glaube nicht, daß die Gauchos, obschon sie ursprünglich aus Spanien stammen, die geheimnisvollen Zeichnungen von La Pileta nachahmen wollten, Zeichnungen, die einige zehntausend Jahre alt sind und die sie gewiß nie gesehen hatten (und hätten sie sie gesehen, ganz gewiß nicht verstanden hätten). Es handelt sich dabei mehr um einen Fall unbewußter Verständigung über Zehntausende von Jahren hinweg, um ein Wissen, das von den Jägern der Höhle von La Pileta den andalusischen Züchtern weitergegeben wurde, die als Auswanderer in neue Erdteile verwandte Lösungen entwickelten, als sie sich den Notwendigkeiten des Auswählens und Abführens von Vieh (oder Wild, im Falle von La Pileta) gegenübersahen.

## Das tiefste archäologische Erlebnis einer akademischen Laufbahn

Mühlsteine, die auf Sandsteintischen bewegt werden, zerquetschen die Getreidekörner in der neolithischen Wirtschaft, jener «neuen» Wirtschaftsform, die sich etwa im 5. Jahrtausend im Abendland mit dem Anbau und der Verarbeitung von Gramineen befaßte. Diese kugelförmigen, sorgfältig aufgerauhten Mühlen, welche wilde wie angebaute Getreidesorten zermahlen, weisen wiederum dieselbe vollendete Form auf, die wir bereits bei den Sphäroiden bewundert haben. Vor einigen Jahren erkundete ich Westirland auf der Suche nach prähistorischen oder protohistorischen Fundstätten; an diesem Ende der Welt, nahe beim Ozean, sind sie sehr zahlreich.

Im Süden einer weiten Bucht – man wird verstehen, warum ich Ihnen deren Namen verheimliche – entdeckte ich eine gewaltige, flache, kreisförmige Steinplatte mit einem Durchmesser von mehreren Metern. Rundherum war sie von einem halben Dutzend tiefer Ausbuchtungen umgeben, Mühlsteine, die im Stein eingegraben waren, wie es die neolithischen Bauern quer durch die Welt gemacht haben. Ich fand da eine eigentliche «Müllerwerkstatt» mit ihren nahe beieinanderliegenden Mühlsteinen, genau wie in den Werkstätten des Berges Lazzo an der Westküste Korsikas, der die reiche Ebene von Aleria beherrscht, genau wie die Sorghomühlsteine des Königs Lafar im Sudan, genau wie die ausgebohrten Mühlsteine des alten Dorfes Jomosson in Indien.

Diese irische Fundstätte verhalf mir zu einem der tiefsten archäologischen Erlebnisse meiner Laufbahn, wenn nicht gar zum tiefsten. Oft habe ich es mit der Erregung verglichen, die mich am 26. Juni 1956 ergriff, als ich Hunderte von Zeichnungen mit schwarzen Strichen an den kilometerlangen Wänden der Höhle von Rouffignac im Périgord erblickte, die zwölf Jahrtausende alt sind. – Diese Einbuchtungen in der irischen Steinplatte enthielten noch – wie Eier in ihrem Nest – ihre kugelförmigen Mühlsteine. Mit unendlicher Hochachtung hob ich sie empor; sie trugen die typischen Stoß-Spuren; nicht durch Bearbeitung, sondern durch den Gebrauch, durch die Abnützung während des Mahlens kamen sie zu ihrer Form. Einige leicht länglich, andere mehr kugelförmig, waren sie noch bereit, ihre Rolle als Mühlsteine zu erfüllen.

Mit noch mehr Hochachtung legte ich sie in ihre Vertiefungen zurück, wo sie seit fünf Jahrtausenden oder mehr ruhen.

Weiterbestehen der Form, Fortdauern des Gebrauches: der unendliche Horizont lag verlassen da. Weit in der Ferne, im Westen, in der Bucht die mageren, vom Wind gebeugten Bäume, erriet man das unbestimmte Rauschen des Meeres ...

Die *Butter Rolls* «die Butterbrötchen» – das war der lokale Name für diese verlassene irische Stätte, der ich wünsche, daß sie ganz und gar verborgen bleibe, um für immer geachtet zu sein. Der merkwürdige Ausdruck «Butterbrötchen» war mir jedoch vertraut. Er erinnerte mich an jene Namen, welche die Bauern in der Touraine immer noch den «Kernen» von Grand Pressigny geben, diesen Blöcken aus schönem, hellem Feuerstein, aus denen unsere neolithischen Vorfahren die langen Feuersteinklingen herstellten, die «Dolche», die sie in die abendländische Welt exportierten. Nun, diese Feuersteinblöcke der Touraine – Form und Helle verpflichten – heißen allgemein «Butterpfunde». Merkwürdige Entsprechung zwischen Irland mit seinem Meer und der sanften Touraine!

# Eine erste technische Kunst

## Der Zweiseiter aus dem Acheuléen und die Technik des weichen Schlags

Die etwa eine Million alte Schneide des Zweiseiters von Abbeville ist gewellt, weil sie mit heftigen Steinstößen hergestellt wurde. Spezialisten des Feuersteins und der Steinbearbeitung, zunächst Léon Coutier, dann François Bordes, haben es nachgewiesen. Wenn der Zweiseiter mit einem «weichen» Schlag «überarbeitet» wird, mit einem hölzernen Gerät, einem Rundholz von zwanzig bis dreißig Zentimetern Länge und einem Durchmesser von vier bis fünf Zentimetern, sind die neuen Abschläge weniger heftig, ihre Vertiefungen weniger tief... Die regelmäßigere Schneide wird ziemlich viel gradliniger, manchmal gar vollkommen gradlinig. Damit wären wir bei der «Mandel» aus dem Acheuléen angelangt.

Diese Vorstadt von Amiens ist übrigens aus mehr als einem Grund berühmt; sie beherbergte auch den Sitz der Lehrerausbildungsstätte, an der der große Prähistoriker Victor Commont, der scharfsinnige Erforscher der Sand- und Kiesgruben der Picardie, lange als angesehener Meister seines Faches gewirkt hat.

Doch nehmen wir nun eine dieser «Mandeln» in die Hand; sie ist zweihundert oder dreihundert Jahrtausende alt. Allgemein ist ihre Form sehr elegant. Der Ausdruck «Mandel» entspricht ihr genau. Sie ist schlank, auf eine Länge von 15 Zentimetern kaum dicker als 2 Zentimeter, was ihr ein bemerkenswertes Länge-Dicke-Verhältnis von 13 Zentimetern gibt (Dicke multipliziert mit hundert, dividiert durch die Länge).

Diese «Mandel» mit ihren kleinen, zahlreichen und feinen Überarbeitungen und ihrer zugespitzten Form ist wunderbar vielseitig. Sie hat ungefähr die Form eines Wassertropfens, dessen Ausgewogenheit und technische Vollkommenheit der modernen Aerodynamik bekannt sind. Der Wassertropfen, der aus der feuchten Decke der Höhle hervorquillt, leicht anschwillt und vor dem Fall schwerer wird, hat eine vollkommene Gestalt. Er ist ein Vorbild für unsere modernen Flugzeuge. «Nehmt eine dieser ‹Mandeln›», sagte ich zu meinen Studenten in Toulouse, «Spitze nach vorn, und legt sie flach auf vier Scheibchen, die ihr von einem Korken abgeschnitten habt, um die Räder zu markieren, und ihr bekommt einen vollkommenen Prototyp eines Formel-Eins-Wagens.» Mein Archäologieschüler, André Turcat, der im übrigen für das Ultraschallflugzeug «Concorde» verantwortlich ist, teilt diese Meinung. Die Mandel des Acheuléen ist seiner Ansicht nach die Zelle des Flugzeuges, auch wenn «seine Concorde» eher das schlanke Profil eines Vogelknochens nachempfindet.

Eine echte Erfindung ist selten und schwierig, und doch ist es eine Glanzleistung dieser Art, die dem Handwerker des Acheuléen gelang. Eine Glanzleistung, die sich nicht mit einer Vorstellung zufrieden gab: die «Mandel» erstaunt uns vielleicht noch mehr durch die außerordentliche Feinheit ihrer technischen Ausführung. Die Hand streicht immer wieder über ihre Seiten und spürt eine unendliche Weichheit, ein seltsam samtenes Tastgefühl. Diese Vollkommenheit drängte sich gewiß nicht nur wegen der Funktion des Werkzeuges auf. Die außerordentliche Raffinesse, die uns heute noch rührt, wurde vom Handwerker vor 300 Jahrtausenden als ein Anspruch an schöne Handwerksarbeit verstanden. Auch er verspürte beim Berühren «seines» Zweiseiters ein seltenes, tiefes, ästhetisches Vergnügen.

Dieses Suchen, ohne daß er sich dessen wirklich bewußt wurde, reicht über die gut gemachte Arbeit hinaus. Sie trägt den Stempel einer grundlos vollkommenen Verarbeitung; dies ist eine Form von Kunst, die Kunst der überlegenen Handwerker, die oft die wahre Arbeit des Menschen begleitet.

In seiner farbigen Monographie über die Höhle von Lascaux, «Die prähistorische Malerei», gibt Georges Bataille seinem Werk den Untertitel: «Lascaux – oder die Geburt der Kunst». Mit welcher Hochachtung man dem Schriftsteller begegnen mag, als Mann der Wissenschaft ist man sich die Feststellung schuldig, daß diese Höhle keinesfalls einen Anfang beherbergte und daß Lascaux eher den Schwanengesang der prähistorischen Malerei darstellt. Die wahre Geburt der Kunst, die Entstehung des künstlerischen Gefühls, liegt weiter zurück. Man spürt sie von Anfang an, in den zugespitzten Formen der ersten Steinsplitter, man erkennt sie in der geometrischen Vollendung der Sphäroïde, man begreift sie ganz in der grundlosen Vollkommenheit der «Mandel» des Acheuléen. Gleichzeitig mit dem Stein schaffte das ästhetische Vergnügen den Durchbruch – ein wichtiger Schritt auf dem Weg zur Menschwerdung.

## Der technische Fortschritt

Die Entstehung einer technischen Kunst geht immer auch mit einem technischen Fortschritt einher. Kunst und Fortschritt sind unauflöslich miteinander verbunden, wenigstens in der Welt der Vorgeschichte: die Eleganz der «Mandel» im Acheuléen ist ebenfalls die Frucht des Wunsches, den Werkstoff im Hinblick auf seinen Gebrauch leichter werden zu lassen. André Leroi-Gourhan[15] hat dies schon vor dreißig Jahren bewiesen. Auf ein Kilogramm Werkstoff – in der Regel Feuerstein – bekommt der Handwerker von Abbéville einen Zweiseiter, der etwa zehn Zentimeter brauchbare Schnittfläche aufweist.

Sein Nachfolger, der Handwerker im Acheuléen, erreicht schon viermal mehr, nämlich vierzig Zentimeter. Der Handwerker des Moustérien während der letzten Eiszeit mit einer Ausrüstung, welche die Splitter systematisch verbessern kann, schafft zwei Meter brauchbare Schnittfläche. Der Magdalenienmensch schließlich, der seine Feuersteinknollen geschickt präpariert, um daraus feine Klingen oder Lamellen herzustellen, kommt auf die erstaunliche Zahl von sechs bis zwanzig Meter Schnittfläche. Ausgehend von der gleichen Werkmasse wurde der Ertrag um das Zweihundertfache verbessert. Geben wir zu, daß dieser Fortschritt eine beständige Anstrengung erforderte, denn er hat sich im Verlaufe einer Million Jahre entwickelt!

Eine Erneuerung erlaubt weitere und löst nochmals andere aus: in dieser Million Jahren, während denen es Zweiseiter gab, liegt die «Mandel» etwa um 300 000; die Meisterschaft des Moustérien entfaltet sich um 50 000; das fantastische Herstellen von Klingen und Lamellen liegt um 15 000. Die Stufen werden genauer und beschleunigen sich. Die folgenden Zahlen sind noch aussagekräftiger und zeigen, im Gegensatz zu noch immer verbreiteten Vorurteilen, daß die Entwicklung zu einer leichteren Ausrüstung, zu Mikrolithen ein Fortschritt und nicht ein Niedergang ist. Damals trat ein entscheidendes technisches Ereignis ein: das Feuersteinwerkzeug wurde nicht mehr direkt gebraucht, sondern es wird mit einem Stiel versehen, in einen Schaft aus Holz oder Knochen eingelassen; es wird nunmehr als «Gerüst» verwendet, als aktiver Bestandteil eines komplexen Ganzen. Als Zeitpunkt kann man etwa das 11. Jahrtausend für diese «technische Wende» vermuten. Ich komme darauf zurück, denn diese Zeit ist ebenfalls Zeuge einer kulturellen, wirtschaftlichen und sozialen Wende... Sie ist ein Symbol für das bemerkenswerteste Datum in der modernen Entwicklung der Welt. Von diesem Augenblick an löst unser Kilogramm Feuerstein, in der Form von winzigen Spitzen, von kleinen geometrischen Geräten, die Vervielfachung der Werkzeuge, der zusammengesetzten Werkzeuge, eine eigentliche technische Explosion aus; unser Kilogramm erlaubt nun die Herstellung von vierzig Metern brauchbarer Schnittfläche. In nur 5000 Jahren hat sich der Wirkungsgrad verdoppelt. Die neuesten Untersuchungen auf Les Causses nördlich von Millau, im Unterschlupf Salzets, die von meinem ausgezeichneten Schüler Jean Maury durchgeführt wurden, haben eine ultramikrolithische Ausrüstung zutage gefördert. Kein Feuerstein ist länger als 1,5 Zentimeter. Diese mußten daher mit Stielen versehen sein. Manche haben in einem Fingerhut Platz. Der Wirkungsgrad hat sich seit dem Magdalénien mehr als vervierfacht.

Die nicht-verbale Verständigung, dann die Sprache, das überlegene Handwerk und die Entstehung eines ästhetischen Empfindens und Vergnügens – Früchte eines immer schnelleren Fortschrittes – sind ebenso entscheidende Schritte auf dem langsamen Marsch der Menschwerdung. Dennoch wühlen weder technischer Fortschritt noch aufkeimendes ästhetisches Empfinden die menschliche Seele in ihren Tiefen auf. Was den Menschen endgültig menschlich werden läßt, was ihn wirklich zum Menschen machen wird, ist nicht seine Beziehung zur Welt der Gegenstände, selbst wenn sie ihm Vergnügen bereitet, sondern die Entwicklung seiner Beziehung zu seinesgleichen. Jenseits der nicht-verbalen Verständigung findet der Mensch nun zu anderen Übereinstimmungen. Am eigenartigsten, am neuartigsten, ist seine innige Verbindung zu den Verstorbenen.

# Hin zum Jenseits

## Das Grabmal: eine Stätte der Bewahrung

In einer Umfrage vom Juni 1979 bei meinen Studenten und den Zuhörern der öffentlichen Vorlesungen über prähistorische Archäologie an der Philosophischen Fakultät der Universität Toulouse fragte ich, welches die bemerkenswertesten Neuerungen in unserem menschlichen Abenteuer seien.

Mit Abstand zuoberst auf der Liste stand das Feuer, dann folgten Werkzeug und Getreide, wegen des wirtschaftlichen und sozialen Wandels, die sie ausgelöst hatten. Diese drei «Erfindungen» gehören allesamt in den Bereich der Technik. An vierter Stelle wurde ein Hauptanliegen auf der Suche nach der Menschwerdung aufgeführt: die Grabstätte.

Könnte man nicht behaupten, daß dort, wo die Bestattung, wo der Wunsch nach Erhaltung, nach Schutz des verstorbenen Körpers auftauchen, dort wo die Umstände der Grablegung selbst entscheidende psychologische, soziale und religiöse Auswirkungen haben, daß dort der Mensch erscheint?

In gewissen Debatten über die Frage der Menschwerdung ist gelegentlich die Grabstätte das entscheidende Argument, das allein schon über die Existenz des Menschen entscheidet. Er *lebt* vor unseren Augen, sobald er seine Toten bestattet. Diese Problematik ist es wert, erörtert zu werden.

Für unsere abendländische Welt, die um 50000 bestenfalls von 50000 Neandertalern besiedelt war, verfügen wir über kaum mehr als fünfzig Knochenfunde von Skeletten, einige Schädel, meist lange Knochen.

Geht man davon aus, daß die Neandertaler in unseren Ländern zwischen dem hundertsten und dem dreißigsten Jahrtausend gelebt haben, so haben sie, selbst wenn man ihre in der Regel kurze Lebenserwartung mitberücksichtigt, unseren Boden mit mehr als hundert Millionen Lebewesen bevölkert.

Die menschlichen Überreste eines einzigen auf zwei Millionen Tote. Es scheint, daß die Bestattung noch nicht zum allgemeinen Brauch geworden war. Falls es sie zu jener Zeit gab, wird sie nur in Ausnahmefällen offenbar. Und sobald es sie gibt, muß sie sich durch Sachverhalte beweisen lassen, die man überprüfen kann.

Emile Carthailac[16], der erste Dozent für Vorgeschichte an der Universität Toulouse, meinte vor mehr als einem Jahrhundert sehr richtig: «Wir müssen annehmen, daß die paläolithischen Völker die Gebeine ihrer Toten nur ausnahmsweise in Höhlen oder im Schutze von Felsen niederlegten. Die sterblichen Hüllen mußten meistens im Freien bleiben, sei es auf Felsen, sei es auf Bäumen oder anderswie aufgehängt, unter Bedingungen, die es ihnen nicht erlaubten, bis auf uns zu kommen.» Dies ist eine sehr vernünftige und durchaus logische Feststellung. Die geringe Zahl von Funden spricht für sich. Sollte es eine Praxis absichtlicher Grablegung gegeben haben, muß man sie aus Äußerungen herleiten, die zumindest in der Minderheit blieben.

## Die Grabstätte: ein Schutz

Die erste bekannte Grabstätte war jene des Mannes von La-Chapelle-aux-Saints in der Corrèze (Marché-Limousin), eine kleine, bescheidene Höhle mit einem Vorraum, der sich weit zum Tal hin öffnet. Im August 1908 förderten die Pfarrherren Amédée und Jean Bouyssonie und Bardon dieses erste Grabmal aus der Neandertaler Zeit zutage. Die Grabung ging in die kleinsten Einzelheiten – für die damalige Zeit. Im Zentrum der Höhle enthielt eine *Grube* den Körper des Neandertalers. Im folgenden Jahr, im September 1909, bestätigten Dr. Capitan und Denis Peyrony[17], Volksschullehrer in Les Eyzies, die Entdeckung von La-Chapelle-aux-Saints durch die Freilegung von fünf Grabstätten auf dem weit überhängenden Felsen von La Ferrassie. 1921 entdeckte Denis Peyrony eine sechste, die ihm sehr merkwürdig erschien. Urteilen Sie selbst: sie enthielt ein Skelett ohne Schädel. Welche Schlüsse konnte man daraus ziehen?

Dieses sechste Skelett ruhte «noch» wie die vorhergehenden in einer «ei-ähnlichen» Grube, die 1,45 Meter lang und zwischen 0,40 und 1,20 Meter breit war. An ihrer tiefsten Stelle erreichte die Grube 35 Zentimeter, was uns wenig scheint. Hier drängt sich eine allgemeine Feststellung auf, auf die die Archäologen kaum hingewiesen haben: das geringe Ausmaß der Gruben, die für die Toten bestimmt waren. Der Neandertaler ist 1,60 Meter groß, seine Frau ist etwas kleiner: Marcellin Boule nimmt für diese Bevölkerung eine Durchschnittsgröße von 1,55 Metern an.

Wenn man diese Leichname des Neandertalers in Gruben beisetzt, die 1,45 Meter lang sind, wie in La Ferrassie oder in La-Chapelle-aux-Saints (wo die Grube ähnliche Ausmaße aufweist), kann man sie nicht der ganzen Länge nach hinlegen. Daher diese Körperstellungen, die angewinkelten oder zurückgebogenen Beine, die Hockerstellung, auf die wiederholt aufmerksam gemacht wurde.

Und es sprossen die metaphysischen Deutungen: «schlafende Stellung», und noch ernsthafter: «fötale Stellung», verkündeten meine Kollegen. Am Ende seiner langen Reise würde der Verstorbene seine vorgeburtliche Körperhaltung wiederfinden! Ich möchte andere, weniger ehrgeizige Deutungen vorlegen …

Diese angewinkelte Lage, wäre sie nicht einfach die *wirt-*

*schaftlichste*, das Ergebnis der Suche nach einer Lage, in der der Leichnam den geringsten Raum einnimmt? Das Graben einer Grube mit den technischen Mitteln des Moustérien, eine Ausrüstung auf der Grundlage von Spitzen und Schabern, erlaubt kaum, sehr tief zu graben, selbst mit Hilfe eines Stokkes. Zweifellos werden die Schulterblätter des Bisons, der Rinder, der Rentiere oder des Mammuts erst später als erste Schaufeln mit vergrößerter Leistungsfähigkeit benützt.

Verweilen wir einen Augenblick bei Peyrony[18] und seiner Analyse der Entdeckung des schädellosen Skelettes: «Das Skelett lag an der tiefsten Stelle der Grube, in einer Tiefe von 35 Zentimetern. Der Kopf war vor oder nach der Bestattung vom Rumpf getrennt und gleichzeitig im rötlichen Boden begraben worden. Trotz aller aufgewendeten Anstrengung – die Erde wurde gesiebt und sogar gewaschen, um alle noch erhaltenen Bruchstücke aufzuspüren – haben wir nicht den geringsten Teil des Kiefers und keinen einzigen Zahn gefunden.» Dieser zweite merkwürdige Sachverhalt ist um so verwirrender, als die Unterkieferknochen und noch mehr die Zähne sich außerordentlich gut erhalten. Wieviele entscheidende Fossile sind uns nur durch ihren Zahn bekannt (die Einzahl steht hier absichtlich)? Diese Merkwürdigkeiten haben Denis Peyrony verwirrt, der zur Erklärung eine Hypothese aufstellte, die Kulthandlungen zu Hilfe nahm, wie so oft unter solchen Umständen. Um eine Abnormität zu erklären, greift man in der Tat rasch auf Kulthandlungen zurück, auf Zauber, auf religiöse Handlungen. Mir scheint jedoch das menschliche Abenteuer aufregend genug, man braucht nichts mehr «beizufügen». «Man kann annehmen», erklärt Peyrony in seiner ausgezeichneten Monographie über La Ferrassie, «daß die Enthauptung während oder schon vor der Beisetzung erfolgt war, daß der Schädel verstümmelt wurde, entweder um das Gehirn herauszuholen oder als Ritualgefäß zu dienen, weil das Gesicht ganz fehlt; entweder wurde er in der Nähe des Leichnams verlassen und gleichzeitig mit ihm bedeckt, oder er wurde vor seinem Tod in diesen Zustand versetzt...»

Enthauptung, Entfernung des Gehirns, der Schädel als Ritualgefäß – welch entsetzliche Feststellungen, die nach geheimnisvollen, magischen oder religiösen Deutungen rufen. Und wenn die Wahrheit viel einfacher wäre? Warum solche Umwege? Reicht es nicht aus, sich eine *häusliche* Tragödie vorzustellen, wie sie die Welt des Moustérien erleben mußte? Der Neandertaler ist tot. Er liegt in einer Höhle, in der bereits seinesgleichen ruhen. Seine Freunde bereiten sich auf die Bestattung vor, die bei ihnen Brauch scheint. Die Grube wird mit Mühe ausgehoben, denn das Werkzeug ist schwach, der Boden hart – aber ein Augenblick der Unaufmerksamkeit, eine kurze Abwesenheit der Lebenden, und schon stürzt sich eine Hyäne (oder ein anderes Raubtier) auf den verlassenen Leichnam. Die widerliche Hyäne richtet den Kopf übel zu, löst ihn vom Rumpf. Aber nun sind die Lebenden wieder zurück. Die Hyäne macht sich davon und schleppt nur einen Fetzen des Leichnams mit: den Kiefer.

Die Bestattung findet trotzdem statt, und nun wird der Leichnam an der tiefsten Stelle der Grube beigesetzt. Man legt den wiedergefundenen, verstümmelten Kopf dazu. Gleichwohl verfolgt nun die Furcht, die Angst vor der Hyäne, die Gedanken der Totengräber. Deshalb wird dieses Grab von La Ferrassie, diese *einzige* Grabstätte der Fundstelle, gegen eine Rückkehr des Tieres geschützt. Auf die magere Erde, die den Leichnam bedeckt, legen die Menschen aus dem Moustérien «einen Kalkstein, in der Form eines etwa gleichseitigen Dreiecks von 0,80 und einer durchschnittlichen Dicke von 0,15 Metern.» Dieser beinahe hundert Kilogramm schwere Stein ist ein wirkungsvoller Schutz gegen die Rückkehr der Aasfresser.

Die Vorstellung dieser alltäglichen Tragödie ist nur eine weitere Hypothese, aber sie setzt keine komplizierten Kulthandlungen voraus, die beim gegenwärtigen Stand unseres

Wissens nicht bewiesen werden können. Dieses Niederlegen eines Schutzsteines scheint die megalithischen Praktiken der großen Baumeister des dritten und zweiten Jahrtausends vorwegzunehmen. Schließlich mußte man mit einem einfachen Element beginnen. Warum nicht mit einem Stein?

## Die Grube, ein Beweis für die absichtliche Bestattung

Das Skelett eines Neandertalers in einer Schicht des Moustérien bedeutet nicht das Vorhandensein einer absichtlichen Grabstätte, genausowenig, wie die Entdeckung eines Leichnams, der inmitten der Küchenabfälle seiner Behausung verlassen wurde, umgeben von einigen Spitzen oder verlorenen und abgenutzten Schabern, den Grabungsleiter berechtigen kann, von einer Grabstätte zu reden.

1885 entdeckten zwei belgische Archäologen, De Puydt und Loë, mitten in einer Schicht des Moustérien in der Höhle von Spy das Skelett eines Neandertalers: «Er schien auf der rechten Seite zu liegen, die Hand am Unterkiefer aufgestützt. Er lag ungefähr quer zur Höhlenachse, den Kopf nach Osten, die Füße nach Westen gerichtet. Viele Gebeine wurden nicht mehr gefunden, trotz genauester Untersuchungen. Der Schädel wies Brüche auf. Mehrere Brüche waren sehr alt; Bruchstücke, die aus ihrem anatomischen Umfeld herausgelöst waren, hatten Verkalkungen wieder zusammengefügt.»

Welche Schlüsse konnte man vernünftigerweise aus diesen Beobachtungen ziehen? Mußte man daraus einen Beweis für eine absichtliche Grablegung ableiten? Falls dem so ist, wäre Spy die erste bekannte Grabstätte. «Abbé Breuil hat von einer Grabstätte gesprochen, wie wenn dies eine selbstverständliche Tatsache gewesen wäre», erklärt R. P. Bergounioux, der selber dieser Deutung zuneigt. Wie viel besser gefällt mir der bescheidene Schluß der beiden Entdecker: «Wir haben gesehen, daß Kalkblöcke von mehreren Kubikmetern auf die Terrasse gefallen waren. Die Zerstörung der Skelette geht wahrscheinlich auf dieses Geröll zurück. Die Untersuchung der Brüche bekräftigt diese Sicht der Dinge.»

De Puydt und Loë[19] sehen ihre Sache objektiv. Beim Stand der Forschung zum Zeitpunkt der Entdeckung von Spy 1885 konnten sie keine anderen Hypothesen aufstellen. Sie hatten einen Neandertaler unter gewaltigem Schutt gefunden, inmitten einer archäologischen Schicht des Moustérien. Nur diese nackten Tatsachen zählen. Es wäre zu kühn, daraus auf eine Grabstätte zu schließen.

Die Entdeckung (1908) eines Neandertalers in einem Unterschlupf in Moustier selber erbrachte auch nicht den notwendigen Beweis. Die Ausgrabung der Fundstelle erfolgte sechs Monate nach der Entdeckung des ersten Fundstückes. Der Tote hatte eine wundervoll bearbeitete «Mandel» bei sich. Die Welt der Wissenschaft debattierte und stritt sich lange Zeit wegen dieses außerordentlichen Fundes und seines genauen Fundortes innerhalb der «Grabstätte». Die Deutungen mit psychologischen Untertönen waren verblüffend. Diese «Mandel», diese Waffe, war für gewisse Leute ein wunderbarer Begleiter für die Reise ins Jenseits und seine fruchtbaren Jagdgründe. Ja, aber da liegt der Haken: wir wissen nicht, ob die «Mandel» ursprünglich in Griffnähe des Toten lag. Lag sie wirklich bei ihm in der Grube? Zu viele Unbekannte mahnen uns zur äußersten Vorsicht.

Die Bestattungsgrube von La-Chapelle-aux-Saints findet mehr Zustimmung. 1912, vor der Entdeckung des kopflosen Skelettes in La Ferrassie, untersuchten Dr. Capitan und Denis Peyrony ganz genau zwei Kindergräber. Sie entdeckten auf dem Grund des Moustérien das Vorhandensein zweier kleiner Gruben, die 0,7 Meter breit und 0,3 bis 0,4 Meter tief waren. Sie hatten die Form eines Halbkreises im darüberliegenden rötlich-gelben Kies. Es waren eindeutig künstlich ausgehobene Gruben. Sie enthielten jede ein kleines drei- bis vierjähriges Kinderskelett. Und die Autoren konnten den klaren Schluß ziehen: «Es gibt also den deutlichen Beweis eines Begräbnisrituals.»

In den nächsten Monaten erfolgten ergänzende Entdeckungen in neuen Gruben, die mit zertrümmerten Knochen von Rindern und Bisons sowie Spitzen und Schabern aus Feuerstein angefüllt waren. Diese drei Gruben hatten wohl mit den genau bezeugten Gräbern zu tun. Es ließ sich daraus auf Nahrungsmittelvorräte oder auf einen Leichenschmaus anläßlich der Bestattungszeremonie schließen. Seit eh und je verbindet sich mit dem Tod die Vorstellung von einer Mahlzeit. Die Beweggründe dazu mögen vielfältig sein, aber es ist interessant, dies seit dem fünfzigsten Jahrtausend beobachten zu können.

Diese Gedankenverbindung setzt sich in vielen Ländern der Welt bis auf den heutigen Tag fort, nach Mustern, die jeder von uns wahrscheinlich bereits kennt.

Neue Ausgrabungen mit geeigneten Techniken bestätigen und vervollständigen das Bild vom Bestattungszeremoniell des Neandertalers. In den Höhlen von Shanidar im nördlichen Irak wurden zahlreiche, tiefe Schichten aus dem Moustérien mit Hilfe der C-14-Methode auf 48 000 bis 44 000 Jahre datiert. Acht Neandertalerskelette wurden entdeckt, und es wurden unbestrittene Begräbniszeremonien nachgewiesen. Ein Leichnam ruhte auf einem Blumenbett. Die Pollenanalyse erlaubte, Bestattung und Blumensträuße in den Sommer zu datieren, etwa in den Monat Juni.

Richard E. Leakey[20] in seinem Buch «Ursprünge» spricht mit Liebenswürdigkeit von diesen Opfergaben: «Ganze Blumen wurden rund um den Leichnam eines Menschen angeordnet. Die Pollenanalyse ergab Schafgarben, Kornblumen, St.-Barbara-Disteln, St.-Jakobs-Gräser, Träubelhyazinthe, Stockrosen und Schachtelhalm». Das Ganze mußte ein zartes Gebinde von weißen, gelben und blauen Blumen bilden, die grünen Zweige der Schachtelhalme nach Arlette Leroi-Gourhan «eine Art Liege, auf die der Tote gebettet wurde.»

Ralph Solecki läßt sich von der jahrtausendealten Ästhetik nicht betören. Er schlägt uns eine praktischere Deutung vor, ein vom Nützlichkeitsdenken geprägtes Ritual. Er stellt fest: «ein Großteil (der Blumen sind) für ihre heilkräftigen Eigenschaften bekannt, und die Einwohner jener Gegend verwenden sie bis heute.» Das gleiche Ritual kann also auf zwei oder mehr Arten verstanden werden.

Dieselbe Vieldeutigkeit finden wir auch bei den um einiges zahlreicheren Grabstätten des Cro-Magnon. Vielfach hat man rund um den Leichnam eine Schicht von rotem Ocker entdeckt. Gewisse Knochen waren sogar vom Farbstoff durchtränkt, weil er in solchen Mengen beigegeben wurde.

Die Grabstätte von Sunguir in der Nähe von Wladimir östlich von Moskau in der Aufschüttungsebene der Klasma, ist eine Fundstätte erster Ordnung, noch reichhaltiger als die klassischen Grabstätten von Mentone. Ein Mann, zwischen 60 und 65 Jahre alt, den man dort fand, trug 3000 Elfenbeinperlen (einige kamen sogar auf 3500), die vermutlich auf die Kleidung aufgenäht waren; über der Brust waren sie dichter verteilt. Anschließend wurde der Körper durch einen dicken Mantel in roter Ockerfarbe geschützt. Eine erste Datierung, die der «Erfinder», Professor O. Bader, anläßlich meines Besuches in Moskau 1968 vorschlug, war 14000 v. Chr. Der schwere rote Mantel würde bei einer ungestümen Phantasie schnell die Erinnerung an Blutrituale wecken, die den Verstorbenen an seine letzte Ruhestätte begleiteten... Es sei denn, Ocker habe ebenfalls eine anerkannt heilende Wirkung gehabt.

Und man denkt an den klebrigen Lehm des südlichen Stollens von Rouffignac[21], an den «Leim», eine Art «armenischer Bolus», wie sich der Marquis von Miremont im 18. Jahrhundert ausdrückte. «Dieser rote Lehm, den man in der Gegend ‹Baljarmeno› nennt, ist ein ausgezeichnetes Heilmittel, um gebrochene Arme und Beine wieder in Ordnung zu bringen, indem man ihn mit Eiweiß verfestigt. Dieser Bolus eignet sich noch besser für Schnittwunden, denn er heilt die Wunde in sehr kurzer Zeit», fuhr der heilkundige Marquis fort. Ob dieser Lehm mit den heilsamen Eigenschaften nicht am Ursprung der Riten der verstümmelten Hände stand, die man an den Wänden von Gargas abgebildet findet? Doch sollten wir unsere bilderstürmerische Begeisterung keine Stufen überspringen lassen. Wir kommen in Kürze auf Gargas und seine Hände zurück.

Jedenfalls, und bei aller strengen Kritik der Ausgrabungen – bleiben die Grabstätten rund um das fünfzigste Jahrtausend genau bezeugt. Sie bieten eine Gesamtheit von Hinweisen, die es uns gestatten, einem Zeremoniell zu folgen, von dem die meisten Stufen überlebt haben: eine Grube, um den Leichnam hineinzubetten (ihre Enge erklärt sich – wie wir gesehen haben – mit dem Bestreben, möglichst rationell zu arbeiten); ein schützender Stein über der Grube (auf eine gewisse Art ein Totendenkmal); Speiseopfer und, zum Zeitpunkt der Zeremonie, die sehr bewegende und zweifellos menschlichste Geste, das Niederlegen von Blumen. «Ich sah mich vor der Frage, ob der Familiensinn – der Kult der Gräber und der Friedhöfe – sehr alt ist und wann er seinen Anfang nahm», fragt sich Philippe Ariès. Gibt es für ihn eine Antwort? Vor rund 50 000 Jahren. Dieses Ritual setzt voraus, daß man die Beziehungen zwischen der Welt der Lebenden und der Toten aufrechthält. Durch die Zufluchtsstätte, die man dem Toten zurechtmacht, seine unterirdische Wohnstatt, durch den Schutz mit der Steinplatte, durch das Niederlegen von Opfergaben und Blumen erklärt der Überlebende, daß er mit dem, der nicht mehr ist, in Verbindung bleiben möchte.

Es bleibt eine letzte Feststellung: die geringe Anzahl der

Grabstätten des Neandertalers. Auf hundert Millionen Verstorbene zählt man nur eine lächerlich kleine Zahl eindeutig belegter Grabstätten. Sollten sie das Vorrecht einer Elite gewesen sein? Hätten nur außergewöhnliche Persönlichkeiten das Recht auf eine Bestattung und die bewahrenden Rituale der Verbindung und der Erinnerung gehabt? Sind hier die Vorläufer der monumentalen Pyramiden, die sich die Pharaonen vorbehielten, während Millionen Fellachen in einem Erdloch ruhen, kaum in eine verwesliche Matte eingehüllt? Wir brennen darauf, zutreffende Antworten geben zu können, um auf diese Weise die Kette der Jahrtausende weiterzuführen: aber, so lange die Beweise fehlen, müssen wir uns mit Hypothesen zufriedengeben.

# Das Symbol der Hand

## Die schöpferische und die zerstörerische Hand

Die Hand ist gleichzeitig das Beste und das Schlimmste. Die Herstellung der Geröllgeräte, der ersten Zweiseiter, ihre Vollendung durch «überlegene Handwerker», die ersten Schöpfer einer Kunst, würden es erlauben, eine eigentliche Verteidigungsrede für die Hand zu entwerfen. Sie ist Unterschrift und hauptsächlichstes Werkzeug des Wunders der Menschheit. Aber die Hand ist auch die André Bretons, der mit seinem Druck auf den Rüssel eines Mammuts in Les Cabrerets, den er dadurch auswischte, darüber entscheiden wollte, ob die prähistorischen Wandmalereien echt seien! Oder die Hand von Séverin Blanc, der sie auf das erste Nashorn des wundervollen Frieses von Rouffignac setzte, das er für eine Fälschung hält, weil die Farbe «auf den Finger» kommt! Die Hände der Touristen, die die Fresken unserer Höhlen bedrohen ... Die Hand, das bedeutet auch Feindseligkeit, Kampf, Schaden an der Natur und unserem Kulturerbe.

## Die schmutzige und die durchgepauste Hand

Man braucht sich daher nicht zu wundern, daß die Hand wichtig wird und von Anbeginn an eine Hauptrolle in der Menschwerdung spielt. Einer der ersten Hinweise ist die Hand, die von ihrem Umgang mit der braunen, ockerfarbigen oder roten Erde beschmutzt ist, eine erste und eigenartige Begegnung der menschlichen Haut mit der Farbe, die auf den Australopithecus zurückgeht.

Nach dieser ersten, völlig zufälligen Begegnung lernt der Mensch eine andere kennen, eine absichtliche, erwünschte, geplante. Er will seine Hand mit Lehm oder Erde einreiben, sie aus unbekannten Gründen färben. Er erreicht dadurch eine zeichnerische Wirkung, die ihm gewiß Vergnügen bereitete. Er ergreift mit seinen Fingern.

Dies ist der Übergang zur Tat: Die absichtlich beschmutzte Hand wird auf eine leere Wand gepreßt, um sie abzupausen. Im Grunde genommen ist dies die Geburtsstunde des direkten Druckes. Die Hand bildet sich mit all ihren physischen Einzelheiten und ihrem symbolischen Wert ab, auf dem Boden, auf einer Haut, auf einer Rinde – alles flüchtige und vergängliche Träger.

Als der Cro-Magnon-Mensch in die Höhlen kam, preßte er seine Hand auf die Felswände und fand damit endlich einen festen, dauerhaften Träger.

Von nun an sind zahlreiche Hände ihres Fortbestandes sicher und kommen bis auf uns. Es ist dies die positive Abbildung der Hand, die trotz allem recht außergewöhnlich bleibt.

Viel häufiger wird die Hand als Schablone dienen. Nicht sie wird abgepaust, sondern ihre Umrisse. Die Hand wird «ausgespart», behält die Farbe des Trägers, und der Autor (ich zögere, den Ausdruck Künstler zu verwenden), der seine Hand auf die Wand gepreßt hat, umgibt sie mit Farbe. Diese Farbe, ocker, rot oder gelegentlich schwarz, wird im allgemeinen hingeworfen, zweifellos direkt aus dem mit Farbe gefüllten Mund ausgespien. Das läßt sich sehr gut erkennen: in einer inneren Zone sind die Farben intensiv, am Rande werden sie schwächer. In diesem Falle dient die Hand wirklich als Schablone; es ist jene Technik, deren sich unsere Kindergartenschüler gerne bedienen, ohne zu ahnen, daß sie zwanzig oder dreißig Jahrtausende alt ist. Der Gebrauch eines hohlen Knochens als Zwischenstück, um die Farbe zu führen und vom Mund an die Wand zu leiten, wird wahrscheinlich schnell üblich. So tauchte erstmals die «Malerei mit der Spritzpistole» auf. Wenn die zeitgenössische Welt neue Gefäße für die Farben anbietet, wenn man den Farbwurf heutzutage mit einem Motor bewerkstelligt, so bleibt der Grundsatz doch prähistorisch!

Gut erhaltene Hände (auf den Höhlenwänden) zeigen die vier hinteren Finger flachgelegt, den Daumen leicht schief, wie aus der Dreiviertelsicht. Wie sind wir gerührt, in dieser schiefen Stellung des Daumens eine natürliche und vertraute Bewegung von heute wiederzufinden. Bei einigen Händen kann man sogar den 30 000 Jahre alten Schatten des Daumens sehen.

Gelegentlich wiederholen sich Hände, einzelne Finger ohne Daumen, immer als Schablonen, entlang den Wänden und bilden einen eigentlichen Fries. Man kann daher behaupten, der Fries sei in seiner ornamentalen Bedeutung aus der Vervielfachung der Hände und der Finger entstanden. Grundsatz ist die Wiederholung; die Vorstellung eines ornamentalen Bandes, der Sinn für die Horizontale, für das Aneinanderreihen, für die strikte Ordnung, zeigen sich in diesen Friesen von Händen und Fingern. Das erste Bewußtwerden dieser Handornamente und der freien Zwischenräume setzt die Vorstellung eines eigentlichen Rhythmus voraus. Die harmonischen Gewölbefelder von Bramante oder die Fassade von Versailles sind im Keim in diesen bescheidenen Darstellungen vorhanden, vergraben im Halbschatten der Höhlen.

Das beharrliche Festhalten an diesem Ritual der gemalten Hände oder Finger läßt sich auch heute noch leicht aufzeigen. Auf einer frischgeweißelten Wand im türkischen Dorf Çatal Hûyûk, in einiger Entfernung von der prähistorischen Stadt, breitet sich eine wundervolle rote Hand aus, ohne Zweifel ein Symbol der Zugehörigkeit des Besitzers. Während Jahrhunderten drückte der Analphabet (der Brauch scheint wieder aufzukommen!) seine Daumen auf das juristische Schriftstück, um es zu unterschreiben. Das Aufnehmen von Fingerabdrükken auf offiziellen Papieren bewahrt gleichsam ein Echo aus dieser Vergangenheit, obschon neue Zwänge das Ritual organisieren. Der Pferdefries in Les Cabrerets enthält zwei große punktierte Pferde. Rund herum sind fünf sehr schöne Handnegative zu sehen. Sie heben sich sehr hell von ihrem schwarz schattierten Hof ab und sind offensichtlich später als die Pferde, weil sie diese einrahmen. Vielleicht drücken sie eine enge und direkte Beziehung zwischen den Pferden und den Händen aus, eine Art Inbesitznahme. Das psychologische Argument geht davon aus, daß zwischen dem Malen der Pferde und der Hände nur eine ganz kurze Zeitspanne verstrich: der Künstler, der die Pferde ausgeführt hat, wollte sie bestimmt nicht zurücklassen ohne ein Zeichen ihres rechtmäßigen Besitzers.

## Verstümmelte Hände. Warum?

Im ganzen Abendland findet man gegenwärtig in nur drei Höhlen Abdrücke verstümmelter Hände. Es sind Handnegative, die man auf die Höhlenwand gelegt und mit einem Hof von roter oder schwarzer Farbe umgeben hat, entsetzlich verstümmelte Hände, geradezu grauenvolle, mit vollständiger oder teilweiser Entfernung ganzer Finger oder einzelner Fingerglieder. Gargas an der Grenze zur Haute-Garonne (*Tafel 5*) sowie die unmittelbar benachbarte Höhle Tibiran beherbergen die größte Zahl. Ihre Aufnahme ist heikel, denn viele sind ausgewaschen, kaum sichtbar. Gargas zählt trotzdem mehr als zweihundert Beispiele.

Haben wir tatsächlich verstümmelte Hände vor uns, und wenn ja, warum? Oder befinden wir uns vor Händen, die an die Wand gepreßt wurden, während gewisse Finger oder einzelne Glieder auf den Handballen zurückgebogen wurden, bevor man die Farbe hinspritzte? Diese gar zu einfache Hypothese hält nicht der geringsten experimentellen Überprüfung stand: es ist physiologisch ganz und gar unmöglich, gewisse Glieder (die ersten beispielsweise) zurückzubiegen, um auf die ganze Bandbreite der Verstümmelungen von Gargas zu kommen. Schließlich hat ein Experiment mit einer modernen Farbpistole nachgewiesen, daß einzig verstümmelte Hände (Zeugen waren Hände, an denen nach Arbeitsunfällen amputiert worden war) ein klares «Aussparen» der Hände und der Finger erlauben, die durch das Spritzen umkreist wurden: Hände mit zurückgebogenen Fingern führten nicht zu jenen messerscharfen Umrissen, die wir in Gargas an den prähistorischen Händen beobachten. Schablonen, die Dr. A. Sahly[22] im Hinblick auf seine Doktorarbeit aus Karton hergestellt hat, sind sehr aufschlußreich. Sich an die These der Hände mit den zurückgebogenen Fingern zu halten, würde zu einer sehr oberflächlichen Sicht der Dinge führen. Gewisse Verstümmelungen, die in Gargas dargestellt wurden, lassen sich schlicht und einfach nicht abbilden, wenn man von «vollständigen» Modellen ausgeht.

Damit fällt auch die Hypothese dahin, die in diesen Händen mit den zurückgebogenen Fingern eine geheimnisvolle Sprache der Jäger vermutete. Man wollte eine Parallele aufzeigen zwischen diesen verstümmelten Händen von Gargas und der Handzeichensprache der Indianer der nordamerikanischen Ebenen. Diese Indianer waren im letzten Jahrhundert große Bisonjäger. Die verhältnismäßige Vergleichbarkeit mit der Lebensweise der Jäger von Gargas läßt diese Hypothese a priori verführerisch erscheinen. Meines Erachtens sollte man jedoch den zeitlichen Abstand (rund dreißig Jahrtausende) ebenso, wenn nicht noch mehr, wie die räumliche Entfernung mitberücksichtigen. «Diese Sprache», so berichteten René Thévenin und Paul Coze[23] «wird vor allem zwischen dem Missouri und den Rocky Mountains verwendet, vom Fluß Frazin bis zum Rio Grande... Ein Zeichengespräch dieser Indianer wird zur eigentlichen Poesie der Bewegungen.»

Und da zeigt sich der grundsätzliche Unterschied zwischen der Zeichensprache der Indianer und der hypothetischen Sprache der Hände von Gargas deutlich. Jeder Indianerstamm verfügt über ein besonderes Zeichen, gewissermaßen eine «bewegte Unterschrift», die es erlaubt, ihn zu erkennen. Für die Schwarzfüßler das Berühren des Mokassin; für die Raben eine Bewegung mit den Armen, als setzten sie zum Fluge an; für die Cheyennes – ein Stamm, der oft Finger «abschneidet» – eine Hand über dem Arm, die eine Schneidebewegung nachahmt; für die Sioux die Bewegung, als würden sie die Kehle durchschneiden, usw. Diese Zeichen drücken sehr verschiedenartige Handlungen aus. Die Bewegungen der prähistorischen Hände sind «statisch» und an Zahl sehr begrenzt.

Wir müssen daher von der Tatsache wirklicher Verstümmelungen ausgehen. Aber welcher Art? «Rituelle» Verstümmelungen (sobald man das Unerklärliche erklären muß, greift man auf das Ritual zurück), oder Verstümmelungen, die, sagen wir für den Augenblick, von einem Unfall herrühren?

Viele Stämme der Erde haben rituelle Verstümmelungen gekannt: bei den Indianern Amerikas, den Afrikanern oder den Australiern gibt es genügend Beispiele. Das Inventar der Hände von Gargas ist ebenfalls sehr vielfältig: Hände von Männern, Frauen, kleinen Kindern, ja sogar Säuglingen. Es kommt vor, daß dieselbe Hand mehrmals als «Schablone» diente, und eine Hand findet sich gleich an zwei verschiedenen Orten, einmal in der Höhle von Gargas und dann in der Höhle von Tibian, in einer Entfernung von 1500 Metern. Spricht diese allgemeine Verbreitung für ein Ritual, wenn man weiß, daß Rituale in der Regel eine ganz genaue Klasse betreffen, eine Alters- oder Geschlechtsklasse?

Ein Ritual, das sowohl bei Erwachsenen wie bei den Patschhändchen der Säuglinge zum Zuge kommt, ist dies noch ein Ritual? Neuere Untersuchungen haben gezeigt, daß die am häufigsten dargestellte Amputation die beiden letzten Glieder an den vier Fingern betrifft; es folgt die Amputation der beiden letzten Glieder des dritten Fingers und des äußersten Gliedes der vier Finger. Am häufigsten ist der Mittelfinger verstümmelt, dann, in abnehmender Reihenfolge, der Ringfinger, der kleine Finger und der Zeigefinger. Der Daumen scheint nur in einem Fall betroffen zu sein.

1956 stand die These der rituellen Verstümmelungen noch in Ehren. Man stellte fest, daß Daumen und Zeigefinger – die beiden Finger, die am eifersüchtigsten bewahrt worden waren – auch die nützlichsten zum Greifen und für das Bogenschießen waren (nebenbei müssen wir festhalten, daß der Bogen zu jener Zeit in Gargas wahrscheinlich unbekannt war). Der Mittelfinger, der am wenigsten nützliche, war am häufigsten verstümmelt. Niemand wagte vorzubringen, daß er als längster Finger im Sinne einer Gleichberechtigung verkürzt werden mußte. Aber man behauptete, daß dieser verachtete Finger derjenige sein könnte, «den man gerne den Göttern opferte».

Persönlich glaubte ich zu jener Zeit die rituelle Hypothese unterstützen zu können, wenn ich dem klassischen Bericht von Catlin folgte: «Das eigenartige und tragische Bußfest der O-Kie-Pa bei den Mandan-Indianern, die zu jener Zeit (1832) auf dem linken Ufer des Missouri lebten.» Dieses Fest setzt sich aus verschiedenen Zeremonien zusammen, u. a. der Feier der Jahreszeit, zu der die Bisons zurückkehren, und der Initiation der jungen Männer ins Alter der Mannbarkeit. Eine der merkwürdigsten Zeremonien ist ein Tanz, der das Vorbeikommen der Bisons während des ganzen Jahres sicherstellen soll. «Die Schauspieler dieses wilden Balletts waren Mandane, die sich mit Bisonhäuten verkleidet hatten, an denen noch die Hörner und Schwänze waren. Sie bemühten sich, in einer waagrechten Stellung zu bleiben und ahmten die Bewegungen des Tieres vollkommen nach. Der Kopf diente ihnen als Maske, und sie schauten durch die Löcher der Augen. Zwei farbige Ringe unterstrichen alle ihre Gelenke, sogar die des Kiefers, der Finger, der Zehen. Rund um die Fußknöchel trugen sie ein Büschel Bisonhaar.» Soweit die Einzelheiten Catlins. Diese reiche, genaue und farbige Beschreibung gibt Zug für Zug die Darstellung des kleinen Mischwesens wieder, Bison bei den Hinterbeinen, aber menschliches Geschlecht (*Abb. 4*), sowie die Darstellung des «Bison-Menschen», der mit einem Musikbogen spielt wie der «gehörnte Gott», gemalt und graviert in der Höhle Les Trois-Frères (er allerdings bedeckt sich den Kopf mit einem Hirschgeweih und nicht mit Bisonhörnern)...

Die Vergleiche sind gewiß erstaunlich. Aber sind sie gültig? An einem Fastnachtstag beschließen acht Kinder in Saintes-Maries-de-la-Mer, sich als «Stiere» zu verkleiden (sie kennen keine Büffel); ich wette, daß ihre Kostümierung aus Häuten, Köpfen und Stierhörnern nahe verwandt sein wird mit der Verkleidung der Mandane und mit den Menschen aus den Höhlen des Ariège. Es gibt nun einmal nicht tausend verschiedene Möglichkeiten, sich als Tier zu verkleiden, für welche Zeremonien oder welche Fastnacht es auch sei.

Aber führen wir den Vergleich noch etwas weiter, bis zum Thema, das uns interessiert. Bei den Mandanen ist die Verstümmelung der Hände eine tragische Zeremonie. Schritt für Schritt scheint uns der Bericht in das Ritual von Gargas einzuführen. Nach einer Reihe von Prüfungen, die eine schrecklicher und grausamer als die andere, «liegen die jungen Leute wie entsetzliche Leichen auf der Erde[24]. Kaum konnten sich die Unglücklichen wieder erheben, schleppten sie sich zu einer anderen Seite der Loge, wo ein maskierter, rot bemalter Mann mit schwarzen und roten Füßen neben einem Bisonschädel saß, bewaffnet mit einem kleinen Beil. Der Kranke hielt den kleinen Finger der linken Hand hin und weihte ihn dem Großen Geist... Dann legte er ihn auf einen Block, wo man ihn so-

Abb. 4: «Bison-Mensch» aus der Höhle Trois-Frères

gleich mit einem Axtstreich abtrennte ... Mehrere junge Männer opferten sofort auch den Ringfinger und behielten nur die drei anderen Finger, um den Bogen zu halten, die einzige Waffe, die man mit der linken Hand trägt ... Krieger und Anführer hatten ebenfalls den kleinen Finger der rechten Hand geopfert. Was man für eine sehr viel verdienstvollere Tat hielt»[25].

Diese Rituale lassen Raum für sehr feine und heilsame Unterscheidungen; trotz ihres blutigen Charakters hat man eine klare Wahl vor sich: man opfert nur den kleinen Finger der linken Hand, notfalls den Ringfinger. Von der rechten Hand opfern die Mutigsten nur den kleinen Finger, was ihnen bei weitem ausreicht, um ihre Männlichkeit zu bestätigen.

Dagegen sind aber die verstümmelten Hände in Gargas wahllos: junge und ausgewachsene, männliche oder weibliche, linke oder rechte. Und hier endet der Vergleich auch schon. Wie Maurice Brillant[26] schreibt, müssen die Vorstellungen und Rituale des Quartärs ihres «barbarischen» Charakters entkleidet werden. Schädelkult und ritueller Kannibalismus sind für das Paläolithikum keineswegs nachgewiesen. Maurice Brillant glaubt, «daß es nicht sicher ist, daß alle Arten von Menschenopfern sehr ‹primitiv› sind; oft sind sie das Ergebnis ausgeklügelter Überlegungen, die Frucht einer absteigenden Entwicklung, die in die Irre geht.»

Nichts erlaubt uns daher, unseren Rentier- und Bisonjägern jene Machtmißbräuche und Gewalttätigkeiten in die Schuhe zu schieben, die in den letzten Jahrhunderten unserer Zeitrechnung so verbreitet waren ... Man könnte bei unserem zeitgenössischen Publikum Umfragen anstellen. Ich habe es versucht und werde später die recht eigenartigen Ergebnisse vorlegen. Weitere Umfragen müßten gemacht werden, selbst wenn sie bis heute nicht durchgeführt wurden, da das geeignete Material dazu fehlte. So hätte ich gerne Geschichtsstudenten darum gebeten, Schädeldecken von Braunbären und von Menschen zu sortieren[27]. Warum? Um den Schädelkult in der Unendlichkeit der Vorgeschichte zu untermauern. Es scheint mir in der Tat schwierig, vom prähistorischen Menschen vor einer Million Jahre bessere anatomische Kenntnisse zu erwarten, als von einem zwanzig- oder fünfundzwanzigjährigen europäischen Studenten!

Meiner Meinung nach drängt es sich auf, gegen Vorurteile anzukämpfen, die darin bestehen, daß das Barbarische und das Grausame zwangsläufig primitiv und demzufolge «prähistorisch» seien. Die ethnographische Disziplin ist dann gefährlich, wenn sie sich mit ihren Ableitungen auf eine zu weit zurückliegende Zeitspanne in der Vorgeschichte bezieht.

## Die Höhlenklinik

Was auch immer die «Ritualisten» sagen mögen, die medizinisch-pathologische Erklärung bleibt in Gargas als einzig mögliche übrig. Dr. A. Sahly – seit vielen Jahren im Institut von Toulouse tätig – glaubt, daß sich bei gewissen Händen «aus medizinischer Sicht die Erklärung aufdrängt, daß zu einer Wunde, die von einem Trauma herrührt, ... eine Verbrennung ..., eine Erfrierung ... eine Infektion hinzukam, die eine Verstümmelung bewirkte. In den meisten Fällen betrifft die Amputation die beiden Endphalangen der vier letzten Finger. Es könnte sich um Gefäßerkrankungen handeln, um entzündliche, gefäßverengende, obliterierende Erkrankungen des Typus Raynaud[28], Gangräne an den Extremitäten nach Erfrierungen höchsten Grades.» Und Dr. Sahly fährt mit folgender wichtiger Feststellung fort: «Die Krankheit nach Raymond weist ein für die Untersuchung der Verstümmelungen in Gargas entscheidendes Merkmal auf, daß sie nämlich die Endglieder der vier letzten Finger angreift und den Daumen unversehrt läßt.»

Eine gründliche Untersuchung der Verstümmelungen zeigt deutlich, daß die Glieder «abgefallen» sind und nicht von irgendeinem «hohen Priester» abgetrennt wurden; die vernarbten Wülste gehen über den Rand hinaus und umringen den Stumpf. Im März 1963 ergab sich eine weitere Bestätigung dieser Auffassung mit der Entdeckung des Abdruckes einer verkalkten Hand, deren kleiner Finger amputiert war. Es handelt sich um eine rechte Hand von kleinem Ausmaß, die an die Wand gepreßt worden war. Sie mußte einem 1,3 Meter hohen Individuum gehören, entweder einem zehn- bis elfjährigen Jungen oder einem zwölf- bis dreizehnjährigen Mädchen. Der klar erkennbare Stumpf weist eine «Exartikulation» im Gelenk auf und nicht einen traumatischen Schnitt, der das Glied in seinem mittleren Teil durchtrennen würde.

Eine letzte Bestätigung wurde schließlich durch Abdrücke verstümmelter Finger (vor allem Zeigefinger) im Lehm erbracht, die in einfacher oder doppelter Reihe aufeinander folgten. Die Abgüsse der Hohlräume dieser Abdrücke zeigen, daß es sich um verstümmelte Finger handelt: «Ein Abguß zeigt den Narbenrand des Stumpfes mit der Verbindung der beiden schützenden Hautlappen.» Warum wurden die amputierten Finger auf diese Weise senkrecht in den Lehmboden hineingepreßt? Warum? Ein weiteres blutiges Ritual? Könnte es sich nicht um eine einfache therapeutische Bewegung, eine Bewegung zur Blutstillung handeln, um die Hand, die eben ein Glied verloren hat, zu beruhigen und zu pflegen, ein Glied, das nach einer Erfrierung höchsten Grades abgefallen ist? Hätte Maurice Herzog mit seinen verwundeten Händen beim Abstieg vom Himalaja, den er eben bezwungen hatte, auf seinem Weg eine Höhle gefunden, hätte er dort Schutz gesucht und hätte er seine Hände in den schmerzstillenden und heilenden Lehm eingegraben ... so hätte er ein mehrdeutiges Dokument für die Forscher einer fernen Zukunft hinterlassen.

Dies war gewiß die therapeutische Rolle von Gargas: nicht

eine Höhle blutiger Rituale, sondern eine Schutzgrotte zu sein. Ein Stamm, geschwächt vielleicht von grassierenden Blutsverwandtschaften, Opfer dieser extremen Erfrierungen, sucht bei eiskaltem, sehr feuchtem und windigem Wetter Schutz. Seine Rituale: die Blutungen stillen, die Schmerzen lindern, die Wunden der Glieder, die abfallen, vernarben lassen, die Stummel in den weichen Lehm hineinpressen, die verletzten Hände mit dem lindernden Lehm einreiben. Ist dies nicht jener Bolus-Lehm von Rouffignac, dessen sich das 18. Jahrhundert bediente, um Schmerzen zu beruhigen? Wertvolle Bestätigung: Der Daumen bleibt unversehrt! Ist er nicht der stärkste, am besten durchblutete Finger, den man am einfachsten gegen Kälte schützen kann, indem man die Hand um ihn schließt?

Da die Kranken von Gargas über keine Behälter für ihre «Schmutzbäder» verfügten, begnügten sie sich damit, den Schmutz in ihre Hand zu speien, und statt die Hand hin und her zu bewegen, setzten sie sie auf der Höhlenwand auf. Die ersten Patienten legten ihre Hand in der für ihre Größe richtigen Höhe auf; einen Augenblick hatte ich sogar daran gedacht, die durchschnittliche Größe der Menschen von Gargas aufgrund der Höhe gewisser Hände zu bestimmen. Ihre Nachfolger preßten die Hände höher und vor allem tiefer hin, Vater oder Mutter halfen dem drei Monate alten Säugling, seine Patschhand auf die Wand zu pressen, denn die obliterierten Erfrierungen trafen alle, Männer, Frauen, Kinder. Die Bewegungen unterscheiden sich nach therapeutischer Vorschrift. Daher die positive Hand, die Handnegative, die Hände, die mit Ocker oder mit Magnesium eingerieben wurden.

Auf dem Weg in Kantabrien kam ich einmal mit einem Chemiker auf diese Probleme zu sprechen. Er arbeitete für eine der größten französischen Kosmetikfirmen und sagte, daß mehr noch als der Lehm selber die Mikroorganismen wirkten, die er enthielt. Mein Gesprächspartner erwähnte Bad Brides und die Schlammbäder von Dax. Er versprach mir, die Bolus-

Erde von Rouffignac zu analysieren, um dem Geheimnis auf die Spur zu kommen. Das Schicksal wollte es anders. Trotz allem wurden die Hände von Gargas von einem recht schlimmen Verdacht reingewaschen!

## Das blutige Ritual von Maltravieso

Auf der andern Seite der Pyrenäen, viel weiter westlich, verlangt die Höhle Maltravieso nach anderen Erklärungen. Etwa dreißig Hände wiesen dieselbe Art Verstümmelungen auf: ausschließlich die beiden Endglieder des kleinen Fingers, nach dem Maßstab, der anderswo galt, des am wenigsten benötigten Fingers. Die klinische Untersuchung Dr. Sahlys läßt keinen Zweifel offen: «Die Amputation befindet sich entweder auf der Höhe oder leicht oberhalb des nächsten Gelenkes. In diesem Fall ist sie eindeutig chirurgischen Ursprungs. Sie ist scharf, gerade und ohne eine Schrumpfung der schützenden Hautlappen und folglich ohne Freilegung des Knochensegments. Dies ist kein totes Glied, das abfällt, wie in Gargas.»

Es führt zu nichts, das Offensichtliche leugnen zu wollen, und zweifellos müssen wir hier ein blutiges Ritual annehmen. Ein um so grausameres Ritual, als es nach der Untersuchung der Hände vor allem Frauen und Kinder traf. Bei gewissen Stämmen der großen prähistorischen Welt war es Brauch, daß die Witwe eines ihrer Fingerglieder opferte, um ihrem Schmerz Ausdruck zu verleihen. Zwei oder drei obliterierte, verödete Fingerglieder würden auf zwei oder drei Witwenschaften hindeuten. Das Ritual hatte einen gewissen praktischen Wert. Mit dem Handschlag war der Mann gebunden. Sollte dies der Ursprung und die Rechtfertigung des Händeschüttelns sein, dem seither ein anderes Schicksal beschieden ist?

# Die «wunderbare Nähnadel»

## Kein Gegenstand zu klein ...

Vor rund fünfzig Jahren siebte ich im Wasser unentwegt den Aushub der Ausgrabung einer der berühmtesten Fundstätten des Périgord, der Stätte Langerie-Haute. Damals war diese heikle Arbeit ein durchaus zulässiges Vorgehen: die Erde, die in den Wassern der nahen Vézère gewaschen wurde, ließ in unseren Händen die winzigsten Funde zurück. So hatte ich die Freude, das Bruchstück einer aus einem Knochenstück hergestellten, polierten Nähnadel zu finden, ein um so rührenderes Fragment, als es ein winziges, durchbohrtes Nadelöhr aufwies, durch welches Roßhaar eingefädelt werden konnte, eine bescheidene kleine Nadel, die eine Haut durchsticht...

Die Form der Nadel hat sich nicht verändert; sie erfüllte ihre Funktionen sogleich vollkommen, nachdem sie ihren natürlichen Vorbildern, Dornen oder Fischgräten, nachgebildet worden war. Vor etwa 16 000 Jahren schnitzte man sie aus einem Knochensplitter, spitzte das eine Ende zu und flachte das andere leicht ab, um eine kleine, bikonische Öffnung von der einen zur anderen Seite zu bohren, dann polierte man das Werkzeug für einen vollkommenen Stich. Im Neolithikum war sie noch aus Knochen, dann folgten Kupfer, Bronze und Eisen in den Metallzeiten. In den Fabriken Sheffields wird sie später aus Stahl hergestellt, wird Bestandteil der ersten Nähmaschinen von Lethimonnier und bewahrt bis heute in unseren raffiniertesten Nähmaschinen die Einfachheit ihrer unwandelbaren Form.

Diesem Weiterbestehen der Form kann der Wandel des

Werkstoffes nichts anhaben; ich bringe die vielen Beispiele, die diese Behauptung untermauern, auf eine Kurzformel: «Der Werkstoff ändert sich, die Form aber bleibt ewig.» Diese Feststellung begann mich zu faszinieren, aber als junger Lehrer in den Dreißigerjahren war ich noch nicht so weit, daß ich einen schönen Zweiseiter aus dem Acheuléen mit einem Prototyp der Formel Eins verglichen hätte, wie ich das hier getan habe...

Ich wurde mir auch erst später der außerordentlichen Bedeutung dieser zerbrechlichen Nadel bewußt, übrigens dank der Anregungen, die ich im Unterricht empfing *(Tafel 6)*.

Die Nadel ermöglicht das Zusammennähen von Häuten von Wild, die mit einem Feuersteinschaber vorbereitet und dünner gemacht worden waren (auch die Form des Schabers bleibt sich seit dem Moustérien gleich, also seit 40 000 oder 50 000 Jahren, denn unsere Metzger verwenden noch immer stählerne Tranchiermesser mit zurückgebogenen Spitzen). Die unbearbeitete Haut, die früher über den Rücken geworfen wurde, ihn ungefähr bedeckte und nur unvollkommen schützte, wird nun von zusammengesetzten Hautstücken abgelöst, die sich dem Körper anpassen und seinen Bewegungen folgen.

Ein eigentliches «Erdbeben» erschütterte die Mode, als das «drapierte» Gewand dem genähten Kleidungsstück den Platz überließ. Eine feine Zeichnung in der Höhle Gabillou in der Gironde, eines unserer ersten Modebilder, zeigt uns einen eleganten Herrn (oder eine elegante Dame) jener Zeit, eingemummt in einen Anorak, den Kopf mit einer Kapuze geschützt. Zahlreiche kleine Statuetten aus derselben Zeit tragen Kapuzen, wie die kleine Figur von Brassempouy. Die Kleider- und Frisurenmode ist geboren: man weiß, daß ihre Entwicklung niemals mehr stehen blieb, welches auch immer die Wechselfälle der Geschichte waren. Eskimos und Lappen tragen heute noch zusammengenähte Kleider, die sich seit dem Magdalénien kaum verändert haben. Dagegen sind die Bewohner der Welt des Mittelmeeres, in den gemäßigteren oder sogar warmen Klimazonen des Neolithikums, auf die luftigere, «drapierte» Mode zurückgekommen. Der Kelte in Zentral- und im atlantischen Westeuropa bleibt dem «Genähten» treu, während sich der Römer in seine Toga hüllt.

Aber die Nadel ist viel mehr als das ursprüngliche Gerät zur Herstellung von Mode. Zusammengenähte Häute in den Ruhebereichen aus gestampfter Erde, auf Betten aus belaubten Zweigen geworfen, werden zu Decken. Ihr weiches Fell wärmt.

Ist es nicht seltsam, daß die Decken Mann und Frau genau zu jenem Zeitpunkt freundlich umhüllen, als ihre intimen Beziehungen eine bis dahin unbekannte Behaglichkeit erreichen? Die «Vereinigung von Angesicht zu Angesicht» verdrängt allmählich die Paarung nach der «Art der Tiere». Sie ist ein grundlegender psychologischer Wandel, ein grundsätzlicher Wandel im Verlaufe unserer Menschwerdung, begünstigt durch die Weichheit des Materials, möglich dank der «wunderbaren Nadel». Die Nadel, das eigentliche Sinnbild weiblicher Tätigkeit, wird als solches von den Feministinnen abgelehnt; wäre sie vielleicht eine der indirekten Ursachen der sexuellen und der allgemeinen Befreiung der Frau? Gerechtigkeit für die Nadel, meine Damen!

Die zusammengenähten Häute erlaubten es ferner, sich im Magdalénien von natürlichen Schlupfwinkeln – wie wenig tiefen Höhlen oder vorspringenden Felsen – unabhängig zu machen. Hingeworfen auf Holzgestelle, auf lange Latten, die hingelegt oder direkt in Bodenhöhe eingeschlagen wurden, an der Spitze zusammengerafft, bildeten dic Häute vorübergehend Jagdhütten, vergleichbar mit den Zelten, den Tipis, die die Indianer der großen Ebenen bis auf uns gebracht haben.

Diese Befreiung – diesmal des Menschen –, der von nun an reisen, entdecken, herumwandern kann, erleichtert das Zelten im Freien während der schönen Jahreszeit; sie ermöglicht Unterstände, Jagdhalte an günstigen Orten wie Pincevent am Zusammenfluß der Seine, Loing und Yvonne; sie läßt tiefergehende Begegnungen beim Sammeln neuer Pflanzenarten zu. Das Aufrichten der zahlreichen, leichten Behausungen verändert das Leben, das sich allmählich dem Wechsel besser anzupassen versteht und die Vielfalt der Ressourcen nützen kann, bei denen die Nadel ihre Rolle spielt.

Die wichtigsten Wände der Tipis waren sehr wahrscheinlich mit Malereien verziert, wie die Wände unserer Höhlen zuvor. Die Themen entnahm man zweifellos dem Leben im Freien, lebhafte Jagdszenen, die ihren magischen Unterton verlieren, Szenen, in denen der Mensch auftritt, wie die Szene im Schacht von Lascaux, Ornamente, die allmählich ins Abstrakte übergehen, wie es uns die künstlerische Entwicklung in der Werkstatt in Alliat am Ende des Magdalénien vorausahnen läßt.

Diese mutmaßlichen Malereien – die Zelte haben die Jahrtausende nicht so selbstverständlich überdauert wie gewisse Höhlen – der Tipis aus dem Magdalénien – künden die anekdotischen Fresken der spanischen Levante an. Leicht auszuführen, werden sie häufiger verbreitet gewesen sein. Die großen Höhlenkünstler werden es verschmäht haben, ihre Talente dort zu verschwenden. So erklärt sich vielleicht zum Teil der Niedergang der naturalistischen Tiermalerei in der Welt des Nach-Magdalénien sowie die Entwicklung immer abstrakterer, geometrischer Zeichen, andererseits auch die Demokratisierung der Kunst.

Die Häute, von derselben Nadel zusammengenäht, spannte man zunächst auf runde, später auf längliche Gestelle und baute daraus die Kajaks, die in kalten Landstrichen oder an den Küsten der Ozeane bis heute überlebt haben. Die «Coracles» der Fischer auf den Inseln Aran oder in der Bucht von Galway sind Boote, für die Häute zusammengenäht und auf leichten Gestellen aufgezogen wurden; sie sind die Erben dieser alten, paläolithischen Kultur. Ihr ferner Ursprung geht mit der Erfindung der «wunderbaren Nadel» zeitlich einher.

An Bord eines solchen «Coracle», der aus 32 Rindshäuten

zusammengenäht war, soll der heilige Brendan[29] den Atlantik überquert und Amerika entdeckt haben, wie eine Legende aus dem 7. Jahrhundert n. Chr. berichtet. Nun wissen wir, daß alle Legenden ein Körnchen Wahrheit enthalten. Dreht man den «Coracle» um und hängt ihn zum Trocknen auf einige Pflöcke, hat man das Vorbild einer Hütte vor sich, an deren Ursprung das Boot möglicherweise stand. Und wenn wir unsern Gedanken freien Lauf lassen, findet sich unter dem Gebälk des Schlosses Sully-sur-Loire ein wundervolles Schiff, das auf dem Kopf steht – warum nicht?

Sollte die Nadel nicht auch, dank der Lederboote, eine indirekte Rolle in den Expeditionen der Jäger gespielt haben, die von Insel zu Insel hüpften, über die Perlenschnur der Aleuten von Asien nach Amerika, und auch Tasmanien und Australien besiedelten? «Nie hat ein so winziger Gegenstand die Welt so sehr verändert.» Gewiß kam mir diese einfache Feststellung, die langes Nachdenken und Beobachten voraussetzt, an jenem heißen Sommernachmittag 1936 noch nicht in den Sinn, als ich den Aushub von Laugerie-Haute siebte und ein Nadelöhr fand.

Die Träumereien wären es wert, weiter verfolgt zu werden. Revolution in der Bekleidung, in der Art und Weise, sich zu lieben, in der Behausung, in der Verständigung, bei den Hilfsmitteln für die Kunst, aber auch (und vor allem, müßte ich beinahe sagen) Revolution in der Küche, eine der wichtigsten, die der Mensch gekannt hat. Im einfachen häuslichen Leben ermöglicht der Lederschlauch, der aus einigen sorgfältig zusammengenähten Häuten besteht und dessen Nähte mit pflanzlichem Gummi eingerieben worden sind, das Erhitzen von Flüssigkeit, das Sieden von Wasser, ein Verfahren, mit dem unsere Vorfahren Früchte und vor allem Fleisch zubereiten konnten. Bis zur Erfindung des genähten Schlauches hat der Mensch nur den «Braten» gekannt. Von nun an lernt er «Gekochtes» kennen und schätzen.

Bis vor einigen Jahrzehnten konnten die Eskimos noch Flüssigkeiten in einem Behälter erwärmen oder sieden, der nicht aufs Feuer gesetzt werden durfte und der bei einer direkten Berührung mit der Flamme zerstört worden wäre.

Falls der Brennstoff es gestattet, wird das Fleisch im Zeltlager gekocht, im allgemeinen gesotten, um zu zähe Fleischsorten etwas zarter werden zu lassen. Ursprünglich, so berichtet F. Mowat, bedienten sich die Ihalmiut steinerner Töpfe, die aus einer Art Talkstein viereckig herausgehauen waren und nicht mit dem Feuer in Berührung kommen durften. Diese Töpfe füllte man mit Wasser und mit Fleischstücken, dann fügte man brennend heiße Kiesel zu, um das Kochgut zum Sieden zu bringen. Die zahlreichen Feuerstellen aus dem Magdalénien in der Höhle La Vache im Alliat gaben viele Steinchen frei, Eindringlinge, die offensichtlich von außen mitgebracht worden waren. Eine Reihe deutet man als «Feuerstellensteine» unter den Tannzapfen, damit das Feuer besser brennen sollte. Sie sind aber in so großer Zahl vorhanden, daß man wenigstens teilweise eine Verwendung als Wärmesteine anzunehmen hat. Dies bedeutete endlose Mühe, und nur zu oft mußte man sich wohl mit Halbgekochtem zufriedengeben...

Heiße Fleischsuppen, denen man häufig Fette beigab, Mark aus aufgebrochenen Knochen (besonders von Rentieren oder Bisons), Gemüsesuppen, Saucen als Beilagen zu Fleisch oder Pflanzen sind die vielen kulinarischen Beiträge, deren Nährwert und Schmackhaftigkeit wir alle direkt dem Lederschlauch gutschreiben dürfen.

## Das Spiel, eine Stufe in der Menschwerdung

Der junge Australopithecus spielte zweifellos mit seinen Fingern, doch das werden wir nie beweisen können. Ferner spielte er gewiß auch mit ersten kleinen Gegenständen, die er in die Hand nahm, mit Holzstücken, kleinen Zweigen, Gräsern und Kieselsteinen (den großen Werkstoffen seiner Eltern). Er patschte genüßlich in Pfützen und im Schlamm herum ... Die ältesten «ernsthaften» Spuren menschlicher Füße – wir haben es bereits gehört – wurden im Vulkanschlamm von Laëtolil entdeckt; aber man muß auf die Spuren von Kinderschritten in unseren ausgeschmückten Höhlen warten, wie jene in den Stollen von Niaux, um behaupten zu können, daß sie dort eindrangen und sich mit dem Vergnügen von Straßenkindern die Füße im Dreck schmutzig machten.

Als ich mit meiner Siebe-Arbeit in Laugerie-Haute fortfuhr – die Arbeit ist wirklich lange und mühsam –, stieß ich schließlich auf winzige, nur einige Millimeter große Kügelchen, kleine, farbige Quarzblöcke, gelbe, rote, weiße, die das Wasser abgeschliffen und beinahe kugelförmig gemacht hatte und die die Magdalenien-Leute sorgfältig gesammelt hatten. Die offiziellen Ausgräber hatten sie nicht beachtet, und die Perlen leuchteten, stießen in meinem Handinnern aufeinander. Einige Jahre später fand ich genau gleiche Exemplare in den Schichten des Magdalénien auf dem Geländesporn von Bruniquel im unteren Tal des Aveyron.

Ein neues Rätsel, diese kleinen, runden, bunten Kieselsteine? Als ich eines Tages zum Dorf Les Eyzies hinaufstieg, kamen mir nach Schulschluß ausgelassene kleine Buben entgegen, die sich mit viel Geschrei Stöße versetzten. Bei ihnen gab es kein Rätsel. Sie hatten ebenfalls diese winzigen Kügelchen aus modernem, buntem Glas gefunden: die Kinder von Les Eyzies spielten mit Marmeln!

Das junge Tier spielt vergnügt in der Nähe seiner Mutter.

Der kleine Mensch spielt ebenfalls, aber anders. Er holt zahlreiche Gegenstände aus der Nähe zu sich und läßt sie an seiner Tätigkeit und an seinen spielerischen Gemütsbewegungen teilhaben. Die Beständigkeit des Lebens im Magdalénien, ein Leben, das sich um die Feuerstellen herum abwickelt, ein Dasein, das sehr viel stärker vom organisierten Familienverband geprägt ist, und die neue Zartheit, die es mit sich bringt, erklären zweifellos, daß erstmals im menschlichen Abenteuer auch das Spiel zu seinem Recht kommt.

Die Werk- und Wohnstatt von Alliat im oberen Tal des Vicdessos hat zwei Gegenstände freigegeben, die den Vorzug haben, genau lokalisierbar zu sein. Der eine, aus der Schicht IV (10 900 v. Chr. nach der C-14-Methode), aus einem dicken, unebenen Knochenstück geschnitzt, ist 106 Millimeter lang und mißt an seiner breitesten Stelle 18 Millimeter. Der länglich-ovale Gegenstand weist in seinem oberen Teil eine ganz ausgeprägte Verengung auf. Es kann sich nur um einen Anhänger handeln. – Der andere Gegenstand, aus der Schicht III, wird der Zeit um 10 745 zugeordnet. Er ist dünner und flacher; die Verengung bei der Befestigung ist zwar gut sichtbar, aber weniger ausgeprägt. Diese Anhänger, so zumindest haben wir sie genannt, rufen nach Vergleichen, nach interessanten Beziehungen. Gegenwärtig kennt man ein gutes Dutzend, die über die ganze abendländische Welt verstreut sind. Die einen Anhänger haben Verengungen, andere wurden mit Hilfe eines runden Loches an einem Ende befestigt, was den Gebrauch einer Schnur vermuten läßt.

Die Flächen der meisten Anhänger sind leer und ohne Verzierungen. Ganz seltene Exemplare sind verziert: mit einem eigenartigen Bison, der von sechs kleinen Figuren umgeben ist (beim Exemplar aus der Höhle Raymonden in der Dordogne); mit einem Fisch in Lespugue (in den Pyrenäen); mit einer Schlange, die von geometrischen, krummlinigen Zeichen begleitet wird, im Falle der Höhle Lorthet (Hautes-Pyrénées); mit

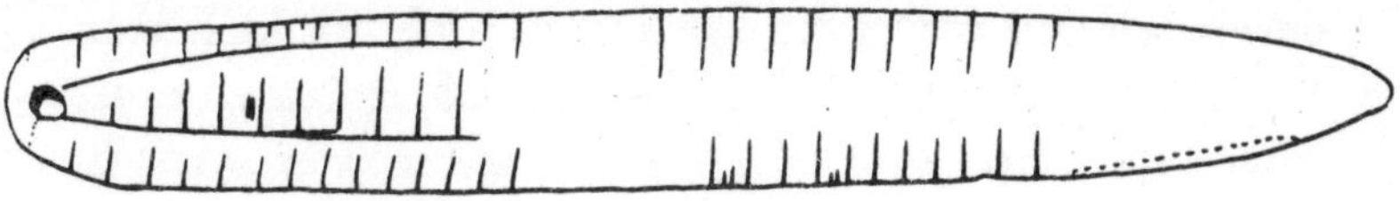

Abb. 5: Anhänger aus der Alliat-Höhle

einem gravierten Hirsch in der Höhle El Pendo in der Provinz Santander. Das merkwürdigste Exemplar wurde in der Höhle Lalinde im Périgord gefunden. Es weist eine fein ausgearbeitete geometrische Verzierung auf. Sie setzt sich aus aneinandergereihten Rechtecken über die ganze Länge zusammen; diese werden durch fünf kleine Striche voneinander getrennt. Auf jeder Seite dieser sechs Teile laufen der Länge nach kleine, enge Schraffuren aus drei Strichen. Auf der einen Seite befindet sich ein kleines, rundes Loch. Dieser Anhänger mißt 17,2 Zentimeter und an seiner breitesten Stelle 34 Millimeter. Das harmonische, gleichmäßige Ornament ist sicherlich eines der überzeugendsten «abstrakten» Beispiele der abendländischen Kunst des Quartärs. Dieses Fundstück beweist, daß sich die Kunst, hier auf einem beweglichen Gegenstand, nicht auf naturalistische Tierdarstellungen einschränken läßt.

Seit dem 15. Jahrtausend lassen sich auf der Welt zwei große künstlerische Strömungen unterscheiden: eine naturalistische Richtung, die im wesentlichen die Natur nachahmt, sie kopiert und deutet. Sie verhindert das zeitlich spätere Auftauchen einer geometrischen Richtung in der westlichen Welt nicht, die völlig losgelöst von Beobachtungen zu Formen reiner Abstraktion gelangt. René Bazin wies nach, daß von diesem Zeitpunkt an «Figuratives» und «Abstraktes» gleichzeitig ihre Vision und ihre Deutung der Welt vorlegen. *(Abb. 5).*

In dieser Hinsicht ist die Verbreitung der Anhänger interessant. Auf zwei Exemplare, die im Périgord gefunden wurden, kommen gut zehn Beispiele im Einzugsgebiet der Pyrenäen, oder im gesamten 78 %, davon ein gutes Drittel aus den Bergen des Ariège. Gehören diese Anhänger in die Berge oder genauer in die Pyrenäen? Natürlich versuchte man auch hier, in klassischer Manier, Funktion und Gebrauch durch Vergleiche mit Angaben aus der Ethnographie zu deuten, sie mit den «Churiga» zu vergleichen, darin Rhomben zu sehen – im allgemeinen spricht man von «rauschenden» Rhomben; ihre Bedienung würde die Geister der Ahnen herbeirufen, das Zischen der Schlange und die magischen Anrufungen der chthonischen Gottheiten, welche die Schlange ausdrückt. Der Anhänger von Lorthet mit seiner eingravierten Schlange, die von krummlinigen Motiven umgeben ist, wäre eine außerordentlich suggestive Illustration dieser magischen Rituale.

Eines Tages entwickelte ich in meinem Hörsaal an der Universität Toulouse tiefsinnige Gedanken über den Gebrauch dieser Anhänger, die damals ihre Gültigkeit hatten. Selbstverständlich zeichnete ich eine große Anzahl an die Wandtafel. Besonders hielt ich mich beim schönsten Beispiel auf, dem Exemplar von Lalinde. Mein treu ergebener Pedell war bäuerlichen Ursprungs, sogar ein Bergler, gebürtig aus Bagnières-de-Bigorre. Seine Hauptaufgabe war es, am Ende der Vorlesung die Tafel gewissenhaft sauberzuwischen. Für einmal zögerte er, überwand seine Schüchternheit und wagte schließlich, mich zu fragen: «Aber was sind denn eigentlich diese Gegenstände?» und mit dem Finger deutete er auf den Anhänger von Lalinde. Ich erklärte ihm die tiefere Bedeutung, sprach vom Zischen und Schnarchen der Schlange, der rauschenden Rhomben, die die Seufzer der düsteren chthonischen Gottheiten ausdrückten.

«Aber», meinte mein neuer Student, «in meiner Jugend habe ich mit diesen Dingern da gespielt! Während wir die Herden auf den Hängen von Bagnières hüteten, stellten wir uns solche Maschinchen aus kleinen Holzplättchen her, die man fortlaufend zuschnitt. Die Latten der Früchtekisten hatten genau den richtigen Durchmesser. Mit dem Taschenmesser durchbohrte man eines der Enden, band es an eine Schnur und ... drehte das Ding aus Leibeskräften. Je schneller man drehte, desto mehr Lärm machte man und desto glücklicher und stolzer war man. Die Tüchtigsten verzierten die beiden Seiten ihres Plättchens mit Hilfe einer Feuergravierung mit geometrischen Motiven; man brachte einen großen Nagel auf einem Feuer zum Glühen und ließ ihn sich ins Holz hineinarbeiten.» Die kleinen Hirten von Bagnières-de-Bigorre spielten, und spielen vielleicht noch immer, mit den Geräuschrhomben aus dem Magdalénien!

Hat sich im Verlaufe der 10 000 Jahre die religiöse Bedeutung des Spieles verflüchtigt, oder geben wir Modernen ihm einen Sinn, den es bei unsern Vorfahren nie gehabt hat?

# Rouffignac: die geheimnisvolle Welt der Höhlen

## Erste Streifzüge des Neandertalers

Für das breitere Publikum bleibt die prähistorische Kunst eng mit Vorstellungen von der Landschaft, der Umgebung oder der Tierwelt der Zeit dieser Jägervölker verbunden.

Es ist also im wesentlichen – gewisse Leute meinen sogar ausschließlich – eine Tierkunst. Es scheint logisch, auf diese enge und ursprüngliche Beziehung zwischen der jagenden Menschheit und der Tierwelt hinzuweisen. Mensch und Tier fühlten sich vielleicht sehr nahe.

In diesen «wilden Zeiten», um den schönen Ausdruck von J. H. Rosny aus seinem «Krieg des Feuers» aufzunehmen (übrigens ein berühmter und faszinierender Roman, der mehr dafür getan hat, das Vergnügen an der Vorgeschichte zu wecken, als viele gelehrte Doktorarbeiten) ist die Beziehung zwischen Mensch und Tier tief und echt. Zwar ist die bei Rosny geschilderte Beziehung zwischen Noah und dem Haupt der Mammute eine dichterische Vorwegnahme, doch auch aus wissenschaftlicher Sicht recht wahrscheinlich. Aber viele Jahrtausende früher, zu den fernen Zeiten des Neandertalers, um 40 000 bis 50 000, mochte eine solche Beziehung etwas gefährlicher erscheinen.

Die Sachverhalte, die V. Chiapelle Montezemolo in der Höhle der Hexe bei Toirano[30] (Provinz Savona) in Ligurien beobachtet und die Professor A. C. Blanc von der Universität Rom gedeutet hat, sind eindrücklich. Wie sollte man in einer Höhle nicht merkwürdigen Dingen begegnen, die einer Hexe geweiht ist! Die Wallfahrt, die ich 1960 dorthin machte, versetzte mich in Staunen. Dem so lebhaften und farbigen Bericht Baron Blancs vom Besuch der Höhlen des Circé-Berges kann ich nur zustimmen. Der erste Teil des Ganges von Toirano, auf einer Länge von über 400 Metern, ist größtenteils ein riesiger Unterschlupf für Bären. Daher kommt es zweifellos, daß mich die Höhle an die Bärenhöhlen in den Schweizer Alpen erinnerte, insbesondere an die Höhle beim Wildkirchli (St. Gallen), die auf einer Höhe von 1500 Metern im Säntisgebiet liegt und seit 1950 erforscht wird. Im Wildkirchli hatte ich gehofft, Beweise für eine Verständigung zwischen Mensch und Bär zu finden. Das Aufreihen von Knochen entlang der Wände, die Geräte aus Knochen, die Rippen, die Knochensplitter mit ihren abgenützten und polierten Enden, Geräte aus Quarzit aus Splittern ohne die geringste bestimmte Form hatten mich nicht zur «Kultur der Bärenjäger des Moustérien» des 50. Jahrtausends bekehrt. Die Weigerung Dr. E. Bächlers, für mich die Vitrinen des Museums von St. Gallen zu öffnen, um das gesammelte Steinmaterial untersuchen und berühren zu können, hatte meine Zweifel nur verstärkt.

Ich war enttäuscht. Die Arbeiten meines Freundes, Dr. Ed. F. Kobys, über den Transport bearbeiteter Bärenknochen, die poliert und abgestumpft worden waren, verstärkten meine Zurückhaltung. Einige Jahre später stützte ich mich im Bärengang von Mas-d'Azil auf seine Beobachtungen, als ich mich weigerte, beim Anblick einiger der Länge nach aneinandergereihter Bärenschädel den Hinweis auf eine rituelle Sammlung oder die Spur eines Bärenkultes zu sehen, nur weil einige von ihnen im Stollen vorbeigekommen waren. Der «Erfinder» ging sogar so weit, ruhig zu behaupten, daß diese halb im Boden vergrabenen Schädel von Männchen gewesen seien, die den Weibchen folgten...!

Dagegen war es offensichtlich, daß Menschen die Höhle von Toirano betreten hatten. Die Indizien dafür waren winzig, aber entscheidend. Dr. L. Pales untersuchte Abdrücke menschlicher Schritte im Lehmboden des Stollens und schloß: «Sieht man von einem zufälligen, außerordentlichen Zusammentreffen ab, haben diese Abdrücke alle Aussicht, die ersten bekannten des *homo neandertalensis* zu sein.» Der einzig zu befürchtende außerordentliche Zufall wäre, daß die Spuren von Neu-Kaledoniern herstammen, deren nackter Schritt, ziemlich unbestimmt übrigens, dem Schritt des Neandertalers gleichen soll. Zudem waren viele Abdrücke stark versintert, ein Argument von umstrittener Kraft, das man aber doch mitberücksichtigen sollte. Die Neu-Kaledonier hatten im übrigen kaum Gelegenheit, die Höhle von Toirano zu besuchen, die 1950 entdeckt wurde.

Weitere Beweise menschlicher Anwesenheit sind Kohlespuren an den Wänden, die vom Abwischen der Koniferen- und Eichenfackeln herkommen, Spuren menschlicher Finger, die Bärenkrallen nachahmen. Diese menschlichen Fingerspuren könnten zu den ältesten gehören, in zeitlichem Wettstreit mit vergleichbaren Spuren, die vor einiger Zeit in einer australischen Höhle entdeckt wurden (aber deren genaues Alter noch zu bestimmen bleibt). Solche Fingerspuren finden wir wiederum 30 000 Jahre später in den endlosen Gängen von Rouffignac, wo sie nun dank der begleitenden 150 Mammute datiert werden können.

Die wichtigste Entdeckung von Toirano liegt im tiefsten Stollen. Die «Erfinder» stießen dort auf «Lehmkügelchen» von drei bis sieben Zentimeter Durchmesser, die an der Wand kleben, «wo sie sich abflachten und haften blieben.» Warum warf man diese Kügelchen? Baron Blanc hat dafür folgende Erklärung: «Am Fuß der mit kleinen Kugeln übersäten Wand weist der Fels eine stalagmitische Ausbuchtung mit einer abgerundeten Oberfläche auf, deren Form unbestimmt an den Rükken eines Tieres erinnert ... ohne Kopf. (Er) war wahrscheinlich eine Zielscheibe, gegen die die Lehmkügelchen kräftig geworfen wurden.» Und er schließt: «Spiel? Zauberei?»

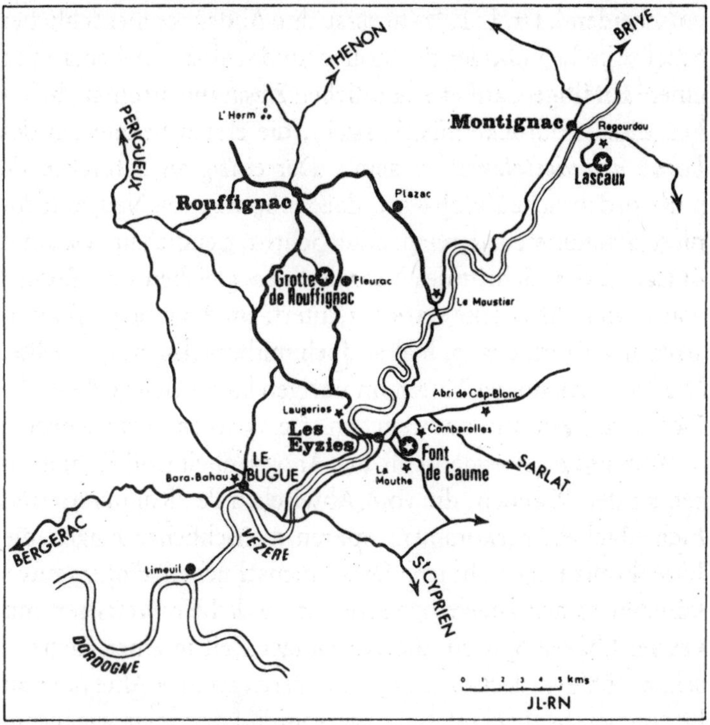


Abb. 6: Rouffignac und Umgebung

Sogar für eine Menschengruppe, die sich so tief in einem Stollen zusammenkauerte, ist das «Spiel» möglich ... Lehmkugeln, Schneebälle – das Klima jener Zeit kannte ausgedehnte Schneefälle –, die Lehmkugel, die sich leicht formen läßt, der Steinwurf – als Spiel, Verteidigung oder selbst Angriff – sind seit eh und je denkbar.

Die genaue Lokalisierbarkeit dieser Würfe, ihre Verbindung mit dem zoomorphen Felsen, veranlassen uns, die zweite Hypothese anzunehmen. Noch bevor die Tierwelt durch die Malerei geschaffen wurde, konnte der zoomorphe Felsen von Toirano seit dem 50. Jahrtausend diese Rolle des Tieres

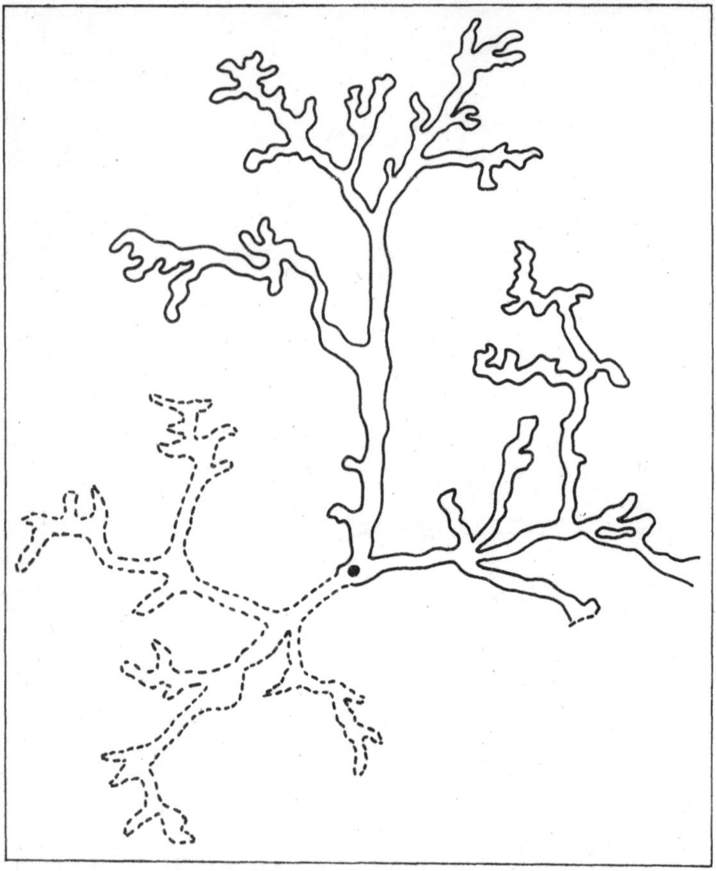

Abb. 7: Der «unbekannte Gang» in der Höhle von Rouffignac

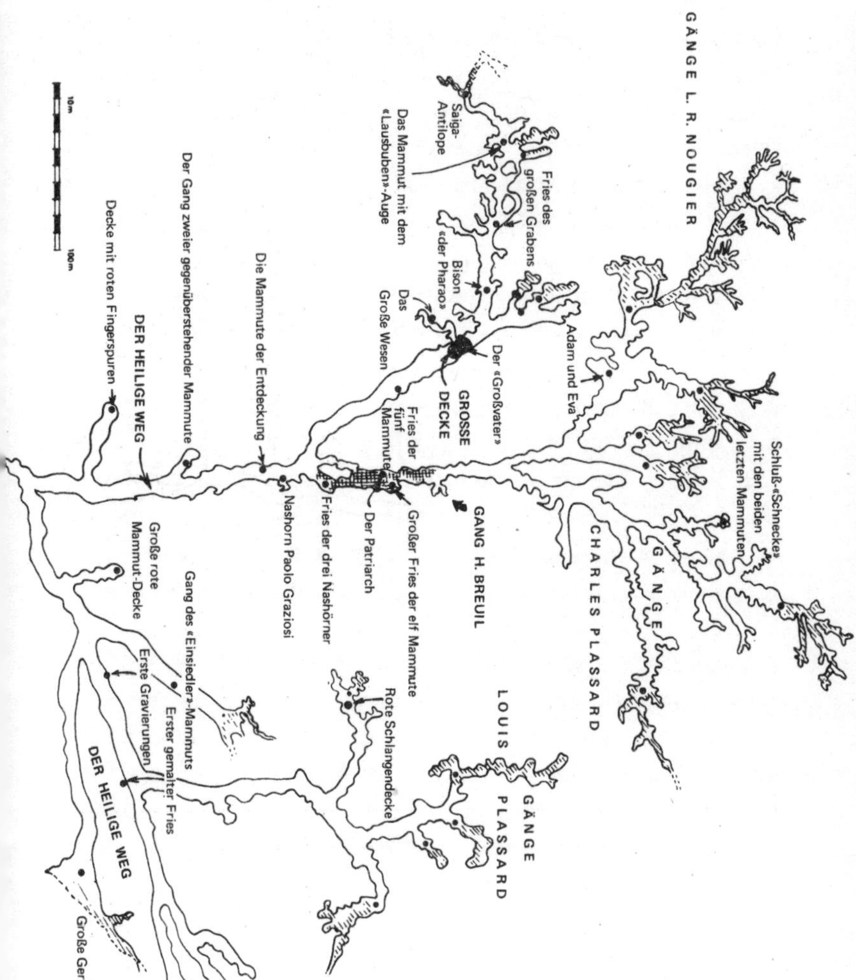


Abb. 8: Detailplan der Höhle von Rouffignac

übernehmen. Später werden natürliche Felsformationen häufig an Tiere erinnern. Wir sind uns dessen sicher, weil der Jäger des Magdalénien beim steilabfallenden Felsen von La Madeleine, oberhalb von Les Eyzies, in vielen Höhlen mit einem Strich, einer Gravierung, einem Farbfleck seine Vision präzisierte und ausdrückte. Wie etwa beim Wandvorsprung in Les Cabrerets, der ein Mammut darstellt, wie beim Stalagmitenpfeiler von Castillo in Kantabrien, der zu einem wundervollen, aufgerichteten Bison wird. Die Höhlen zur Zeit der großen Jägerkulturen sind voll von dieser absichtlichen Verwendung suggestiver Reliefs. Der Jäger entdeckt irgendein vertrautes Tier – so wie heute die merkwürdigen stalagmitischen Formen bei gewissen Leuten die Vorstellung eines Kirchturmes oder einer fernen Pagode wachrufen! Die Neandertaler-Jäger von Toirano konnten in diesem zoomorphen Zufall einen seltenen Wert erkennen, eine Kraft, eine Macht. Ich möchte «eine Gegenwart» anfügen. Und, empfänglich für diese Tierform, bombardierten sie die Neandertaler mit Lehmkügelchen...

In der Regel finden wir die wunderbaren Tierdokumente der Vorgeschichte in den Höhlen. Daher hat der Archäologe keine andere Wahl, als sich auch noch in einen Entdecker und in einen Speläologen zu verwandeln. Obschon es mir schwerfällt, werde ich an dieser Stelle noch nichts von meiner Entdeckung der Höhle von Rouffignac erzählen, die früher «Cro du Cluzeau» hieß. Der Name des Ortes war schon vielsagend, im Hinblick auf die Tiefe. Der Ausdruck «Cro» ist eine der ältesten Silben der Welt. Sie geht bestimmt auf die Zeiten des Magdalénien zurück, ins 15. Jahrtausend. Der Jäger des Magdalénien war der Mensch von Cro-Magnon, der auf dem bekannten Felsvorsprung in der Gemeinde Les Eyzies wohnte. Er erforschte den Cro du Cluzeau, im Süden des Departements Seine-et-Marne suchte er Schutz unter dem Sandsteinfelsen von Cro Marin, und seine Vorfahren hatten im Cro du Charnier gejagt, unter dem (beherrschenden) Felsen vom Solutré. *(Abb. 6 und 8)*

«Cro», man hätte es ahnen können, bedeutet «hohl», auch «Höhle». «Gr» bedeutet Stein, Sandstein, wie in den Ortsnamen «Cal», die wir in «Kalk» (Cale/Keil) und «Causse» (dürres Kalkplateau) wiederfinden.

Rauhe Ausdrücke, die wir in der (einleuchtenden!) Phantasiesprache der Hauptpersonen von «Krieg des Feuers» hören können. Der «Cro du Cluzeau» ist übrigens ein Pleonasmus, denn im Périgord bedeutet «le cluzeau» selbst ein Loch, ein «Cro» (wie die Klus des Juras, die den Berg entzweischneidet, den der Grat beherrscht). Wäre ich noch etwas beweglicher, wie gerne würde ich alle Cros des Périgord erforschen, sie sind so zahlreich! Einige bleiben wichtig, wie der «Cro de l'Homme». Auch würde ich mich vom Dämon der Entdeckung mitreißen lassen und die Geschichte der wundervollsten Höhle der Welt erzählen, die Geschichte des unbekannten Ganges... *(Abb. 7)*

## Der unbekannte Gang

Unter einer dünnen Kalkschicht dämmert er seit jeher vor sich hin, langsam vom Wasser ausgegraben. Seit Jahrtausenden schläft er, vor der Welt verschlossen, eingemauert durch einen dicken Lehmriegel. Auf den Hunderten von Metern seiner leuchtend weißen Wände, ein Weiß, das noch vom Purpurrot der Knollen der Feuersteine unterstrichen wird, sieht man Mammutherden davonrennen, unterbrochen von zahllosen Wollnashörnern, großen Pferden, Bisons mit fetten Buckeln...

Keine frevelhaften Graffiti beeinträchtigen hier die Tierreihen, keine Kratzer entwerten den eleganten Rüssel eines Mammuts oder das anmutig gekrümmte Gehörn eines jungen Steinbocks. Noch hat niemand das Bild eines bescheidenen Wiederkäuers mit bedrohlichen Phantasiehörnern gekrönt oder die Wände mit jenen Riesenbuchstaben beschmutzt, welche die Besucher jeweils mit der rußigen Flamme ihrer Lampe zeichnen. Hier hat es nie Besucher gegeben! Der unbekannte Gang, noch unberührt von jedem frevelhaften Zugriff durch die Geschichte, schläft vor sich hin. Für die Prähistoriker, wie für die vielen Bewunderer der ältesten von Menschenhand geschaffenen Tierkunst, ist dieser unbekannte Gang das Gelobte Land, das noch zu entdecken, aber in unseren Herzen und unserer Vorstellung gegenwärtig ist. Ich bin überzeugt, daß er keine Legende ist. Es gibt ihn, ich hoffe es, und ich möchte meine Hoffnung mit dem Leser teilen. Ein Abenteuer für die Zukunft...

## Mut im Magdalénien

Besonders eine sehr große Höhle zieht uns auf eine geheimnisvolle Weise an und stößt uns gleichzeitig zutiefst ab. Ihre Anziehungskraft ist die einer unberührten Welt, die sich vor uns öffnet, doch wir kennen auch die Furcht, die Angst vor dem Unbekannten... Die vollkommene Nacht, die diese unterirdische Welt beherrscht und die schwer auf Körper und Seele lastet, trägt zu dieser tiefen Beklemmung bei. Waren Sie jemals allein in der absoluten Dunkelheit einer Höhle – und wäre es nur für eine Stunde gewesen?

Ist Ihre Lampe erst einmal erloschen, verlieren Sie rasch die Orientierung. Die Wand, die Sie vielleicht erreichen und berühren können – ist es die Wand gleich bei Ihrer rechten oder bei Ihrer linken Hand? Wissen Sie wenigstens, aus welcher Richtung Sie an diese Stelle gelangt sind? Aus Furcht vor einem Sturz werden Sie nicht wagen, auch nur einen einzigen Schritt weiterzugehen. Malereien und Gravierungen haben sich verflüchtigt, sind verloren wie Sie selber, der Lampe beraubt, die

Sie ausgelöscht haben, und ohne die Sie sich bei all der Ungewißheit wie betäubt fühlen.

Aus ist dieselbe Lampe, deren Entdeckung durch die Archäologen es erlaubt, die These zu widerlegen, wonach die Magdalénienleute ohne irgendwelche Beleuchtung Tierfiguren von so vollkommenem Realismus auf die Wände der dunklen Höhlen gemalt haben sollen. Die berühmteste Lampe ist jene, die Abbé Glory in der Höhle von Lascaux gefunden hat. Aber viele kleine Kalkplättchen mit einer mehr oder weniger regelmäßigen Vertiefung in der Mitte erfüllten auch ihren Zweck: als Lampen spenden sie ein Licht, das sich mit dem einer schlechten Kerze vergleichen läßt. Drei oder vier Stück beleuchten jedoch ein «Künstleratelier» ganz anständig. Fackeln waren zu jener Zeit ebenfalls bekannt und wurden eingesetzt: die Wände unserer Höhlen tragen die Spuren ihres häufigen «Putzens».

Die moderne Erforschung der Höhle von Rouffignac erlaubt es, die Gesamtheit dieses unendlich großen, unterirdischen Komplexes zu verstehen und zu bewundern, der vom Menschen des Magdalénien verwirklicht wurde, und seine Glanzleistung, die er gegen das zwölfte Jahrtausend im Lichte dieser bescheidenen Fettlämpchen vollbracht hat, genau zu kartographieren. Eine Karte, der ich den Namen «Karte des Mutes im Magdalénien» gegeben habe. Mehr noch als die heutigen speläologischen Großtaten beweist sie eine Haltung, eine außerordentliche Kühnheit angesichts der unendlichen Schwierigkeiten, die es zu überwinden galt, wenn man die damaligen Bedingungen mitberücksichtigt. Sie stellt einen eigenständigen Beitrag zum Problem der Menschwerdung dar. Die Bescheinigung von Mut ist für die bessere Kenntnis des Menschen mindestens so viel wert wie ein Zweiseiter oder ein Rückenwirbel...

Die vollständige Kenntnis der Höhle von Rouffignac ist heute wie in früheren Zeiten eine Großtat. Die Höhle erstreckt sich über drei Ebenen, mit einer Gesamtlänge aller Gänge von etwa zehn Kilometern. Im Freien eine solche Entfernung friedlich hinter sich zu bringen, erfordert bereits etwa zwei Stunden. Unter Tag dauert es mindestens dreimal länger, und oft noch mehr: wegen des unebenen Bodens, der Kessel von Karsterosion, der Vertiefungen durch ehemalige Bärenlager, der engen Durchgänge. Ein typischer, mittlerweile üblicher Besuch erfordert sieben bis acht Stunden. Bei der Erforschung bei der Entdeckung blieb Abbé Breuil mehr als sieben Stunden mit uns unter Tag, obschon er bereits die Achtzig überschritten hatte! Aber die Größe der jahrtausendealten Funde ließ ihn die Unannehmlichkeiten vergessen, bedingt durch die paar Jahrzehnte, die er mit sich herumtrug.

Trotz oder vielleicht wegen dieser Schwierigkeiten war Rouffignac schon sehr früh in der Geschichte bekannt. Jedenfalls so bekannt, daß es sich lohnt, die Berichte ihrer Erforschung und die genauen Echos ihrer Tragödien anzuhören. Eine einfache Höhle ist es nicht wert, daß man die Mühen eines Besuches schriftlich niederlegt. Eine schwierige und «rebellische» Höhle dagegen fordert dies heraus. Mehr noch, sie verführt zum Plagiat der Großtaten, die andere berichtet haben. Der unebene Boden der Höhle vervielfacht die denkwürdigen Fallen. Der steil abfallende Krater eines Bärenlagers, mit Lehm eingeseift, oder eine winzige, ebenso niederträchtige Doline, lösen Stürze aus. An der Basis der Wand haben Sie auf Bodenhöhe die düsteren Schatten irgendwelcher Stollen erraten. Knollen von Feuersteinen mit stechenden Unebenheiten sind überall verstreut. In der undurchdringlichen Nacht berühren Sie einen mit der Schuhspitze. Er bewegt sich und scheint Sie an sich zu ziehen. Nicht einmal die große Stille ist Ihr Begleiter. Das Geräusch eines Wassertropfens, der langsam aus der Decke hervorquillt, widerhallt so entsetzlich in Ihrem Kopf wie ein ohrenbetäubender Lärm. Und, widersinnigerweise, warten Sie fieberhaft auf die Wiederholung, die Ihnen doch derart auf die Nerven geht. Setzte er zufällig einmal aus, würden Sie sich schrecklich einsam fühlen!

Ich habe es immer mißbilligt, daß man unsere ausgemalten Höhlen mit einer grellen Warenhausbeleuchtung besucht. Zu grelles Licht erdrückt die Reliefs und zerstört die Stimmung von Schatten und Abstufungen, die diejenige der Schöpfer im Magdalénien war. Die Werke einer prähistorischen Höhle sind lebendig. Im Lichte lebendiger Flammen müssen sie gesehen, erraten und bewundert werden. Man muß die Scheinwerfer mit ihrem zu kräftigen und zu starren Licht verbannen und bescheidene Karbidlampen benutzen, die das ursprüngliche Leuchten der Fettlampen viel treuer wiedergeben.

Und sollten Sie den Wunsch verspüren, Ihre Lampe auszulöschen, verlieren Sie rasch das konkrete Zeitgefühl. Stellen Sie sich vor, Sie hätten das Experiment wie Michel Siffre während einer guten Stunde durchgehalten und Ihre Wegzehrung von Licht wieder angezündet – und Sie werden bemerken, daß Sie nur schäbige fünfzehn Minuten in der vollkommenen Dunkelheit verbracht haben. Und überhaupt war das Experiment von Anfang an verfälscht, weil Sie Ihre zwei Schachteln Streichhölzer in der Tasche hatten!

Die erste Beschreibung des «Cro du Cluzeau»[31] stammt aus dem Jahre 1575. Sie ist das Werk des François de Belleforest, eines Edelmannes aus der Gascogne, Schützling der Marguerite von Navarra, der Schwester Franz I. Er war ein Autor, der sich darin gefiel, gewaltige Werke zu kompilieren, wie die Kosmographie des Sebastian Münster, und der daraus eine Pariser Ausgabe zusammenstellte, die «erweitert, verziert und bereichert» bei M. Sonnius in zwei Bänden mit Karten und Plänen unter dem Titel «Cosmographie universelle» erschien.

Dies ist der älteste Text, den man über diese Höhle kennt. Aber es ist wahrscheinlich (jedenfalls ist es die Eigenheit von Kompilationen dieser Art), daß eine gute Anzahl Angaben, die sie enthält, früher gesammelt worden waren und vielleicht auf das 15. Jahrhundert zurückgehen.

«In der Nähe von Miremont», berichtet François de Belleforest, «einem Städtchen des Périgord, gibt es eine Höhle oder Grotte, die die Einheimischen Cluzeau nennen, von der diejenigen, die dort eingedrungen sind, Wunder berichten.» Und der erste «Speläologe Frankreichs» schildert sie genau: «Diejenigen, die dort eingedrungen sind, sagen, daß es dort mehrere Brunnen und Flüsse gibt, unter anderem einen, der zwischen hundert und hundertzwanzig Fuß breit ist, der mit großem Gefälle und großer Geschwindigkeit dahinfließt, und der im übrigen sehr hohl und tief ist, den zu überqueren niemand wagt, obschon dahinter die Höhle noch sehr weit reicht...» Sie ist so ausgedehnt, «daß man nur in großen Gruppen und mit Fackeln, Leuchten und Laternen eindringt, da es nur beim Eingang Licht gibt...» Dies ist einer der ersten Berichte einer speläologischen Exkursion. Schon 1759 veröffentlicht ein Gabriel Bouquier seinerseits in bilderreicher Aufmachung, mit Kartuschen im Wappenschmuck, einen wundervollen Plan der Höhle: die Karte ist verblüffend genau. Die großen Gänge sind in ihrer Anordnung und mit ihren kapillarartigen kleinen Verästelungen wiedergegeben. Dieser Plan wurde in der Folge häufig kopiert, schon 1765 von Gonthier, der aus Miremont stammte. Später nahm der große Höhlenforscher Edouard-Alfred Martel, zusammen mit drei fleißigen Hilfskräften, einen Plan innerhalb von zwei Tagen auf. Die Geschwindigkeit dieses außergewöhnlichen Unternehmens läßt sich nur durch die Bekanntschaft mit dem Plane Bouquiers erklären. Der Speläologie-Club von Périgueux mit seinen vielen trainierten Equipen hat nur einige wenige magere Zusätze beigebracht, ganz geringe Verlängerungen in weit entfernten Abschnitten, in den Gängen, die sich in engen Korridoren und Sackgassen verzweigen.

Es lag mir daran, die Genauigkeit persönlich zu überprüfen und die Erforschung, soweit es ging, weiterzuführen, um die winzigsten Hinweise aufzuspüren, um endlich diese berühmte «Karte des Mutes im Magdalénien» zusammenzustellen. Die dazugewonnenen Verlängerungen hielten sich in bescheidenem Rahmen; manchmal waren es zehn, meistens nur einige Meter. Dafür mußte man ganz eng am Boden geklebt kriechen, berührte die Decke, Schritt für Schritt, oder mit Sprüngen, die sich folgten – immer aufmerksam auf die Spur eines Fingers oder gar ein abgebildetes Tier, um den ursprünglich 100 oder 120 gezählten Mammuten noch einige beizufügen. *(Abb. 9)*

Diese Anstrengungen bei einer so gründlichen Erkundung haben sich ausgezahlt. Wir konnten einige neue Tafeln mit Fingerspuren am äußersten Ende der Gänge Charles-Plassard im Norden der Höhle erstellen und entdeckten in einem niedrigen Seitenzweig, in den man nur kriechend gelangen kann, die beiden letzten Mammute von Rouffignac. Sie befinden sich in einer Entfernung von 737 Metern vom Eingang, wenn man sie auf direktem Weg aufsucht und sich unterwegs nicht verirrt. Was überhaupt nicht einfach ist: weder für den gegenwärtigen Herrn des Ortes, Louis Plassard, noch für mich!

Was soll man aus diesen häufigen Expeditionen schließen, die seit 1759[32] immer wieder durchgeführt wurden? Gérard Bouquier hat praktisch den Plan der ganzen Höhle aufgenommen, doch nur die Magdalénienleute sind in ihre äußersten Tiefen vorgestoßen. Mit ihren Kiefer- oder Wacholderfackeln,

Abb. 9: Sich gegenüberstehende Mammute aus Rouffignac

mit ihren Fettlampen haben sie mit Fingerspuren, Zeichnungen aus schwarzen Manganstrichen, mit geritzten Gravierungen den entferntesten Punkten ihren Stempel aufgedrückt: sie zeichneten die zwei letzten Mammute in einer Entfernung von 737 Metern und in der Fortsetzung des Heiligen Weges, die rätselhafte Saïga-Antilope in einer Entfernung von 753 Metern. Mit dem Weg zu diesen Punkten von vergleichbarer topographischer Bedeutung haben sie eine Großtat vollbracht, die viele trainierte Höhlenforscher mit ihren entwickelten Lampen kaum nachahmen.

«Man kann nach den Beweggründen der Menschen einer so weit zurückliegenden Vergangenheit fragen, in einen solchen unterirdischen Irrgarten einzudringen», schloß Abbé Breuil[33] seinen umfassenden Bericht, den er anläßlich der Entdeckung an den Institutssekretär richtete. «Hier handelt es sich um einen Sachverhalt, der das sonst verhältnismäßig einfache Eindringen in ausgedehntere ausgemalte Höhlen, die bisher bekannt waren, um vieles übertrifft.»

Welche Beweggründe, mein lieber Abbé? Mut und Erkenntnishunger, Interesse an einer gewissen geistigen Verständigung. Sie haben diese Großtaten ermöglicht.

## Die tragische Odyssee zweier Holländer im Jahre 1730

Die Forschung unter Tage kennt ihre Tragödien und ihre Märtyrer. Um die Glanzleistungen und den Mut der Künstler im Magdalénien ins rechte Licht zu rücken, warum nicht das tragische Abenteuer erzählen, das Joseph de Lagrange-Chancel[34], Maître d'Hôtel der Herzogin von Orléans, 1730 in seinem Buch «Voyage de Paris pour le Poitou, Angoumois et Périgord» wiedergibt? Lagrange-Chancel stellt die Stätte mit seltener Genauigkeit vor: «Wir kletterten auf einen Berg, der so steil und schroff war, daß wir uns gut festhalten mußten, um vorwärtszukommen. Auf seinem Gipfel stehen Kastanienbäume. In Zweidrittelhöhe bemerkt man den Eingang der Höhle, neben zwei wilden Feigenbäumen, einem Nußbaum und einer jungen Eiche. Dieser Eingang ist mit Brombeersträuchern und Dornen zugewachsen. Man muß sich platt hinlegen, um hineinzukommen...»

Die Stätte hat sich seither nicht verändert, und wenn auch bei der Entdeckung der Höhle junge Eichen und Kirschbäume die Feigenbäume beim Eingang abgelöst haben, mußte man sich noch immer «platt hinlegen», um in diesen ersten Gang eindringen zu können.

Dem wunderbaren, malerischen Bericht des Joseph de Chancel entnehmen wir das kurze, tragische Abenteuer der beiden Holländer: «Zwei ausländische Reisende, von denen man annimmt, sie seien Holländer gewesen, neugierig, ihre Erkundungen an diesem unterirdischen Ort so weit wie möglich fortzusetzen, nahmen die nötigen Vorräte, bis hin zu den Lebensmitteln, mit. Sie drangen mit einem einzigen Führer ein, durch jene Öffnung, die Miremont heißt; beim Wildbach angelangt [...] weigerte sich der Führer, weiterzugehen und kehrte um. Sie jedoch, nachdem sie diese unterirdischen Örtlichkeiten lange durchstreift hatten, bemerkten, daß ihre Lichter zur Neige gingen, und so wollten sie zurückkehren, aber es geschah, daß sie sich in der Vielzahl der Straßen und Wege, die in dieser Höhle bizarr gebildet sind, täuschten, sich an Orten weit vom Ausgang fanden. Da ihnen das Licht fehlte, verbrannten sie ihre Kleider und Hemden, der Kälte nicht achtend, und als diese verbrannt waren, erfaßte sie in der Dunkelheit der Schrecken; sie wußten nicht, wie den Eingang wiederzufinden, nachdem sie sich zwischen den Steinen und dem Dreck abgemüht hatten, zwischen den wilden Tieren. Einer blieb drinnen und starb, wirr geworden; der zweite gelangte nach neun Tagen zur Öffnung dieser Höhle; sobald er das Licht erblickte, fiel er in Ohnmacht. Die Bauern trugen ihn in den Flecken Miremont, wo sie ihre Kutsche gelassen hatten. Dort starb er zwei Tage später.»

Um meinen Studentinnen und Studenten derart tragische Erfahrungen bei gewagten Expeditionen zu ersparen, gab ich ihnen das beste Rezept, um sich nicht zu verlieren – und zwar in allen Höhlen des Périgord oder der Pyrenäen, sei es die Croze in Gontran oder Rouffignac: «Nie in Angst geraten, die Gelassenheit unserer Vorfahren nachahmen. Ruhig den Rückweg antreten ... und, um an den zahllosen Wegkreuzungen der Höhle nicht zu zögern und sich nicht zu irren, da der breiteste Gang nicht jener sein muß, der zum Ausgang führt – systematisch immer denselben Weg nehmen, nach rechts oder nach links, vielleicht folgt man seiner politischen Überzeugung, aber immer denselben! Zwangsläufig werden Sie den Ausgang finden!»

## Die vergeblichen Versuche

1915 verpaßte Rouffignac seine Chance, als prähistorische Höhle entdeckt zu werden und nicht mehr nur eine touristische Sehenswürdigkeit zu sein, wo der Straßenwärter von Fleurac den Besuchern das «Grab des Gargantua» oder den «Kothaufen der Alten» vorführte. In jenem Jahre 1915 besuchte der größte Prähistoriker der damaligen Zeit die Höhle, Abbé Breuil, den seine Zeitgenossen zutraulich, aber mit Ehrerbietung, den «Papst der Vorgeschichte» nannten. Leider war der Abbé nicht allein. Er begleitete einen bekannten Entomologen, der auf der Suche nach einem höhlenbewohnenden Insekt war, einem *trechus* (Laufkäfer), eine Besonderheit dieser Höhle. Nachdem der Käfer einmal eingefangen war, stießen die beiden Gelehrten nicht weiter vor und verließen die Höhle.

Gegen 1945 nahmen zwei junge Speläologen aus Périgueux die Erkundung wieder auf. Sie erforschten die Verbindungsnetze in der Tiefe, wie den «Fluß der Dunkelheit», ein verdienstvolles, gelegentlich gefährliches Unterfangen. 1948 kam Abbé André Glory, ein Schüler Breuils, mit Dr. F. Koby aus Basel, dem großen Spezialisten für Höhlenbären, ebenfalls in die Höhle. Letzterer wünschte einige Spuren von Bärentatzen zu fotografieren. Rasch fand er das Gewünschte, und die beiden Gelehrten, die ihre Aufgabe erfüllt hatten, kehrten sogleich um.

Ich selber kam mit einer Gruppe Pariser Speläologen bis zum Fluß des dritten und letzten Stockwerkes, ein schwindelerregender Cañon zwischen zwei gradlinigen, steil abfallenden Wänden, auf denen man beim Auf- und Abstieg etwa fünfzehn bis zwanzig Meter «im Kamin» klettern muß. In regelmäßigen Abständen zeigen sich an den Wänden waagrechte Streifen von großen Knollen zerklüfteter Feuersteine, mitten im leuchtenden Weiß. Diese Knollen bieten keinen Halt. Greift man nach ihnen, hält man sie schon in der Hand. Und wenn ein Griff nachgibt, fühlt man sich in die Leere gerissen, mit voller Geschwindigkeit zwischen den Wänden des Cañons dahinsausend, Gesäß oder Gesicht von diesen bedrohlichen Knollengebilden zerkratzt. Wände, die sich für Zeichnungen oder Gravierungen eigneten, gäbe es noch und noch, hätte nicht dieser schwierige Zugang jede Verwendung unmöglich gemacht.

Trotz dieser Hindernisse ließen die Speläologen ihr Ziel nie aus den Augen. Es vergeht kaum ein Jahr, in dem nicht – wie etwa 1982 – abenteuerliche Expeditionen die Feuerwehrmänner der Umgebung, die Bereitschaftspolizei oder Froschmänner zu Hilfe rufen müssen. Hier ist ein Speläologe in einer engen Diaklase eingeklemmt, aus der er sich nicht allein befreien kann. Dort sind es fünf Abenteurer, darunter ein Niederländer (der die große Tradition weiterführt, die 1730 begründet wurde), die von Froschmännern befreit werden müssen.

Was suchen diese verrückten Kerle? Einige hundert Meter neue Gänge? Den unterirdischen Rekord? Über zehn Kilometer hinauszugehen, sich den fünfzehn zu nähern? Oder erhofft man sich, einige unbekannte Gänge zu entdecken, die mit langen Mammutfriesen bedeckt sein könnten oder mit Nashornfamilien, mit wunderbaren Tierfiguren, alle unberührt von Graffiti? Unnötig, scheint mir, in diesen unteren Stockwerken zu suchen. Ihre Durchquerung erfordert außergewöhnliche sportliche Fähigkeiten, und diese gingen unseren prähistorischen Magdalenienleuten ab. Der einfache Mut reichte ihnen vollauf.

Nehmen wir uns nochmals den in jeder Hinsicht beachtlichen Text des Marquis de Miremont[35] vor, der 1715 auf die sachlichen Fragen eines Besuchers, Herrn de Wilde aus Amsterdam, antwortete: «Was den Bach betrifft, der den Weg dieses langen Gewölbes abschließt, wäre es nicht möglich, darauf ein kleines Boot zu führen, er ist weder breit noch schnell genug, um es zu tragen: Man behauptet, daß man auf das Wasser dieses kleinen Flusses eine Ente setzte, die einige Zeit später unter der Brücke von Périgueux hervorkam, die vier Meilen weiter unten liegt!» In der Tat glaube ich nicht, daß man neue prähistorische Malereien findet, indem man einer kleinen Ente folgt, und wäre es bis zur großen Brücke von Périgueux! Herr de Miremont ist indessen sehr gut auf dem laufenden, «ebenso wie durch seinen Herrn Vater selig, der bis zum Bache gegangen ist, und durch die Führer, die es gewohnt sind, Fremde dorthin zu begleiten, wie durch das, was er mit eigenen Augen gesehen hat.» Und er schließt weise: «Wenn Sie noch mehr wissen wollen, nehmen Sie sich die Mühe, dieses Wunder selber anzusehen.»

Also machen wir uns nun die Mühe, den unbekannten Gang zu entdecken (*Abb. 7*). Der Entomologe Alluaud kam, um in den Tiefen von Rouffignac einen Käfer zu fangen. Er hat ihn gefunden. Dr. Koby kam auf den Spuren der Höhlenbären. Er hat sie gefunden. Die Speläologen sind gekommen, um die Gänge zu erforschen und neue zu erschließen. Sie haben das Netz beachtlich ausgedehnt. Ich bin mit meinem Mitarbeiter, Romain Robert aus dem Ariège, gekommen, um diese prähistorische Kunst aufzuspüren, die wir während gut fünfzehn Jahren gemeinsam erforscht hatten, vom Périgord bis nach Kantabrien – wir haben sie gefunden.

Womit die Regel bestätigt ist, daß «man nur findet, was man sucht.» Dieser wichtigen Regel schicke ich jeweils eine andere voraus oder lasse sie folgen: «Sucher findet man; was man sucht, sind Finder!» Doch Schluß mit der Ironie, suchen wir ernsthaft nach dem unbekannten Gang, und wir werden ihn finden!

Folgen wir dem großen, normalen Korridor der Höhle, den ich schon am ersten Tag den «Heiligen Weg» zu nennen wagte. Lassen wir rechts jenen Zweig liegen, der zur roten Schlangendecke führt, der geheimnisvollen Höhle der chthonischen Gottheiten; weiter weg, immer noch zur Rechten, nachdem wir beim Portal vorbeigegangen sind, das zur protohistorischen Nekropole und zum «roten Salon der großen Mammute» führt, erreichen wir die entscheidende Kreuzung, eine weite Karsthöhle, deren Kuppel unsere Köpfe um zehn bis fünfzehn Meter überragt. Von dort zweigt der «Heilige Weg» rechtwinklig nach rechts ab, geht hinunter und wird in Richtung des «Ganges Henri-Breuil» breiter und setzt sich fort bis zur «Großen Decke». Dies ist die wesentliche Kreuzung, die das gesamte unterirdische Netz von Rouffignac beherrscht.

Der gegenwärtige Eingang ist der östliche Ausfluß eines oberirdischen Wasserlaufes, der damals auf der Ebene des Périgord floß, und seine Anschwemmungen (Sand mit der in dieser Gegend so häufig vorkommenden Ferritschlacke) mit sich führte. Er ist versiegt.

Seine Wasser ergossen sich in die Tiefen, durch jene Höhle, die geographisch die entscheidende Kreuzung bestimmt, 270 Meter entfernt vom gegenwärtigen Eingang, welcher damals das Abfließen der Wasser erlaubte. Diese flossen auf der Kalkmasse der Hochebene dahin und trafen dort auf ein Umfeld, das ihrem Eindringen günstig war. Die dicken Kalkschichten sind nicht homogen, sondern in mehr oder weniger widerstandsfähigen Schichten angeordnet.

Der Kalk ist von zahllosen Rissen durchlöchert, den Diaklasen, durch welche die Wasser eindringen. Diese sind mit Kohlensäuregas angereichert, das von der nahen Oberfläche herstammt; sie lösen den Kalk auf, verbreitern die Risse und schaffen unterirdische Gänge. Aber mit der Entfernung verliert der Fluß seine Kraft, die Wassermenge wird kleiner, und ihre auflösende Wirkung nimmt ab. Die entferntesten Gänge spalten sich auf, unterteilen sich nochmals, zerfasern sich extrem. Daher diese «haarfeinen» Enden, die an die Verzweigungen des großen Mississippi-Deltas erinnern. Das Geflecht von Rouffignac ist nichts anderes als ein unterirdisches Delta von derselben Art wie in Louisiana.

Die außerordentliche Bedeutung dieser Höhlenkreuzung entging dem Bürger A. Delfau nicht, der uns in seinem «Annuaire du département de la Dordogne, pour l'année sextile XI, de l'ère française» (1803) eine der genauesten Beschreibungen der Höhle vorlegt. Nachdem er ausführlich die rechte Verzweigung beschrieben hatte (die gegenwärtigen Gänge Louis-Plassard), «hält der Bürger Delfau einige Augenblicke inne, um zwei Verschüttungen zu betrachten, die sich am äußersten Ende der großen Straße befinden, in südlicher Richtung des Berges.» Er befindet sich an der entscheidenden Kreuzung. Er fährt mit seiner Betrachtung fort: «Wenn man diese Verschüttungen genau untersucht, die vom Gewölbe herkommen, kann man nicht daran zweifeln, daß es da einen versperrten Durchgang gab.» Und unser Führer beobachtet, daß die Verschüttung «zur Linken deutlich die Form der Öffnung sehen läßt... das Gewölbe ist hoch, und es ist unzweifelhaft, daß man jenseits dieser Verschüttungen neue unterirdische Straßen finden würde...»

Wenn François de Belleforest 1575 der eigentliche Entdekker von Rouffignac ist, wäre dann der Bürger Delfau der Entdecker des unbekannten Ganges? Es ist eindeutig, daß wir genau an dieser Stelle die Existenz der ursprünglichen Höhle erkennen. Er erklärt das unterirdische Geflecht mit dem Einbruch der Wasser in die Tiefe. Diese Höhle wurde verstopft, ihre Versorgung trocknete aus, und die Wasser fließen nur noch im dritten Stockwerk. Der Sand des Périgord, der von den an der Erdoberfläche abfließenden Wassern mitgeführt wurde, drang in die Verschüttungsmasse ein. Man kann dies heute nachweisen. In feuchten Zeiten sickern die Wasser beim Gewölbe durch. Das Geräusch eines kleinen Wasserfalles widerhallt immer noch in der Stille der Gänge.

Wahrscheinlich hat der Kegel der Auswurfmasse (ein einfaches Studium der Karte stützt die geologischen Argumente) den unterirdischen Zufluß der «Drei Flüsse» blockiert. Ein erster, über den wir hergekommen sind, ist ein ehemaliger Ausgang; der zweite, der uns zur «Großen Decke» führt, spaltet sich und verliert sich in den komplexen Haargängen Louis-René-Nougier und Charles-Plassard; der dritte schließlich jenseits der Verschüttung ist der berühmte unbekannte Gang.

Der Einsturz scheint neueren Datums. Seine Wände sind glatt. Er ist sogar noch «lebendig», weil Wasser dort hervorquillt, mehr oder weniger reichlich, je nach Jahreszeit. Wir sind beinahe im Freien. Einige Meter, nur vier oder fünf, zweifellos kaum mehr, trennen uns von der Oberfläche der Hochebene. Draußen scheint eine leichte Senke sogar die Stelle zu bezeichnen, vergleichbar mit dem Anfang einer kleinen Doline. Die Verschüttung ist vermutlich älter als 1575, und François de Belleforest ist bestimmt darauf gestoßen. Aber es gibt die größten Aussichten, daß sie jünger ist als 12 000 vor unserer Zeitrechnung, das wahrscheinliche Datum der gegenwärtigen Gravierungen und Zeichnung. Sie hätte demnach die Verbindung des großen Netzes unterbrochen und dadurch den Zugang zum unbekannten Gang selbst versperrt. Sie hätte das Kommen der vielen Besucher der Geschichte verhindert, die zahllosen Graffiti verunmöglicht, die die Reinheit der prähistorischen Zeichnungen entwerten und schänden; vorausgesetzt allerdings, daß dieser unbekannte Gang solche enthält. Sie gäbe übrigens dem Gesamtplan der Höhle eine ganz natürliche Symmetrie, die ihr zum gegenwärtigen Zeitpunkt fehlt. Sie müßte sich über wenigstens fünfhundert Meter weiterentwikkeln und sich in zwei oder drei Unterverzweigungen aufteilen, die in enge Gänge, immer feinere und immer unzugänglichere einmünden würden. Auf gleichen Wänden, wie jenen der bekannten Höhle, auf den gleichen Kalkbändern mit ihrem purpurroten Feuerstein müßten noch Herden von Mammuten und Nashornfamilien dahinrennen.

## Rückkehr zu einer alten Sehnsucht

Als ich 1956[36] die gewaltige Schlacht der Mammute auszählte, habe ich gezögert, wie ich gerne zugebe, die wundervollen Unberührtheiten des unbekannten Ganges auferstehen zu lassen. Ich war nämlich im gleichen Text von Delfau auf einen Hinweis gestoßen, auf einen «Raum (einen kleinen Saal in der Höhle), vor allem einen sehr eigenartigen, obschon er den Blicken beinahe aller Reisenden entgeht; sein Zugang ist so eng, daß man leicht daran vorbeigeht, ohne ihn zu beachten. Der Bürger Gonthier von Miremont, der 1765 im vorderen Teil der Höhle gearbeitet hat, entdeckte ihn. Das kleine Kabinett, von dem man glauben könnte, es sei mit Diamanten ausgelegt, bietet die schönsten Kristallisationen und ist in allen seinen Teilen vollständig.» Und Delfau fährt wahrlich prophetisch fort: «Es ist zu befürchten, daß, sobald er bekannter wird, der Hammer seine Wände angreift.»

Delfau hatte recht. Ein Jahrhundert später drangen Unbekannte in diesen Diamantensaal ein, schlugen mit dem Hammer seine stalagmitischen Bildungen weg, diese «Anemonen und Meeressterne», von denen mir mein Freund Charles Plassard in Nizza begeistert geschwärmt hatte, bevor ich zu ihm kam, um seine Mammute zu entdecken. Daß Delfau mit seinem Pessimismus recht bekommen sollte, hat mich zutiefst beunruhigt, ja geradezu verbittert. Karrenweise wurde die Höhle geplündert, mit welchem geheimnisvollen Ziel? Um anderswo eine andere «Höhle» zu zieren oder die Schätze auf dem Ladentisch einer Mineralienhandlung zu verschachern?

Seither bin ich zutiefst pessimistisch, wenn ich an das unheilvolle menschliche Gesetz denke, das der Erkenntnis so oft die Zerstörung folgen läßt – in einem solchen Ausmaß, daß sich der Gelehrte künftig vor einem schlimmen Dilemma sieht. Der Physiker kann nicht mehr frohen Herzens eine neue Mikrospaltung des Atoms verkünden, der Archäologe eine wiederentdeckte Stadt, eine ausgeschmückte Höhle melden. Sie alle wissen, daß das neue, gespaltene Atom der entscheidende Fortschritt sein wird, um mit einem Schlag eine Million Menschen auszulöschen, daß die Höhle von jenen belagert wird, die ihre Finger auf ihre Malereien legen wollen, um zu sehen, ob die Farbe hält, kritisiert von jenen, die sie noch nicht gesehen haben, verunglimpft von jenen, die sie hätten entdecken wollen, so daß man von einer andern ausgemalten Höhle zu träumen beginnt, irgendwo in einer andern Kalkgegend Frankreichs, an einem Ort, den man in tiefstem Herzen für sich behalten würde.

Man sollte das Geheimnis niemandem außer sich selber anvertrauen. Man würde im geheimen, als Wallfahrer, hingehen, egoistisch seinen Durst an den tiefen Quellen löschen. Kein gelehrter Kollege würde da etwas wissen, keine Kommission, keine Ministerialabteilung, kein Journalist, kein Gaffer, kein müßiger Tourist, der Mühe hat, seine organisierte Freizeit auszufüllen, niemand...

Sie könnte hundertmal weniger Mammute als Rouffignac zählen, es würde ausreichen! Die neue Höhle des Geheimnisses wäre mein, ganz einfach. Sie wäre noch bedeutender als Rouffignac, denn sie würde ein Geheimnis bleiben. Ja, ich würde sie egoistisch in meinem Herzen bewahren, aber der unbekannte Gang von Rouffignac ist zu schön, glauben Sie mir...

# Prähistorische Kunst oder Verständigungsmittel?

## Dauerhafte Unterlagen

Bei seinen einfachen Tätigkeiten des täglichen Lebens möchte sich der Mensch mitteilen. Der moderne Mensch kritzelt während eines Telefongespräches gerne auf seinem Notizblock und hat offenbar den angeborenen Wunsch, sich mit seinen Fingern auszudrücken. Kinder, die für sich allein in einem Zimmer mit Farbe, Pastell oder Bleistiften spielen, schmieren die Wände voll, «zeichnen» oder «malen».

Und wenn sie keine Wände haben, auf die sie zeichnen können? Dann werden sie die Natur benützen: den Boden selber, Sand, Erde, Lehm, Schnee... Das «erste» Kind (sagen wir nicht mehr «primitiv») hatte dieselben Instinkte: Die verschiedenen Formen des Spiels haben es uns gezeigt.

Im harten Klima des ausgehenden Paläolithikums, das die große Zeit der prähistorischen Höhlenkunst bleibt, boten viele Gegenden – leider nicht alle – Felsvorsprünge, kleine und auch unendlich große Höhlen. Was sucht, was findet dort der Mensch?

Zunächst einen Unterschlupf, ein Obdach, ein bißchen Bequemlichkeit. Aber auch einen Rahmen für Abenteuer und Träume, in einer dunkeln, geheimnisvollen Welt, die er mit seinen Schatten bevölkert, mit Hilfe des lebendigen Lichtschimmers seiner Fettlampen.

Die Höhlenwände sind auch Träger der zahllosen Darstellungen, Ausfluß der menschlichen Phantasie. Und, eigentlicher Glücksfall für uns Heutige, dauerhafte Träger.

Alle Spuren noch früherer Mitteilungen sind auf immer verschwunden, seien sie auf der Erde, auf Lehm oder auf Schnee notiert worden. Dagegen haben sich Spuren menschlicher Füße oder von Tierlagern im Lehm oder auf den Wänden unserer Höhlen erhalten.

Die Natur hatte Anregungen geboten – Themen, die auf immer verloren sind. Die unterirdische Welt bietet ihrerseits Anregungen, die wir wahrnehmen können. Der zoomorphe Fels von Toirano bewahrt die Spuren der Lehmbälle, die ihn bombardierten. Der aufgerichtete Bison von Les Castillo, der aus dem Felsen hervorspringt, fällt uns genau so auf, wie ihn die Magdalénienleute gesehen haben.

Schneetiere und vielleicht auch Schneemänner sind geschmolzen und vergangen, aber die Lehmtiere überleben. Und sie überleben in den abgelegensten Abschnitten der Höhle, weil sie einzig dort geschützt waren. Modellierte Figuren näher beim Ausgang sind verschwunden, aufgrund der Verwitterung oder der Besuche der Menschen.

Wie viele Zeugnisse der Geschichte haben die Besucher vernichtet, die neugierigen Nacheiferer des François de Belleforest 1575, die Speläologen der letzten beiden Jahrhunderte... Wundern wir uns deshalb nicht, wenn in einer Höhle, die so monumental ist wie die von Bédeilhac, die sich auf eine Seite nach Soudour hin öffnet, die tausendmal besucht und häufig mißbraucht wurde, nur wenige Lehmmodellierungen übrig bleiben, weil sie schwer zugänglich und abseits gelegen sind.

Unter Felsvorsprüngen, in Höhlen-Wohnstätten haben sich unendlich viel besser als im Freien Fundstücke aus Elfenbein oder Knochen erhalten: Holzgegenstände dagegen sind beinahe ganz verloren. Wenn wir etwa zehn Flöten der Jäger des Magdalénien besitzen, aus langen Knochen hergestellt, oft aus zerbrechlichen Vogelknochen, gelegentlich mit einer Prozession von Ohren aufmerksamer Tierzuhörer verziert, wie viele

Flöten wurden wohl in zartes Holz mit fein abgelöster Rinde geschnitzt, zu zerbrechlich, um zu überdauern...

Was bleibt von den Malereien, Zeichnungen, Gravierungen oder Tätowierungen, die auf Rinde, Haut, ja sogar Menschenhaut angebracht wurden? Was bleibt von den Zeichnungen auf Sand? Haben wir auch nur ein Millionstel der Darstellungen, die zwischen 15 000 und 10 000 ausgeführt wurden? Ich wage es nicht zu behaupten und ziehe es vor, mit Vorsicht an die Erforschung dieser prähistorischen Darstellungen zu gehen.

Das Grundthema bleibt unbestreitbar die Tierwelt, die unentbehrlichen Lebensgefährten des Jägers des Magdalénien. Diese Darstellungen werden allgemein unterschiedslos als «Meisterwerke der prähistorischen Kunst» bezeichnet. Wenn ich zwar von frühestem Anbeginn an eine «Kunst» bei den Millionen von Werkzeugen aufspüren konnte, die von überlegenen Handwerkern hergestellt worden waren, muß man dann jene abertausend naturalistischen Tierbilder unserer Höhlen als Kunstwerke bezeichnen? Davon kann keine Rede sein: Wie in jedem Bereich muß man auch hier eine Auswahl treffen.

Nicht jeder gravierte oder gezeichnete Strich in einer ausgeschmückten Höhle ist an sich schon ein Kunstwerk, nur weil er sich dort befindet! Was keineswegs heißt, daß er nicht seine Bedeutung hätte, seine Rolle, gelegentlich im geheimnisvollen Bereich der Magie.

Sehen wir uns die Tiermotive an, die in den Höhlen am häufigsten vorkommen: An der Spitze stehen Pferd und Bison, zusammen sind sie zahlreicher als alle anderen Tierabbildungen; ihnen folgen mit großem Abstand Mammut, Steinbock und Bär.

Versuchen wir, sie zu bewerten. Es ist schwierig, einen Maßstab zu bestimmen, denn es kann sich nur um ein persönliches Urteil handeln. Jeder Ausgräber des letzten Jahrhunderts, jeder wissenschaftliche Forscher der letzten Jahrzehnte (es gibt keine Ausgräber mehr, nur noch Forscher!), bleibt zutiefst überzeugt vom großen künstlerischen Wert der Wandgravierungen oder des kleinen Gegenstandes – gravierter Knochen oder Bruchstück einer Harpune – die zu finden er «das große Glück» hatte. Jeder Entdecker einer ausgeschmückten Höhle beteuert lauthals, daß er soeben ein «neues Lascaux» betreten habe! Mehr als zehnmal im Verlaufe des halben Jahrhunderts meiner Laufbahn bin ich in tiefe Gänge oder gähnende Höhlen hinabgestiegen, durch schwierige Engpässe gekrochen, um Entdekkungen, die man gerne als «sensationell» bezeichnete, zu beglaubigen oder zu beurteilen. Aber man entdeckt kein zweites Rouffignac in einem einzigen Leben! Denkwürdig – wenn auch ergebnislos – war der Abstieg mit dem Verantwortlichen für die Höhlen Aquitaniens, mit meinem Freund Max Sarradet, in einen engen, kurzen und sehr niedrigen Gang im Périgord. «Der Mund des Schattens» öffnete sich über einer besonders schmutzigen Senke, ein «leimiger Lehm», der so kompakt war wie jener, den man früher, ganz am Anfang des Heiligen Weges, in Rouffignac überquerte. Zur Lehmstatue geworden, aber hier durch einen Lehm, der durch Erde und geologische Auswurfsmassen verschmutzt war, gelangte man ins «Heiligtum». Ein Strich von 60 Zentimetern Länge, mit dem Finger gezeichnet, auf einer niedrigen, mit Lehm eingeölten Decke, das war die einzige «Verzierung». Ein vollkommen undatierbarer Strich noch dazu.

Wie viele Höhlen, die man «ausgeschmückt» nennt und, wie es sich gehört, in die offiziellen Verzeichnisse aufgenommen hat, weisen gelegentlich nur vereinzelte Fingerspuren auf, einige Punkte mit roter Farbe, oder Kohorten von schwarzen Stäbchen, die sich zur «Wolke» ballen ... Soll man diese Fundstücke als Kunstwerke bezeichnen?

Ein nur kurz zurückliegendes Beispiel für die Entdeckung eines «neuen Lascaux» geht auf das Jahr 1983 zurück. Und die Höhle von Jovelle[37] in der Gemeinde Tour-Blanche südwestlich von Nontron enthält nach ihrer endgültigen Auszählung fünf Mammute, ein Pferd und einen Steinbock. In Wirklichkeit

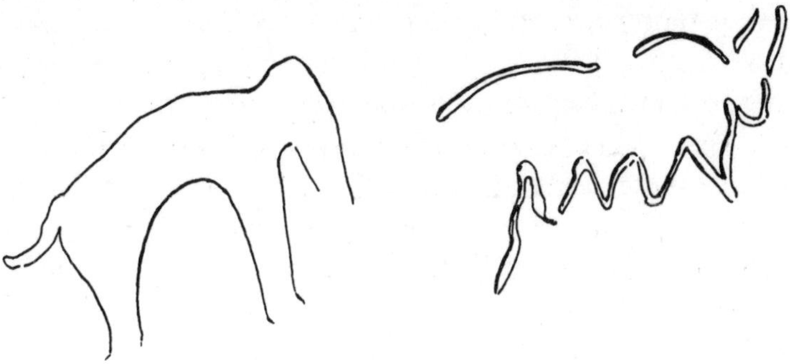

Abb. 10: Tiermotive in den Höhlen Jovelle und La Clotilde

bietet Jovelle *(Abb. 10)* nur ein Dreißigstel der Mammute von Rouffignac, nämlich fünf statt hundertfünfzig, und erst noch von viel geringerer Qualität. Was die anderen Arten angeht: ein Pferd statt vierzehn, ein Steinbock statt zwölf.

Als Archäologe habe ich die kleine kantabrische Höhle La Clotilde *(Abb. 10)* mit Rührung besucht, die 1906 von Alcade del Rio oberhalb des Bahnhofes von Santa Isabel in der wundervollen Gegend von Altamira entdeckt wurde. Sie enthält gut zehn Tierfiguren, die mit dem Finger auf Ton eingraviert wurden.

«Es handelt sich um die bisher ältesten bekannten Zeichnungen», erklärte 1952 Abbé Breuil[38]. Seine Analyse, gestützt auf eine diskrete Erfahrung, hält fest: «Diese Zeichnungen auf Lehm sind in ihrer Ausführung außerordentlich naiv, es fehlt ihnen eine entwickelte Darstellung von Hörnern und Pfoten; es kommt sogar vor, daß der Umriß des Bauches zwischen den Vorder- und den Hinterfüßen ausgelassen wurde ... es ist bestimmt nützlich darauf hinzuweisen, daß die Oberfläche der Fingerzeichen auf dem Lehm [...] genauso körnig ist wie die übrige Decke und in nichts den glatten Zügen gleicht, die wir diskret zum Vergleich beigezogen haben.» Armer, lieber Abbé. Moderne Bilderstürmer haben prahlerisch wunderbare Fingerkreuze mitten in das Herz der prähistorischen Darstellungen gezeichnet! «Kriminelle» Gesten. Aber wenn auch der Archäologe lauthals seinen Unwillen kundtut, kann der Kunsthistoriker diese verletzten Figuren dennoch nicht mit dem Titel «Kunstwerke» versehen.

## Ein heikles «Werturteil»

Außerordentliches Alter, vor allem, wenn es sich nach Jahrtausenden bemißt, kann den Archäologen beeindrucken, läßt den Ästheten aber gleichgültig. Die beiden messen nicht mit den gleichen Ellen. In den Tiefen des Höhlenheiligtums von Niaux auf dem rechten Ufer des Vicdessos, einem Wildbach in den Pyrenäen in der Ariège, bietet ein großer, etwa dreihundert bis vierhundert Meter vom Eingang entferner Felsblock dem Besucher als erstes den Anblick seiner breiten, waagrechten Seite *(Abb. 11)*. Er ist mit Punkten übersät, mit kurzen Strichen, roten oder schwarzen, mehr oder weniger gruppierten, mehr oder weniger horizontalen. Dies ist das erste gemalte Fundstück der riesengroßen Höhle und erster Anziehungspunkt für die Besucher: der Führer hält sich hier gerne auf und benützt ihre wache Aufmerksamkeit und ihren Wissensdurst. Wenn er sich zufällig hinreißen läßt, die Punkte und Striche zu deuten, die Punkte als «weibliche Symbole», die Striche, vor allem die senkrechten, als «männliche Symbole», kann er endlose Minuten verlieren. Es bleibt schließlich keine Zeit mehr, schweigend die wunderbaren Bisons und die großen Pferde im schwarzen Raum zu bewundern und in ihren Einzelheiten anzusehen, jene herrlichen Meisterwerke der Tierkunst aller Zeiten.

Abbé Breuil wollte in dieser Tafel mit Punkten und bunten Strichen nur eine recht gewöhnliche Orientierungs- und Anzei-

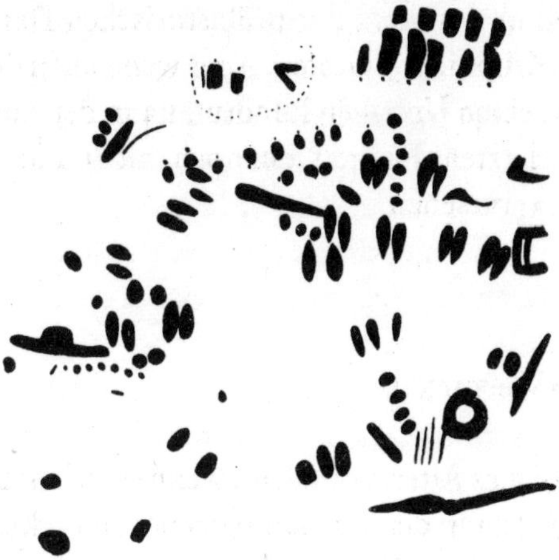

Abb. 11: Dekoration am senkrechten Felsen in Niaux

getafel sehen. Was mich betrifft, so sehe und erkläre ich je nach Felsausschnitt und Interesse der «lieben Zuhörer» die Skizze als eine Haremsszene nach Ingres (bei zahlreichen Punkten) oder als den Scheiterhaufen des Sardanapal nach Delacroix (bei entsprechender Anordnung der Striche). Ein mittelmäßig gemalter Bison, ein Pferd mit einem Giraffenhals oder ein anderes Pferd mit einem viereckigen Körper, der wie mit dem Beil in der Höhle von Portel herausgehauen scheint, eine schlechte Hals-Rückenlinie, die das Profil eines Mammuts heraufbeschwören möchte (selbst wenn dieser mittelmäßige Strich in Rouffignac zu finden ist), nein, nichts von all dem kann man als «Kunstwerk» bezeichnen.

Dagegen sind das «Mammut mit dem ‹Lausbubenauge›», das Mammut, das den Übernamen «der Patriarch» trägt, an den beiden Enden des Heiligen Weges in Rouffignac genau wie der «Großvater» unbestrittene Meisterwerke. *(Tafeln 7 und 8)*.

Eine ästhetische Bewertung der Werke der Vorgeschichte

kann sich als nützlich oder sogar unbedingt nötig erweisen. Aber wie schwierig ist sie durchzuführen!

Ich schätze in der modernen Kunst die zarte Genauigkeit der Linienführung, die feinen, zärtlichen, harmonischen Farben, welche die Sinnlichkeit der Körper besingen; umgekehrt kann ich mich nicht von einer ungeschickten Zeichnung aufwühlen lassen, selbst wenn ein gewisser Zauber von ihr ausgeht. Die Register sind zu verschieden.

Während mehr als drei Jahrzehnten empfahl ich meinen Studenten in Toulouse, die ihre Kenntnisse in prähistorischer Kunst vertiefen wollten, möglichst umfassende Monographien zu erstellen, die sich mit den Tieren auseinandersetzen, die wir in unsern abendländischen Höhlen dargestellt finden. So entstanden Arbeiten über den Bison, das Pferd, das Rentier, den Hirsch und das Mammut, den Steinbock sowie gelegentlich sogar über den Menschen (oder anthropomorphe Figuren), ohne das Corpus aller geheimnisvollen Zeichen unserer Höhlen zu vergessen. Diese Untersuchungen wurden pflichtschuldigst mit vielen Abbildungen oder Fotografien, die die «Erfinder» selbst gemacht hatten, illustriert.

Die ikonographischen Anleihen aus dem Werk des Abbé Breuil waren sehr wichtig. Seine grundsätzlichen Werke, die er den kantabrischen Höhlen, den «Riesen» unter unseren ausgeschmückten Höhlen, wie Font-de-Gaume oder Les Combarelles, widmete, Werke, oft mit Anhängen erweitert, waren und bleiben eine unerschöpfliche Fundgrube für die Forscher.

Was blieb außer den eben genannten an unveröffentlichten Funden, um den Durst eines Studenten zu stillen? Ließ sich ein «neues Lascaux» entdecken? Keiner hatte dieses große Glück in dreißig Jahren! Es sind Kinder, Ausnahme vorbehalten, welche die ausgeschmückten Höhlen entdecken!

Einzig die Entdeckung Rouffignacs (1956) erlaubte mir, andere Themen zur Bearbeitung zu vergeben, wirklich neue und unveröffentlichte, und eine monumentale Monographie vom Umfang der Monographien von Font-de-Gaume, Les Combarelles, der Höhlen des Volp, nach dem Beispiel des Abbé Breuil, anzuregen.

Die modernen Informationsmittel werden dies alles verändern und haben das bereits getan. Die Computer speichern nicht nur die graphischen Aufnahmen von früher, sondern auch die direkten Fotoaufnahmen der Gegenstände von verschiedenen Seiten. Wenn man auf eine Taste drückt, hat man bald nach Belieben einen bestimmten Typus von «durchbohrtem Stab, mit einem Pferd oder Rentier verziert» oder alle Pferde, alle Bisons, alle Köpfe von Einhufern, alle Tiere mit Geweih, alle Tiere, die mit einem schlangenartigen gefingerten Ornament durchkreuzt waren, zu seiner Verfügung auf dem Bildschirm. Vom Sessel aus sieht man die Sammlung des Britischen Museums an einem vorbeiziehen, die Funde in Madrid oder in Leningrad, des Museums von Tervueren oder von Mexiko; alle großen Museen werden ihre Daten austauschen. Man braucht nur noch die «Gedächtnisse» aufzufüllen. In dieser Richtung geht die Wissenschaft! Bald wird es ein Leichtes sein, in einigen Wochen zusammenfassende Überblicke zu erstellen, eine Arbeit, die bis anhin Jahre und vielfältige, uneigennützige Mitarbeit erforderte.

Aber wird die Wissenschaft von morgen die Entdeckung eines neuen Lascaux oder eines neuen Rouffignac programmieren? Vielleicht. Sollte dies der Fall sein, drängt es sich auf, sich seinen Platz für die Erforschung des unbekannten Ganges zu sichern.

Bis zu diesem Tage habe ich, auf ästhetischer Ebene, die dreißig oder vierzig Werke des Teams von Toulouse ausgewertet[39]. Ich wagte es, den künstlerischen Wert der prähistorischen Schilderungen zu bewerten, nach ihrem Naturalismus, ihrer Ausdruckskraft, der Sicherheit ihrer Linienführung, ihrer Eleganz, der treffenden Genauigkeit ihrer Größenverhältnisse.

Nehmen wir einerseits die Werke, die die größte künstlerische Aufmerksamkeit verdienen *(Abb. 12)*, die Werke von großem, ästhetischem Wert; andererseits die mittelmäßigen Figuren *(Abb. 12 bis)*, eine Aufteilung, die im übrigen nichts über ihre Bedeutung für die Wissenschaft aussagt. Im Bereich «künstlerischer Wert» kommen wir zu folgenden Schlüssen:

Pferd 12 %
Mammut 18 %
Steinbock 15 %
Bär 14 %
Wildkatzen 14 %
Nashörner 23 %

Dies entspricht einem durchschnittlichen Wertkoeffizienten von 15 % von einer Gesamtzahl von rund 2000 bewerteten Tierfiguren[40]. Entsprechen diese Zahlen dem Durchschnitt bei den Jagdvölkern des 15. und 10. Jahrtausends? Und wir finden den recht humorvollen Gedanken Abbé Breuils wieder, der von diesen Jagdkulturen, den Cro-Magnon-Menschen sagte: «Sie waren nicht schöner und nicht häßlicher als wir, nicht intelligenter und nicht dümmer... sie waren wie wir!»

Wie wir selber? Auf siebzehn Mittelmäßige drei Begabte? Wir erinnern uns an jenen Text von Jacques Barot, der in seiner Einleitung zum «Leben Malarepas», eines tibetanischen Weisen des 11. Jahrhunderts, schrieb: «Das Normal-Menschliche ist das Mittelmaß, genauso wie das Genie ein Übermaß und eine Unordnung ist.» Gälte dies auch für unsere Zeitgenossen? Wenn wir sie darum bitten würden, in einigen Sekunden ein ihnen vertrautes Tier spontan darzustellen, was käme dabei heraus? Selbstverständlich ging es nicht darum, meine modernen Versuchskaninchen um Skizzen von Mammut oder Bison zu bitten, sondern um den schnellen Entwurf einer Katze oder eines Hundes!

Unter diesen Bedingungen habe ich eine Umfrage in die Wege geleitet, um die Anteile der ästhetischen Begabungen der Menschen in der Vorgeschichte besser beurteilen zu können,

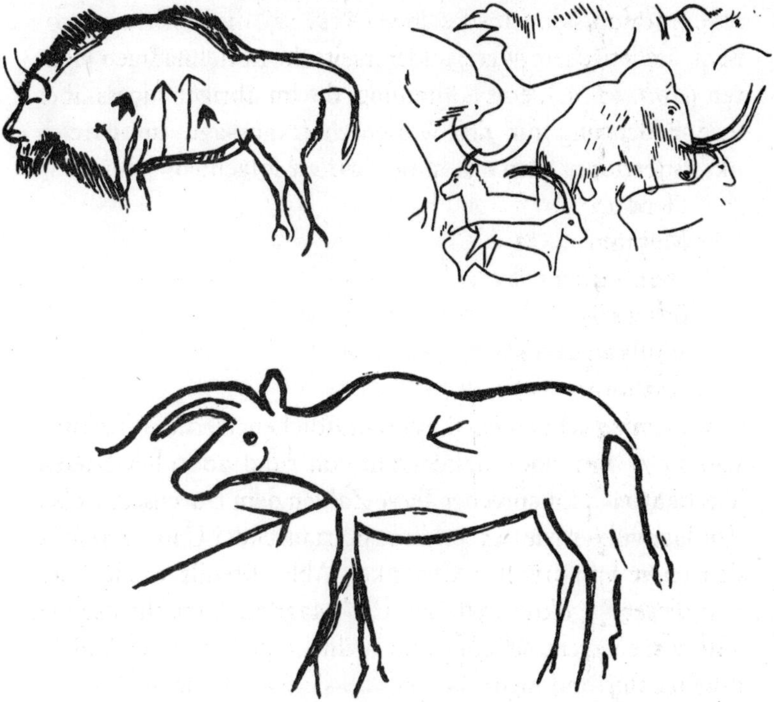

Abb. 12: Vorgeschichte: Werke mit einem geschickten Aufbau

dieser Menschen, die auf den Wänden unserer Höhlen ihre vertrauten Tiere zeichneten oder eingravierten, um schließlich ihre Talente mit jenen unserer Zeitgenossen zu vergleichen.

Jeder von uns kann in einer Versammlung, einer Schulklasse, an einer Lehranstalt übrigens den Versuch nachvollziehen und auf einem bescheidenen Blatt Papier, Format 10 × 10 Zentimeter beispielsweise, einen schnellen Entwurf (in einigen Sekunden, eine oder zwei Minuten höchstens) ein typisches Tier unserer Zeit zeichnen lassen, einen Hund, eine Katze (oder ein Murmeltier in einer Berggegend) in Bewegung, und dabei auch nicht vergessen, das Alter des Autors, seinen Herkunftsort und das Niveau seiner Schulbildung anzugeben.

Innerhalb von drei Wochen erhielt ich 2637 Skizzen, im wesentlichen von Hunden und Katzen, aber die große Freiheit, die eingeräumt worden war, ließ einige zweitrangige Tiere hinzukommen, rund zwanzig Vögel, Schlangen, Pferde, ein halbes Dutzend Hasen und ein einziges Murmeltier (das aus einer Schule in den Alpen stammte). D. h. ein Anteil von nur 3 % anderer Figuren als Katzen und Hunde!

Ich sah alle diese Skizzen durch und stellte einen Koeffizienten des ästhetischen Wertes nach den gleichen Maßstäben auf, die ich für die prähistorischen Werke verwendet hatte. Da uns Alter und Ausbildung der vorgeschichtlichen Autoren offensichtlich unbekannt sind, umfaßte die Untersuchung «Autoren» von sehr verschiedenem Alter und sehr unterschiedlichen künstlerischen Befähigungen, um das Problem besser zu lösen. Die ermittelten Werte, sowohl in der prähistorischen wie in der zeitgenössischen Welt, wurden nicht systematisch verglichen, aber einander angenähert, um allgemeine Richtungen aufzudecken.

Der Gesamtanteil der Zeichnungen, die wirkliche künstlerische Qualitäten aufweisen, beläuft sich bei den 2637 modernen Zeichnungen auf 10,5 %. Rechnet man die Autoren, die weniger als elf Jahre alt waren, ab, die wahrscheinlich sowohl in der Vorgeschichte wie im zeitgenössischen Leben nur eine unbedeutende Rolle spielten, erreicht man einen künstlerischen Anteil von 13,5 % *(Abb. 13 und 13 bis)*.

Liegt dieser Anteil nicht sehr nahe bei den Werten, die am Beispiel der Vorgeschichte für das Pferd, den Bären und die Wildkatzen ermittelt wurden?

Sehr nahe auch beim prähistorischen Gesamtanteil: 15 %? Es drängt sich auf, für die Koeffizienten des Mammuts von 18 % und des Nashorns von 23 % nach einer Erklärung zu suchen, die auch für andere prähistorische Tiergattungen Gültigkeit hat. Es ist die Qualität außergewöhnlicher Figuren in wichtigen oder besser: in außergewöhnlichen Höhlen, die den

Abb. 12 bis: Die Vorgeschichte: Ungeschickte Zeichnungen

Anstieg des künstlerischen Indexes erklären. Ohne die Bisons von Niaux und Altamira, die Pferde von Niaux und Tito Bustillo, die Mammute von Rouffignac sänken die Indizes um zwei, drei oder noch mehr Punkte, was uns den Normen der Zeit annähern würde. Es sind die «großen Meister» von Lascaux, Rouffignac und Niaux, die die prozentualen Anteile steigen lassen. Wir können daher behaupten, daß die prähistorischen Bilder zum größten Teil Werke der Mitteilung, der Verständigung sind. Die Meisterwerke, welche diesen Namen verdienen, sind die Ausnahme. Bei unseren Zeitgenossen zeichnet sich bei gewissen Ergebnissen der Umfrage eine merkwürdige Bestätigung der Rolle des künstlerischen Temperamentes ab. Dabei ist es nicht die Eigenschaft «erwachsen», die den Unterschied begründet: Die 45 Zuhörer im Palais consulaire von Toulouse, höchst gebildete Erwachsene, kommen mit Mühe auf 11 % qualitativ guter Werke, während eine Klasse des Gymnasiums von Nogent-sur-Marne dank zwei begabten Schülern auf 22 % kommt. Die vierte Klasse von St. Denis ist ausgezeichnet plaziert, aber die begabtesten sind die Zuhörer eines Abendkurses in der Stadt Paris, mit einem Durchschnittsalter von 31 Jahren, die einen künstlerischen Koeffizienten von 21 % erreichen, aber vor allem die Gesamtheit von 34 Lehrern im Ruhestand aus der Vaucluse, die zwischen 55 und 73 Jahre alt sind (Durchschnittsalter 64 Jahre) und es auf den stolzen Rekordkoeffizienten von 28 % bringen!

Diese oberflächlichen Ergebnisse – es wäre gefährlich, mehr in sie hineinzudeuten – zeigen immerhin:

– die Bedeutung der Erfahrung: zwei Gruppen sind Erwachsene;

– die Bedeutung von außergewöhnlichen künstlerischen Temperamenten, die die prozentualen Anteile anheben und die Statistiken verfälschen;

– die Bedeutung des Unterrichtes, der mehr oder weniger direkten künstlerischen Ausbildung.

Abb. 13: Zeitgenössische Zeichnungen: die besten …

Abb. 13: bis: ...und die schlechtesten!

Erfahrung, Begabung, Ausbildung ... drei Elemente, die eng miteinander verknüpft sind und die wir sowohl in der prähistorischen wie in der zeitgenössischen Welt wiederfinden. Vielleicht erlauben sie uns besser zu verstehen, was man bis jetzt «prähistorische Kunst» genannt hat und was oft nur ein Mitteilungszeichen war, ein wichtiger Schritt in der Menschwerdung, die mit dem mandelförmigen Gerät in der Form des «Wassertropfens» von Saint-Acheul vor einigen hunderttausend Jahren ihren Anfang nahm ...

Diese bescheidenen Anteile qualitativ hochstehender Darstellungen der vertrauten Tierwelt, ob es sich nun um Bisons oder Mammute für die Vorgeschichte oder um Katzen und Hunde für unsere Zeitgenossen handelt, fand ich bestätigt, als ich das Thema im Mai 1984 bei meiner Freundin, Francesca Minellono[41], anschnitt. Wir hatten uns vor der sizilianischen Höhle Levanzo verabredet; Francesca Minellono, selbst Malerin, hatte deren prähistorische Malereien entdeckt und gemeldet. Seit einem Drittel Jahrhundert hatte sie als Professorin für Zeichnen und Vorgeschichte an der Universität Florenz gewirkt. Es war daher verlockend, sie nach ihrer Meinung über diese «Qualitätsprozentsätze» zu fragen, die ich diesseits der Alpen ermittelt hatte. «Auf eine Klasse von 25 Studenten», meinte sie damals, «treffe ich kaum mehr als einen bis drei begabte Studenten, die mir eine lebendige, qualitativ hochstehende Tierskizze machen könnten.»

Für die Gesamtheit ihrer vier Klassen (auf Hochschulebene) erreichte sie nur ausnahmsweise einen Anteil von 12%!

Die menschliche Gattung ist wirklich «eine» einzige ... Wäre es wenigstens über die Begabung für das Zeichnen – und wären es Tierzeichnungen, und wären sie selbst ungeschickt –, daß man die ethnischen Unterschiede vergessen könnte?

## Die reichen Lehren eines «verpaßten» Experimentes

Ich war eben daran, das Manuskript zu diesem Buch zu vollenden, als ich ganz zum Schluß die Antworten auf meine «ästhetische» Umfrage aus einem Pariser Gymnasium erhielt, aus dem Lycée Etienne-Bezout, in dem ich selber ein halbes Jahrhundert zuvor zur Schule gegangen war. Als erstes bestimmte ich die Qualitätsanteile, geordnet nach Klassen und bekannten Tieren!

Zu meiner großen Überraschung stellte ich fest, daß der künstlerische Koeffizient hier die erstaunlich hohe Zahl von 61 % erreichte, ein Rekord, den ich offensichtlich nicht mit meinem früheren Besuch dieser Anstalt erklären konnte.

D. h. praktisch die Zahl in einer Größenordnung von 54 %, die für die prähistorische Kunst in der kleinen Höhle Teyat im Périgord erreicht wurde, wo feine, elegante Gravierungen eingestürzte Stalagmitenblöcke verzieren.

Zwei von drei Gymnasiastinnen brachten es im Lycée Etienne-Bezout auf Katzen- und Hundezeichnungen von guter ästhetischer Qualität. War das nicht merkwürdig?

Eine kleine, handgeschriebene Notiz lag den Zeichnungen bei. Sie stammte von meiner Briefpartnerin, der Zeichnungslehrerin in den Klassen, deren «Werke» ich vor mir hatte: «Unnötig zu sagen, daß ich eine strenge Auswahl getroffen habe und dem Papierkorb überließ, was nichts wert war. Und da der Schwung meiner jungen Künstler mit dem Alter seine Spontaneität verliert, ist die Ernte für die dritten Klassen quasi null.»

Selbst in «meiner» alten Schule gab es demnach keine künstlerischen Genies! Gab es einen besseren Beweis, daß unsere prähistorischen Künstler in den Höhlen von hoher Qualität wie Teyat, Rouffignac, Niaux und Lascaux auch einer scharfen Vorauswahl unterworfen gewesen waren? Wenn wichtige Höhlen einen niedrigeren ästhetischen Koeffizienten aufwiesen, ließ sich dies nicht darauf zurückführen, daß Meisterwerke mit Werken von Schöpfern mit geringerem Talent zusammengezählt wurden...

# Der Lehm der Höhlen

## Die Fußspuren der Künstler von Niaux

1908 melden und untersuchen Cartailhac und Abbé Breuil die ersten Spuren menschlicher Schritte, die – wie wir gesehen haben – in der Höhle von Niaux entdeckt worden waren. «Auf einem im Verlaufe der Zeit geschwärzten, vom Wasser leicht verhärteten Lehm, der heute beim geringsten Druck bricht, kann man Spuren von Schritten erkennen, eine Vertiefung, wie sie nackte Füße hinterlassen.»

Diese Spuren waren die ersten, die sich in die Unendlichkeit der prähistorischen Zeit eingegraben hatten. Sie laden uns ein, die Augen offen zu halten und nur langsam in den Gängen vorwärtszugehen, die mit dem biegsamen, empfänglichen Lehm ausgekleidet sind. Der Mensch mit den nackten Füßen, der mutige Mensch – wir sind ihm durch die zehn Kilometer langen Gänge Rouffignacs gefolgt – irrte oft in diesen Tiefen hin und her, drückte mit jedem Schritt seinen Stempel auf, hinterließ seine Fußspur, nach dem Beispiel des Höhlenbären, der auf den Wänden mit fürchterlichen Krallen seine Unterschrift zurückließ. Wie bei einem Palimpsest blieb von jedem Vorbeigehen eines Menschen oder Tieres eine Spur, die der nächste Passant wieder auslöschte, um dann erneut Spuren zu hinterlassen.

Auch die weite afrikanische Savanne von Laëtolil hat uns auf dem Weg ins Tal die Fußspuren der Australopithecinen und des Dinotheriums gezeigt, durcheinander, übereinander liegend, gegen 175 000 Jahre alt.

Die Spuren in der Höhlen von Niaux sind «nur» 12 000

Jahre alt, aber ebenso beeindruckend, ebenso wunderbar überliefert, obschon die Höhlen seit Urzeiten besucht wurden, seitdem es den Menschen in dieser Höhlengegend gibt. Dort drinnen fand er Kühle in einem Klima, das verhältnismäßig warm war, und mehr noch, ein bißchen Wärme in den härteren Jahreszeiten. Während der letzten Eiszeit, dem «Würm» der Geologen, bedeckte ein schwerer Eismantel Europa; die Durchschnittstemperaturen lagen um vier bis fünf Grad tiefer als heute. Entsprechend gewannen die Höhlen an Bedeutung.

Die Menschen ließen sich vor allem in den Vorräumen und an den Eingängen der Höhlen nieder, denn es widerstrebte ihnen, außerhalb der Reichweite des Tageslichts zu leben. Gewiß waren sie auch so kühn, in die geheimnisvollen Tiefen einzutauchen, die sich gähnend vor ihnen öffneten, doch war dies Expeditionen vorbehalten. Cartailhac und Breuil täuschen sich kaum, wenn sie glauben, «ermächtigt zu sein, sich diese Schritte als die von Menschen vorzustellen, die als erste sehr tapfer, aber schon sehr abergläubisch herkamen, um im schwankenden Licht der elementaren Lämpchen ihre Mysterien abzuwickeln».

Sie sind überall hin gewandelt, und ihre Spuren wurden beinahe alle verwischt. Man muß annehmen, daß wir vielleicht ein Tausendstel oder ein Millionstel der Spuren entdeckt haben, die es in Wirklichkeit gab. Mit Entsetzen erinnere ich mich an jene steile Felswand im Inneren einer wundervollen Höhle, die, glitschig vom Lehm, trotzdem voll von herrlichen, naturalistischen Gravierungen war, eine Felswand, die die Speläologen mit genagelten Bergschuhen mühsam erklommen hatten, ausrutschend, kriechend, sich anstemmend. Bei Höhlen, die seit Jahrhunderten besucht werden, wie Rouffignac, das seit dem 15. oder 16. Jahrhundert bekannt ist und von Zehntausenden von «angeheiterten» Besuchern heimgesucht wurde, die nach einem Hochzeitsessen oder einer Erstkommunion einen besonders originellen Ausflug machen wollen, einen

Ausflug, der feierlich mit dem Hinschreiben des Namens neben dem des Bürgermeisters besiegelt wird, dann, ja dann ist die Katastrophe nicht wiedergutzumachen. Übergehen wir jene Rituale mit Schweigen, die Abbé Breuil diskret «vorehelich» genannt hat, die den langgezogenen Gang von Font-de-Gaume beschädigten! Dies waren die wichtigsten Angriffe auf die zahllosen Spuren menschlicher Schritte in Niaux oder Rouffignac.

In einem verlorenen oder weit abgelegenen Gang, immer außerhalb der wichtigen Durchgangswege, können sehr seltene Spuren überleben. Ihre gegenwärtige Lokalisierung zeugt eher für die Abgeschiedenheit als für übliche Besuche: Dies gilt beispielsweise für die Fußspuren, die 1908 in Niaux entdeckt wurden[42].

Eine zweite Reihe Fußspuren wurde 1949 von einer Gruppe Pfadfinder entdeckt, dem Clan Mauvisseau. Sie erkundeten und rekognoszierten die Höhlen von Niaux, angeleitet von René Clastres, dem Führer der Höhlen. Im Verlaufe einer Sitzung, in der sie entfernte Teile der Höhlen mit sehr niedrigem Gewölbe und also schwierigem Zugang erforschten, in einem Abschnitt, in dem die Wand besonders uneben ist und sich daher für jegliche Wandmalerei als ungeeignet erweisen könnte, kamen die jungen Leute nördlich des Hauptganges in eine Ausbuchtung. Diese schwer zugängliche Nische (daher das Überleben der Fußspuren) liegt jenseits des «Sterbenden Bisons», ein Hohlrelief, das sich den suggestiven Felsen zu Nutze macht und mit einem roten Punkt, der auf den Felsen gemalt ist, die Stelle des Herzens bezeichnet. Ganz in seiner Nähe befindet sich der «Bison mit den Einschußlöchern»: Er wird uns helfen, die chronologischen Geheimnisse der Fußspuren zu lüften.

Diese widerspiegeln eine gebeugte Gangart. Die besten Autoren nennen sie «rituell», während sie sich im niedrigen Gewölbe beim Entlanggehen an der Wand ganz einfach aufdrängt. Wieder einmal bemüht man das «Ritual», um etwas zu erklären, das nicht unmittelbar einleuchtet. Ein Forscher findet eine einfache Schädeldecke: Ritual, es handelt sich um einen Kelch für Zechgelage. Ein Schädel ohne Schädeldecke? Ritual, man hat das Gehirn verspeist! Ein Schädel ohne Kieferknochen entspricht ebenfalls einem Ritual, ein Kieferknochen ohne Schädel einem anderen...

Die Fußspuren von Niaux sind nur verlorene Fußspuren von mehr oder weniger verirrten Menschen. Es wäre immerhin interessant zu wissen, wem sie gehörten, und noch mehr, den genauen Zeitpunkt zu kennen, zu dem diese Füße dem Boden ihren Stempel aufgedrückt haben.

## Jugendliche und nicht Erwachsene?

Diese Fußspuren befinden sich auf einer Fläche von 1,75 auf 0,90 Metern. Von einer Gesamtsumme von neunzehn entfallen elf auf einen rechten (zwei Spuren lassen sich schlecht einordnen) und acht auf einen linken Fuß. Dazu kommen rund fünfzehn Fersenspuren *(Abb. 14)*. Die maximale Länge schwankt zwischen 210 und 240, die maximale Breite zwischen 70 und 85 Millimetern. Die Spuren, die genügend deutlich sind, zeigen eine zweite Zehe, die ein klein wenig länger ist als die erste, ein Tatbestand, der von Professor H.-V. Vallois auch in anderen Höhlen beobachtet wurde (Tuc-d'Audoubert, Pech-Merle des Cabrerets im Quercy, Montespan in der Haute-Garonne). Die Außenseite der Fußsohle ist tiefer eingeprägt als die Innenseite, was auf eine weniger starke und weniger regelmäßige

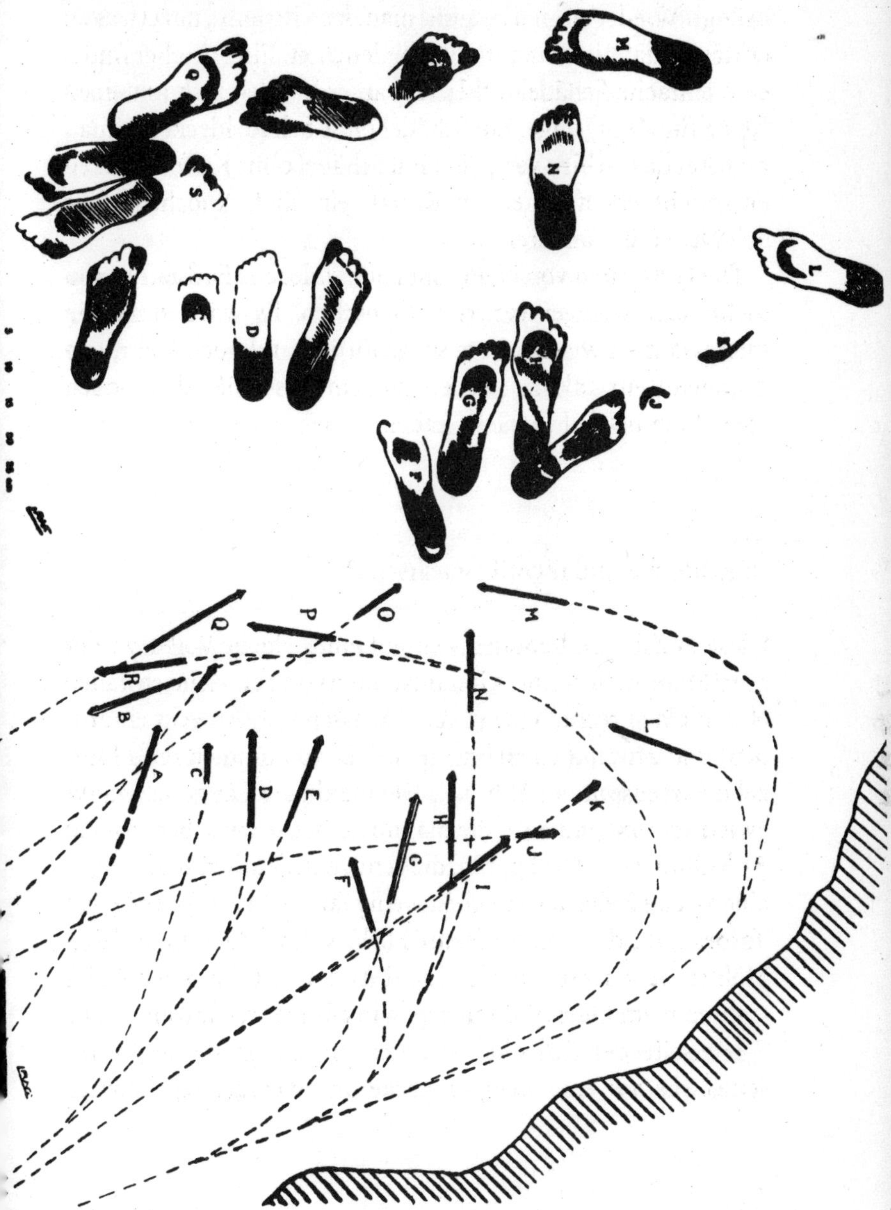


Abb. 14: Fußabdrücke und Richtung der Schritte in Niaux

Fußwölbung als bei den heutigen Europäern schließen läßt. Diese morphologischen Einzelheiten tragen dazu bei, die Spuren als ursprünglich zu beglaubigen und ihre Eigentümer bekannter werden zu lassen.

Die Länge der Füße deutet auf eine Körpergröße zwischen 1,40 und 1,60 Meter hin. Handelt es sich um ganz kleine Erwachsene oder eher um Jugendliche? Wir sind für die zweite Hypothese. Man muß festhalten, daß in diesem Teil der Höhle die Höhe bis zum Gewölbe, senkrecht zu den Schritten, immer weniger als einen Meter beträgt (durchschnittlich rund 90 Zentimeter). Die Jugendlichen mußten sich demnach beugen, den Kopf nach vorne strecken, den Rumpf eng an den Oberschenkel pressen, um sich nicht mit zurückgelegten Beinen vorwärts bewegen zu müssen, was einen abwechslungsweisen Gebrauch der Füße verunmöglicht hätte... Die Einschätzung ihrer Größe stützt sich auf das Ergebnis einer Ableitung von «Größentabellen». Professor H.-V. Vallois nimmt an, daß das Alter von dreizehn Jahren für eine Höhe von 1,45 Metern einer Fußspur von 218 Millimetern entspricht. Die meisten Jugendlichen könnten daher zwischen zwölf und vierzehn Jahren alt gewesen sein. Ein sehr interessanter Hinweis, den wir uns für die Schlußfolgerungen merken müssen.

## «Mutter und Kind» von Pech-Merle in Les Cabrerets

Die Fußspuren von Les Cabrerets offenbaren eine rührende Familienszene. Es sind elf, worunter zwei besonders deutliche, gut im Lehm einer kleinen Pfütze eingelassene. Die kleinere Spur von 180 Millimetern Länge gehörte bestimmt einem etwa 1,25 Meter großen, etwa zehnjährigen Kind. Die längere hinterließ etwa 240 Millimeter im Lehm. «Sie muß einer Frau gehören, darauf weist die Feinheit der Fersenform hin», bemerkt Abbé Lemozi[43]. Und Professor Vallois schlägt ein 1,63 großes Individuum vor und bestätigt die weibliche Fußspur – es sei denn, es handle sich, wie in Niaux, um die Fußspur einer etwa vierzehnjährigen Jugendlichen.

Die Hypothese der weiblichen Fußspur wurde verstärkt durch die Beobachtung, daß diese Spuren «begleitet sind von zwei Spuren eines Stockes, dessen Ende drei Zentimeter Durchmesser hatte. Der Stock wurde schräg über den Boden gezogen, und bei jedem Halt stieß ihn die Person zwei oder drei Zentimeter tief in den Boden, nachdem er eine sehr typische Spur hinterlassen hatte», beobachtete Abbé Lemozi sehr genau. Wenn uns diese Hinweise auch begeistern mögen, so fällt es uns doch schwer, ihrem Autor bei der Deutung zu folgen. Der Abbé fährt fort: «Diese Elemente lassen uns an eine Frau denken, Künstlerin oder Priesterin, die für eine Zeremonie hierher gekommen ist, begleitet von ihrem Kind. Dieses, vielleicht ein junger Eingeweihter, drehte sich schüchtern in alle Richtungen um sie herum, ohne sich von ihr mehr als fünfzig Zentimeter zu entfernen.» Und der Abbé bittet 1924 eine Besucherin, ihre Eindrücke zusammenzufassen: «Es ist ergreifend», meinte sie, «sich die Silhouette oder sogar die Gefühle einer Frau vorzustellen, die Tausende von Jahren vor unserer Zeit gelebt hat. Ich stelle sie mir ruhig vor, wie sie etwas anschaut, oder unruhig auf das geringste Geräusch achtend, während ihr Kleiner sie mit der Sorglosigkeit seines Alters umkreist.»

Dies ist eine reizende Erklärung, die uns rühren könnte! Doch scheinen gewisse Einzelheiten in der Wirklichkeit nicht mit einer religiösen und idyllischen Szene übereinzustimmen. Das zehnjährige Kind scheint mir zu alt, um an der Hand gehalten zu werden ... Ein kleiner Cro-Magnon von zehn Jahren ist wahrscheinlich körperlich und geistig entwickelter als ein kleiner Junge dieses Alters in unserem 20. Jahrhundert. Das Jägerleben mußte auf ihn außerordentlich erzieherisch wirken! Er ist vermutlich bereits geschickt genug, Tierspuren aufzuspüren, dem

Wild auf der Fährte zu sein, es gar zu erlegen. Dieses Kind scheint mir andererseits noch recht jung, um «ein junger Eingeweihter» zu sein, der einer «Priesterin» zur Seite gestellt wird. Und warum eine «Priesterin», gute Götter?

Eine einfachere, prosaischere Deutung, wie für den Bestatteten von Ferrassie, findet eher meine Zustimmung. Warum nicht einen unterirdischen Ausflug von zwei Kindern annehmen, das eine zehnjährig und das ältere vierzehn? Neugierig und mutig, abenteuerlustig wie die Cro-Magnon, erforschen sie die Höhle, gehen vorwärts, weichen zurück, tasten den Boden ab, wenden sich um. Sie werden übrigens nicht die letzten Entdecker-Kinder sein: Am 15. Februar 1920 entdecken der junge André David und sein Freund, Henri Dutertre, die Höhle von Les Cabrerets. Sie sind beide vierzehnjährig. Die gegenwärtigen Untersuchungen scheinen endgültig die «romantische» Vorstellung der Fußstapfen von Frau und Kind zu widerlegen. Man fragt sich sogar, ob es nicht ein einziges Individuum war, die Fußspur «eines großen Kindes oder eines Jugendlichen, im äußersten Falle eines Erwachsenen mit einem besonders zierlichen Fuß.» ... Geben wir uns mit dieser wissenschaftlichen (sic) Erklärung «eines großen Kindes» zufrieden, nicht ohne darauf hinzuweisen, daß wir bei den menschlichen Fußspuren in unseren Höhlen wirklich Mühe haben, aus der Kindheit herauszukommen!

## Der «Bison mit den Einschußlöchern» von Niaux

In nur geringer Entfernung von den menschlichen Fußspuren in Niaux kann man die erstaunlichste und bemerkenswerteste Gravierung der ganzen prähistorischen Kunst bewundern, den Bison mit den «Einschußlöchern» *(Abb. 15)*.

Diese Gravierung wurde von der UNESCO für die «Schätze der Weltkunst» ausgewählt; ihre Nachbarn sind der junge

Abb. 15: Der Bison «mit den Einschußlöchern» aus Niaux

König mit der Lilie aus Knossos, die kleine Bronzetänzerin des Schatzes von Neuvy-en-Sullias, der Gott der Kykladen, die Büste der Königin Nofretete, die «Pariserin» aus Knossos, das Portrait von Rubens' «ältester Tochter»...

Der Lehmboden der Höhle ist mit natürlichen Grübchen übersät. Wassertropfen, die regelmäßig von der Decke heruntertropften, haben in den Lehmboden kleine Trichter gegraben. Drei solche Vertiefungen wurden aus einer großen Anzahl gleichartiger ausgewählt (man beachte die grundsätzliche Bedeutung der Wahl in der prähistorischen Kunst), um die Verletzungen darzustellen, die dem abgebildeten Bison zugefügt worden waren. Diese kreisförmigen Grübchen erinnern tatsächlich an eine offene Wunde. Der Sinn wird durch die Pfeile klar, durch zwei Pfeile, die bei jeder Grübchen-Wunde zusammenlaufen. Der Speer, der nötigenfalls mit Hilfe eines Bogens (der damals durchaus bekannt war) abgeschossen wurde, verursachte diese kreisförmige, offene Wunde; das Symbol der Verletzung ist eindeutig. Wird es nicht unterstrichen durch die Tatsache, daß die Wunde eine natürliche Wunde des Bodens ist, dieses Bodens mit seinen Narben von den Wassertropfen, die von der Decke fallen?

Diese einfache Erklärung überzeugt mich, und ich weigere mich, in dieser dreifach wiederholten Darstellung Symbole der weiblichen Vulva oder des männlichen Phallus zu sehen, drei Paarungsszenen in gewissem Sinne. Der Lehm ist ein leicht modellierbarer Werkstoff und in unseren Höhlen allgegenwärtig; es wäre ein Leichtes gewesen, dort Symbole oder sexuelle Attribute einzuritzen, wenn dies dem Wunsch des Künstlers entsprochen hätte. Nennen wir daher Verletzung und todbringenden Speer, was Verletzung und Speer ist. Diese Verwendung eines vorhandenen Hohlreliefs, das diese Grübchen sind, ist in der prähistorischen Kunst häufig; diese Reliefs sind im übrigen nicht die einzige Anregung aus der Natur. Niaux wartet dafür mit vielen Beispielen auf. Doch der Bison mit den Einschußlöchern bietet uns noch viel mehr!

Die kugelförmige Pupille seines Auges ist ebenfalls ein natürliches Grübchen. Ausgehend vom Auge wurde das Tier eingeritzt *(Tafel 9)*. Nach dem Auge gravierte der Künstler den Körper des Bisons, hat ihn in seiner wundervollen Naturhaftigkeit lebendig wiedergegeben, Striche ohne Zögern gesetzt, ohne Hemmungen. Längliche und leicht geschwungene Striche für die Hörner, nach vorne zugespitzt, kürzere für das Fell, die Schnauze ausgezeichnet abgebildet, überall vollkommene Größenverhältnisse. Ich kenne nur Picasso und Matisse, die fähig waren, ein Tier, ausgehend von einem Punkt, so großartig und lebendig zu skizzieren.

Die bemerkenswerte Technik dieses Bisons läßt sich mit der Maltechnik des Bisons im benachbarten schwarzen Salon vergleichen, den wir zweifellos dem gleichen Künstler verdanken, einem Künstler, den ich den Meister von Niaux nennen möchte. Seine Werkstatt und Behausung befanden sich wohl in der Wohnhöhle Alliat auf der anderen Seite des Wildbaches Vicdessos. In diesem Raum, begrenzt durch den schwarzen Salon und seine Wand mit den Bisons, Steinböcken und Pyrenäenpferden einerseits und dem Bison mit den Einschußlöchern andererseits, finden sich geheimnisvolle menschliche Fußspuren. Ein Gedanke kommt uns unverzüglich: Verknüpfen wir die drei Elemente. Gehören die Fußspuren dem Künstler von Niaux[44]? Diese vorläufig noch anonymen Fußspuren bekämen dann einen sentimentalen, einen Gefühlswert. Wenn die Vaterschaft dieser Kunstwerke nicht den Jugendlichen zugeschrieben werden kann, deren Spuren wir verfolgt haben, war dann ihr erwachsener Begleiter der Künstler? Waren diese Jugendlichen vielleicht seine Gehilfen?

Und da kommt die Geschichte!

In einer Phase, die die Geologen das Stadium «ältere Dryas» nennen, nach dem Namen der anmutigen Pflanze «Drya octopetala», die mit ihren acht Blütenblättern noch heute in den Alpen blüht, wird das Klima sogar in der Höhle trockener. Sand, vermischt mit feinem Lehm, lagert sich ab. Auf dem Boden bilden sich Haarrisse. Der trockene, unversehrte Boden macht endlich größere Ausflüge in zugänglichere Korridore möglich, die besser entwässert werden. Jugendliche ergreifen diese Gelegenheit, um entlang den überhängenden Felswänden herumzuirren. Ihre nackten Füße hinterlassen Spuren, und diese verkleben die Risse. Ihre Schritte sind demnach später als dieses Trockenstadium anzusetzen.

Aber das Wetter ist wechselhaft und launisch, selbst im Magdalénien. Die Nässe kommt wieder. Das Wasser sickert durch die Decken der Höhle, und Tropfen fallen regelmäßig, unaufhörlich, graben in den lockeren Lehm diese vielfältigen kleinen Grübchen. Einige Tropfen fallen auf die Fußspuren. Die Schritte der Eindringlinge werden von den Wassertropfen verwischt, bevor der Bison eingeritzt ist! Die nasse Zwischenphase ist sehr kurz, die Grübchen bleiben klein, das Wasser sickert nicht mehr durchs Gewölbe. Der Künstler nützt die kurze Wetterberuhigung, um den Bison einzuritzen, ausgehend vom Auge, wunderbar angeregt durch die natürliche Erosion.

Er zeichnet die Pfeile, deren Spitzen die Verletzungen leicht berühren, während der kurzen trockenen Zwischenperiode. Zuerst waren demnach die Schritte entlang der Wand, es folgte die Erosion durch die Wassertropfen, und schließlich kam der gravierte Bison. Schicken wir uns in den Gedanken: Wir kennen die Fußspur des Künstlers von Niaux nicht. Die Fußspuren der Jugendlichen in diesem Abschnitt sind sicher älter als 10 700 v. Chr., aber sie werden ihr Geheimnis zweifellos für sich behalten.

## Neue Fußspuren, neue Hoffnungen

1970 unternahm die Gruppe des Haut-Sabarthez unter der Leitung von Geneviève Aynié-Clastres, Chef-Führerin von Niaux, ausgerüstet mit großen technischen Mitteln, eine wichtige Forschungesexpedition. Überquerung und Austrocknung der Siphons und der Seen ermöglichten den Zutritt zu einem riesigen unterirdischen Netz, nach Genevièves Vater «René-Clastres» genannt, der lange Führer von Niaux gewesen war und der seinerseits seinen Vater abgelöst hatte...

Die Entdeckung fand großen Widerhall. Die Höhle von Niaux erwies sich als eine der ausgedehntesten ausgeschmückten Höhlen Frankreichs, ja des Abendlandes. Sie näherte sich in ihrer Größe Rouffignac, selbst wenn die neuen Gänge unzugänglich blieben, weil nach dem Verstummen der Lenzpumpen die Siphons ihre Rolle erneut spielten und die Durchgänge versperrten.

Die neuen Malereien, genauer, die neuen Zeichnungen, mochten nach einem «zweiten Niaux», einem «neuen Lascaux» rufen. In Tat und Wahrheit ist der künstlerische Beitrag des Netzes «René-Clastres» sehr bescheiden: nur fünf Zeichnungen. Wichtiger dagegen ist die Entdeckung von rund fünfhundert menschlichen Fußspuren. Für einmal (dies wird sich anläßlich der Entdeckung der Höhle Fontanet im Ariège wiederholen) haben die Speläologen dem Boden ihre Beachtung geschenkt. War man diesmal vor den Fußspuren der Künstler von Niaux oder ihrer Gehilfen?

Ein begeisternder Besuch der neuen Gänge und des großen Saales in Begleitung von Jean Clottes, dem Leiter der prähistorischen Altertümer der Midi-Pyrénées, und Claude Barrière, damals mein direkter Mitarbeiter an der Fakultät – beides meine Schüler – sollte mir gestatten, diesen Punkt zu erhellen.

Die Zeichnungen stellen drei Bisons dar, einen sehr eleganten Marder und ein Pferd. Der Bison, weitgehend überdeckt von einem breiten Strom weißen Kalzits, weckte meine lebhafte Aufmerksamkeit. Seine Ausführung erforderte unten an der Wand ein Hinundhergehen: die normalen Bewegungen eines Künstlers bei der Ausführung seiner Zeichnung, mit Zurückweichen, Zur-Seite-gehen, um die Perspektive, die Genauigkeit der Größenverhältnisse, die übrigens sehr gelungen sind, zu überprüfen. Ein Hinundhergehen auch seiner Gehilfen, um den Ort mit ihren Fettlampen oder Harzfackeln zu beleuchten (Kieferfackeln, wie die Kohlenanalyse ergeben hat). Nun ist aber der Boden direkt unter dem Bison unberührt, ohne jede Fußspur.

Entweder haben sich die Fußspuren nicht im Lehmboden eingeprägt, was zweifelhaft ist, oder sie haben sich nicht erhalten. Würde eine Sondierung sie wieder finden? In diesem Abschnitt sind jedoch Fußspuren ganz deutlich überliefert, aber etwa 1,50 Meter von der Wand entfernt. Diese können weder vom Künstler noch von seinen Gehilfen herstammen. Ich habe den Versuch gemacht: der Abstand ist zu groß, um auf die Wand zeichnen zu können. Ich habe versucht, die Bewegung mit einem Stock nachzuahmen, der als Stiel eines langen Pinsels gedient hätte. Unmöglich. Das hätte weder die tatsächliche Genauigkeit der Linienführung noch das exakte Auftragen der Farbe erlaubt, einer feinen, flüssigen Manganpaste. Diese Fußspuren (ich fühlte mich wie in einem Roman Agatha Christies) konnten nicht *älter* als die Entstehung der Bisonzeichnung sein, weil sie zertreten und zerstört worden wären. Die Fußspuren, die entlang der Wand des gemalten Bisons laufen, mußten später sein!

Analysen von Jean Clottes und seiner Gruppe haben dies bestätigt, ja sie haben sogar eine genaue Datierung vorgelegt. Die Fußspuren kommen von verschiedenen Besuchen, datiert nach der C-14-Methode, dank der Entdeckung von Holzkohle, die die Besucher mitgebracht hatten, Kohlen, die als Leuchtfackeln verwendet worden waren. Diese Kieferfackeln (die man in der Höhle von Alliat wiederfindet) sind zwischen 8200 v. Chr. und 8150 v. Chr. und 7900 v. Chr. datiert. Im hohen Saal wurde ein sechs Zentimeter großes Holzstück hinterlassen, teilweise verbrannt und auf die Oberfläche des Kalzits gelegt, der die menschlichen Spuren verdeckt.

Diese Datierungen mit Hilfe der C-14-Methode schlagen uns also eine «Zeitspanne der menschlichen Besuche» zwischen 8200 und 7900 v. Chr. vor, ein Zeitraum, der mindestens 2500 Jahre später anzusetzen ist als die künstlerischen Schöpfungen von Niaux, die zwischen 10 900 und 10 700 v. Chr. liegen. Die neuen Fußspuren des Netzes René-Clastres sind später als die Bisonzeichnung. Es war also nur eine falsche Hoffnung: Wir besitzen noch keine Fußspur des Künstlers von Niaux oder seiner Gehilfen.

Diese lange Analyse der Fußspuren, die 1949 und 1970 entdeckt worden waren, erweist sich trotzdem als nützlich: wir haben eine bemerkenswert ausgeschmückte Höhle vor uns, eine der schönsten des Abendlandes; im Innern stößt man auf Hunderte von menschlichen Fußspuren; sie sind unbestreitbar prähistorisch; es wäre gewiß logisch, die Fußspuren und die Zeichnungen miteinander in Verbindung zu bringen. Nun, damit ist es nichts. Die Fußspuren sind älter oder jünger. Sie stehen in keiner Beziehung zu den Künstlern. Das sollte uns vor voreiligen Schlüssen bewahren...

## Neue Ergebnisse

Im Herbst 1971 haben neue Pumparbeiten (die Siphons, unumgängliche Durchgangswege, hatten sich wieder mit Wasser aufgefüllt) neue Untersuchungen möglich gemacht, die wir Jean Clottes und Robert Simonnet verdanken. Immer aufgrund der erhaltenen Fußspuren stellen sie fest, daß die prähistorischen Menschen die Höhle sehr vollständig und umfassend erforscht hatten. Hier, wie in Rouffignac, blieb ihnen keine Parzelle des unterirdischen Bereiches unbekannt. In den Pyrenäen wie im Périgord ist der Mut des Magdalénienmenschen erstaunlich: «Wir finden», sagen die beiden Gelehrten, «ihre Fußspuren überall, in niedrigen Durchgängen oder in Sackgassen; sie haben die Spalten der Wände untersucht und etwas Kohle hinterlassen, die von ihren Fackeln auf die stalagmitischen oder felsigen Hauptsimse fiel – an Stellen weit vom Mittelpunkt.» Ihrerseits beobachten sie zahlreiche Fußspuren von Kindern, in Durchgängen, in denen die Gewölbe tief sind, in Durchgängen, die ihrer Größe entsprechen und auch ihrer Psychologie: Sie folgen den Wänden ganz nahe, um sich nicht zu verlieren. «Es handelt sich um eine ausgeprägte Vorliebe der Kinder, wann und wo auch immer, für abgelegene Orte, für Sandhaufen und Dreckpfützen.»

«Wenigstens drei Kinder haben das Netz René-Castres durchsucht», fahren sie fort. «Es handelt sich um sehr junge Kinder, die wahrscheinlich noch keine zehn Jahre alt waren...

Drei Kinder sind von der Seite her die Düne hochgestiegen (im Saal der Malereien); sie waren in der Nähe des Bisons aufgebrochen und gingen in Richtung des gegenwärtigen Eingangs. Sie gingen ohne Zweifel Seite an Seite, was die verhältnismäßig parallelen Spuren erklärt... Sie sind normalen Schrittes die Düne hochgestiegen, ohne zu rennen oder zu springen; dann blieben sie mehrmals in der Nähe eines leuchtenden, glitschigen Kalzitstrandes stehen, der den Mittelpunkt einer Sandbank bildet. An dieser Stelle waren sie sehr nahe beieinander und rückten vorsichtig vor, mit ganz kleinen Schritten.» Und der faszinierende Rundgang ging weiter...

Die Anwesenheit, gerne würde ich sie systematisch und typisch nennen, von Kindern in den Höhlen, scheint eine allgemeine Tatsache. Man meldet sie aus Tuc-d'Audoubert, aus Fontanet, aus L'Aldène, aus Montespan, aus Pech-Merle. Man wird sie aus allen noch zu entdeckenden Höhlen melden, wenn die Entdecker genau zu Boden blicken und vor allem, wenn ihnen die Sonntagsbesucher nicht zuvorgekommen sind.

## Betrachtungen

Sind die Höhlen wirklich «heilige Heiligtümer» (der Pleonasmus ist gewollt)? Wenn dem so wäre, würden sie sich einzigartig gastfreundlich zeigen, zugänglich für Jugendliche, selbst für Kinder. Stellen wir eher fest, daß – was die Höhlen an Geheimnis, ja an «Sakralem» verlieren – sie an menschlicher Nähe oder sogar Menschlichkeit gewinnen.

Oder sind die jungen Magdalénienleute des 11. Jahrhunderts so außergewöhnlich entwickelt, vorzeitig im «Alter der Vernunft»? ...aber nein! Wie alle Kinder planschen sie mit

Hingabe in Dreckpfützen herum, machen sich begeistert die Füße mit Erde oder Sand schmutzig. Sie sind und bleiben Kinder. Die Pfützen ihrer Höhlen stehen an Stelle der Rinnsteine unserer Städte. Diese Nähe zwischen ihnen und uns ist beruhigend.

Seit zehn Jahrtausenden hat sich die Menschheit nicht verändert: diese Höhlen, auch wenn sie ausgeschmückt sind, werden häufig von Familien besucht, gerne begleitet von ihren Kindern, selbst wenn diese dort gelegentlich einsame Streiche machen.

Im 17. und 18. Jahrhundert und bis in unsere Tage, wie z. B. die historischen Texte in Rouffignac beweisen, sind die braven, derben Bauern von Font-de-Gaume oder Rouffignac gekommen, um in ihre Höhlen einen Ausflug zu machen, vielleicht mit den gleichen Kiefer- oder Wacholderfackeln wie ihre Vorfahren. An Sonntagen, an Hochzeits- oder Verlobungsfesten, nach einem üppigen Festschmaus, kamen sie, um sich in den Höhlen zu vergnügen. Vor den «Blumenkohlköpfen» oder den «Seeanemonen» aus leuchtendem Kalzit gerieten sie in Begeisterung. Von Generation zu Generation kamen sie, um den langen Stein zu bewundern, den sie «das Grab des Pantagruel» getauft hatten, oder sie erzählten sich eine Schlüpfrigkeit vor dem «Kothaufen der Alten», einem kleinen Stalagmitenhügel, der in der schönen Jahreszeit manchmal dampft. Auf dem Heimweg, wenn man endlich ans Licht zurückgekehrt war (eine bestimmte heimliche Angst vor der Dunkelheit gibt dem Besuch das gewisse Etwas), schreiben das Familienoberhaupt oder ein fideler Kerl mit der rußigen Flamme ihrer Fackel oder einer Lampe ihren Namen hin, oder gravieren ihre Initialen mit dem Taschenmesser ein.

Schauen Sie sie sich an, zählen Sie die Tausende von Graffiti und Inschriften in Rouffignac. Man zeigte sich gelegentlich den Namen seines Bürgermeisters oder seines Pfarrers, die nach einem guten Essen das unterirdische Abenteuer nicht verschmäht hatten. Unendlich viele Jacquous haben im Périgord ähnliche Besuche gemacht...

Seit Anbeginn und im Verlaufe der Jahrhunderte schien die Höhle keine besondere Stellung eingenommen zu haben und kein bevorzugter Ort der Verbindung mit geheimnisvollen Kräften gewesen zu sein: Die Höhle beeindruckt uns auch heute durch ihr Geheimnis. Ihre Dunkelheit sollte uns nicht verwirren!

# Handwerker und Künstler

## Der wissenschaftliche Wert der Kleinkunst

Die Kunst auf Gebrauchsgegenständen ist im Magdalénien erstaunlich reichhaltig, aber ihre Erforschung bleibt aus Gründen schwierig, die in der Natur der Sache selbst liegen. Diese kleinen Gegenstände, die oft von wirklichem künstlerischem Interesse sind, haben einen großen Handelswert und sind daher sehr begehrt. Frühere Grabungen haben sie oft in die verschiedensten Museen verstreut, oder sie haben Eingang in zahllose Liebhabersammlungen gefunden. Solche Schwierigkeiten haben mich davon abgehalten, meinen Studenten als Forschungsthema die Kleinkunst zu geben. Zu gut kannte ich die Hindernisse, auf die sie stoßen würden, und sah die verärgerten Bemerkungen eines Sammlers voraus, dessen «durchbohrter Stab», von dem nur er etwas weiß, in der Statistik vergessen würde.

Man möchte sich so gerne sagen, daß diese kunstvollen Gegenstände, die absichtlich innerhalb derselben archäologischen Schicht eingesammelt wurden, über einen tadellosen Zivilstand verfügen: eine Zeitangabe (die genaue Schicht, in der sie entdeckt wurden), einen Ort der Geburt (die Höhle, aus der sie stammen, sogar die genaue Stelle innerhalb der Höhle). Doch was können ein gravierter Kiesel oder eine gravierte Lehmplatte aus den weitläufigen, komplexen Gängen von Bédeilhac bedeuten? Die Wirklichkeit ist in der Tat schmerzlich. Zahlreiche Werke der Kleinkunst haben als sicher nur den Namen ihrer Herkunftshöhle. Und nicht einmal alle! Was zur Vorsicht eines Detektivs verpflichtet, wenn man mit Hilfe von

Gegenständen eine regionale Kunst oder örtliche Vorstellungen charakterisieren möchte.

Nur ganz ausnahmsweise kennen wir die archäologische Herkunftsschicht und noch seltener die Datierung (mit C-14). Man hat sich oft der Kunstgegenstände bedient, um eine Schicht zu datieren, während doch ein Gegenstand ein sehr persönliches Werk ist, ein punktuelles Dokument, das im Gegenteil durch die Schicht datiert werden sollte, aus der es stammt: Feuerstein, bearbeitete Knochen oder Küchenabfälle, Kohle, Pollen; komplexe Analysen würden in ihrer Gesamtheit seine zeitliche Einordnung sichern. Derselbe Irrtum führt manchmal dazu, daß eine Terrasse aus dem Moustérien oder dem Würm mit Hilfe der Entdeckung eines Schabers datiert wird. Der Schaber, ein Menschenwerk, hat zehn- oder hunderttausend Jahre überdauert und kann keine Flußterrasse zeitlich einordnen!

Die genaue topographische Lage eines Gegenstandes innerhalb der Höhle war bis in die letzten Jahrzehnte praktisch nie bekannt. Nun sind aber 95 % der Funde, die wir zu unserer Verfügung haben, vorher gesammelt worden. Damit wird die Bedeutung der neuesten Funde aus der großen Werkstatt von Alliat hinreichend unterstrichen, jener Höhle mit zwei Eingängen auf dem linken Steilufer des Tals von Vicdessos, gegenüber dem Heiligtum von Niaux auf dem rechten Ufer, die wundervolle ausgeschmückte Höhle der Pyrenäen.

## Was uns die alten Entdeckungen bringen

Im Gegensatz zu einer weitverbreiteten Vorstellung setzt sich auch die Kleinkunst nicht ausschließlich aus Meisterwerken zusammen! Warum sollte auch ein Handwerker des 10. Jahrtausends, der ein Stück Holz, Rentiergeweih oder eine Rinderrippe in die Hand nimmt, daraus zwangsläufig ein Meisterwerk herstellen? Die Jahrtausende erzeugen Schönheit nicht von selbst. Für die Kleinkunst habe ich nicht wie für die Zeichnungen vergleichbare Umfragen, Untersuchungen und Tests durchgeführt: Wandbilder und bewegliche Zeichnungen, sowohl prähistorische wie zeitgenössische, sind alle von der gleichen «Art». Es war schwieriger und heikler, 1500 Kinder oder Erwachsene darum zu bitten, mir einen kleinen Hund aus einem Stück Holz oder Knochen mit dem Taschenmesser zu schnitzen...

Trotzdem habe ich eine ziemlich summarische Untersuchung an mehr als zweitausend beweglichen Funden angestellt, also an einer repräsentativen Auswahl, mit aufschlußreichen Ergebnissen...

Als Grundlage für meine Untersuchung habe ich die reiche, alte Sammlung Edouard-Piette[45] gewählt, die vollständig im «Musée national des Antiquités nationales» in Saint-Germain-en Laye hinterlegt ist und deren Katalog 1980 von Frau Chollot-Legoux veröffentlicht wurde. Die Funde der Sammlung Piette stammen aus fünf Höhlen in den Pyrenäen: Le Mas-d'Azil, Gourdan, Lortet, Espalugue und Brassempuy in den Landes, eine außergewöhnlich reichhaltige prähistorische Landschaft, die im Bereich der Kleinkunst den Vergleich mit dem Périgord nicht zu scheuen braucht. Die Zahlenangaben, die ich aus der Sammlung Piette gewonnen habe, reichen aus, um Wertmaßstäbe aufstellen zu können. Allerdings haben wir nur einen Teil der Funde! In einem Brief vom 1. Juli 1902 erwähnt Piette die Schäden, die Diebe seiner Sammlung über die Zeit des Magdalénien zugefügt haben. Er schreibt: «Ich hatte mehr als tausend Nadeln. Nun sind mir etwa fünfzig verblieben, ich wage nicht einmal das zu behaupten. Ich hatte mehr als tausend Harpunen. Nun habe ich noch hundert!» Man begreift, daß man unmöglich von einem Studenten verlangen kann, er solle eine Karte der Verbreitung und der Dichte der «wunderbaren» Nähnadeln des Magdalénien in Westeuropa erarbeiten, da die meisten in anonymen, privaten Sammlungen liegen. Die fünf Fundstätten, die Piette ausgegraben hat, ermöglichen eine Übersicht, in der nacheinander die Anzahl der Funde aus der Sammlung und der prozentuale Anteil an Meisterwerken der Tierkunst eingetragen wurde. Der geringe Anteil an Meisterwerken hat mich veranlaßt, eine zweite Rubrik – «Ästhetik» – für jene Funde von Wert einzuführen, die den Rang eines Meisterwerkes nicht erreichen, es jedoch verdienen, von deutlich schwächeren Arbeiten ohne lesbare naturhafte Bedeutung unterschieden zu werden...

| Fundstätte | Anzahl Gegenstände | meisterhafte Tierdarstellungen | Funde von ästhet. Wert | Total (%) | «Mittelmäßigkeits-Koeffizient» |
|---|---|---|---|---|---|
| Le Mas-d'Azil | 319 | 6,8 | 11,2 | 18 | 82 |
| Gourdan | 228 | 3 | 10,9 | 13,9 | 86,1 |
| Lortet | 128 | 8,5 | 12,5 | 21 | 79 |
| Aruby | 90 | 3 | 8,8 | 11,8 | 88,2 |
| Brassempouy | 59 | 8,4 | 18,6 | 27 | 73 |

Man wundert sich, wie ähnlich die prozentualen Anteile bei den fünf Stätten sind. Der Mittelmäßigkeitskoeffizient, den wir von der Felswandkunst her kennen (88 % für Pferde, 85 % für Bisons, 82 % für Mammute) findet sich bei der Kleinkunst wieder, mit einem durchschnittlichen Mittelmäßigkeitskoeffizienten von 81,2 %.

Man wird ebenfalls die «überlegenen» Werte von Lortet und Le Mas-d'Azil beachten. Diese Fundstätten haben außergewöhnliche Künstler gekannt und hier, bei den Werken der Kleinkunst, haben sich die Persönlichkeiten, die «Anführer» der Kunstschule, behauptet. Ein durchschnittlicher Mittelmäßigkeitskoeffizient bewegt sich überall um rund 80 %, aber die Genies verändern die Werte und machen sie hinfällig.

Dasselbe gilt für die Felskunst. Die Höhle von Teyjat erreicht einen Wertkoeffizienten von 54% für die Gesamtheit ihrer bildlichen Darstellungen. Für die Kleinkunst nehme ich die Höhle «La Vache» in der Gemeinde Alliat als Beispiel.

Die Stätte, wie auch die Ergebnisse der Ausgrabungen, sind von bemerkenswerter Bedeutung. Die Höhle besteht aus zwei klar voneinander abgetrennten Räumen: Sie werden durch eine mächtige, stalagmitische Felsfurche von der merkwürdigen Form einer Kuh unterteilt, daher der Name, den ihr die Einheimischen gaben. Der erste Saal heißt «Garrigou», nach einem Doktor, der seit 1866 hier wirkte, ein Liebhaber der Vorgeschichte und einer der archäologischen Pioniere der Ariège. Eine dicke, stalagmitische Decke über der archäologischen Schicht aus dem Magdalénien, die zur Mitte der Höhle hin immer dicker wird, brachte seine Forschungen zum Stillstand. Erst 1940 nahm sie der erfahrene Prähistoriker Romain Robert wieder auf, unter der wissenschaftlichen Leitung und auf Anraten des Abbé Breuil.

Eine Untersuchung bis auf den Felsgrund zeigte, daß es vor dem Magdalénien keine menschliche Siedlung gab. Dagegen schien sich die archäologische Schicht sehr wohl unter dem Stalagmitenmantel fortzusetzen, bis hin in den hinteren Teil der Höhle, der nach der ältesten Tochter des neuen Grabungsleiters «Saal Monika» genannt wurde.

Meine Berufung an die Universität Toulouse 1949 ermöglichte mir, ab 1950 an diesen Ausgrabungen mitzuarbeiten. Sie dauerten praktisch mehr als ein Vierteljahrhundert, auf einer Fläche von weniger als dreihundert Quadratmetern, das bedeutet eine Größenordnung von zehn Quadratmetern jährlich. Gleich zu Beginn wurde eine Methode eingeführt, der wir peinlich genau folgten.

Wir überzogen den verhältnismäßig waagrechten Boden mit

Quadraten von einem Meter Seitenlänge und brachten an den Wänden Markierungslinien an. Diese Methode der quadratischen Aufteilung, die von skandinavischen Archäologen zu Anfang dieses Jahrhunderts entwickelt worden war, kam bei uns erst damals allmählich systematisch zu Ehren. *(Karte 1)* Die archäologische Schicht, die etwa 80 Zentimeter umfaßte, wurde nicht auf einmal durchsucht, sondern in vier verschiedene Ebenen unterteilt, die alle 20 Zentimeter hoch waren; wir numerierten sie von oben nach unten, beginnend beim versinterten Boden, von I über II, III bis IV; die tiefste Ebene lag direkt auf dem eiszeitlichen Lehm, eine vollkommen unberührte Auffüllung. Diese Technik sollte es erlauben, eine mögliche Entdeckung von steinernen und knöchernen Geräten anhand jener Kunstwerke, auf die man stoßen würde, zu verfolgen. Die Karbonproben[46] (die Feuerstellen waren sehr zahlreich), die im Laboratorium der Universität Groningen untersucht wurden, ergaben folgende Zeittafel:

Ebene I (Schätzung): 10 435 v. Chr.
Ebene II (C-14): 10 590 v. Chr.
Ebene III (Schätzung) : 10 745 v. Chr.
Ebene IV (C-14): 10 900 v. Chr.

Die Unterteilung in vier Ebenen gleich zu Beginn der Grabungen erlaubte es, eine besonders ausgeprägte Entdeckung aufzuspüren, die sich über eine Zeitspanne von rund sechshundert Jahre erstreckt, zwischen 10 355 und 10 980, d. h. rund zwanzig Generationen Magdalénienjäger. Pollenanalysen durch Arlette Leroi-Gourhan sowie Bodenuntersuchungen bestätigten diese Angaben und den sich daraus ergebenden klimatischen Rahmen. In gewissen Abschnitten wurden mehrere benachbarte Quadrate in einer bestimmten Schicht gleichzeitig bearbeitet. Diese Methode, den lokalen Mikrobedingungen angepaßt, erlaubte es, Flächen von mehreren Quadratmetern freizulegen und ursprüngliche «Strukturen» (wie die Stammesfeuerstelle in den Quadraten 37, 38, 41 und 42) zu untersuchen. Unter diesen Bedingungen erfordert die Untersuchung oft mehr Zeit als die eigentliche Forschung! – Der Einfachheit halber behielt ich hier nur jene Funde zurück, die wirklich als Meisterwerke der Kleinkunst gelten dürfen.

Bei gewissen Gegenständen sind auf der Vorder- und der Rückseite verschiedene Themen bearbeitet. Ich habe dann beide Seiten einzeln gezählt und kam im gesamten auf 28 Funde, zusätzlich berücksichtigte ich noch zwei bereits ursprünglich zerbrochene Stücke, was die Gesamtzahl auf 30 erhöht. Aber man muß sofort einen ganz beachtlichen Unterschied im Vergleich mit anderen Fundstätten hervorheben: bei Funden aus Le Mas, Gourdan oder Lortet kennen wir nur den Namen der Höhle, nichts weiter, keine Datierung, keine Lokalisierung in einer bestimmten Schicht, keine Mikrotopographie. Dagegen ist es für jedes der dreißig Fundstücke aus Alliat möglich, sowohl den Fundort in der Höhle auf einige Zentimeter genau wie auch die entsprechende Schicht anzugeben und das erst noch nach der C-14-Methode zu datieren...

## Die topographische Zweiteilung der Höhle

Werfen wir nun einen Blick auf die Topographie der Höhle, auf das genaue Schachbrett der dreihundert Quadrate. Auf den ersten Blick sind deutlich zwei Zonen erkennbar: ein nördlicher und ein südlicher Abschnitt, dazwischen eine mittlere Trennlinie, die von den Quadraten 281/282 im Norden zu den Quadraten 14/15 im Süden führt. Der Norden umfaßt 137 und der Süden 151 Quadrate.

Der nördliche Abschnitt hat in den Quadraten 37 und 38 sowie 41 und 42 eine ursprüngliche, sehr interessante Struktur freigegeben, die «Stammesfeuerstelle»[47] genannt wurde; diese Feuerstelle spielt eine entscheidende Rolle bei der Verteilung der Fundstücke aus der Werkstatt.

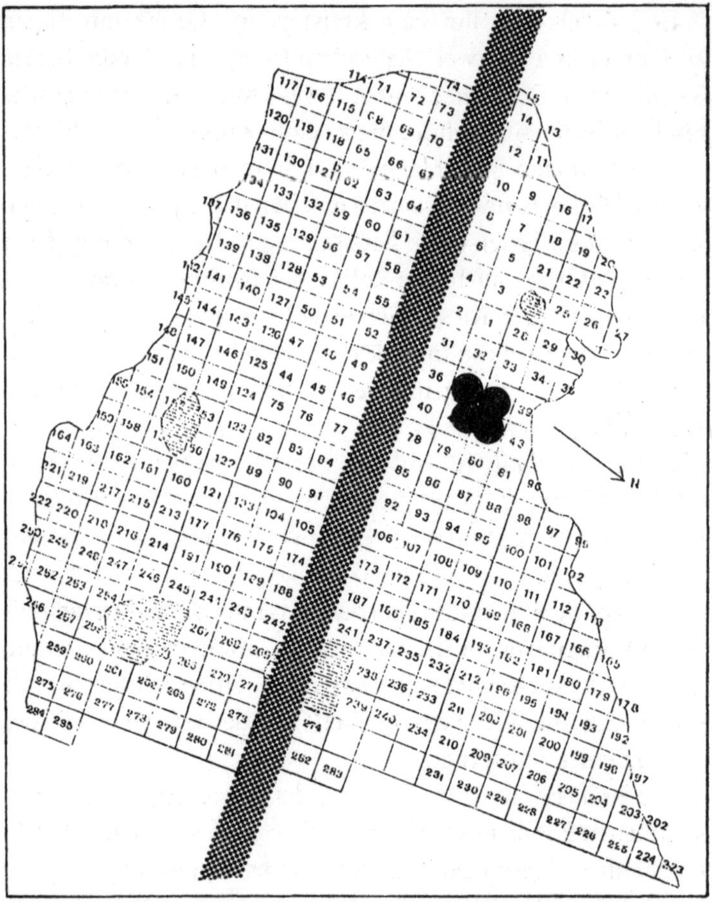


Karte 1: Quadratische Unterteilung der Höhle. Rechts der Abschnitt der Künstler, links der Handwerker. Die ausgefüllten Punkte geben die 4 Quadratmeter der Feuerstelle wieder.

Es handelt sich um eine kreisförmige Grube mit einem Durchmesser von zwei Metern und einer Tiefe von vierzig Zentimetern. Die Grube wurde jeweils mit zahlreichen erhitzten Kieselsteinen angefüllt, die zu einer Kuppel aufgeschichtet waren. Einmal abgekühlt, wurden diese Steine durch andere ersetzt, die kochend heiß waren und von den einzelnen, kleinen benachbarten Feuerstellen her stammten. Die auf diese Weise angefüllte Grube spielte die Rolle einer großen Heizanlage, auf der, inmitten der Kiesel, Schneehühner geschmort wurden. Hätte man auf diese indirekte Feuerstelle Wasser gespritzt, hätte sie sich in eine eigentliche «Sauna» mit lebhafter Dampfentwicklung verwandelt.

Dieser Abschnitt ist wirklich begünstigt. Der erste Raum, der Saal Garrigou, öffnet sich gegen Ost-Nordost auf das Tal des Vicdessos hin, in nord-südlicher Richtung. Die heftigen Nordwinde, die die Höhlenöffnung peitschen, werden zunächst vor dem Vorraum gebrochen, dann vor dem stalagmitischen Vorhang, bevor sie, bereits viel sanfter, vor der Felswand mit der Stammesfeuerstelle ersterben. Offensichtlich wurde dieser Ort für alle menschlichen Tätigkeiten der Jäger des Magdalénien bevorzugt.

Die umfassende Untersuchung der Verteilung aller eingesammelten Fundstücke erlaubt soziologische und wirtschaftliche Schlußfolgerungen von ganz neuer Tragweite, die einen beachtlichen Widerhall gefunden haben.

Erstmals sehen wir diese Jäger leben; wir sehen, wie sie sich spezialisierten, Hierarchien bildeten, ihre materiellen und intellektuellen Tätigkeiten auf höchst moderne Art ordneten.

Eine Reihe genauer Karten, aufgrund der Beinahe-Gesamtheit der Entdeckungen – die über ein Drittel eines Jahrhunderts in Anspruch nahmen – erarbeitet, Entdeckungen, die aufs beste lokalisiert sind, erhellen auf außergewöhnliche Weise diese «Paläosoziologie» des 11. Jahrtausends.

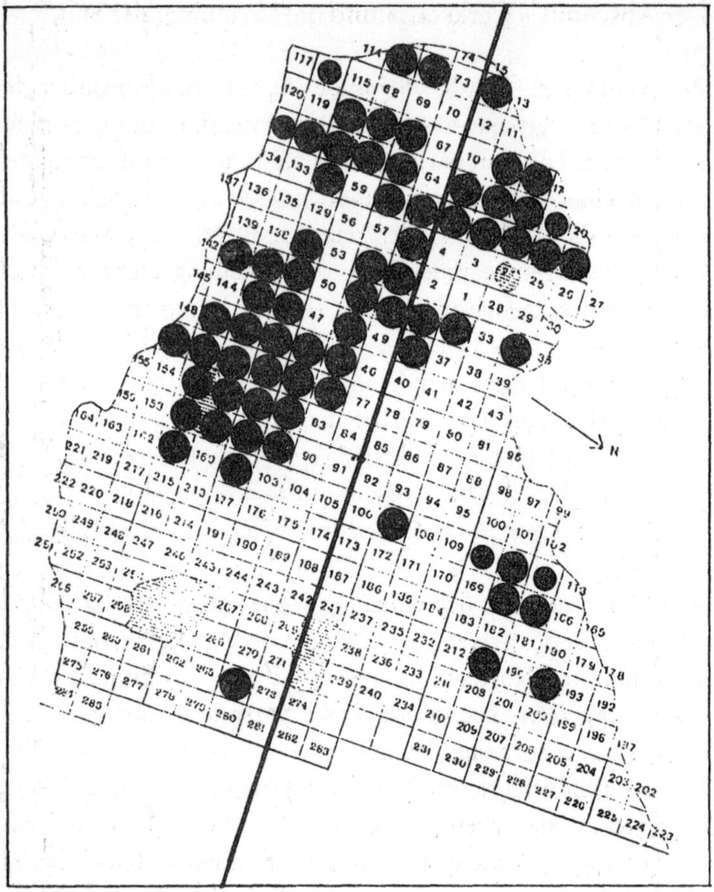


Karte 2: Verteilung der aufgefundenen Splitter

## Der Abschnitt «Werkstatt» und die Verteilung der Splitter

Wir verdanken Béatrice Schmider[48], Forschungsbeauftragte am CNRS, die paläo-räumliche Untersuchung der gesamten Steingeräte. Die Untersuchung wird durch einen Bildband mit acht schematischen Plänen (einer für jede Ebene) ergänzt, die einerseits die Verteilung aller Feuersteinsplitter und Schneidegeräte wiedergeben, andererseits die Verteilung aller typischen Feuersteinwerkzeuge anzeigen: Klingen und Lamellen, Stichel, Kratzer, usw.

Gestützt auf diese acht Pläne lege ich zwei zusammenfassende Dokumente vor, welche die soziologischen Eigentümlichkeiten der Höhle erhellen. Das erste Dokument gibt die Verteilung aller Bearbeitungsabfälle innerhalb der vier Schichten wieder. Jeder Punkt auf unserer Karte *(Karte 2)* steht für mindestens sechzig Splitter auf einen Quadratmeter, in mindestens einer von vier Schichten. Gewisse Quadrate erscheinen viermal. Auf den ersten Blick fällt die Bedeutung der mittleren Trennlinie auf. Nördlich von dieser Mittellinie weisen 24 Quadrate eine größere Dichte von Abschlagssplittern auf, gegen 48 in der südlichen Zone. Genau in diesem Bereich, in dem die Handwerker offensichtlich tätig sind, haben sie zweimal mehr Feuersteine zugearbeitet. Die zusammenfassende Verteilung aller typischen Werkzeuge *(Karte 3)* bestätigt die handwerkliche Spezialisierung im südlichen Abschnitt. Nördlich der Trennungslinie weisen 18 Quadrate eine stärkere Dichte von Werkzeugen auf gegen 50 in der südlichen Zone.

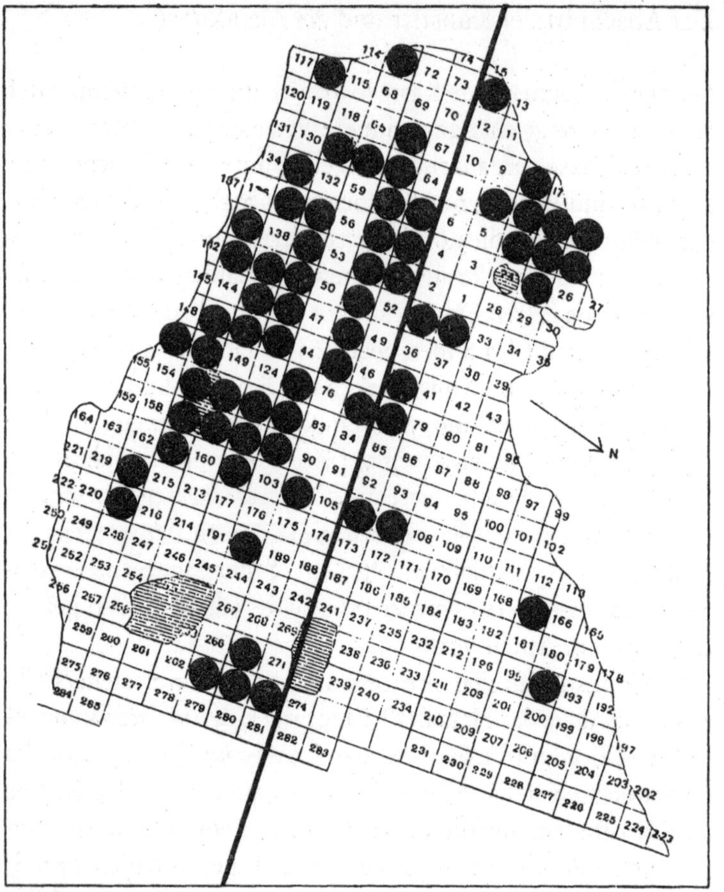

Karte 3: Verteilung der Werkzeuge

## Der Abschnitt der Künstler und die Kleinkunst

Die zusammenfassende Karte *(Karte 4)* über die Verteilung der Kleinkunst zeigt eine ganz andere Verteilung, die man merkwürdigerweise «ergänzend» nennen könnte. Die südlichen Abschnitte sind übersät mit Bearbeitungsabfällen und Werkzeugen, während sich die nördlichen dagegen durch die Dichte der gravierten Fundstücke auszeichnen. Die Zahlen bestätigen eindeutig diesen ersten Eindruck: acht Punkte für den handwerklichen Abschnitt im Süden gegen 21 Quadrate, die aufgrund der Entdeckung von Kunstwerken von hoher Qualität im Norden gekennzeichnet sind, oder ein Verhältnis von eins zu drei. Wir würden uns demnach in der Zone der Künstler befinden. Es ist sogar möglich, diese noch genauer einzugrenzen: in einem Radius von vier Metern rund um die Stammesfeuerstelle, d. h. auf 54 Quadratmetern (18 % der Gesamtfläche von 285 Quadratmetern) wurden 21 von 36 Kunstwerken gefunden, also ein Anteil von 55 %.

Die Künstler finden sich schön um die Stammesfeuerstelle zusammen, die das Herz der Höhle bildet, den wahren künstlerischen Mittelpunkt. Diese Konzentration wird auch durch die handwerklichen Tätigkeiten bestätigt, die dem südlichen Abschnitt zufallen, und die künstlerischen Tätigkeiten, die sich im nördlichen Abschnitt abspielen. Handwerker sind nicht immer Künstler, und Künstler sind nicht immer Handwerker. Hier hat eine sehr wichtige Spezialisierung stattgefunden, die sich leicht auf unseren verschiedenen Karten beobachten läßt.

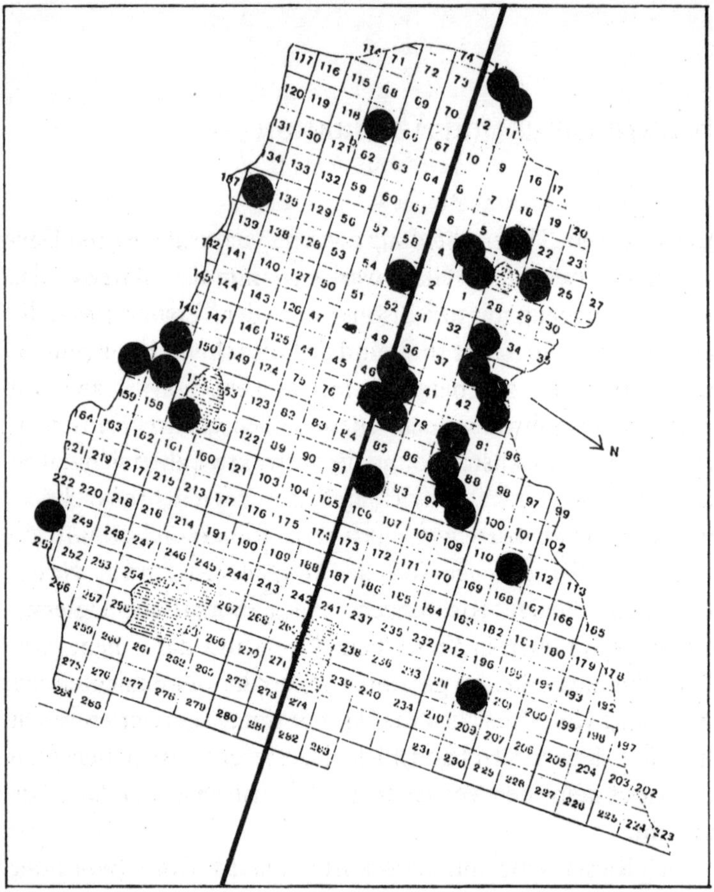


Karte 4: Verteilung der Werke der Kleinkunst

# Naturalismus und Abstraktion

Die klassische Unterscheidung zwischen naturalistischen Darstellungen (wie das «Glättewerkzeug mit den Bären», das «Glättewerkzeug mit den Bisons» oder der «Löwenfries», die auf Knochen eingeritzt sind) und den oft schwierig zu deutenden abstrakten Figuren und Themen gibt es schon seit zwanzig oder dreißig Jahrtausenden. Diese beiden großen Kunstrichtungen, die naturalistische und die abstrakte, haben sich seit eh die schöpferische Welt aufgeteilt. Wir verfolgen ihre Nachfahren in der zeitgenössischen Kunst bis zu Renoir und Mondrian.

In der schöpferischen Welt des Magdalénien finden wir bereits diese beiden Richtungen. Die systematische Untersuchung der gravierten Kieselsteine bringt uns dafür neue, wesentliche Elemente. Im gesamten gaben die vier Schichten der Werkstatt von Alliat[49] 19 Kieselsteine mit 29 gravierten Seiten frei. Wie die anderen Fundstücke aus dieser Stätte haben auch die Kieselsteine den Vorteil, genau lokalisierbar und datierbar zu sein.

Die Kieselsteine mit naturalistischen Motiven (worunter sechs Hirsche und drei Steinböcke) stammen aus der Zeit um 10 900 bis 10 700 v. Chr., eine Zeitspanne, die mit den großen Wandmalereien von Niaux zusammenfällt, wo übrigens dieselben Tierarten vertreten sind.

Die Kieselsteine mit abstrakten Motiven (insbesondere parallele Linien, stufenförmige Ornamente) nehmen an Qualität und Zahl gegen 10 500 bis 10 400 v. Chr. zu, eine Phase, die den Niedergang des Tiernaturalismus kennzeichnet, jedenfalls in der Ariège.

Gegen Ende der Besiedlung der Höhle im Magdalénien

scheint der Kieselstein als Träger von Gravierungen begehrter als zu Beginn. Kann man daraus auf ein gewisses Nachlassen der Vorliebe für knöcherne Träger schließen? Zweifellos wird sie gegen Ende des Magdalénien und zu Beginn des wirschaftlichen Wandels und der neuen Jagden ausgeprägter und schärfer. Der Steinbock löst das Rentier ab, das Waldwildschwein taucht auf, Einsammeln von Muscheln, erstes Einsammeln von Getreide wird häufiger, all dies kündet die große Wende des 10. Jahrtausends an.

Die topographische Verteilung der Objekte hat mich zu gewissen kühnen Gedankenverbindungen angeregt, die ich mit Vorbehalt vorlege, bis weitere Entdeckungen gravierter Kiesel, die unter denselben strengen Bedingungen der Stratigraphie und der Lokalisierung ausgegraben werden, diese Hypothesen entweder bestätigen oder widerlegen. Aber der unerhörte Glücksfall, eine große Anzahl Fundstücke entdecken zu können, die diese Bedingungen erfüllen, kann mehrere Jahrzehnte auf sich warten lassen. Außergewöhnlich reiche Fundstätten sind selten. Was uns dazu verleitet, den größtmöglichen Gewinn aus jenen zu ziehen, die gegenwärtig ausgewertet werden.

Eine erste Aufzeichnung über die Verteilung der naturalistisch gravierten Kieselsteine zeigt fünf im Bereich der Künstler und drei im Bereich der Handwerker *(Karte 5)*. Dies ist kaum wichtig, obschon es eine gewisse Vorliebe der Künstler für den Naturalismus vermuten läßt. Im Gegensatz dazu bietet die zweite Aufzeichnung über die Verteilung der abstrakt gravierten Kiesel in dieser Schicht *(Karte 6)* eindeutigere Hinweise: sechs im Abschnitt der Künstler und sechs im Abschnitt der Handwerker. Eine unscharfe Verteilung, ohne auch nur die geringste Bevorzugung eines bestimmten Abschnittes, während sich die Künstler um die Stammesfeuerstelle versammeln.

Man sieht, daß erstmals die Zone der Künstler mit der Zone der Handwerker zahlenmäßig gleichzieht und daß diese Gleichheit nur für die abstrakten Ornamente gilt.

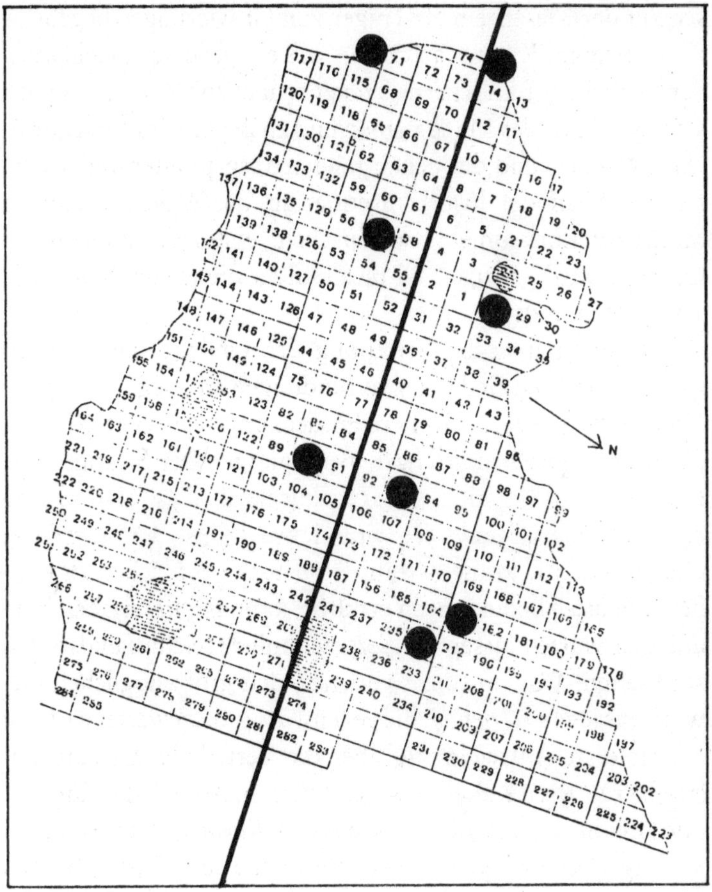


Karte 5: Verteilung der gravierten Kiesel mit naturalistischen Motiven

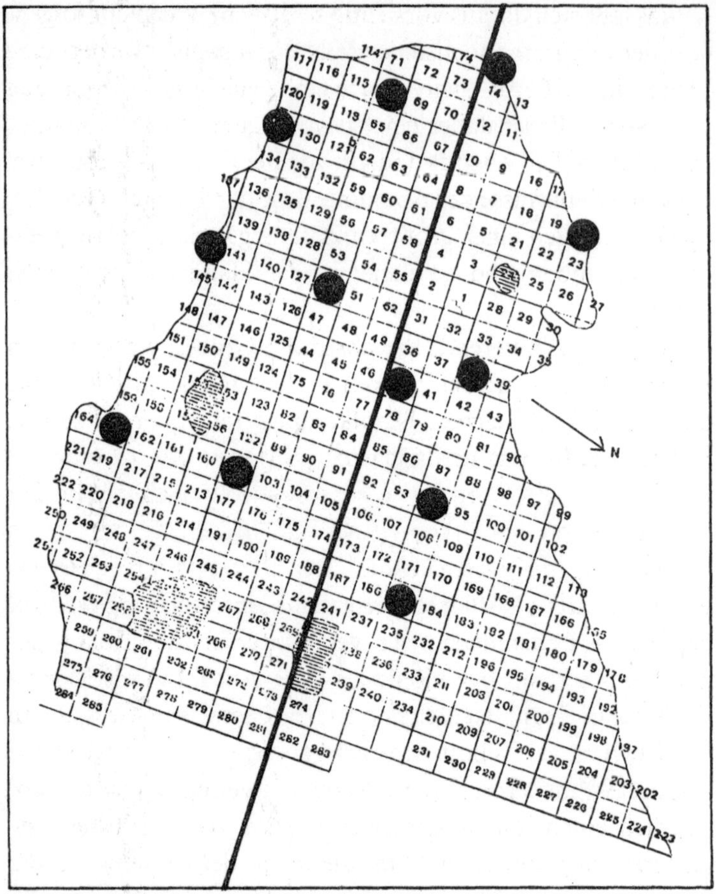

Karte 6: Verteilung der gravierten Kiesel mit abstrakten Motiven

Was läßt sich daraus vorsichtig schließen? Vielleicht folgendes: der qualitativ hochstehende Naturalismus erfordert eine Lehre, einen «Beruf», wie er auch eine zeichnerische Begabung voraussetzt. Er ist daher einer bevorzugten «Künstlerklasse» vorbehalten. Die Abstraktion, oft von der Geometrie angeregt, die keine Kenntnisse der Anatomie oder der Tierwelt verlangt, scheint dagegen einer größeren Zahl zugänglich, wäre einfacher auszuüben und ist daher in der Handwerkswelt weit verbreitet.

Es wäre faszinierend, die abstrakte Grafik, die sich vom 10. Jahrtausend an zu entwickeln scheint und die offenbar eine dichtere und zahlreichere Bevölkerung erreicht, weiter zu verfolgen und auch in den nächsten Jahrtausenden zu untersuchen. In der Tat könnte diese abstrakte und volkstümliche «Schreibweise» am Ursprung der Schrift stehen.

Wenn die 19 Kieselsteine mit ihren 29 gravierten Seiten aus der Werkstatt von Alliat eine ernsthafte Untersuchung verdient hatten, war es demnach mehr wegen ihrer exakten Paläotopographie innerhalb der Höhle als ihrer Anzahl. Yves Manessier[50] hat in einer ausgezeichneten Magisterarbeit, die 1981 an der Universität Toulouse vorgelegt wurde, 301 Kieselsteine gesammelt, die 410 gravierte Seiten aufweisen, was ihr offensichtlich einen hohen statistischen Wert verleiht. Über eine längere Zeit zählte Yves Manessier 66 % der Kieselsteine, die aus verschiedenen Abschnitten des Magdalénien stammen. Die naturalistischen Themen sind wie folgt aufgeteilt: 15 % Pferde, die am häufigsten dargestellte Tiergattung (wir hatten bereits auf die geographische Bedeutung des Pferdes in gewissen Gegenden im Tal der Beune, in der Nähe von Les Eyzies hingewiesen), dann folgen die Hirsche mit 9 % und schließlich die anthropomorphen Darstellungen auf den Kieseln mit 8 %.

Die nicht-naturalistischen Themen – geometrische Ornamente – machen 11 % aus, eine geringe, aber normale Zahl. Eine genaue Analyse würde ergeben, daß diese Kieselsteine sich weniger in den alten Abschnitten des Magdalénien, sondern mehr in den neueren finden, in denen die abstrakten Themen beliebt werden.

Der Mittelmäßigkeitskoeffizient ist 87 % für die Kieselsteine Aquitaniens (88 % für die Pferde, 85 % für die Bisons, 82 % für die Mammute).

Für die Gesamtheit der beweglichen Funde aus den Höhlen der Pyrenäen gelangt man demnach zu denselben geschätzten Werten: 82 % für Le Mas-d'Azil, 85 % für Gourdan, 88 % für Arudy ... oder zu Mittelmäßigkeitskoeffizienten, die mit einer zeitgenössischen Zeichenklasse vergleichbar sind. Die Werkstatt von Alliat dagegen zeigt ihre Originalität durch den Koeffizienten ihres künstlerischen Wertes von 62 % für naturalistische Darstellungen. Den ersten Preis bekommt die Fundstätte von La Colombière im Ain, berühmt für ihre prachtvollen gravierten Kiesel, mit ihrem Koeffizienten von 50 % des künstlerischen Wertes, dank ihrer anonymen Meister, von denen wir nur die Werkstatt kennen.

# Wirtschafliche Probleme

## Die Szene im Schacht von Lascaux: ein Anhaltspunkt zur Ernährung

Die prähistorische Ikonographie stellt mit Vorliebe einzelne Tierfiguren dar, selten Tierfriese, sich gegenüberstehende Tiere. Eine Ausnahme bildet die Szene im Schacht von Lascaux, weil dort verschiedene Gegenstände und Lebewesen beisammen sind, worunter – als größte Ausnahme – der Mensch. Diese Szene von Lascaux ist eine Vorläuferin der Bilder, die in der spanischen Levante im Freien auf Felsvorsprüngen gemalt wurden. Gewiß ist die Kunst der Levante ihrer Religiosität entledigt, in gewisser Weise zutiefst anekdotisch, zeitlich sehr viel später anzusetzen. Sie wird oft als eine späte Entdeckung der Schule des Périgord verstanden. Nun gehört aber auch Lascaux zu dieser Schule, selbst wenn seine Kunst auf etwa 13 500 v. Chr. datiert wird, was zeitlich dem mittleren Magdalénien entspricht. Diese stilistischen und chronologischen Verwandtschaften unterstreichen den anekdotischen Wert dieser berühmten Szene.

Rufen wir uns ihren Standort in Erinnerung: Rechts vom großen Saal, dem Saal der Stiere, öffnet sich ein enger Durchgang hin zu einer Erweiterung des Korridors, zur Apsis. Jenseits setzt sich der Gang fort, durch das Schiff, um sich in Richtung des wenig zugänglichen Kabinetts der Wildkatzen zu verwischen. Am nördlichen Ende der Apsis, in gewissem Sinne an ihrer Spitze, geht der berühmte Schacht, eine natürliche Höhle, etwa fünf Meter steil in die Tiefe. Der prähistorische Mensch konnte mit Hilfe eines Seiles vom Boden des Schachtes auf den Boden der Apsis steigen (Abbé Glory fand ein Bruchstück im Wildkatzenkabinett, in einem entfernten Abschnitt), und sein Abstieg konnte dadurch ebenfalls erleichtert werden: obschon schwierig, war ein Durchgang doch möglich. Wird er nicht durch den archäologischen Reichtum auf dem Grund dieses Schachtes bezeugt: Knochenmaterial, Klingen und Lamellen der verschiedensten Feuersteine, Kalkplättchen – gewisse dienten als «Lampe» – und schließlich die beinahe vollständige Lampe, die berühmt geworden ist?

Die Menge dieser Funde (sie waren an der ursprünglichen Stelle) setzt einen ganz außergewöhnlichen Besucherstrom für ein Höhlenheiligtum wie Lascaux voraus, was hervorgehoben werden muß, bevor wir den Charakter der Szenen untersuchen. Auf der einen Seite entfernt sich ein Nashorn; auf der andern Seite verliert ein Bison seine Eingeweide, gänzlich durchbohrt von einem langen Speer. Im Mittelpunkt ein schematisierter Mensch, nackt, mit einem Vogelkopf. Seine ausgebreiteten Arme enden in geöffneten Händen, die vier Finger haben. Zu seinen Füßen eine Schleuder, eine Maschinerie, um Speere zu schießen; ein Mast mit einem ebenfalls schematisierten Vogel, der dem Gesicht des Menschen ähnlich sieht: Dieser ist ithyphallisch (d. h. mit erigiertem Penis) und blieb übrigens ausgespart, als man ihn seinerzeit in einer Nummer von «Illustration» veröffentlichte, zweifellos in der Absicht, die «treuen Leser» nicht zu schockieren! Das war 1940...

Diese Szene deutete Abbé Breuil als anekdotisch, als Erinnerungsgemälde, vielleicht eines tödlichen Jagdunfalls. Für ihn wurde der Mensch vom Bison tödlich verletzt. Das Nashorn macht sich davon, nachdem es die Eingeweide des Bisons herausgerissen hat. Nach H. Kirchner[51], einem Kunsthistoriker, ist der ausgestreckte Mensch nicht tot: es ist ein Schamane (Zauberer) in Trance. Und Kirchner stellt eine Verbindung mit den Jägern in Sibirien her, den Yakuten, die eine Kuh opfern. Am Ort der Zeremonie stehen drei Pfähle, an deren Ende sich geschnitzte Vögel befinden, die den Weg zum Himmel zeigen, wohin der Schamane das geopferte Tier führt.

Abbé Breuil fühlte sich an die Bestattungspflöcke Alaskas erinnert und stellte eine Verbindung mit dem Pfahl und dem Vogel her. Christian Zervos denkt an australische Völker, für die die Erde das weibliche Zeugungssymbol ist und der Stab das männliche Geschlechtsorgan: der Mann von Lascaux, «mit seinen kreuzförmig ausgebreiteten Armen befindet sich in einem Zustand mystischer Andacht und führt eine Zeugungshandlung aus».

In einem bescheidenen Werk über religiöse Paläosoziologie[52] habe ich meinerseits die Erklärung Erik Holms angeführt, eines ausgezeichneten Spezialisten der Felskunst im südlichen Afrika. Diese Malerei aus Lascaux könnte aufs beste eine Legende der Buschmänner illustrieren, deren Thema eine totale Mondfinsternis ist. Das Nashorn wäre das Symbol der Nacht. Der Mond wäre durch den ... Bison (sic!) dargestellt. Da das Nashorn den Bison tötet, ist das Universum in Dunkelheit getaucht. Aber der Gott des Lichtes erweckt den Mond zu neuem Leben, indem er eine Vogelfeder in die Luft wirft, und deshalb flieht das Nashorn, «Ursprung allen Übels, mit Tropfen von Galle bespritzt». (Die drei Gruppen von je zwei schwarzen Punkten aus Mangan hinter dem Nashorn). Diese schwarzen Manganpunkte mit Gallentropfen gleichzusetzen, ist eine sehr einfache Erklärung, unter der Bedingung, daß man daran denkt.

Es wäre ganz bestimmt möglich, daß uns die Yakuten Sibiriens, die Grabpfähle Alaskas, der Zeugungsakt Australiens oder die Mondfinsternis der Buschmänner nicht ausreichen. Afrika, Asien und Amerika wurden bemüht, um Licht in diese Szene zu bringen. Es fehlt nur noch Europa. Ist es mir nach so vielen anderen auch gestattet, eine erklärende Hypothese beizusteuern, indem ich sie mir möglichst einfach wünsche und indem ich diesmal nur die Szene, und einzig die Szene berücksichtige?

Zunächst scheint mir, gehört das Nashorn überhaupt nicht dazu. Es befindet sich eindeutig im Hintergrund, auf einer tieferen Ebene. Es ist schwerfälliger aufgebaut, seine Farbmischung mit den verstrichenen Zügen beinahe «teigig», um den Ausdruck Abbé Breuils wieder aufzunehmen. Die Art der Farbe selber, ein dickes Mangan, ist reich an feinen, sehr leuchtenden Partikeln; all dies sind Faktoren, die es in bezug auf das restliche Bild ins Abseits versetzen. Die sechs schwarzen Punkte, die ich gründlich untersucht habe, muß man ganz für sich betrachten. Es bleiben der Bison und der Mann mit seinem Zubehör. Wenn man aus der Tiefe des unteren Ganges herkommt – ist dies der eigentliche Eingang in die Höhle von Lascaux? –, liest sich die Szene zur Linken, wenn man den Kopf hebt. Gegenwärtig steigt man in den Schacht hinunter, wogegen man hinaufsteigen müßte. Der archäologische Reichtum auf dem Grund, ein Reichtum, den wir bereits erörtert haben, gibt der Stelle ihre Bedeutung als Aufenthalts- und Durchgangsort.

Nun, aus der Tiefe des Schachtes verändert sich die Senkrechte der Szene *(Tafel 10)*. Der Jäger steht senkrecht[53], beherrschend, den linken Arm in Richtung des Bisons, der seine Eingeweide verliert. Es ist der Mensch, der das Tier erlegt hat. Der Pfahl mit dem Vogel steht schräg, als hätte man große Mühe gehabt, ihn dort einzuschlagen. Und aus den Tiefen des Schachtes scheint es mir, höre ich den Jäger rufen: «Ich, Chocard – dies ist mein Name, denn ich gleiche der Rabenkrähe –, ich bin ein großer und kühner Jäger. Ich bin so stark und mächtig (dies ist ganz offensichtlich, und das entschärfte Bild in der «Illustration» zerstört in ernsthafter Weise den Sinn der zweiten Eigenschaft). Ich habe soeben diesen großen, schrecklichen Bison erlegt. Der Kampf war schwierig und gefährlich. Meine Schleuder ist zerbrochen, aber meine lange Lanze hat ihn durchbohrt. Hier liegt er, sterbend, und verliert seine Eingeweide. Daraus werde ich Fleischvorräte für die kalte Jahreszeit herstellen. Vorräte, die ich mit Steinen bedekken werde, um das Fleisch vor den wilden Tieren zu schützen, den Hyänen und den Wölfen. Auf mein Versteck werde ich mit einigen Schwierigkeiten den Pfahl pflanzen, der den andern Jägern des Stammes sagen wird: ‹Dies ist der Fleischvorrat des Chocard, des kühnen Chocard, der über den großen Bison triumphierte› ...»

Man wird es mir nachsehen, daß ich diesen Monolog sehr frei übertragen habe, aber die Sprache mit den antiken Wurzeln des Périgord ist noch etwas schwierig zu übersetzen. Wenn man will, kann man den Jäger «im Zustand der mystischen Andacht» vorziehen und an die düstere Geschichte mit der Galle glauben. Was es auch sei, die Szene von Lascaux (um 13 500) kündet einen Wandel in der Atmosphäre der prähistorischen Kunst an. Der Jagdzauber räumt das Feld für den Bericht, das Abenteuer. Es ist keine Darstellung von Wild mehr, kein «Abbild der Wirklichkeit», keine Vorbereitung auf die Jagd, ihr Ritual, ihre Ängste, ihre Hoffnungen, ihre von Pfeilen durchbohrten Tiere, um sie besser erlegen zu können; es ist die Hymne auf eine Großtat und der Beginn des unendlich großen Comic strip unserer heutigen Welt...

## Meiendorf, als zweites Beispiel eines Anhaltspunktes für die Ernährung

Der Vorrat Chocards in der Szene des Schachtes von Lascaux und ihre einfache Deutung weist auf eine Entsprechung hin, nämlich auf die sehr schöne Entdeckung Alfred Rusts in den Sümpfen der Gegend von Ahrensburg, in Meiendorf (BRD). An den Ufern ehemaliger Gletscherseen, in einer weiten, von Tundra bewachsenen Ebene, entdeckte er Lagerplätze von Jägern aus dem Magdalénien, die auf einer langen Wanderung

Rentiere verfolgten. Diese zogen sich allmählich nach Nordeuropa zurück, verdrängt vom wärmeren Klima in Europa um die große Wende des Jahres 10 000. Rund um die Lagerstätten – Zelte, die mit Rentierhäuten bedeckt waren, Rundzelte wie die der Indianer, oder untereinander verbundene Zelte – sind zahllose Gebeine von Rentieren. Mehr als tausend Rentiergeweihe auf einer einzigen Fundstätte! Man hat die Gerippe ganzer, mit schweren Steinen beschwerter Rentiere gefunden, mitten in ehemaligen Seen. Diese Fundstücke werden im allgemeinen als Opfergaben gedeutet. Wir werden darauf zurückkommen.

Auf der Fundstätte von Meiendorf selber hat Rust den Kopf eines Rentiers gefunden, auf einem Pfahl aufgepflanzt, der in einen Cairn (einen künstlichen Steinkegel) eingelassen war. Nicht weit davon entfernt liegen die abgezogenen Felle der Rentiere, die im Gletscherteich ertränkt worden waren, mit Steinen anstelle ihrer Eingeweide.

Die Analogie dieses Pfahls mit dem Vogel in Lascaux mit dem Rentierpfahl ist verblüffend. Auch hier bekommen wir die verschiedensten Erklärungen. Nach Christian Zervos ist das Rentier auf seinem Pfahl Teil des Schädelkultes. Zweijährige, weibliche Rentiere (das Alter der Fortpflanzung), die im Mai erlegt wurden, wie uns ihre Geweihe bezeugen, entsprechen den gleichen Ritualen. Ein Kult, ganz bestimmt! Für Paul Wernert sind diese Rentiere, die mit Steinen beschwert wurden, «ganz offenbar ein Frühlingsopfer, das zu Beginn der Sommerjagd dargebracht wurde.»

Die rituellen Erklärungen holen sich ihre Anregungen bei ethnographischen Daten, eine Methode, die vor einigen Jahrzehnten weit verbreitet war, vor allem gegen Ende des letzten Jahrhunderts. Trotzdem scheinen mir diese Vergleiche irreführend. Ist es übrigens nicht schrecklich überstürzt, quer durch die große Welt einen ethnographischen Sachverhalt, der zu einem bestimmten Kontinent gehört, und einen Sachverhalt aus der europäischen Vorgeschichte miteinander zu vergleichen?

Es ist gewiß zulässig, ein Werkzeug für die Rentierjagd der Yakuten mit einem Werkzeug am Ufer der Dordogne zu vergleichen.

Eine Reihe ethnographischer Sachverhalte, die sich in logischer Ordnung folgen, können sich ebenfalls mit einer Reihe prähistorischer Sachverhalte vergleichen lassen, die sich mit der gleichen Logik folgen. Man muß dabei selbstverständlich vorsichtig sein, aber noch handelt es sich um konkrete Sachverhalte, um Gegenstände. Wir müssen dagegen mißtrauischer werden, wenn es darum geht, Denkweisen, Geisteshaltungen, intellektuelle Erscheinungen zu vergleichen.

Unsere prähistorischen Kulturen (ich denke ganz besonders an die wichtigste und herrlichste, an das Magdalénien des 15. bis 10. Jahrtausends) sind aufsteigende Kulturen, getragen von schöpferischem, ungestümem Aufbruch, mit zahllosen Entdeckungen und vielfältigem Wandel in jedem Bereich. Wir vergleichen sie fortwährend mit Kulturen, die gerade im Stadium des Magdalénien stehen blieben, was die Parallele interessant machen kann, sie aber gleichzeitig widerlegt. F. Mowat[54], der während Jahren mit den seltenen Stämmen der Karibu-Eskimos gelebt hat, großen Rentierjägern, läßt uns an seiner Erfahrung teilhaben und wirft ein neues Licht auf die Entdeckungen von Meiendorf: «Der Frühling war eine wichtige Zeit des Schlachtens, und doch legte das Volk zu jener Zeit an Vorräten nur das unbedingt Nötige zum Überleben bis in den Herbst an. Denn die Frühlingsfelle eignen sich nicht zur Herstellung der Kleider, und das Fleisch ist mager und hat zu wenig Fett. Im Frühling stopfte man sich mit frischem Fleisch voll, denn wenn die Sonne wieder hoch am Himmel steht, lehnt sich der Bauch des Menschen gegen trockenes und gefrorenes Fleisch auf [...] Aber es wurden nicht alle Gerippe auseinandergenommen und enthäutet, eine große Zahl wurde nur entleert, mit Felsen beschwert und in die Tiefe der raschen und kalten Wasserströmung versenkt, wo das Fleisch bis in den Sommer frisch bleiben würde [...] Der Herbst ist die wichtigste Schlachtzeit. Aber das Rentierfleisch wird dann anders konserviert. Man fürchtet sich nicht mehr vor der Hitze des Sommers, und die Kälte des Winters konserviert [...]. Kleine Steinhaufen erhoben sich wie Blasen auf der grauen Oberfläche der Ebenen. Unter diesen Tumuli befanden sich die auseinandergenommenen Leichen der Rentiere.» Schädelkult und Frühlingsopfer schränken sich ganz prosaisch auf den Gebrauch des eisigen Seewassers als «Kühlschrank» ein, auf das Hinterlegen von Fleisch unter den Cairns, die als Vorratsräume dienen, um zu überleben, wenn die Bise zurückkehrt. In der Tat bleibt die einfachste Erklärung die beste... Ohne je müde zu werden, muß man die prähistorische Kunst ihres großen, künstlichen Heiligenscheins entledigen, vom Zauber und Ritual, mit denen man sie umgibt, befreien. Unsere Vorfahren waren viel mehr als Kopfabschneider und Schädelspalter!

## Eine südliche Wirtschaft von Jägern und Sammlern

Im Verlauf der Zeit scheint es immer schwieriger, Versorgungskrisen, und viel mehr noch komplexere und ernsthaftere Wirtschaftskrisen, zu überwinden. Ein kurzer Überblick über die Wirtschaften des prähistorischen Typus, die durch kurz zurückliegende Ausgrabungen bezeugt sind, erlaubt es, diese pessimistischen Gedanken abzuleiten und vielleicht auch die tiefen Ursachen zu ergründen. Eine recht befriedigende Annäherung[55] an die alten Wirtschaftsformen der Jäger und Sammler wird uns in den neueren Arbeiten zweier Ethnologen geboten, des Amerikaners Richard B. Lee und des Engländers, J.-C. Woodburn. Sie lebten eine gewisse Zeit am Rande der großen südafrikanischen Kalahari-Wüste. Dort erforschten sie einen Stamm der Buschmänner, die Kung, und ihre «harten» Existenzbedingungen. Ihre Ergebnisse regen zu überraschenden Gedanken an. Diese Kung leben vom Sammeln von Früchten, Körnern und eßbaren Gemüsen. Sie sind außergewöhnliche Botaniker und Naturkenner, die ein großartiges Wissen über ihren Lebensraum und ihre Umgebung haben. Sie kennen und schätzen mehr als zweihundert Pflanzenarten, von denen sie einen Großteil nützen.

Während der ersten Beobachtungswoche der Ethnologen zählte der Stamm der Kung 179 Personen, Männer, Frauen, Kinder und Alte. Die Nahrungssammler mußten während einer Zeitspanne von 37 Tagen «arbeiten», um das Überleben der Gruppe sicherzustellen. In der zweiten Woche brauchten sie 22 Tage «Arbeit» für 189 Personen; in der dritten 42 Tage für 240, in der vierten schließlich 77 Tage für 249 Leute. Im gesamten haben die Beobachter 867 Verbraucher gezählt, die durch 178 Sammeltage ernährt worden waren, in einer schwierigen Gegend, nahe bei der Wüste, wohin diese Bevölkerung durch die Übergriffe feindlicher Nachbarn (und wilder Tiere) verdrängt worden war. Richard Lee erzählt: «jeden Tag des Jahres (kann man) frische Spuren von Warzenschweinen und Antilopen beobachten ... Büffel hat man nur etwa ein Dutzend Male in zehn Jahren beobachtet, Zebras vielleicht dreimal, und Impalas (eine Art rascher Antilopen) in diesem Zeitraum nur einmal.»

Dies zeigt die Bedeutung des Sammelns auf, das an die primitiven Wirtschaften der Welt erinnert, als die Prähominiden auf die Ausbeutung der Savanne beschränkt waren, die übrigens variantenreich war und viele Ressourcen bot, insbesondere die Bäume. Um auf die Kung der Kalahari-Wüste zurückzukommen, stellen wir fest, daß 72 Arbeitstage ihren Mann während 12 Monaten ernähren. Der moderne Mensch ruht sich während 72 Tagen aus und arbeitet den Rest des

Jahres. Der Kung macht genau das Gegenteil! Glauben wir deshalb nicht, daß die Kung Hungers starben. Sie haben pro Tag und Person folgendes zur Verfügung:

– 230 Gramm Fleisch (37 % ihrer Ernährung, was 690 Kalorien entspricht)

– 190 Gramm vegetarische Nahrungsmittel (30 % ihrer Ernährung oder 190 Kalorien)

– 210 Gramm Nüßchen (33 % ihrer Ernährung oder 1260 Kalorien).

Dies ergibt gesamthaft einen Speisezettel mit täglich 2140 Kalorien. Nach unseren Ernährungsberatern brauchen ein Erwachsener mittleren Gewichtes und mittleren Alters mit sitzender Lebensweise täglich 2200 Kalorien und ein körperlich Arbeitender je nach seiner Anstrengung zwischen 2700 und 4500 Kalorien. Ein älterer Mensch kann sich mit 1800 Kalorien begnügen. Was das ebenfalls wichtige Gleichgewicht des Speisezettels angeht, verfügen die Kung über 93 Gramm Proteine, während unsere gegenwärtigen Mahlzeiten uns zwischen 20 und 40 Gramm anbieten. Was unsere Kultur im Bereich der Ernährung gewonnen hat, betrifft vielmehr die Abwechslung bei unseren Mahlzeiten, die Befriedigung der (egoistischen) Gelüste als das eigentliche «Überleben»!

Wir sind gewohnt, die Welt in entwickelte und unterentwickelte Länder aufzuteilen. Die prähistorische Wirtschaft würde uns eher eine andere Einteilung nahelegen: Die überentwickelten Länder, die wir bewohnen, mit der Verschwendung, die ihnen eigen ist, wären jenen gegenüberzustellen, die es verstanden haben, das natürliche Gleichgewicht zu bewahren. Aber wo sind sie noch zu finden, zu Beginn des 21. Jahrhunderts?

Pierre Desfontaines[56] hatte in seinem bemerkenswerten Vorwort, das er 1959 zu meiner «Prähistorischen Menschengeographie» geschrieben hatte, das Problem aufgedeckt: «Wir bedienen uns heute des Ausdruckes der unterentwickelten Menschheit, als ob das eine abnormale Form menschlichen

Lebens wäre. Man vergißt, daß diese Unterentwicklung, so katalogisiert, die fortwährende Lage der unendlich großen Mehrheit der Menschen während vieler Jahrhunderte der Vorgeschichte und der Geschichte war; viel eher ist es die gegenwärtige Überentwicklung, die abnormal ist.»

## Die Jagdwirtschaften

Es ist sehr viel schwieriger, sich ein Bild vom Lebensstandard einer vorgeschichtlichen Jagdwirtschaft zu machen. Zwar bieten neuere Ausgrabungen oft sowohl Zahl wie Art der verschiedenen verzehrten Tiere, sogar mit dem genauen Gewicht des genutzten Fleisches. Ist einmal das «kulinarische Muster» umschrieben, um den ausgezeichneten Ausdruck Henri Delportes aufzunehmen, bleibt doch eine Hauptschwierigkeit bestehen: die Anzahl der Tischgenossen zu bestimmen.

Die Grabungen in den Fundstätten des Acheuléen von Torralba und Ambrona in der spanischen Provinz Soria haben Lagerstätten von Elefantenjägern freigelegt. Die Überreste alter Elefanten sind im Überfluß vorhanden: mehrere Schädel, wovon einer vollständig, eine größere Anzahl Unterkieferknochen, 1352 für Torralba, 1502 für Ambrona. Eine einzige Fundstätte von Torralba zählte mehr als 30 Elefanten, 26 Pferde, 25 Hirsche, 10 Rinder, 6 Nashörner, d. h. rund 300 Tonnen Fleisch. Aber wie lange wirkte diese Metzgerwerkstatt und wie groß war die Zahl der zum Fest Geladenen? Das wissen wir noch nicht.

Die Fundstätte der Bärenjäger von Erd, südwestlich von Budapest, mit Hilfe von C-14 zwischen 44 300 und 35 300 v. Chr. datiert, stellt uns zwar bedeutende Tonnagen Fleisch vor, an einem genau bestimmten Ort, aber ohne den geringsten Hinweis über das Ausmaß der individuellen Konsumation.

Im großen Siedlungsbereich haben ausgezeichnete Archäologen, das Ehepaar V. Gabori-Csank[57], die Knochen von 349 Bären und 129 Pferden gezählt, dazu noch einige zweitrangige Tierarten. Sie schätzen die Fleischmenge auf 4870 Kilo! Vergleichbare Berechnungen aufgrund von «Abfallhaufen» in der Nähe ergeben 3630 Kilo für den einen, 3050 für den anderen Fundort. In einem «Tälchen», das die Rolle der Kehrichtgrube spielte, häuften eine große Zahl von Bären, Mammuten, Pferden und Rentieren 7300 Kilo Fleisch an! Die Übersicht über die Anzahl der geschlachteten Tiere im Verlauf der gesamten Dauer der Fundstätte Erd erreicht eine Gesamtmenge von 70 bis 80 Tonnen Fleisch mit 500 bis 550 Höhlenbären (was daraus eine typische Fundstätte von Bärenjägern macht). Diese Masse Fleisch entsprach einem Jagdrevier von maximal 15 bis 20 Kilometer Umfang.

In unserer Nähe haben wir gegen das 11. Jahrtausend ebenfalls Zahlenangaben für die Wirtschaft des Rentiers, über das Gewicht des Fleisches und die Vielfalt der konsumierten Arten, aber wiederum keine über die Zahl der Konsumenten.

In den Siedlungsgeschichten der gleichnamigen Fundstätte von La Madeleine in der Dordogne hielt das Rentier den ersten Platz auf dem Speisezettel, mit 92 % allen verzehrten Wildes, in großem Abstand gefolgt vom Pferd (4 %) und verschiedenen anderen Tierarten (1,5 %).

Vom Petersfels in Süddeutschland, nordöstlich des Bodensees, stellt uns die Liste der Fundstätte unter den wichtigen Arten 640 Rentiere und rund hundert Pferde zusammen. Das Schneehuhn allein macht 88 % der gesamten Vogelfauna aus.

Die Fundstätten aus dem Magdalénien in Norddeutschland, die zeitlich später sind, spiegeln die allmähliche Wanderung der Rentiere in den hohen Norden Europas. Die Jäger folgen diesen langsamen Verschiebungen und nützen sie während mehreren Jahrhunderten. Auf einer typischen Fundstelle zählt man von 119 Tieren 113 Rentiere. In einer jüngeren Fundstätte sind es von einem Gesamttierbestand von 662 Exemplaren 650 Rentiere. In diesen späten Wirtschaften macht das Rentier 95 % und 98 % des verzehrten Wildes aus.

Diese Prozentsätze geben ausgezeichnet wieder, was man unter der Rentier-Kultur zu verstehen hat. Das Rentier ist die Grundlage: alle Bestandteile, Fleisch, Eingeweide, lange Knochen, Schulterblätter, Geweih, Muskeln, Sehnen, werden verarbeitet. Keine andere Tierart, sei es Mammut, Pferd oder Bison, hat je in der Fleischversorgung zwischen dem 15. bis zum 10. Jahrtausend vor unserer Zeitrechnung eine so bedeutende und ausschließliche Rolle gespielt.

Wie soll man von daher erklären, daß in der prähistorischen, naturalistischen Tierkunst, wenn es je eine gab, das typische Tier jener Zeit nur 3 % oder 4 % der Darstellungen auf sich vereint?

Das Rentier fehlt in Lascaux[58] (abgesehen von einem zweifelhaften Rentier, inmitten von 68 Hirschfiguren, die weniger als 4 Meter von ihm entfernt sind), das Rentier fehlt in Rouffignac. In vielen ausgeschmückten Höhlen zählen wir eine Mehrheit von Pferden und Bisons. Oft herrscht eine besondere Tierart vor: in Lascaux sind es die Pferde, die zu 69 % im Abschnitt außerhalb der Apsis und zu 50 % innerhalb der Apsis dargestellt wurden. In Rouffignac, bemerkenswerte Originalität, macht das Mammut 69 % der abgebildeten Tiere aus. Man kann sich daher wundern, daß das Rentier, das bei fast allen Fleischmahlzeiten des Menschen in der Vorgeschichte gegenwärtig war, nur in einem so unbedeutenden Maße auf den Wänden der bemalten Höhlen der bekannten Welt[59] vorkommt, obschon ihm in der beweglichen Kunst ein günstigeres Schicksal beschieden ist. Wie jene Gravierung auf einem Rentiergeweih, auf der das Weibchen zuerst, dann das Männchen dargestellt ist, eines der seltenen Tierpaare in der Tier-Ikonographie, entdeckt in der Werkstatt «La Vache» in Alliat. Wenn die prähistorische Kunst außer ihrem rein ästhetischen Wert eine magische Kraft besitzt, und wenn das Rentier nie dargestellt wird, könnte es sein, daß Jagd und Einfangen dieses Tieres ohne die Unterstützung durch magische Praktiken auskommen konnten?

Dies war die tiefste Überzeugung Abbé Breuils. Das Rentier, ein Herdentier, das in großen Rudeln lebt, ist harmlos, verlangt nicht nach Zauber, es braucht keine Bilderwirklichkeit, keine von Pfeilen durchbohrte Darstellungen, wie diese Pferde oder jene drohenden Bisons von Niaux! Man könnte ihm entgegnen, daß die Rentierrudel jahreszeitlichen Wanderungen folgen und daß es Zeiten gibt, in denen das Rentier knapp wird! Außerdem habe ich aus dem hohen skandinavischen Norden Erinnerungen von höchst gewalttätigen alten Männchen mit nach Hause gebracht. Ist ein Rudel unterwegs für eine erfolgreiche Jagd so einfach anzuhalten? Fehlte das Rentier ebenfalls bei den beweglichen Figuren ganz und gar, hätte die Hypothese eines königlichen Tieres oder eines Tiergottes ins Auge gefaßt werden können. Seine Aura wäre dann so stark, so geachtet gewesen, daß es in den Genuß eines eigentlichen Tabus des Bildes gekommen wäre! Es wäre allgegenwärtig gewesen, ohne eine Stütze zu haben! Aber die beweglichen Abbildungen widerlegen diese gewagte Hypothese. Das Rentier ist nicht einem göttlichen Gericht unterworfen. Es entgeht den Zauberpraktiken, weil es leicht zu erlegen, zu fangen und vielleicht sogar zu zähmen ist; es scheint, daß das Rentier auch den Tierkrisen der Zeit entgangen ist. Pierre Deffontaines[60] spielte darauf an: «Ganz kürzlich verschwand das Karibu (eine Art Rentier Nordamerikas) beinahe aus dem Norden Kanadas, ohne daß wir die Gründe kennen würden. Warum sind die Pferde, die in Südamerika zu Beginn des Quartärs überreichlich vorhanden waren, aus diesem Kontinent kurz vor

Ankunft des Menschen verschwunden, um erst im 16. Jahrhundert mit der europäischen Kolonisation wieder aufzutauchen?»

Aber man weiß, daß im Abendland am Ende des 10. Jahrtausends das mildere Klima die Rentiere zur Auswanderung zwang; es folgte der Verschiebung der ihm vertrauten Landschaften. In den Schichten des Magdalénien von «La Vache» in den Vorpyrenäen widerstrebte es dem Rentier, einem Tier der Ebene, sich ins Vorgebirge zurückzuziehen. Wäre dies eine Erklärung für die Abbildung des Rentierpaares, das wir vor wenigen Abschnitten erwähnt hatten? Hat der Künstler durch diese Geste seinen Wunsch, seinen Willen kundgetan, Rentiere möchten sich in seiner Gegend wieder fortpflanzen? Das Rentier wurde von einer anderen Tierart abgelöst, die dem Klima der bergigen Umgebung besser angepaßt war, dem Steinbock der Pyrenäen, dessen Männchen eine Höhe von 90 Zentimetern bei einem Gewicht von 75 bis 110 Kilos erreicht. Bald machte er zwischen 85 % aller Säugetiere der Gegend aus. Im übrigen stützte sich die aufkommende Wirtschaft der Jäger des Magdalénien nun mehr auf neue Jagdtechniken, die es ihnen erlaubten, allen möglichen Krisen des Wilds die Stirn zu bieten: die Speere wurden zahlreicher, gewisse weisen der Länge nach Rillen auf, die eine spindelförmige, abnehmbare Spitze aufnehmen konnten (es reicht, diese bewegliche Spitze auszuwechseln, den unteren Teil des Speers kann man behalten, was eine beträchtliche Ersparnis bedeutet). Die Speere haben an ihrer Basis eine Abschrägung, die es gestattet, sie auf einem Schaft zu befestigen, der ebenfalls abgeschrägt ist. Die Abschrägungen tragen querverlaufende Schraffierungen, feine Striche, die ein perfektes Haften des Speers an seiner Unterlage sicherstellen, dank irgendeiner Art Gummi oder pflanzlichem Zement. Diese Rillen finden sich wieder in den Zeichnungen der Autoreifen, in den Raupen der Saharafahrzeuge, auf Garageneinfahrten...

Parallel zum Fortschritt der Jagdwerkzeuge verbesserten sich die Fischereigeräte. Die Harpunen wurden vielfältiger. Ihre Basis ist mit einer Verdickung ausgestattet, die ein solides Festbinden an einer Schnur erlaubt und die Rückgewinnung des Gerätes erleichtert. Die Verdickung macht bald einem runden Bohrloch Platz, dann einem noch praktischeren «Knopfloch». Schließlich erscheint die Harpune[61], deren lange Rillen eingesetzte feine Feuersteinlamellen tragen. Einige Minuten reichen aus, um eine große Zahl feiner Geweihstäbe und feiner Silexlamellen als Einsatzklingen für die Stabrillen herzustellen, während die Herstellung einer Harpune aus einem Stück mehrere Stunden erforderte. Der technische Fortschritt zeigt sich auch in der Art der Verwendung. Die Harpune aus einem Stück, die mühsam, umständlich aus einem langen Knochen oder einem Rentiergeweih geschnitzt wurde, kann auf dem Rücken des Wilds, der Widerstand leistet, zerbrechen, einen oder mehrere Widerhaken verlieren: einmal zerbrochen, ist sie praktisch nicht wieder brauchbar. Eine Harpune, mit Widerhaken aus Lamellen bestehend, die in den Schaft eingesetzt wurden, mag beschädigt werden; in einigen Sekunden ist sie repariert und erneut einsatzbereit.

Der entscheidendste Forschritt war bestimmt die sichere Kenntnis und der Gebrauch des Bogens. Ein Stäbchen aus Rentiergeweih aus der Werkstatt von Alliat, durchbohrt und verziert, zeigt als Relief, in der mit dem Stichel ausgeschnittenen Technik, einen Auerochsen, der verfolgt und von drei menschlichen Silhouetten gejagt wird. Die erste trägt einen Speer und einen Bogen[62]. Die beiden rechtwinkligen Striche beim rechten Arm, die erhobene rechte Schulter, haben den Jäger in der typischen Haltung des Schützen graviert (zeitliche Schätzung: 10435). Der Bogen ist das Hilfsmittel für den Wurf; seine Genauigkeit und Kraft verhundertfachen die Reichweite des Pfeils. Er bedeutet in der Ballistik einen entscheidenden Schritt vorwärts. Wir werden ihn überall wiederfinden, insbesondere bei den Jägern der spanischen Levante, deren hauptsächlichste Waffe er sein wird.

## Die Krise bei den Karibu-Eskimos

Wenn die prähistorischen Menschen fähig waren, Wirtschaftskrisen zu bewältigen, die Folge der Verknappung oder des Verschwindens von Tiergattungen waren, so galt dies nicht für die Karibu-Eskimos der Barent-Gegenden im Norden Kanadas. Hören wir die traurige Geschichte Ohotos, die uns F. Mowat[63] erzählt: «Zu Zeiten meines Vaters hatten wir, das Volk, unsere Harpunen und unsere Bogen gegen die Gewehre der weißen Männer ausgetauscht, und in meinen jungen Jahren verschafften uns die Gewehre das Fleisch, das wir brauchten [...] Aber jetzt haben wir sehr oft keine Kugeln für unsere Gewehre. [...] Da wir keine Kugeln hatten, verfügten wir in den Winterlagern nicht mehr über genügend Fleisch. Die Hungersnot wütete, und viele Eskimos verhungerten. Wie überleben? Einige Überlebende versuchten, die alte Lebensart wiederzufinden, aber wir haben entdeckt, daß wir nicht mehr die notwendige alte Geschicklichkeit hatten. Und es sind nur diejenigen geblieben, die versucht haben, zum Rentier zurückzukehren, und wenige von ihnen sind noch am Leben.»

Bei gewissen grönländischen Stämmen haben die Konservenbüchsen die Bären- oder Seehundjagd ersetzt. Bleibt die Büchse einmal aus, ist der Hungrige nicht mehr fähig, den Seehund oder den Bären zu erlegen! Ein solider und nützlicher Vergleich zwischen einer aufstrebenden Bevölkerung wie der des Magdalénien und anderen Völkerschaften, die in gewissem Sinne im Magdalénien stehen geblieben sind. Das Gesicht dieser Kulturen mag sich gleichen, aber ihr Geist ist anders. Worauf ich hinaus will? Dorthin, woher ich gekommen bin: der sicherste Weg im Kampf gegen die Ernährungskrise, liegt er nicht beim Menschen selber, beim Menschen, der «die alte, notwendige Geschicklichkeit» bewahrt? Und diese verloren die prähistorischen Menschen nie und entwickelten sie von Generation zu Generation weiter...

# Wieviel Zeit braucht es für ein Meisterwerk?

## Der «Einsiedler» von Rouffignac

Seit dem 17. Jahrhundert, der Zeit der ersten Mandschu-Kaiser, liest man in China köstliche Beschreibungen des sibirischen Mammuts[64], «der unterirdischen Ratte des Nordens», von der man allerdings berichtet, sie habe die Größe eines Elefanten! 1692 veröffentlichte Witsen sein Buch «Voyage extraordinaire et aventureux vers la Tartarie du Nord-Est» und berichtet dort von der Entdeckung ganzer Mammutkadaver. Das erste wissenschaftlich ausgewertete Mammut wurde 1799 an den Abhängen des Lena-Deltas gefunden. Ein riesiger Block fossilierten Eises enthielt einen ganzen Körper. Ein Botaniker, Adams, hörte von der Entdeckung durch den Verkauf der Stoßzähne des Tieres auf dem Markte von Iakutsk und begab sich sogleich dorthin. Er konnte nur den Kopf mit einem Auge und einem Ohr retten, sowie «den unteren Teil der beiden Pfoten, die noch in der gefrorenen Erde steckten». Die Hunde und die Raubtiere hatten sich am Rest gütlich getan.

Das beinahe vollständige Skelett wurde nach St. Petersburg gebracht und dort 1806 im «Raritätenkabinett» ausgestellt, das Peter der Große gegründet hatte, gewissermaßen der Vorläufer des späteren zoologischen Museums der Akademie der Wissenschaften.

Im April 1901 meldete der Gouverneur von Iakutsk der Akademie die Entdeckung – im fossilen Eis der Berezovka, eines Seitenflusses der Kolyma – eines anderen, vollkommen erhaltenen Mammutkadavers. Man organisierte eine Expedition, über die uns E.-W. Pfizenmayer einen fesselnden Bericht hinterlassen hat. Die Beseitigungsarbeiten förderten das Tier zutage, das von den Raubtieren und den Hunden kaum angefressen war, denn das Fleisch war noch appetitlich. «Das guterhaltene Fleisch des Armes, des Schenkels und des Beckens war mit einer dicken Fettschicht durchzogen.» Doch die Forschungsreisenden getrauten sich nicht, Mammutkeule zu essen.

Der große Elefant der Kälte, das Mammut, ist – im Unterschied zu weitverbreiteten Vorstellungen – kein Ungeheuer: er zeichnet sich durch ein Gleichgewicht von Formen und Massen aus, die ihm als Tier eine Vollkommenheit und eine seltene Schönheit geben. Die Mammute Sibiriens messen etwa drei Meter, jenes von Berezovka ist etwas kleiner, was trotz allem von der Spitze seiner Stoßzähne bis zum Büschel seines Schwanzes eine Länge von 4,05 Meter ergibt. Die Größenverhältnisse des Mammuts von der Berezovka stehen in einer direkten Beziehung zu den Mammuten von Rouffignac und besonders zu einem einzelnen Tier des linken Frieses an der großen Kreuzung des Ganges Breuil: es ist 56 Zentimeter hoch (59 Zentimeter vom höchsten Punkt des Schädels bis zum untersten Ende der Vorderpfote) und 82 Zentimeter lang, von der äußersten Spitze der Stoßzähne bis zum fettesten Punkt des Schenkels. Multiplizieren wir diese Grundmaße mit fünf, kommen wir genau auf die Körpermaße des Mammuts von der Berezovka. Der «Einsiedler» von Rouffignac[65] ist demnach ganz genau die fünffache Verkleinerung seines sibirischen Kollegen. Diese Verkleinerung stimmt bis hin zu den kleinsten Einzelheiten. Das Mammut trug einen dicken Pelz aus langen, harten, groben Grannenhaaren und kürzere, feinere, aber auch viel dichtere Wollhaare. Zusammen ergab sich daraus etwas wie eine doppelte Schutzmatratze, ein Luftspeicher. Die langen Haare erreichten 45 Zentimeter. Untersuchen wir nun den «Einsiedler»: die langen Haare auf seiner Brust messen 8 bis 9 Zentimeter, was sich maßstäblich genau auf die Haare des sibirischen Mammuts übertragen läßt. Die senkrechten Manganstriche deuten die dichte Behaarung (Vlies) an; diese Züge mit bildhaftem Wert – der Künstler hat nur einige «hingebürstet» – drücken die Genauigkeit des Malers bis zum letzten Haar des Mammuts aus und lassen auch auf eine gekonnte Darstellung schließen, eine Linienführung von einer bemerkenswerten Sicherheit und Genauigkeit, die eines großen Künstlers würdig ist.

Eine tiefsinnige Verkörperung mit einem minimalen Einsatz der Mittel: eine Felswand, ein fettiger Manganstift, eine kleine Fettlampe... Immerhin eine wichtige Einzelheit: eine sorgfältige Wahl des Standortes. Der «Einsiedler» tritt aus einer «Schattenöffnung», einem tiefen Loch auf Bodenhöhe, das uns mit den unteren Stockwerken der Höhle verbindet, mit dem Bach der Finsternis und den dunkeln, chthonischen Gottheiten.

Trotz all seiner Qualitäten bleibt der Stil des «Einsiedlers» sehr einfach: die Schädel-Rückenlinie, der Rüssel, die Stoßzähne, die schweren Pfoten, der Afterdeckel (daran liegt mir viel, denn der Afterdeckel der Mammute von Rouffignac spielte eine entscheidende Rolle im Kampf um ihre Authentizität!), das typische, dreieckige Auge, einige Striche – etwa zehn – für die Wolle, einige Striche, die den Boden andeuten, all das kann in einigen Minuten verwirklicht werden. Ich habe diese Erfahrung selber gemacht, wenn ich gelegentlich meine Widmung in Büchern durch die Zeichnung des Einsiedlers ersetzt habe: er brauchte weniger Zeit als die übliche «Zueignung».

Aber kommen wir zurück auf unsere wirklichen Ausführungen in den prähistorischen Höhlen. Ein großer Mammutfries, so bewunderungswürdig wie die monumentale Gesamtheit von Rouffignac, würde für zehn Tiere eine Ausführungszeit von etwa einer Stunde erfordern, ferner Geschicklichkeit und das Genie des Künstlers selbst, alles Dinge, die es natürlich zur Vollendung des Frieses braucht. Diese Angaben, diese zeitliche Einschätzung, machen uns nachdenklich.

Sie stellen die beiden Dogmen in Frage, die während Jahrzehnten statt Nachdenken und sorgfältiger Analyse die Szene beherrschten. Man hat aus der prähistorischen Kunst eine Kunst gemacht, die beinahe gesamthaft aus Meisterwerken besteht, die aber vor allem viel Arbeit erforderte, Jahre, Jahrhunderte für die Erarbeitung und die Ausführung...

## Untersuchung einer Fläche mit Fingerspuren

Seit jeher schien mir eine rund zwei Meter große Fläche jenseits des Ganges Abbé Breuil in Rouffignac mit sehr einfachen Fingerspuren höchst bedeutsam, sowohl wegen der Art wie der Dauer der Bearbeitung *(Tafel 11)*.

Diese bescheidene Fläche läßt sich in fünf Untersuchungsebenen aufteilen[66]:

– Im ersten Abschnitt: Auf einer unberührten Fläche (dicker, biegsamer Lehm) sind mächtige und energische Spuren von Bärentatzen eingeritzt. Die Breite der Tatze, der tiefe Druck der Krallen, die bis auf den darunterliegenden mergeligen Kalk gehen, sind der Stempel des *Ursus spelaeus*, des großen Höhlenbären, des ersten Bewohners der Höhle Cro-du-Cluzeau. Lange Zeit lebte er in diesen unendlichen Gängen. Gelegentlich, zweifellos im Frühling, wenn er aus dem Winterschlaf erwachte, richtete er sich auf seinen mächtigen Tatzen auf und wischte die drei Meter hohe Decke ab.

Die Höhlenabschnitte, die er besucht hat, weisen Spuren zahlreicher Lagerstätten auf; er hatte die Gewohnheit, diese oft zu wechseln. Viele waren ihm nämlich unbequem, weil Feuersteine von der Decke heruntergefallen waren.

– Im zweiten Abschnitt: Unten weisen die Wände Löcher von vielen Tatzenspuren auf. Diese bescheideneren Spuren stammen von Braunbärtatzen; der Gang Breuil enthält sein feines, elegantes Portrait. Eines Tages, als mich der Hafer stach und ich die zur Schau getragene Ernsthaftigkeit meiner Kollegen verspotten wollte, erklärte ich, die eindrückliche Summe von 13 524 978 Tatzenkrallenspuren gezählt zu haben.

Ein berühmter Universitätsprofessor, der das Werk besprach, lobte in seinem Artikel meine wissenschaftliche Objektivität. Ich frage mich noch heute, wer genau wen verspottete. Gewisse Tatzenspuren auf dieser Fläche sind abgeschwächt, zerkratzt von kräftigeren Bärentatzen, was zeitliche Abstufungen oder die Anwesenheit von verschieden starken Bären bezeugen kann. Das Zusammenleben des Bären und des Menschen ist also klar bewiesen: Menschliche Fingerspuren zerkratzen die Bärenspuren, und später putzen diese ihrerseits die menschlichen Fingerspuren weg.

– Im dritten Abschnitt: Da sieht man, wie sich der Mensch einschaltet. Instinktiv ahmt er den Bären nach: Er legt seine Hand auf die Wand, wischt sie ab, wie es der Bär mit seiner Tatze tat. Unter einem krummen, nierenförmigen Feuerstein, in bequemer Höhe für den Menschen, hat sich eine Hand hingepreßt, rechts, leicht unterhalb der Bärentatze. Die drei wichtigsten Finger, der Zeigefinger, der mittlere und der Ringfinger, sind über die Wand hinweggefahren und haben ihren dreifachen, senkrechten Strich eingeritzt. Gleich rechts davon befindet sich der Abdruck einer vollständigen linken Hand. Der kleine und die drei großen Finger sind stark ausgeprägt, zu Beginn eindeutig stärker auf die Wand gepreßt. Der Daumen verflacht sich in der natürlichen Vertiefung, die von einem fallenden Feuerstein herstammte. Die großen Finger, die zu Beginn leicht gespreizt waren, nähern sich beim Herunterfahren einander an.

Dieser Reflex der menschlichen Hand hat sich seit vierzehn Jahrtausenden nicht verändert. Wenn Sie die Wand genau untersuchen, fallen Sie in diese Bewegung zurück. Versuchen Sie es selber. Legen Sie Ihre Hand auf dieses Blatt Papier, auf diese weiße Wand, die Finger leicht gespreizt – fahren Sie mit der Hand ans untere Ende, und die Finger ziehen sich zusammen, wie vor 14 000 Jahren!

– Im vierten Abschnitt geht der Mensch einen entscheidenden Schritt weiter. Nach den unzusammenhängenden Fingerspuren, den instinktiven Spuren, geht er zu ausdrucksvollen, sinnvollen Spuren über. Nicht mehr die Schwerkraft allein führt seine Hand. Von nun an ist er es selber, der ausdrücklich seine Striche eingräbt. Um einen Vergleich aus der zeitgenössischen Welt beizuziehen, ist es das Kind, das die Strichreihe aufgibt und nun Striche und Kreise zeichnet. Der erste ausdrucksvolle Strich liegt im Mittelpunkt der Fläche, die zu einem eigentlichen Palimpsest geworden ist. Es ist das Nacken-Rücken-Portrait eines Mammuts. Zwei gekrümmte Linien reichen aus, um den König der Tiere dieser Höhle gut kenntlich wiederzugeben. Wenn das einfache Profil für den Besucher, für den Zuschauer, dieselbe Bedeutung haben kann wie der «Einsiedler», warum sich die Mühe machen, das Tier in allen seinen Einzelheiten darzustellen? Es scheint, daß damit eine unbestimmte Hierarchie zwischen dem einfachen «Fingermaler» entsteht – nennen wir jenen so, der sich mit seinen Fingerspuren zufrieden gibt – und dem vollwertigen «Künstler-Zeichner», der ein wirkliches Werk vollbringt.

Die letzte Aufgabe, die Frage nach dem Sinn des Werkes rechtfertigt sich durch die genaue Kenntnis, die wir von seiner Entstehung erworben haben: der Spezialist lernt in der Tat mehr, wenn er die einzelnen Ausführungsphasen einer einzigen Tafel (es gibt tausend ähnliche in Rouffignac) unter die Lupe nimmt, als wenn er hundert Höhlen als Tourist besucht. Welchen Wert hat unsere Skizze? Ist sie magisch, entspricht sie der wirklichen Schöpfung des Mammuts? Ist es eine Schülerübung, ein Lehrstück? Die Vielfalt der Fragen und der möglichen Antworten beweist zur Genüge die Vielschichtigkeit dieses Menschen vor seiner Wand. Zwei Finger wischen das

Mammut aus, ungefähr rechtwinklig zum (früheren) Strich des Rüssels. Darüber legen sich die vier Finger einer Hand in einer Richtung, die offensichtlich der (früheren) Richtung des Rüssels folgt. Diese beiden sehr alten Striche (sie haben dieselbe Patina wie alle andern) bilden auf der Mammutskizze ein Kreuz. Ist dies ein Zeichen der magischen Zerstörung des Mammuts? Ist es die Ungültigkeitserklärung der gesamten gezeichneten Fläche, wie ein heutiger Zeichner mehr oder weniger wütend eine Zeichnung durchstreichen würde, die ihn nicht befriedigt? Frobenius, dessen wunderbare Aufnahmen der afrikanischen Wandmalereien in den Ablagen des Kölner Institutes schlummern, erzählt, daß vor der Antilopenjagd die Jäger mit dem Stock auf die nackte Erde die Silhouette ihrer zukünftigen Beute gezeichnet hatten, die sie mit einem Lanzenstrich durchbohrten!

Schöpferische Magie der Bild-Wirklichkeit und zerstörerische Magie sind verwandt. Im Herzen Tibets wurden zahlreiche Wandgravierungen des Ibex (ein Steinbock des Himalajas) nach der Jagd graviert. Die Darstellung hat den Sinn eines Ex-Voto nach der Großtat. Der gravierte Ibex steht an Stelle des erlegten Ibex im Pantheon der Ibexe!

Daß dieselbe einfache Geste, die Gravierung eines Tieres, je nach Ort und Zeit so verschiedenartige Bedeutungen annehmen kann, auch gegensätzliche (wie Schöpfung des Lebens neben Todesritual), bringt eine Vielschichtigkeit zum Ausdruck, die uns das Wunderbare der Menschwerdung besser begreifen lehrt.

All das (wenigstens in den letzten ausschließlich menschlichen Phasen, bevor der kleine große Bär oder der große kleine Bär auf der Wand einige ihrer 13 524 978 Krallen eingegraben hatten...) in weniger als einer Minute...

Die große Wand der Mammute in Pech-Merle (Les Cabrerets)

Michel Lorblanchet [67] legte kürzlich Arbeiten für die Tempel-Höhle von Pech-Merle in Les Cabrerets im Quercy vor.

Die Aufnahmen, die Abbé Lemozi bei der Entdeckung gemacht hatte, sind gewiß ausgezeichnet, aber es war für Lorblanchet wichtig, die Erforschung auf einer interdisziplinären Grundlage wieder aufzunehmen, um «eine vollständige Bilanz des gegenwärtigen Zustandes des schwarzen Frieses (die wundervolle Tafel der «Mammut-Kapelle» des Abbé Lemozi) zu erstellen, nicht nur um die Wandbilder besser zu verstehen, sondern auch um möglicherweise eine bessere Konservierung sicherzustellen.» Man bediente sich der neuesten Methoden und Techniken, ausgehend von den morphologischen Kartenaufnahmen der Wand, bediente sich der Photogrammetrie mit Karten, die außerordentlich genau sind. Die Erfassung der Fläche erlaubte es, elf Mammute, fünf Bisons, vier Pferde, vier Auerochsen und eine Schicht von roten Punkten zu identifizieren.

38 Fälle von Überlagerungen wurden aufgedeckt, und die technische Untersuchung der Zeichnung ist begeisternd. Michel Lorblanchet stellt fest: «Das Vorhandensein einer Vorbereitung der Zeichnung durch das Aufstellen und mit Hilfe eines Gerätes oder des Fingers [...]. Es scheint demnach, daß der Künstler zunächst seinen Figuren einen bestimmten Platz zuwies, sie mit einem leichten und unterbrochenen Strich teilweise skizzierte (was Verbesserungen erlaubte), sie dann schwarz gezeichnet hat, indem er gelegentlich seine erste Skizze verbesserte, d. h. ohne ihr immer treu zu folgen.» Ist dies nicht die Technik eines heutigen Kunststudenten? Aufteilung der Fläche, Skizze, Ausführung – dies waren jedenfalls die Arbeitsgänge, die mir meine Professoren seinerzeit einschärften.

Michel Lorblanchet geht noch weiter. Er macht in der Höhle

ein Zeichnungsexperiment, mit Kohlenstiften und der Beleuchtung von damals: «Die Beleuchtung konnte sich tatsächlich auf die Schwierigkeit und die Dauer der Ausführung der Wandzeichnungen auswirken.» Daher die Benützung eines natürlichen hohlen Steines, wie viele auf dem Grund des Schachtes von Lascaux, die mit Öl gefüllt und mit zwei Dochten ausgerüstet waren. Der Forscher stellt dann fest, daß es sehr einfach ist, die Lampe mit der linken Hand zu halten und mit der rechten mit Kohle zu zeichnen, Mammute, Rinder, Bisons derselben Größe und derselben Formen wie die des schwarzen Frieses.

Das prähistorische Vorgehen ist in dieser Rekonstruktion in seiner Gesamtheit gewahrt: Vorbereitendes Einrichten, erste Skizzen mit einem Geweihstückchen, Ausführung, die peinlich genau auf die Anzahl Striche mit dem Stift und alle gezeichneten Einzelheiten achtete. Es ist klar, daß wir diese Vorgänge genau mit der Stoppuhr gemessen haben. Ich werde nicht auf die Einzelheiten des Versuches eingehen, aber doch die konkreten Lehren berücksichtigen, die sich daraus ergeben: durchschnittlich erfordert das Zeichnen einer Figur eine bis vier Minuten. Ohne die geringste Absprache bewegen sich die Werte für die Ausführungszeit in Rouffignac und in Pech-Merle in derselben Größenordnung, denn man rechnete fünf Minuten für den «Einsiedler» von Rouffignac, der entschieden feiner ausgearbeitet, gehaltvoller ist als die «trockneren» schematischen Mammute von Les Cabrerets. Für die Gesamtheit des großen Frieses von Rouffignac rechne ich mit einer Dauer von etwa einer knappen Stunde für die zehn Mammute. Die Gesamtheit des schwarzen Frieses erforderte einen gleichen Zeitaufwand für vierundzwanzig Tierfiguren, die zwar zahlreicher, aber summarischer dargestellt sind.

Im Lichte der neuesten Forschungen kann man auch die Einheitlichkeit dieser Flächen bestätigen: Gleichheit der Techniken, des Striches, stilistische Einheit finden sich in der Mehrzahl der Figuren auf der ganzen Länge des Frieses. «Die Figuren sind aus derselben Zeit... sie stammen von derselben Hand.» Michel Lorblanchet, der sein Forschungsfeld auf die ganze Höhle ausdehnte, kommt zu gleichen Schlüssen: in Pech-Merle beweist die thematische Einheit sogar die «Kunstfertigkeit», daß die Komposition «durch einen Meister des Striches innerhalb von zweieinhalb bis drei Stunden verwirklicht werden konnte.»

## Die typischen Eigenschaften des «Meisters des Striches«

Der gewählte Ausdruck für den Handwerker, der in Les Cabrerets das Werk geschaffen hat, ist gewiß glücklich: «Meister des Striches». Die Maler der Geschichte haben uns an einen Kanon gewöhnt, der ihnen eigen ist. Der Kanon, den Rubens verwendet, um Helene Fourment zu malen, ist anders als der von Ingres bei seinen Odalisken im «Türkischen Bad», und der von Modigliani ist noch einmal anders.

Für unsere Künstler der Vorgeschichte war es bestimmt gleich. So ist der Körper des Pferdes im Mittelpunkt des schwarzen Frieses von Les Cabrerets fünf- bis sechsmal länger als der Kopf, während, so stellt Lorblanchet fest, für die gegenwärtigen Wildpferde der Körper drei-, vier- oder fünfmal die Länge des Kopfes ausmacht. Diese Beobachtung schien mir interessant. Verwendet nicht jeder Meister ganz typische Größenverhältnisse? Eine der sichersten und bequemsten Kennziffern ist bestimmt jene Grundformel, die die Breite mit hundert multipliziert und diese Zahl durch die Länge dividiert. Dies ist die Kennziffer, die es uns erlaubt, leicht den länglichen dolichozephalen Schädel vom kurzen, brachyzephalen Schädel zu unterscheiden.

Wendet man diese Kennziffer auf das zentrale Pferd von Les

Cabrerets an, ist sie 15 für eine gegenwärtige Zahl von 25 bis 28 Wildpferden.

Ohne Zweifel müßte man, um derartige Daten zu systematisieren, sie für große Einheiten berechnen und verschiedene Wildpferderassen berücksichtigen, nach zeitlichen Perioden oder nach geographischer Verteilung geordnet. Ich lege diese Zahlen nur als Anregung vor, das Problem des ästhetischen Kanons, der jedem Zeichenkünstler eigen ist, gründlicher zu erforschen, damit man seine Persönlichkeit besser erfassen kann.

Claude Barrière[68] machte eine interessante Bemerkung zu den Ausführungstechniken in seinen umfassenden Aufnahmen der Gravierungen von Les Combarelles. Er fand auf den Wänden – oft versinterte – Spuren schwarzer Farbe. Da die Höhlenwand in sehr schlechtem Zustand ist, ist es der Zustand der Konservierung nicht weniger, und diese Spuren bieten nur unterbrochene Striche, die oft zersetzt sind. Ihr Zustand erlaubt immerhin eine wichtige Beobachtung: die Gravierungen unterbrechen die schwarze Farbe, wo diese übriggeblieben ist. Ein ausgezeichneter gravierter Steinbock – das einzige gemeldete Exemplar – wurde auf Kosten eines früheren schwarzen Striches erstellt. Der schwarz gemalte Strich, dem die spätere Gravierung sehr genau folgt, bezeugt den Wert der gemalten Skizze. Der gemalte Strich, der einfach auszuführen ist, bereitete die Gravierung vor, die mühsam und schwieriger ist. Müßten wir die Techniken der prähistorischen Darstellungsweise sorgfältiger untersuchen, um die unseren zu verbessern?

# Die prähistorische Familie

## Die familiäre Dreiheit

Im Gegensatz zu einer weitverbreiteten Vorstellung sind die bildlichen Tierdarstellungen nicht immer nach dem Zufall verteilt. Mögen die Anforderungen der Magie die Überlagerung von Bildern oder ihre ungeordnete Darstellung erklären, die sich nicht um die Komposition kümmert, so beobachtet man doch gelegentlich eine mehr oder weniger ausgeklügelte Planung, nach der ein bestimmtes Thema gegliedert ist. Etwa das Motiv mit den drei Tieren der gleichen Art, eine Gruppierung mit einer offensichtlichen sozialen Aussage, die einen wichtigen Schritt auf dem langsamen Weg zur Menschwerdung kennzeichnet: die familiäre Dreiheit. Die wundervolle Eulen-Gruppe der Höhle von Trois-Frères (Höhlengruppe des Volp im Ariège) ist ohne Zweifel eine der ersten Dreiheiten, die gefunden wurden, und ihr eindeutig familiärer Charakter bürgt für viele gleichartige Kompositionen.

«Die beiden hauptsächlichen Subjekte sind [. . .] Eulen, vermutlich Schnee-Eulen, die sich gegenübersitzen,» kommentiert Abbé Breuil [69] in der Monographie, die er mit dem Grafen Henri Bégouën, meinem Vorgänger an der Universität Toulouse, verfaßte. Der Abbé fährt fort: «Der Vogel zur Linken ist von sehr schönem Realismus. Man sieht ihn aus dem Profil, von rechts, außer dem Kopf, der von vorne ungefähr rund ist, mit einem Augenpaar in senkrechter Spindelform: die Schwungfedern der angelegten Flügel und des kürzeren Schwanzes sind sehr gut wiedergegeben, er bildet das Gegenüber zum zweiten Vogel, nach links gewendet, mit rundem

Kopf, den Körper mit sehr geschwellter Brust im Halbkreis. [...] Zwischen den beiden befindet sich vielleicht ein dritter Vogel, das Junge dieses Paares, auf Kopf, Hals und einen Teil des Körpers beschränkt.»

Die Dreiheit ist auf einem Felsvorsprung eingraviert, dessen unterer Teil in der tiefen Finsternis verschwindet, eine Art Schattenöffnung, der Sockel der Familie der Nachtvögel. Diese außergewöhnliche topographische Lage bringt die Familie zur Geltung und unterstreicht ihre Bedeutung.

Ebenfalls in tiefen Gängen, diesmal in Rouffignac, habe ich zwei weitere typische Dreiheiten aufgespürt. Bei einem seiner ersten Besuche (ich glaube, es war am 17. Juli 1956) anerkannte Abbé Breuil als «Familie» den Fries der drei Nashörner am Anfang des Ganges, der nun seinen Namen trägt *(Abb. 16)*. Ich erinnere mich an die intensiven, tiefen Gefühle des alten Meisters vor diesen drei herrlichen Nashörnern. «Die schönsten der Kunst des Quartärs!» mußte er zugeben. Und er unterstrich sein Werturteil mit sehr gewagten Ausrufen der Bewunderung, bei denen der Name des Herrn in sehr wenig liturgischen Formen auftauchte...

Im ersten Nashorn rechts, das zum Licht und ins Freie strebt, sah er gerne «das Nashornkind», das mit fettem Manganstift am summarischsten behandelt ist. Das Kind wird von der «Mutter Nashorn» auf den rechten Weg, in die Freiheit geführt. Sie hat das längste Horn, das feinste und das schlankste, das ihr offensichtlich dazu dient, die Jungen anzuleiten: Sie

Abb. 16: Die drei Nashörner von Rouffignac

hält sie davon ab, zur Seite zu gehen. Für diesen Brauch des Nashornvolkes – der Kleine an der Spitze, gefolgt von der Mutter, die ihn führt, und dem Vater als Schlußlicht – fand ich später die zoologische Bestätigung im prächtigen Tierreservat von Ngorongoro, dessen weiter Krater auf der Bruchlinie des ostafrikanischen Grabens Büffel, Flußpferde und Nashörner beherbergt.

## Mutter und Kind

In Rouffignac, einige Meter entfernt von den beiden Mammuten «der Entdeckung», auf der Decke der Höhle, haben zwei Gravierungen, leicht versetzt, eine lustige Geschichte. Es lohnt sich, sie hier zu erzählen. Ende Juli 1956 kam ich von einer langen Arbeitssitzung mit meinem Freund, Charles Plassard, dem Herrn und Meister dieser unterirdischen Örtlichkeiten, in denen er sich mit der Sicherheit und der Behendigkeit einer Katze bewegte. Auf Kosten seines Schädels hatte er die Dauerhaftigkeit eines nierenförmigen Feuersteins geprüft, der aus der Decke herabschaute. Ich hatte das dumpfe Geräusch des Zusammenpralls gehört, gleich dem einer Kugel beim Boule-Spiel. Das Blut floß sehr rot auf eine schöne Elfenbeinkugel und zeichnete langsam großartige Ströme. Wir kamen also zurück, nach zwölf Stunden harter Forschungsarbeit. Gegenüber von den Mammuten «der Entdeckung» bemerkten wir auf der Decke tief markierte Züge. Die Karbidlampe, die wir mit unseren Armen über unsere Köpfe hinweghielten, folgte den Umrissen. Zwei auseinanderstrebende Punkte waren sehr deutlich und, gegen den Punkt, an dem sie zusammenkamen, ließen feine, aber tiefe Schraffierungen wie ein Büschel Haare oder Federn vermuten... Wir drehten und wendeten die schwere Lampe, und wir drehten uns mit ihr. Unsere schlecht gefüllten Mägen und unsere müden Körper mußten sich ebenfalls umdrehen! Mit dem Rücken zur Wand schien es uns, wir sähen einen großen Vogel, vor allem durch seinen Schnabel angedeutet, der ebenfalls weit offen stand...

Und wir kritzelten auf einen Zettel, den wir in den Spalt einer Haselnußrute steckten: «Vogel». Wir würden später sehen.

Das «Später» ließ nicht lange auf sich warten, es kam mit dem Besuch von Professor Paolo Graziosi[70] von der Universität Florenz am 9. August. Wir nahmen unsern Gang rund um die merkwürdigen Figuren glücklich wieder auf, denn Vögel sind in der prähistorischen Ikonographie sehr selten. Würden wir ein Vogelpaar identifizieren, vergleichbar mit den Eulen von Trois-Frères? Ich kommentierte die Gravierungen, wie ich sie bei ihrer Entdeckung gesehen hatte – die Züge des Schnabels sehr tief, die Haarbüschel oder die Federn mit sehr feinen Strichen. Vor mir suchte unser Gast die Decke ebenfalls sehr aufmerksam ab. Er folgte meiner Vorführung – er sah das Bild auf dem Kopf stehend, und mitten in die allgemeine Erörterung hinein rief Professor Graziosi, in olympischer Ruhe und lächelnd, aber etwas atemlos: «Es ist ein Nashorn!» Und so kam das erste gravierte Nashorn von Rouffignac zum Namen «Paolo» *(Abb. 17)*. Bewundern Sie nun die Wölbung der Hörner, das massive Vorderteil, ganz fettleibig, oberhalb des Widerrists die langen, zerzausten Haare. Die Zeichnungen und Gravierungen auf der Decke haben in der Tat keine Erdlinie, wie die senkrechten Figuren auf den Wänden. Drehen Sie Ihr Buch um, und auch Sie werden den bedrohlichen, hakenförmigen Schnabel eines Raubvogels erkennen!

Sehr weit von Rouffignac, sowohl zeitlich wie räumlich, verwechselten Eingeborene Sibiriens, die Iukaghir, die fossilen Schädel der Nashörner mit jenen Riesenvögeln der Fabel, mit denen ihre Vorfahren um die Jagdbeute hatten kämpfen müssen. Und im Geiste der Iukaghir waren die Hörner der Nashör-

Abb. 17: Paolo aus Rouffignac

ner die gewaltigen Klauen jener Raubvögel. Wie soll man nicht in diesem Zusammenhang an die alten sibirischen Legenden erinnern: «Diese Ratten, ebenso groß wie die Elefanten, diese Ratten, die in der Erde leben und sogleich sterben, sobald sie ins Freie kommen oder das Licht der Sonne sie erreicht»...

Wenn sie ein Mammut sahen, das von einem Schneegewitter erschlagen oder unter dem Schlamm des aufgebrochenen Eises vergraben war, stellten sich die Primitiven nicht vor, daß das Mammut unter der Erde lebte und hauste? Gegenwärtig untersuchen sowjetische Gelehrte, L. Moritch und A. Mechkov die Orte, an denen Mammute zu Hunderten verendeten: sie denken, daß diese Tiere einen Winterschlaf machten wie die Bären, und sich auf die kalte Jahreszeit vorbereiteten, indem sie große Herden bildeten, sich aneinanderschmiegten und sich nebeneinander hinlegten. Der Schnee löste ihren Tod aus, sie schliefen ein, um niemals wieder zu erwachen. Auch in der Vorgeschichte ist die Wirklichkeit sehr nahe bei der Dichtung!

## Eine Raubkatzenfamilie

Ein breiter Rippenknochen, vermutlich von einem großen Rind, geschickt der Länge nach gespalten, trägt wunderbare Gravierungen von Raubkatzen. Er stammt aus der tiefen Schicht IV von Alliat (Höhle La Vache) und ist mit C-14 auf 10 900 v. Chr. datiert. In die Geschichte ist er unter dem Namen «Löwenfries» eingegangen[71]. Dieses außergewöhnliche Fundstück ist eine genaue Erörterung wert.

Kurz nach seiner Entstehung brachen die beiden Enden ab (nur der mittlere Teil ist erhalten); es stellt eine herrliche Löwin dar, die dem Hinterteil eines zweiten Tieres folgt und vor der Schnauze eines dritten einhergeht.

Die mittlere Löwin, mit kräftigem sicherem Strich eingeritzt, rennt mächtig auf der beinahe gesamten Länge der Rippe. Ihr geschmeidiger, länglicher Körper, die Hinterpfoten nach hinten gelegt, beinahe waagrecht, ihr schlanker Bauch, all dies sind Elemente, die ihr einen wundervollen Ausdruck von Kraft und Geschmeidigkeit verleihen und in gewisser Weise den fliegenden Galopp der Pferde von Géricault vorwegnehmen. Der genaue Umriß des Kopfes zeigt das typische Profil einer Raubkatze aus der Familie der Löwen. Die Ohren sind ausgezeichnet behandelt, das rechte Ohr hinter der Stirnlinie versteckt, das linke vor ihr. Sichere Striche zeichnen die bebenden Nüstern und das kreisrunde Auge, und zahlreiche kleine Längsstriche täuschen ausdrucksstark ein kurzes, dichtes Fell vor. Der Schnurrbart der Oberlippe wird durch eine doppelte Reihe von stärker eingeritzten Rillen hervorgehoben. Hinten endet der erhobene Schwanz in einem dichten Haarbüschel.

Das Geschlecht ist nicht eingezeichnet, obschon für ein männliches Geschlechtsteil Platz vorhanden gewesen wäre: Die allgemeine Eleganz der Form erlaubt daher, auf die Darstellung eines weiblichen Tieres zu schließen. Die zweite Wildkatze, von der nur die hintere Hälfte erhalten blieb, kam in den Genuß derselben künstlerischen Behandlung, derselben stärkeren Gravierung des Umrisses, derselben ausdrucksvollen feinen Rillen für das Fell. Der Schwanz ist nach unten gerichtet und endet in einem mageren Büschel. Die schrägen Pfoten setzten zum Sprung an...

Wenn die mittlere Raubkatze 101 Millimeter lang ist, mit 28 Millimetern für den Schwanz, so hat die vorausgehende Raubkatze einen leicht kürzeren Schwanz (26 Millimeter), was bei einem gleichen Verhältnis die Extrapolierung einer Gesamtlänge von 76 Millimeter ergäbe. Entschieden kürzer, könnte dieses zweite Raubtier ein «Junges» darstellen!

Die Schnauze des dritten Tieres erscheint unmittelbar hinter der Kruppe der mittleren Raubkatze, und es trägt den Schwanz aufgerichtet! Seine Schnauze ist schwerer, seine Haltung erinnert an viele Tiere im Stadium des «Paarungsvorspiels.»

Sehen wir uns nun die Entstehung dieser Gravierung an und gehen wir dem psychologischen Vorgang der Ausarbeitung nach. Die erste Raubkatze, die nun auf ihr Hinterteil beschränkt ist, war bestimmt die erste, die eingeritzt wurde. Ihr Schwanz, in einem ununterbrochenen Schwung gezeichnet, entstand vor den Vorderpfoten des mittleren Tieres, das diese Linienführung berücksichtigt.

Dieses entstand vor der Schnauze des dritten, welche mit Rücksicht auf den prächtigen Schwung des Schwanzes des zentralen Subjektes graviert wurde. So wurde dieses Familienbild von links nach rechts ausgeführt: das linke Tier als erstes, dann die mittlere und schließlich die rechte Raubkatze. Diese Bewegung in der Ausführung von links nach rechts wäre die heute übliche.

Oberhalb des Frieses eilt eine kurze Wellenlinie dahin, eine Reihe von Dreiecken, die nach links leicht auseinandergezogen sind, die Spitze nach unten. Diese eindeutig geometrische Folge von «Wolfszähnen» enthält dieselben sekundären Verzierungen von kleinen, regelmäßigen Parallelstrichen wie jene, die das Fell der Raubkatzen skizzieren.

Das Fundstück belegt die Existenz einer höchst entwickelten figurativen Tierkunst neben einem rein geometrischen Ornament. Die Tierkunst, die mit der Wirtschaft des Magdalénien verbunden ist, wird sehr bald verschwinden (was den Akzent auf die «Jagdfunktion» dieser Kunst legt), während das Wolfszahn-Ornament, das von dieser Funktion unabhängig ist, weiterlebt und in den kommenden Jahrtausenden einen eigentlichen Aufschwung erlebt und auch auf andern Trägern erscheinen wird, wie der Keramik gegen das 4. und 3. Jahrtausend.

## Eine Großfamilie von Bären

Ein in der Ikonographie orginelleres und neuartigeres Familienbild wird uns durch das «Glättewerkzeug mit den Bären»[72] vorgestellt, das aus der gleichen Fundstätte stammt und in der Schicht II entdeckt wurde; zeitlich wird es auf 10 590 v. Chr. geschätzt.

Aus einem großen Knochenspan herausgeschnitten, zeigt dieser Glätter auf seiner leicht konkaven Hauptseite eine geordnete Gruppe von vier Bären.

Von links nach rechts beobachtet man drei Bären im Profil, und ein vierter, letzter ist von vorn graviert. Der erste, wichtigste, bewegt sich nach rechts. Seine Züge sind klar und kräftig. Sehr feine Schraffierungen, eng und krumm, formen die behaarten Bereiche. Seine Masse wie seine Kraft kennzeichnen das Tier als die Familienmutter. Die drei weiteren Bären sind mit weniger Kraft behandelt. Das zweite Subjekt versteckt sich teilweise hinter seiner Mutter, das dritte reitet teilweise auf dem zweiten.

Das vierte Tier steht für sich und ist ganz von vorne gesehen. Ein Bruch hat es unvollständig gemacht und beim linken Ohr verstümmelt. Aber der Anfang seiner Rückenlinie auf der Höhe des Schädels, zwischen den beiden Ohren, läßt eine Fortsetzung des Körpers nach rechts vermuten. Zu Beginn bewegte es sich also von rechts nach links, in Richtung seiner Artgenossen. Und wie es dies tat, integrierte es sich vollkommen in die Szene. Diese kann als eine Bärenfamilie gedeutet werden, die Mutter mit ihren drei Jungen, was uns nicht erstaunen kann, denn eine Bärenfamilie umfaßt in der Regel drei Kinder.

## Die kosmogonische Dreiheit der Mammute von Rouffignac

Die bildlichen Darstellungen an den Höhlenwänden sind nach einer bestimmten Richtung orientiert. Die Nashornmutter und ihr Kind auf der Decke von Rouffignac sowie «Paolo» verlassen die Höhle: eine Einzelheit, die mir zu Beginn nicht aufgefallen ist, so wie auch die Dreiheit der Nashörner sich dem Ausgang zu bewegt.

Dringen wir beim Heiligen Weg in den tiefen Teil des Ganges ein, haben wir von links nach rechts zwei Mammute, die hintereinander hergehen. Am Ende des Bildes finden wir zwei weitere Mammute, deren mittlere Zeichnung bestimmt die schönste Mammutfigur der ganzen Kunst des Quartärs ist!

Wenn ich bei einem Vortrag über Rouffignac die Gelegenheit habe, zeige ich gerne dieses Mammutbild, und im allgemeinen wähle ich ein schwarzweißes Lichtbild, um unmittelbar einen Vergleich mit dem schönen, gravierten Mammut von Les Combarelles machen zu können, das seit Beginn dieses Jahrhunderts wohlbekannt ist. Die Gegenüberstellung der beiden Werke erleichtert das Aufstellen eines Wertmaßstabes zugunsten des Mammuts von Rouffignac. Das Urteil muß allerdings differenziert werden, weil wir wissen, daß nicht alle Schöpfungen eines einzelnen Menschen dieselben Qualitäten aufweisen. Schließlich bezeugen auch die Werke Rubens', Rembrandts, Renoirs oder Picassos nicht alle gleichermaßen das Genie, das sie hervorgebracht hat. Ist es daher nötig, zwischen zwei Künstlern der Vorgeschichte eine Hierarchie aufzustellen? Trotz allem müssen wir feststellen, daß der Meister von Rouffignac hier dem von Les Combarelles überlegen ist.

Kann ich zum Schluß anfügen, daß ich ein schwarzweißes Lichtbild des Mammuts von Rouffignac wähle, um dieses nicht durch den ästhetischen Vorteil (den es der Farbe verdankt) zu begünstigen? Auf dem wundervollen Schild des Heiligen Weges zwischen den beiden Mammuten, die hereinkommen, und den beiden, die hinausgehen, befindet sich ein Bild, das außergewöhnlich ist wegen seines Aufbaues, aber vor allem wegen seines Standortes inmitten der Szene. Denn in der prähistorischen Kunst unserer Höhlen ist die topographische Lage oft aufschlußreicher als das eigentliche Thema. Zwischen dem ersten Tier, das hereinkommt, und dem ersten, das hinausgeht, stehen sich zwei große Mammute gegenüber «von Angesicht zu Angesicht»; dazwischen schiebt sich ein eigentliches Mammut-Kind, von geringer Größe, wie es sich für dieses Alter gehört, mit einem sehr prominenten Stirnbuckel, der sogar etwas überproportioniert erscheint. Die ganz kleinen Kinder scheinen oft einen sehr langen Schädel in der Form eines «Zuckerbrotes» zu haben. Das Auge des Säuglings liegt genau unter einem Vorsprung, und sein Rüssel ist reichlich mit langen Haaren versehen, die für die Gattung typisch sind.

«Der Szene fehlt die Gewalt (die beiden großen Mammute ‹rivalisieren miteinander›, hatte ich 1956 geschrieben), und nähert sich eher dem Familienbild.» Ist es nicht in der Tat ein eigentliches Bild? Die beiden Chefs lassen unter ihren Stoßzähnen einen dreieckigen Raum frei, und diese Leere wird vom jungen Mammut ausgefüllt, ein herrliches Beispiel für eine pyramidale Konstruktion.

Was mir in dieser Szene auffiel, war wirklich die Bestätigung dieses Hauptthemas, das in Rouffignac immer wieder verfolgt wird[73], die Gegenüberstellung, die Pyramidenkonstruktion, das Motiv, das man oft «heraldisch» nennt. Tiere, Gegenstände, Themen sind sich gegenüberstehend dargestellt, zu beiden Seiten einer Achse. Ein berühmter Autor, als er diesen Kompositionsgrundsatz erörterte, behauptete, daß er in der prähistorischen Kunst unbekannt sei. «Diese Komposition», schrieb er, «erscheint zuerst im Nahen Osten, und man findet das früheste Beispiel in einem Flachrelief, das zwei sich angreifende Raubkatzen darstellt, in einem Tempel von Çatal-Hüyük in Anatolien, gegen 6000 v. Chr.»

Ich bedaure, lieber Kollege, aber das «heraldische» Thema ist im Abendland seit rund zehn Jahrtausenden bekannt: Lascaux, Font-de-Gaume, Les Combarelles liefern uns zahlreiche Beispiele heraldischer Kompositionen. Die Entdeckung Rouffignacs hat die Beispiele nur vervielfacht. Die Höhle zählt in der Tat sechzehn Fälle von Gegenüberstellungen, welche die Mammute (zehn), die Bisons (fünf) und ein einziges anthropomorphes Beispiel (das prächtige «Adam und Eva») betreffen. Diese reiche Ausbeute hat mich veranlaßt, viele Figuren meiner früheren Entdeckungen erneut zu untersuchen. Dies ist ein ornamentaler Begriff, ein intellektuelles Thema, das in die Komposition unserer Höhlen ein typisches Gleichgewicht bringt, das auf dem Weg zur Menschwerdung ebenso wichtig ist wie das Gleichgewicht des Zweiseiters aus dem Acheuléen vor 500 000 Jahren!

Der familiäre Gesichtspunkt des reichen Schildes von Rouffignac mit seinen fünf Figuren, worunter der Mammut-Säugling, leitet eine neue Epoche in der prähistorischen Kunst ein (vorher kannte man nur die kleine Eule in der Höhle von Trois-Frères), ermöglicht uns eine neue Deutung des Werkes. Zwei Mammute kommen herein, vermutlich im Herbst, in der kalten Jahreszeit, und suchen Asyl und Schutz in der Wärme der Höhle; zwei Mammute gehen hinaus, aber mit einem jungen Mammut, das in der Höhle geboren wurde, in den schönen Frühlingstagen.

Damit erhält die Höhle eine tiefe Bedeutung. Sie ist der Ort der Trächtigkeit der Tierwelt; sie ist das Symbol des neuen Lebens. Und ich erinnere mich in diesem Zusammenhang an den Unterricht meiner Lehrer an der Sorbonne in griechischer Archäologie. Diese Allegorie von Rouffignac, diese Kosmogonie des Magdalénien, wir finden sie in der Tat wieder, 10 000 Jahre später, in Griechenland, in Eleusis, dem Heiligtum der Demeter, der Göttin, die die Erde verkörpert. Der Gott der Unterwelt, Pluto, hatte sich der Kore bemächtigt, der Tochter Demeters. Pluto sperrt seine Eroberung in der Finsternis ein. Während langen Jahren sucht Demeter ihre Tochter umsonst. Zeus, der Vater und Herrscher über die Götter, entscheidet den schmerzlichen Konflikt. Kore wird ihre Zeit zwischen der Mutter und dem Entführer teilen, zwischen der Unterwelt und der Erde. Im Herbst geht sie durch die Grotte Eleusis, die schwarze Höhle des Plutonion, für sechs Monate in die Unterwelt. Die große Trauer der Natur begleitet ihr Exil. Dies ist der Tod aller Vegetation. Im Frühling steigt Kore wieder empor zur Erde. Dies ist die Wiedergeburt, das Leben, die neue Vegetation.

In der griechischen Hirten- und Bauernwirtschaft kann der Mythos von Demeter und Kore nur «pflanzlich» gedeutet werden, verknüpft mit der Erneuerung der Natur. In der Welt des Magdalénien, des Périgord vor 12 000 Jahren, einer Welt der Jagdwirtschaft, kann der Mythos nur ganz eng mit der Tierwelt verbunden sein. Das junge Mammut von Rouffignac wird zum Symbol der Erneuerung, der Verkörperung des Frühlings. Das Motiv des Lebens, seiner Ewigkeit, seiner zu jeder Jahreszeit wiedergefundenen Jugend, konnte nur in Ländern entstehen, die ein gemäßigtes Klima mit klar abgegrenzten Jahreszeiten, mit Winter und Sommer kennen. (Wie die Zweifüßigkeit, der aufrechte Gang, sich nur in angenehmeren Klimazonen entwickeln konnte, wo das Heruntersteigen von den Bäumen das Erkunden der Savanne erlaubte).

Das Motiv des Lebens – die Erneuerung der Tier- und Pflanzenwelt – wurde daher seit eh und je behandelt.

Der Übergang von der Jagdwirtschaft des Paläolithikums zur Hirten- und Landwirtschaft des Neolithikums ist gewiß bewunderungswürdig. Aber noch bewunderungswürdiger ist die Anpassung der Mythen an die neuen Landschaften. Die Wirtschaftsformen wechseln; das Rohmaterial ebenfalls. Das schöpferische Genie jedoch bleibt dasselbe, wie die «wunderbare Nadel» uns gezeigt hat. Es ist diese Dauer im Wandel, die wir immer vor Augen behalten müssen. Durch sie verherrlicht sich die Menschwerdung, viel mehr als durch das Verschwinden eines Zahnhöckers.

## Die Lehm-Bisons von Le Tuc-d'Audoubert

Ich möchte diese Familien mit ihrer zusätzlichen kosmogonischen Bedeutung die «schöpferische Dreiheit» nennen, die aus den unterirdischen Tiefen emporsteigt, als Dreiheit der Nashörner oder der Mammute von Rouffignac sowie Vertreter weiterer Tierarten.

Ein eindrückliches Beispiel findet sich in den Höhlen des Volp im Ariège, in Le Tuc-d'Audoubert[74].

1921 spüren die Söhne des Grafen Bégouën (die «drei Brüder») dem wiederauftauchenden unteren Volp nach und gelangen in große Gänge mit ausgezeichneten Gravierungen aus dem Magdalénien. Jenseits eines aufsteigenden Ganges durchbricht Max Bégouën einen Stalagmitenvorhang, öffnet einen neuen Gang und entdeckt im letzten Saal die «Lehm-Bisons» *(Tafel 12)*. Daher das berühmteste Telegramm der Forschungsgeschichte der Prähistorie, das noch am selben Abend an Emile Cartailhac abgesandt wird: «Die Magdalénienjäger modellierten auch mit Lehm!»

Zwei Jahre später entdeckten die drei Brüder die Höhle, die heute ihren Namen trägt.

Die beiden Höhlen, jede mit einer Ausdehnung von rund 750 Metern, haben unabhängige Zugänge (jedenfalls in der gegenwärtigen geologischen Struktur): Tuc-d'Audoubert durch den Austritt des Volp aufs Tal hinaus; Trois-Frères durch die Hochebene, dann – eine spätere Entdeckung – durch das Versickern des Volp bergwärts, also auf einer Höhe oberhalb des Flußniveaus. Die Anlagen der beiden Höhlen überschneiden sich; ein Gang von Trois-Frères führt im Abschnitt der Lehm-Bisons über die Gänge des Tuc hinweg. In seiner Monographie von 1958 fragt sich Abbé Breuil, ob die unterirdische Anlage «zur Zeit ihrer Ausschmückung in zwei Bereiche aufgeteilt oder ein einziger war. [...] Nach den topographischen Aufnahmen [...] trennen einige Meter eines niedrigen Ganges, der mit Lehm verstopft ist, die beiden Höhlen, und es besteht die Aussicht, daß dies nur eine einzige prähistorische Höhle war.» Wie immer sind die topographischen Angaben von Bedeutung.

Diese beiden Lehm-Bisons sind die berühmtesten Beispiele für Lehmskulpturen in der prähistorischen Welt. Doch warum verschweigen, daß es eigentlich drei Figuren sind?

Beim Eintritt durch den Eingang der Entdecker, d. h. durch den Tuc, sieht man als erstes einen großen männlichen Bison, in der klassischen Technik modelliert, aus breiten Lehmplatten geformt, die in der unmittelbaren Umgebung abgekratzt wurden. Er ist 63 Zentimeter lang, zu flach für seine Größe; er lehnt sich an eine felsige Ausbuchtung in der Mitte des kleinen Saales an. Vor ihm das Weibchen, 61 Zentimeter lang, ein bißchen weiter unten; auch sie lehnt sich an, und auch sie ist eindeutig flacher, als sie sein sollte (wäre es ein technisches Erfordernis beim Modellieren, daß diese Körper so übertrieben flachgedrückt sind?).

Die ausgeformten Geschlechtsteile lassen keinen Zweifel. Das oberhalb stehende Männchen stößt das vor ihm befindliche Weibchen. Man könnte von einer Haltung des Paarungsvorspiels sprechen, wie wir sie von einigen seltenen Beispielen kennen. Aber die Anwesenheit eines dritten Bisons[75], eine Skulptur von geringerer Größe, die nur 26 Zentimeter lang ist, läßt uns in dieser Szene eine Dreiheit sehen.

Kurz nach seiner Entdeckung wurde dieser dritte Bison entfernt und in die Reserven des Musée national des Antiquités in Saint-Germain versetzt. Anläßlich meines Besuches in Le Tuc, den Louis Bégouën organisiert hatte, fehlte er noch. Kürzlich wurde eine Kopie des jungen Bisons erstellt, ein Abguß des ursprünglichen, modellierten Lehm-Originals, und im Saal an seinen ursprünglichen Platz vor dem Paar hingestellt.

Wenn wir dem Vorbild der Mammute und Nashörner von Rouffignac folgen, müßte die schöpferische Dreiheit die Höhle verlassen. Hier kommt sie jedoch herein. Max Bégouën entdeckte die Bisons, als er den Lauf des Volp hinaufstieg. Er erblickte sie von hinten, d. h. er entdeckte ihre Kruppen! Aber ist dieser Durchgang nicht künstlich – mußte man doch, um ihn zu öffnen, einen Stalagmitenvorhang zerschlagen, der einen Engpaß von 35 Zentimeter Höhe und 53 Zentimeter Breite zusperrte?

Würde man «einige Meter eines niedrigen Ganges, der mit Lehm verstopft ist», freimachen, wie Abbé Breuil feststellte, käme man ohne Zweifel nicht mehr über den Tuc, sondern durch die Trois-Frères herein, die einen normalen Zugang zum Saal der Bisons bildeten. Es ist üblich, auf Gänge zu stoßen, die durch Verschüttungen, Ströme, Lehmpfropfen verstopft sind, um so eher, als dieser Gang von Trois-Frères zum Tuc absteigt. Geologisch gesprochen schließlich erfordert die Entstehung des eingeschlagenen Stalagmitenvorhangs mehr Zeit als die Blockierung durch Lehm; eine besonders nasse Klimaphase schafft dies in einer einzigen Jahreszeit.

Dann würden die Bisons in umgekehrter Richtung gehen. Die Dreiheit würde die Höhle durch die Öffnung verlassen, durch die die Wasser hereingekommen sind. Ein wahrer Ausgang, was zu beweisen war.

## Die Lehmplastiker von Le Tuc-d'Audoubert

Diese drei Bisons, die etwa 14 Jahrtausende alt sind, stellen uns vor ein interessantes Problem. Vor diesen Lehmskulpturen reagieren Kunsthistoriker und Archäologen anders. Gewiß tragen Fremdartigkeit des Ortes und das sehr hohe Alter der Gestalten dazu bei, ein Klima vollkommener Bewunderung zu schaffen, gesteigert durch ihre Einzigartigkeit. Diese ist allerdings mehr das Ergebnis eines Wunders der Konservierung als einer einmaligen Schöpfung.

Zu jener Zeit waren Lehmskulpturen gewiß sehr zahlreich und dank des im Überfluß vorhandenen Rohmaterials in Griffweite leicht auszuführen. Einzig die Skulpturen, die in den tiefsten Tiefen der Höhlen geschaffen wurden, in den unzugänglichen Höhlen (Bédeilhac, Montespan, Le Tuc), haben der Zerstörung durch Besucher wie der allmählichen Auflösung des Lehms Widerstand leisten können. Der Kunsthistoriker wird nicht verfehlen, sich bei der Untersuchung der Plastiken über die irrtümlichen Größenverhältnisse, die übertriebene Abflachung der Flanken der Tiere zu wundern, ist doch Lehm in der unmittelbaren Umgebung im Überfluß vorhanden.

In der unmittelbaren Nähe der Plastiken hat man auch drei Lehmwürste gefunden; man formte sie, indem man zwischen den Händen ein Stück länglichen Lehms rollte. Darin wollte man Phallussymbole sehen, die gemeinsam mit den Bisons «Fruchtbarkeitsriten... bezeugen, die dazu dienten, die Vermehrung der Art sicherzustellen.»

Rundherum finden sich im lehmigen Boden etwa ungefähr fünfzig Fußspuren von etwa fünfzehnjährigen jungen Leuten (von elf- bis dreizehnjährigen, verbessert Dr. H.-V. Vallois). Das Gewölbe ist nur 1,30 Meter hoch, und die Beobachter stellen sich eine ganze magische Szene vor, einen wahren Ritualtanz, die Fersen sind im Boden stark eingeprägt: rund um das «Paar», die «Dreiheit» der Bisons, stellen sie sich ein geheimnisvolles Ritual vor, das den Phallus miteinbezieht. Die Ereignisse haben sich (vielleicht) auf eine ganz andere Art und Weise abgespielt. Wenn man weiß, daß fünfzehnjährige Kinder aus dem Magdalénien für jene Zeit reife Jugendliche waren, nahe der Schwelle zum Erwachsenenalter (im Verhältnis zu unserer Langlebigkeit von siebzig Jahren entspräche dieses Alter mehr als zwanzig Jahren heute), warum sieht man in diesen Schritten nicht einfach die Fußspuren der Bildhauer? Sie bewegten sich auf merkwürdige Weise vorwärts, denn das Gewölbe war niedrig. In ihrer Angst, so weit entfernt vom Ausgang, vollendeten sie die vertraute Skulptur, ließen ihre drei Figuren zurück, für die sie keine Verwendung mehr hatten. Unsere Meinung ist umso wahrscheinlicher (und dies ist unser Hauptargument!), als diese Lehmwürste, so länglich und so dünn, schäbige Phallussymbole wären!

# Entstehung einer Mythologie

## Einige prähistorische Quellen der klassischen Mythologie

Das Schild mit den fünf Mammuten von Rouffignac, mit seinem Paar, das im Herbst in die Höhle kommt, dort den Winter verbringt und im Frühling mit dem Mammut-Säugling wieder fortgeht, erinnert an den Mythos der Demeter. Die Höhle als Fluchtort symbolisiert für den Jäger des Magdalénien das wunderbare Bild von der Mutter Erde: Der Vorplatz von Rouffignac hat daher eine andere Funktion als den eines einfachen Eingangs zur Höhle. Auf den Terrassen vor dem Plutonion von Eleusis, in den benachbarten Tempeln, wurden ausgewählte Griechen in die Mysterien eingeführt, in epische Berichte des heiligen Dramas, in denen die Legende von Kore und der Vereinigung von Demeter und Zeus gespielt und besungen wurde.

Der Vorplatz von Rouffignac war vielleicht ebenfalls Schauplatz solcher Mysterien, doch sind uns jene Gegenstände auf vergänglichen Unterlagen nicht überliefert, genauso, wie uns auch die Gesänge, Tänze und Zeremonien nicht überliefert wurden. An diesem Ort war eine szenische, eine Kunst des Theaters wahrscheinlich, selbst wenn uns davon keine archäologische Spur bleibt. Der freie Platz von Laussel[76] mit seinen im Halbkreis angeordneten Reliefs, der freie Platz von Cap-Blanc mit dem monumentalen Pferdefries, der aus der Wand gehauen wurde, lassen uns vermuten, daß der Vorplatz von Rouffignac Schauplatz der ersten Theaterszenen der Welt gewesen ist.

Die Stätte von Cap-Blanc bleibt der aussagekräftigste, glänzendste Ort, wie er das Tal der Beune, «das Tal der Pferde», beherrscht. Leider entstellen ihn die gegenwärtig einige Meter vom Fries entfernte Schutzmauer mit ihrem Dach von lichtundurchlässigen Ziegeln sowie die fehlende Beleuchtung, auch wenn dadurch vielleicht die Pferdeskulpturen konserviert werden. Ein moderner, großzügiger Halbkreis aus Plexiglas würde der Stätte ihren monumentalen Charakter und zweifellos auch die ursprüngliche Atmosphäre zurückgeben. Sie ist eine solche Umgestaltung wert, denn sie bleibt eine Ausnahme, vor allem wenn man sie mit den engen Vorhallen ohne freien Vorplatz von Les Combarelles oder Font-de-Gaume vergleicht.

Was auch immer ihre «szenischen Möglichkeiten» sind, so glaube ich an die tiefe Bedeutung der Vorplätze. Sie sind der Zugang zum unterirdischen Bereich, zum Ort der Geheimnisse; er ist Asyl und Schutzort. Zu Füßen der Akropolis von Athen, unter dem Niketempel, öffnet sich die Einfriedung, die der Erde geweiht ist, eine nicht weniger legendäre Höhle.

Dringen wir weiter in die Tiefe ein, durch den Heiligen Weg von Rouffignac, den wir nach dem Vorbild von Delphi benannt haben: die sekundären Gänge und die Decken (die rote Schlangendecke, die rote Decke mit den großen Mammuten, der Gang der beiden Mammute und wie viele andere) erinnern an die Ex-Voto, die Tempel, wie Votiv-Säulen, die die griechischen Städte später zu beiden Seiten des «wahren» Heiligen Weges aufgestellt haben (Schatz von Sikyon, der Siphnier, der Athener, von Kyrene). Die rote Schlangendecke mit einer wunderbaren Schlange in der Achse der unterirdischen Rotunde kündigt auf ihre Art die Höhle der Schlange Python in der Schlucht von Kastalien an. War die Schlange (die sich häutet und wieder geboren wird) schon damals, in der Wirtschaft des Magdalénien, Symbol des Lebens, der Ewigkeit, wie sie es zehn Jahrtausende später sein wird? Unter den Symbolen der Demeter findet sich der Granatapfel, eine Frucht der neolithischen Welt, die auf den Abschlußkugeln des Golddiadems der Prinzessin von Vix abgebildet ist. In den Jagdkulturen des Magdalénien sind Figuren aus der Pflanzenwelt die Ausnahme, aber sobald die Welt die «freudlosen Techniken der Viehzucht und des Ackerbaus» übernimmt – nach dem Ausdruck F. Bourdiers –, wird sich auch die Ikonographie dieser Themen annehmen. Der Garten Eden wird zum Symbol des Goldenen Zeitalters werden, in dem die Schlange noch gegenwärtig bleibt, als antike oder prähistorische Erinnerung.

Die Schlange beherrscht die rote Schlangendecke von Rouffignac. Sie verbirgt sich gerne in den Gängen, überlagert Tiergravierungen «wie die Schärpe eines Bürgermeisters», schlängelt sich quer über eines der vier großen Mammute des Mammutfrieses der fünf. Nun befindet sich diese Schlange, Symbol des Lebens, genau auf dem wunderbaren Mammut, das dem Mammutkind vorausgeht, das sehr wahrscheinlich die Mutter darstellt. Ist dies reiner Zufall?

Ich habe oft festgestellt, daß die Schlange seit der sehr fernen Vorgeschichte mit dem Ausgang der Höhle in Verbindung gebracht wurde, mit dem Wiederfinden der Welt des Lichtes und dem wiedergeborenen Leben[77].

Die Beispiele sind zahlreich: Eines der schönsten Mammute der Decke des Heiligen Weges, auf der Höhe des Schildes der fünf, ist ein Mammut, das hinausgeht. Zwei kleine Schlangen umrahmen merkwürdig mehr oder weniger parallel seinen Kopf, mehrere Fingerstriche haben zu seinen Füßen zwei weitere Schlangen gezeichnet und ein Fingerstrich schließlich eine letzte Schlange hinter seiner Kruppe.

Ein zweites Bild von gleicher Symbolkraft befindet sich auf dem kleinen Mammutfries rechts vom Eingang des Ganges Breuil. Eine schöne Gravierung eines hinausgehenden Mammuts ist übermalt von zwei prächtigen Schlänglein... Letzte Bestätigung: die Saiga-Antilope, die letzte Gravierung am hintersten Ende des Heiligen Weges, etwa 750 Meter vom Eingang entfernt, «geht hinaus». Genau hinter ihr das letzte Schlänglein von Rouffignac, mit vier Fingern gezeichnet, genau wie die Antilope selber!

## Die «Schattenöffnung»

Bei jedem Wandbild hat der genaue Standort im Verhältnis zur nächsten «Schattenöffnung» in der unterirdischen Topographie der Höhle eine Bedeutung[78] und unterstreicht dessen symbolischen Wert. Das letzte Mammut des monumentalen Frieses der elf von Rouffignac, mit den beiden sich gegenüberstehenden Rudeln, das Mammut, das maßstäblich genau dem sibirischen Mammut von der Berezovka entspricht, steigt aus einer unterirdischen Höhle empor, die Zutritt zum zweiten Stockwerk der unendlich großen Höhle zu gewähren scheint. Etwas entfernt davon – im Hintergrund des Ganges Charles-Plassard – tritt eine anthropomorphe Figur ebenfalls aus einem tiefen Spalt heraus.

In diesen Verlängerungen des Ganges Breuil, genau an der Stelle des großen Grabens, machen sich großartige, gravierte Mammute davon. Dies ist die wirklich außergewöhnliche Rolle dieser Zugänge zu den Tiefen, die ich «Schattenöffnung» genannt habe.

Eine gründliche Untersuchung ihrer Verteilung in der abendländischen Welt könnte einiges erhellen. Zahlreiche Tierdarstellungen bekämen eine andere oder eine neue Bedeutung. Das stürzende Pferd am Ende der axialen Nische in Lascaux[79], das in seiner Gesamtheit abgebildet wurde, auch wenn ein Felsvorsprung es teilweise verbirgt, wäre es nicht eher ein losspringendes Pferd, das aus den Tiefen des Ganges davongaloppiert? Es wäre nicht mehr das Pferd, das in einer Grube verschwindet, in irgendeiner Falle, sondern das Symbol der Genesis, der Schöpfung. Nicht mehr eine banale Szene der Jagd auf ein Tier, das sich in der Falle verfangen hat, sondern der Ausdruck eines schöpferischen Gedankens. In der andalusischen Höhle La Pileta entweicht die trächtige Stute ebenfalls aus einer Schattenöffnung. Sie ist so eng mit ihr verbunden, daß ihre Kruppe genau den Linien der Höhlenwand folgt.

Aber das überzeugendste Beispiel mit unendlichen psychologischen, ja geradezu religiösen Folgen, ist der einzigartige Standort des «großen Wesens» von Rouffignac. Auch es, es vor allem, ist Symbol der Schöpfung. Und warum nicht der Schöpfer?

## Die Große Decke von Rouffignac

Die Wahl des Standortes der Großen Decke von Rouffignac ist gewiß kein Zufallstreffer. Die Künstler des Magdalénien verfügten für ihre Werke über eine Menge leicht zugänglicher Flächen. Kehren wir zum Heiligen Weg zurück: es gibt genügend Decken in einer Höhle, die sich über zehn Kilometer hin erstreckt. Man kann Tausende von Quadratmetern ausmachen, die günstige Unterlagen für die wunderbare Arbeit mit dem Stichel auf einem gesunden, dauerhaften, einheitlichen Felsen wären. Man findet auch Großflächen, die sich für entsprechende Darstellungen eignen, und andere Räume aus feinem Kalk, die nicht jene Riesenanstrengungen erfordert hätten, die der Künstler des Mammuts «mit dem Lausbubenauge» entfalten mußte. Unter diesen Gewölben gibt es freistehende Flächen, die mit kleinen Fettlampen einfacher zu beleuchten waren, Orte, wo die jungen Gehilfen der Künstler leicht stehen konnten, kurz, Flächen mit nicht zu hohen Decken, die für eine Menschenhand leicht erreichbar gewesen wären, während gewisse Mammute der Großen Decke drei Meter vom Boden entfernt auf einer weichen Unterlage ausgeführt wurden, mit Hilfe eines langen Stockes, der mit ausgestrecktem Arm gehalten wurde.

Die Wahl der Großen Decke ist demnach das Ergebnis einer willentlichen Entscheidung. Denn an gewissen Stellen ist das Gewölbe niedrig, bis zur Decke ist der Abstand etwa ein Meter, selten erreicht er 1,5 Meter. Es ist mühsam, dorthin zu gelangen und sich dort fortzubewegen. Der Besucher muß sich bücken, gelegentlich sogar kriechen. Gewiß ist der Fels kräftig, aber nicht von besserer Qualität als an anderen Orten der Höhle, die leichter zugänglich sind. An diesem Ort kann der Maler überhaupt keinen Abstand nehmen. Dort ein Pferd mit vollkommenen Größenverhältnissen auszuführen, das vom Maul bis zum Schwanzende 2,70 Meter lang ist, in einem weniger als einen Meter hohen Raum, ist eine Glanzleistung. Bei meiner Umfrage zu den künstlerischen Koeffizienten habe ich es bei meinen Zeitgenossen nicht gewagt, irgend jemanden darum zu bitten, einen Versuch zu machen.

Unter diesen außerordentlich erschwerten Bedingungen waren unsere Künstler bereit zu arbeiten. Sie oder ihr großer Handwerksmeister hatten demnach einen tiefen Grund, sich hier niederzulassen, einen Grund, der nur psychologischen, religiösen Ursprungs sein konnte. Die Tierdarstellungen – 63 Figuren, d. h. ein Drittel der Figuren der Höhle – breiten sich auf der Decke aus, die die große unterirdische Grotte der Höhle umschließt, die einzige monumentale Decke, die einen Zugang zu den Tiefen gewährt.

Diese Malereien umschließen den weiten Kreis, führen sogar über ihn hinaus in die Leere, in dem Maße, daß die Künstler, um gewisse Malereien auszuführen, über dem Abgrund Gerüste bauen mußten. Wie in Lascaux sind Verzahnungen verschwundener Balken sichtbar.

In die dunkle Leere einer Höhle Bohlen von mehreren Metern Länge anzubringen, mit den Schneiden und Feuersteinlamellen der Handwerker des Magdalénien, setzt einen außergewöhnlichen Willen voraus! Warum diese Hartnäckigkeit?

Wenn Sie das Glück hätten, zur Großen Decke zu gelangen und mühevoll, sogar unter Gefahren, die Seiten des Trichters, der sich vor Ihnen öffnet, hinunterzuklettern, und Sie würden nach zehn Metern vom Boden des nunmehr erreichten Ganges im zweiten Stockwerk einen Blick zurückwerfen, welch überraschende Sicht hätten Sie über sich!

Durch die weitaufklaffende Öffnung, durch die Sie eben heruntergekommen sind, oberhalb der Lippen der unterirdischen Wunde, würden Sie die 63 Malereien auf der Großen Decke erblicken, wie sie an Ihnen vorbeiziehen, sich stoßen, reiten, sich entfalten. Mit einem Blick würden Sie beinahe alle gleichzeitig erfassen. Dann hätten Sie das Gefühl, am Ausgangspunkt, im Mittelpunkt selbst, der Schöpfung zu stehen, in dem Blickwinkel eines Michelangelo der Vorgeschichte!

## Das Große Wesen

Aber Sie hätten noch nicht die tiefe Erschütterung erlebt, die die Höhle der hundert Mammute für Sie bereit hält (selbst wenn wir inzwischen 150 zählen dürfen). Sie haben im zweiten Stockwerk Fuß gefaßt[80]: dieser Gang entwickelt sich unter hohen Kalkwänden von leuchtendem Weiß. Die Wände, an der breitesten Stelle zwei bis drei Meter voneinander entfernt, rücken gelegentlich schlangenförmig zusammen, auf eine Breite, die kaum Raum für den Durchgang eines Menschen läßt. Zufall, gewiß, diese gewundene Strecke, die sich «dahinschlängelt» ... Aber geben Sie zu, daß der Zufall einen gewissen Zauber und Reiz hat. Befinden wir uns nicht am Ursprung der Mythen der chthonischen Gottheiten? Und oft habe ich an die Pythonhöhle in der delphischen Schlucht Kastaliens gedacht. In der Höhle des Python 10 000 Jahre vor ihrer Entstehung herumzuirren, ist ein recht seltenes Vorrecht, man muß es zugeben!

Zu Ihren Füßen taucht die enge Öffnung einer Kluft die großen unterirdischen Räume ins Dunkel. Was soll man vor einer neuen Schattenöffnung tun, wenn nicht hinunterklettern oder es wenigstens versuchen? Kein gemaltes oder graviertes Tier in unmittelbarer Nähe. Zwei, drei schwierige Meter. Nierenförmige Feuersteine, die Ihnen die Brust aufreißen oder den Rücken bearbeiten; man bemerkt sie nur schwer, aber man fühlt sie! Die Füße gleiten zwar aus, aber der Körper kommt nicht durch. Sie bleiben stehen, endgültig, schmerzhaft eingeklemmt. Unnötig, darauf zu bestehen und unbeweglich zu werden, wie ein Speläologe auf Erkundung, der die Hilfe der Feuerwehr von Rouffignac erwartet!

Kehren wir zurück und verfolgen wir... Gehen wir links weiter, den einzig möglichen Weg. Ein «Engpaß», und wir wenden uns um. Was sollen wir als erstes anschauen? Die Wandsäule und ihre schwarz gemalten Tiere oder die schwarze Öffnung zu Ihren Füßen? Die beiden sind eng miteinander verbunden.

Die Tiere der Säule, die Mammute, die ihnen vorausgehen, darunter ein graviertes, die großen gemalten Bisons, das rote Gesicht des Pferdes, das mit Höhlenlehm gemacht wurde, beherrschen die Kluft. Diese zieht den Forscher offensichtlich an. Ein enger Spalt, etwa zwanzig Meter tief, mit steil abfallenden, nahe beieinander stehenden Wänden, erfordert einen schwindelerregenden Abstieg: als «Kaminfeger» (die Füße auf eine Wand abgestützt, die Hinterbacken kratzen die andere Wand) steigen Sie ins dritte Stockwerk hinunter. Da eilt immer noch der geheimnisvolle Bach der Tiefen dahin, den die kühnen Forscher seit 1575 gesucht und manchmal erreicht haben. Untersucht man die Säule, die den absolut einzigen Zugang zum Fluß der Finsternis, zu dieser unendlich großen Höhle weist, werden Sie, in guter Manneshöhe, in «edler» Höhe, eingerahmt von drei schwarzen Bisons von sehr gutem Aufbau, das Große Wesen majestätisch thronen sehen *(Tafel 13)*.

Ein eindrückliches, anthropomorphes Gesicht, nach links im Profil, in die Tiefen des Ganges oder in Richtung des Flußspaltes blickend. Es hat ein rundes Auge, einen ausgeprägten

Nasenflügel, Mund und Kinn sind genau angegeben. Es ist keine Karikatur und auch keine etwas groteske Figur wie der Adam des gleichen Rouffignac. Das menschliche Gesicht, wenn es genau übersetzt werden soll, benötigt eine erfahrene Darstellungsweise, eine sichere Technik wie jene der Schöpfer von Nashörnern und der besten Mammute. Dieses Gesicht des Großen Wesens[81] ist eine der besten menschlichen Figuren der ganzen abendländischen prähistorischen Kunst: sie wurde vom Tierkünstler, vom Meister von Rouffignac ausgeführt und nicht von irgendeinem Gelegenheitskünstler, der die günstige Fläche der Wand nutzen wollte, wie in Marsoulas oder in Les Combarelles.

Das Große Wesen hat seinen ganz bestimmten Standort im Mittelpunkt der Säule, umgeben von seinem Zug der Bisons. Seine Stellung erinnert an den gehörnten Gott der Pyrenäenhöhle der Trois-Frères, von dem Breuil sagte: «Dies ist offensichtlich die Figur, die die Magdalénienjäger als die wichtigste der Höhle betrachteten und die uns wie eine Widerspiegelung des Geistes erscheint, der über die Vermehrung des Wildes und die Jagdunternehmungen herrscht.»

Einverstanden, mein lieber Abbé, mit dem ersten Teil Ihres Urteils über das Große Wesen in Rouffignac: «die wichtigste Figur der Höhle.» Aber nicht einverstanden mit der einschränkenden Rolle, die dem Geist zugestanden wird, der über die Vermehrung des Wildes herrscht...

Das Große Wesen von Rouffignac herrscht über *das Leben selbst!*

# 3 Sexualität

# Ithyphallische Figuren

## Die ithyphallischen Figuren in der Höhle von Le Portel

In der Welt der Höhlen setzt das Lampenlicht Formen und Wirklichkeit neu zusammen. Zahlreiche, ungewöhnliche Einzelheiten erstaunen den Besucher und regen seine Phantasie an. Einige gemalte oder gravierte Striche, am richtigen Ort hingesetzt, verwandeln eine natürliche Unebenheit in eine figürliche Darstellung. Dies erlaubt den Betrachtern, ihre Phantasievorstellungen und Träume zu übersetzen. Unsere Höhlen mit ihren Konkretionen, reich an Stalaktiten und Stalagmiten, mit ihren mehr oder weniger durchsichtigen Kalzitvorhängen, tragen fast alle die verschiedensten Namen, mit deren Hilfe der moderne Mensch seine Umgebung zu erkennen glaubt, seine Träume und sein Fernweh ausdrückt.

Unsere abendländischen Höhlen kommen auf diese Weise zu ihren «Türmen» und ihren «Minaretten», ihrem «Brautschleier» oder zu jenem schwierigen Engpaß, genannt «Durchgang der Schwiegermütter». Der Cro-du-Cluzeau, wie Rouffignac früher hieß, enthielt den «Kothaufen der Alten», das «Grab Gargantuas», das «Zimmer der Kuchen» oder die «Beichtstühle». Alle diese Namen sind modern. Unsere Magdalénienjäger fanden in den Felsreliefs ganz andere Anregungen, die zu ihrer Zeit gepaßt haben. Jenes Mammut in Les Cabrerets wurde von der Ausbuchtung in der Wand selber hervorgebracht, und das «Pferd auf dem Schachbrett» fügt sich in den natürlichen Kopf ein, den der Fels vor dem dunkeln Hintergrund der Höhle herausschneidet.

Wurde die Einbuchtung des Halses verbessert, um die Ähnlichkeit mit einem Pferd noch klarer hervorzuheben? Wie oft habe ich es untersucht und wage noch immer nicht, die Frage endgültig zu entscheiden.

Auf dem Berg Castillo in Kantabrien enthält die gleichnamige Höhle einen wundervollen, aufgerichteten, gemalten Bison, der einer natürlichen stalagmitischen Pyramide folgt. Die Höcker von Altamira sind berühmt, und jeder hat seinen wuchtigen Bison, der sich im Staube rollt...

Und wir haben es bereits gesagt, sogar das Grübchen, das durch den fallenden Wassertropfen in Niaux entstanden ist, wird zur Pupille des Bisons mit den Einschußlöchern.

Ein Hohlraum kann beschwörend wirken. Die Schattenöffnung zieht das an seiner Seite gemalte Tier an oder stößt es von sich. Der Hohlraum von Niaux zur Linken des schwarzen Salons wurde zum fliehenden Hirsch, seit der prähistorische Künstler ein langes Geweih gemalt hat. An Beispielen fehlt es nicht. Immer wieder geben die natürlichen Reliefs Anlaß zu Tierdarstellungen.

«Sag mir, was du im Felsen siehst, und ich sage dir, wer du bist und welcher Art Kultur du angehörst.» Die Psychoanalytiker, die Träume und Tintenkleckse deuten, folgen einer gleichen Methode. Außergewöhnlicher ist die Verwendung der ithyphallischen Reliefs in der Höhle von Le Portel[82] in der Ariège, die in der Nähe von Foix in die lange Kette des Plantaurel eingehauen ist. Außergewöhnlich? Nicht wirklich, denn es handelt sich um das erste Lebewesen der Schöpfung, um den Menschen selber.

Diese Höhle Le Portel, Eigentum der sympathischen Familie Vézian, erfahrene Archäologen und Prähistoriker vom Vater auf den Sohn und durch ihre Arbeiten, ihre Ausgrabungen und ihre Veröffentlichungen weither bekannt, ist ein Segen für die Studenten der Universität Toulouse. Sie liegt rund achtzig Kilometer von der Stadt entfernt, kurz nach Saint-Jean-de-Verges, das sich einer entzückenden kleinen romanischen Kirche rühmen kann. Diese Nähe der prähistorischen Höhle und der romanischen Kirche erlaubt eine gemeinsame Wallfahrt der Studenten des Mittelalters und der prähistorischen Archäologen. Die Höhle Le Portel bietet eine wunderbare Einführung in die Speläologie und die Meisterwerke der prähistorischen Kunst. Man entdeckt dort Bisons, die sich gegenüberstehen, einen schwarz gezeichneten Bison aus der Schule des Périgord, der von einem Graveur der Schule des Magdalénien überarbeitet wurde, eine sitzende Eule, ein reizendes, kleines, rotes Pferd, das einen Abhang hinaufgaloppiert, dessen Auge durch ein Partikel aus weißem Kalzit «ausgespart» ist, ferner zahlreiche Skizzen merkwürdiger Pferde. Wie viele wunderbare Figuren, wie viele Probleme, die es zu erörtern, zu kommentieren, zu deuten und zu verstehen gibt! Le Porteil ist eine begeisternde Höhle, auch vom Charakter ihrer Umgebung her: ein steiler Abstieg als Zugang, zwei mühsame «Rubikone», das Ersteigen eines glitschigen, versinterten Wasserfalles, um in den Gang der Bisons zu gelangen – alles in allem eine Strecke mit so ausreichend ernsthaften Hindernissen, daß man beim Herauskommen stolz auf sich sein kann. Aber nichts mehr.

Kann man an den Fingern einer Hand die Studenten zählen, die in der Lage sind, sich die Siphons oder gar die nassen Gewölbe von Montespan zuzutrauen, so können sich dagegen alle an Le Portel heranwagen. Ich habe die Höhle mehr als dreißigmal besucht, und nur schon das Hören ihres Namens löst bei mir Lendenschmerzen aus. Ich leide nachträglich an den Anstrengungen, die es braucht, um die zehn oder fünfzehn Studenten in meiner Begleitung in den «Rubikonen» hinaufzuziehen oder auf dem versinterten Wasserfall zurückzuhalten! Der Name «Le Portel» erinnert mich auch an den ersten Eigentümer, den ich gekannt habe, Joseph Vézian. Er hatte sein Leben «seiner» Höhle gewidmet, um sie kennenzulernen, zu erforschen, dort einen neuen Strich zu entdecken, Erklärungen zu suchen und treu die erhellenden Bemerkungen gewisser

Besucher in Erinnerung zu behalten. Inmitten seiner Gänge hatte er Feuerstellen aus dem Magdalénien entdeckt, Zeugen kurzer Aufenthalte oder eher Besuche, und meine Bemerkung hatte ihn sehr interessiert, daß die Phasen des Aufenthaltes eigenartigerweise mit den künstlerischen Phasen abwechselten.

Diese privaten Höhlen, die unter dem Schutze von Familien wie die Bégouën, Vézian, Plassard stehen, könnten nie erfahrenere, hingebungsvollere, ergebenere Konservatoren für ihre Kunstschätze finden. Sie bewahren ihr Gut, weil sie es lieben. Sie geben sich nicht damit zufrieden, es wie – noch so eifrige – Beamte zu hüten.

Joseph Vézian zeigte seine Höhle gerne jenen, die von derselben Leidenschaft für die gemalten Pferde und Bisons besessen waren. Meine Studenten waren für ihn eine Zuhörerschaft nach Wunsch. Und doch ... jawohl: bei diesen für alle begeisternden und begeisterten Besuchen gab es ein «Dennoch», einen «peinlichen» Augenblick.

Während den ersten Besuchen, die wir 1949 und 1950 machten, nahm mich Joseph Vézian in dem Augenblick zur Seite, als wir in den letzten Abschnitt des Hauptganges kommen sollten: «Sie kennen nun die beiden letzten Figuren des Ganges. Ich geniere mich, sie vor Ihren jungen Mädchen zu kommentieren ...» sagte er mir, «vielen Dank, daß Sie es selber machen!» Und der brave Mann blieb im Schatten (er näherte sich sicher den Siebzigern).

Die erste Figur enthält ein klares, natürliches Relief, eine stalagmitische Wucherung, die der Länge nach an der Wand klebt. Die Form, das Volumen vor allem, haben den Künstler an ein männliches Glied denken lassen. Und damit auch wirklich jeder Zweifel ausgeräumt sei, hat er rundherum mit rotem Ocker eine Figur gezeichnet, mit kurzen, im Knie gebeugten Beinen, von vorn gesehen, wie es das berühmte Relief erfordert, aber das Gesicht ist im Profil gesehen. Ein ausgezeichnetes Beispiel dieser «Verdrehungen» der Lebewesen, Tier oder

Mensch, die dem graphischen Gesetz der Welt des Périgord eigen ist, die «verdrehte» Perspektive des Abbé Breuil. Diese «ithyphallische» Figur hieß damals allgemein der Satyr von Le Portel, ein Name, der einen in den Tiefen einer Höhle erschauern läßt. Nicht weit entfernt thront eine zweite verwandte Figur. Eine schlanke stalagmitische Säule läßt an das rechte Bein einer Person denken. Eine kleine Säule, mit einer sehr offensichtlichen Schlußöffnung, erinnert an das männliche Geschlecht. Eine dritte, mehr oder weniger abgebogen, stellt das linke Bein dar. Das Ganze ist gut aufgebaut und bekommt seine Bedeutung dank eines roten Striches, der die Person abgrenzt, von vorne ebenfalls, außer dem Kopf, der ziemlich massiv und grotesk nach links gewandt ist. Bei nassem Wetter speit der mittlere Kanal der feinen stalagmitischen Säule Wasser, das von der Wand her eindringt, ein langsames «Harnlassen», Tropfen um Tropfen. Das Rentier in der Höhle von Les Combarelles nutzt ein gleiches Angebot auf seiner Felswand. Anmutig neigt es den Kopf zu einem Felsspalt. Bei Nässe quillt Wasser aus dem Spalt, und das Rentier trinkt!

In beiden Fällen – Beispiele dieser Art sind häufig – ist der umgedeutete natürliche Vorgang ein lebendiger Vorgang.

In der Höhle von Cougnac im Quercy stellte ich einige Monate später dieselbe lebendige Verwendung eines Stalagmiten fest, umgeben von einer anthropomorphen Silhouette aus roten Strichen. Ich begnügte mich damit, ihn «Manneken Piss» zu nennen, in Erinnerung an den berühmtesten Bürger Brüssels! Als ich diese drei Fundstücke in einer großen italienischen wissenschaftlichen Zeitschrift vorstellte, glaubte ich schließen zu dürfen – es war in Florenz 1955: «Diese spezielle Verwendung der stalagmitischen Reliefs, die an das männliche Geschlecht erinnern, betonen die Bedeutung der menschlichen Sexualität in der Magie des Quartärs.» Dreißig Jahre später, nach dreißigjährigem Forschen, Erkunden und Nachdenken, bin ich mir dessen nicht mehr sehr sicher!

Bedeutung der Sexualität? In der ganzen abendländischen Wandbildkunst bedienen sich nur diese drei Beispiele eines geschlechtlich suggestiven Reliefs: zwei in Le Portel und eines in Cougnac, bei einer Gesamtzahl von hundertzwanzig Höhlen mit rund fünftausend Tierfiguren. Sind diese Beispiele typisch?

Untersucht man den beachtlichen Schatz von Wandgemälden oder -gravierungen, die Gegenstände der Kleinkunst sowie andere Abbildungen mit Darstellungen des Geschlechtes, drängt sich eine erste Feststellung auf: Ihre Zahl ist eigenartig gering und ihre Erfassung leicht.

– Die Höhle von Trois-Frères[83] beherbergt ein bekanntes Beispiel *(Abb. 18)*, eine gravierte Szene mit einem Rentier und einem Tier, halb Hirsch, halb Bison, die von einem Bison-Menschen verfolgt werden, der gelegentlich «der kleine Zauberer» genannt wird. Dieser, halb Mensch, halb Bison, ist ein Jäger in einem Bisonfell. Diese Darstellung interessiert uns, denn sie ist außergewöhnlich geschlechtlich differenziert.

– Im Heiligtum von Trois-Frères befindet sich eine der reichhaltigsten gravierten Flächen an einem Ort, genannt der Verschlag des gehörnten Gottes, der 1,55 Meter breit ist. Dort unterschied Breuil «den Kopf von zwei großen Rentieren und Bisons,... wenigstens fünfundzwanzig Bisons, sechs Pferde, zwei Rentiere und eine halb-menschliche Figur», dieser kleine Bison, «der den Kopf nach links wendet und nach rechts davoneilt. Die Vorderbeine... sind normal, aber das erigierte Geschlecht ist menschlich, die einzige Hinterpfote hat ein Knie und ein menschliches Bein...» Der Zwitter ist dreißig Zentimeter groß, doch vollkommen aufgerichtet würde er einige Zentimeter mehr messen.

– Das berühmteste und wichtigste Fundstück ist die Gestalt, die Graf Bégouën und Abbé Breuil «den Zauberer» genannt haben: neben allen gravierten Darstellungen ist sie «die einzige

Abb. 18: Szene aus der Höhle «Trois-Frères»

schwarz gemalte Figur im Heiligtum, das sie mit ihren beinahe vier Metern in einer offensichtlich unzugänglichen Lage, wohin man nur durch einen geheimen spiralförmigen Gang gelangen kann, beherrscht... Von vorne gesehen hat diese Figur runde Augen... die aufgerichteten Ohren sind die eines Hirsches; vom Stirnband, das schwarz gemalt ist, steigen graviert zwei kräftige Hörner auf... Ein sehr langer, gerillter Bart fällt auf die Brust... das hervorgehobene männliche Geschlecht, nicht erigiert, fällt nach hinten, ist aber gut entwickelt, eingelassen unter einen üppigen Schwanz – Wolf oder Pferd – mit einem kleinen Haarbüschel am Ende...»

– In einer gravierten Gruppe von Les Combarelles finden wir eine Szene, deren allgemeine Bedeutung noch erörtert wird, aber bei der eine eindeutig menschliche Gestalt ebenfalls geschlechtlich differenziert ist.

– Die Höhle von Le Gabillou beherbergt eine ziemlich mittelmäßige Figur, halb Tier, ohne Zweifel ein Rind in ihrem oberen Teil, mit einem unteren menschlichen Teil, der sexuell differenziert ist.

– Die Figur mit dem Vogelkopf der Szene im Schacht von

Lascaux schließlich, deren mutmaßliche Deutung als Mensch ich erwähnt habe und deren Geschlecht so merkwürdig für die prüden Leser der «Illustration» ausradiert wurde.

– Eine sehr mittelmäßige Figur in der Höhle von Pergouset, wo einzig ein männliches Geschlecht erkennbar wäre.

Der Zauberer der kleinen Höhle Saint-Cirq[84] (die Zauberei ist entschieden Mode) zwischen Le Bugue und Les Eyzies, eine fünfzig Zentimeter hohe Figur, tief eingeritzt *(Abb. 19)*: «Der Mensch scheint sitzend dargestellt, mit gebeugten Knien... Der schwere Rumpf ist mit einem erigierten Penis versehen, der außergewöhnlich lang und dessen Eichel stark betont ist...»

– Zwei kaum erkennbare leichte Gravierungen unter der großen Bisondecke von Altamira, die eine nahe beim Wildschwein im fliegenden Galopp, die andere in Richtung der großen Rehkuh, Hüterin der Herde, mit einem merkwürdigen Kopf, der in einem sehr spitzen Schnabel endet. Beide tragen ein sichtbares Geschlechtsteil.

Im Bereich der Ikonographie der Kleinkunst beherbergen drei Höhlen in den Pyrenäen jeweils ein brauchbares Fundstück. Aus der Höhle Gourdan stammt ein durchbohrter Stab mit einer kräftigen Gravierung, die eine stehende, sexuell differenzierte Figur darstellt *(Abb. 20)*. Aus der Höhle von Isturitz kommt eine kleine Kalkplatte mit einer Figur, die nach rechts schaut, mit sehr gekrümmtem Rücken, und ebenfalls klar sexuell differenziert. Aber das interessanteste Fundstück ist eine Knochenscheibe aus der reichen Fundstätte von Le Mas-d'Azil (Ariège); eine Figur mit einem mehr oder weniger zoomorphen Gesicht, mit ausgestreckten Armen, rennend mit gebeugten Beinen. Auch sie zeigt ganz offensichtlich ihr Geschlecht *(Abb. 21)*.

Und damit ist die Liste der sexuell differenzierten Figuren praktisch vollständig! Seien es Felswände oder bewegliche Kunst, die Beispiele gehen nicht über die merkwürdig geringe Zahl von zwölf für anthropomorphe und menschlich klar

Abb. 19: Der «Zauberer» von Saint-Cirq

Abb. 20:
Durchbohrter Stab am Gourdan

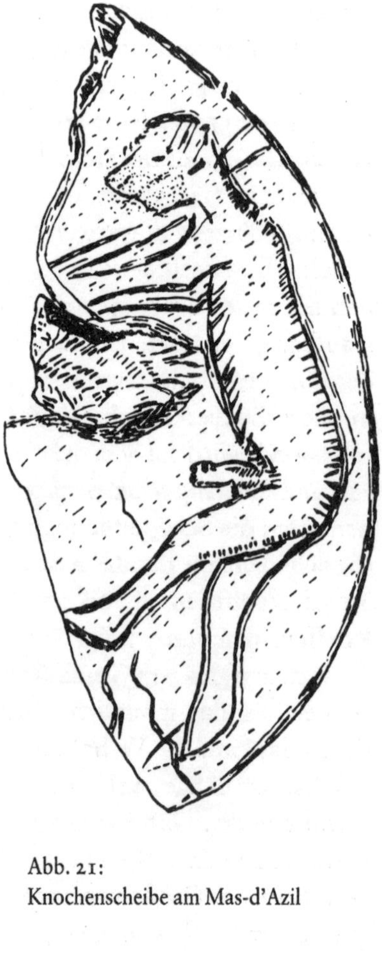

Abb. 21:
Knochenscheibe am Mas-d'Azil

sexuell differenzierte Wandfiguren hinaus, ferner drei Beispiele bei den beweglichen Gegenständen, d. h. 0,8% der inventarisierten Werke. Die Sexualität ist in der Vorgeschichte sehr schwach vertreten. Vielleicht wäre es an dieser Stelle richtig, die Darstellungen der Sexualität zu differenzieren und zu ordnen, etwa die Figuren, bei denen die Darstellung des Geschlechtes auf der Ebene der menschlichen Darstellung normal, sagen wir «ausgeglichen» ist, von jenen zu trennen, bei denen dieses ein übertriebenes Gewicht bekommt?

Die Größenverhältnisse haben die Entdecker erstaunt, die über einige dieser Figuren schrieben, wie etwa Breuil, wenn er vom Zauberer von Trois-Frères sagt, «ein tüchtig entwickeltes Geschlecht»; oder Lya Dams, die vom Zauberer aus Saint-Cirq meint: «Ein Geschlecht von außergewöhnlicher Länge.» Es scheint wahrscheinlich, daß die Autoren in beiden Fällen die Geschlechtlichkeit der Person hervorheben wollten. Aber hier handelt es sich um subjektive Bewertungen. Um sie zu vervollständigen, verwende ich auch hier gerne einen Koeffizienten, der das Verhältnis einer kleinen Dimension multipliziert mit hundert dividiert durch die große Dimension wiedergibt. Beispielsweise wird ein Schädelkoeffizient, der zwischen den kurzen und den länglichen Schädeln unterscheidet, errechnet, indem man die Schädelbreite, mit hundert multipliziert, durch die Schädellänge dividiert. So erreicht der Neandertaler einen Schädelkoeffizienten von 70 bis 78, der Cro-Magnon einen Koeffizienten von 73,7.

Nach den gleichen Grundsätzen ist es möglich, einen Koeffizienten für das männliche Geschlechtsorgan zu errechnen, durch das einfache Verhältnis der mit hundert multiplizierten phallischen Länge, welche die durchschnittliche Höhe des Individuums dividiert. Für den modernen Mann haben wir Koeffizienten zwischen 8,8 und 12, je nach Erektion oder Schlaffheit, bei einer Größe von rund 1,70 Meter. Gewisse Autoren wie Albert Ellis[85] schlagen geringere Koeffizienten vor, von 4 bis 5 im ersten, von 7,6 bis 10 im zweiten Fall. Wenden wir uns nun unseren Figuren zu. Die Figur von Isturitz hat einen Sexualkoeffizienten von 8, jene von Gourdan von 14! Sie liegen also innerhalb der gegenwärtigen Norm. Die sehr typische Figur auf der Knochenscheibe von Le Mas-d'Azil bringt es auf einen Koeffizienten von 14. Die Figuren der Kleinkunst haben demnach ein gutes anatomisches Größenverhältnis und regen keineswegs zu außergewöhnlichen Betrachtungen über die Darstellung der Sexualität an.

Die Person mit dem Vogelkopf in Lascaux hat einen Koeffizienten von 9 und liegt damit ganz nahe beim Mann von Les Combarelles (Koeffizient 11). Die mittelmäßige Gravierung von Gabillou gehört mit einem Koeffizienten von 9 in die gleiche Kategorie.

Andere Figuren dagegen stellen Probleme. Der große Zauberer von Trois-Frères mit nicht erigiertem Glied erreicht einen Koeffizienten von bis 14, was für seinen Zustand schon besonders kräftig ist. Die beiden Gravierungen der großen Decke von Altamira haben Koeffizienten von 14 und 18. Der Graveur scheint Wert auf das Geschlecht gelegt zu haben, was ebenfalls gilt beim Zwitter von Trois-Frères, der es auf einen Koeffizienten von 20 bringt! Die gleiche Zahl gilt für den Satyr von Le Portel, der sein stalagmitisches Relief nutzt (man versteht nun die züchtige Scheu Joseph Vézians besser). Aber den Rekord hält der Zauberer von Saint-Cirq mit einem außerordentlichen Koeffizienten von 22.

Die Bilanz bleibt indessen sehr bescheiden: nur gerade sechs Figuren haben ein übertrieben entwickeltes Geschlechtsorgan. Sechs Personen, auf die man zur Not die modernen Begriffe von Erotik und Obszönität anwenden könnte, ohne sich jedoch zwischen den beiden entscheiden zu können.

Denn die prähistorische Obszönität ist ein Lockvogel. Es hat sie nie gegeben. Das Verschwinden der öffentlichen städtischen Toiletten, der Ersatz des Schiefers – eine wunderbare Unterlage für Graffiti – durch glatte Keramik bringen uns um moderne Vergleichsmöglichkeiten. Sogar die Mittelschulen sind modernisiert, unfruchtbar. Es ist indessen offensichtlich, daß wir vor einem halben Jahrhundert Prozentsätze von sexuellen Grafiken gefunden hätten, die weit über das hinausgehen, was wir in der Vorgeschichte finden, wo es um eine Größenordnung von 0,2% aller prähistorischen Gravierungen geht!

Außerhalb der abendländischen Welt sind die ithyphallischen Darstellungen genauso außergewöhnlich. Ein rascher Blick auf die Sahara, deren Kunst später anzusetzen ist, bestätigt dies. Forschungen, die in den letzten Jahren im Tassili Ouan-Ahaggar gemacht wurden, haben den seltenen Besuchern ermöglicht, die Darstellung einer merkwürdigen Figur zu bewundern, die von vorne gesehen ist, und die man, aus welchen Gründen auch immer, Ali-Baba genannt hat *(Tafel 15)*. Ist es wegen des Ithyphallismus? Dieser ist sehr persönlich und bleibt niemandem etwas schuldig, er besitzt den außergewöhnlichen Index von 43! Er ist in diesem Bereich einzigartig, bei einer Gesamtheit von 400 Gravierungen.

In der Gegend von Tin Tarabin, etwa zweihundert Kilometer südlich von Tamanrasset, stellt eine Malerei ein menschliches Paar dar, das sich an der Hand hält.

Die Behandlung der Sexualität ist also selten, und alle, die mit einiger Aufmerksamkeit die Darstellungen in der Sahara untersucht haben, F. Mori, L. Frobenius, H. Lhote und L. Lefebvre, F. Minellono, Huard und viele andere, werden mir nicht widersprechen.

Umfragen zu sexuellen Graphiken in der heutigen Zeit haben ergeben, daß diese im wesentlichen auf das Land beschränkt sind. Offensichtlich handelt es sich dabei um eine vertraute Beobachtung der Umgebung, die nichts mit Sexualität und noch weniger mit Erotik zu tun hat! Ein weiteres Mal zeigt sich so die klare Parallele in Ausführung und Inspiration bei den Zeichnungen der Vorgeschichte und der zeitgenössischen Skizze.

Wie Abbé Breuil sagte, waren unsere Magdalénienjäger keine «sexuell Besessenen», und wenn die heutige Welt dafür empfänglich ist – wäre dies nicht eher das Ergebnis einer gewissen Presse, der Bildinflation, kurz der gesamten Phantasievorstellungen unserer zeitgenössischen Lebensweise?

## Die Sexualität des Steinbocks

Unsere Feststellung zur Seltenheit von Darstellungen der Sexualität bei unseren entfernten Vorfahren widerlegt alle Deutungen, wonach die prähistorische Kunst vor allem sexueller Natur gewesen sei, ebenso jede Theorie, die einem asexuellen Tier einen genauen sexuellen Wert zuordnet oder gar eine «Geschlechtlichkeit wider die Natur»...

Wenn für gewisse Autoren die Gattung der Pferde als männlich gilt, «aus statistischen Gründen», was soll man da von einer trächtigen Stute denken? Denn es gibt Beispiele dafür.

Wenn aus denselben «statistischen Gründen» die Gattung der Bisons als weiblich gilt, was soll man von einem feurigen, wundervollen männlichen Bison halten? Denn auch die gibt es, ein prozentual kleiner Anteil, gewiß, von den 5000 dargestellten Tieren, aber dieser winzige Anteil reicht aus, um den «Geist» dieses Systems zu widerlegen.

Wollen wir die Sexualität in der prähistorischen Kunst untersuchen, müssen wir uns demnach mit ihren sekundären Merkmalen zufriedengeben: Tragen oder Fehlen von Geweih, Hörnern, das allgemeine Gleichgewicht des Tieres, seine Schwerfälligkeit oder seine Anmut, die Wucht, mit der es seinen Kopf trägt, oder seine Feinheit und seine Eleganz; die Mächtigkeit seiner Beine oder seiner Gelenke, oder ihre

Abb. 22: Steinböcke aus Rouffignac

Schwäche; alles Dinge, die schwierig zu erfassen und zu deuten sind. Erinnern wir uns an die Auseinandersetzungen über den sexuellen Dimorphismus z. B. der Australopithecinen, bei denen wir doch über Oberschenkelknochen, Schädel und Beckenknochen verfügen…

In der prähistorischen Kunst ist die Trächtigkeit eines Tieres, und folglich sein Geschlecht, bei einer Darstellung im Profil nicht offensichtlich. Sie ist nur sichtbar bei Tieren am Ende ihrer Tragzeit, wie bei der Stute in der andalusischen Höhle La Pileta, welche aus einer Schattenöffnung davongaloppiert.

Um diesen Schwierigkeiten zu begegnen, hat einer meiner besten Schüler in Toulouse, Jean Maury[86] seinen Scharfsinn den Steinböcken von Rouffignac gewidmet *(Abb. 22)*. Seine Untersuchung erfaßt die dreizehn Steinböcke der Höhle, ihrer elf sind rund um die weite Trichterhöhle der Großen Decke versammelt. Diese Gesamtheit der Steinböcke scheint uns von grundlegender Bedeutung.

Das Mammut hätte bestimmt eine reichhaltigere Grundlage für eine Untersuchung abgegeben, aber es ist beinahe unmöglich, sein Geschlecht zu bestimmen, denn sein dickes Fell verhüllt es gar zu züchtig! Andere Tiere aus diesem Abschnitt sind neun Bisons, sieben Pferde und drei Nashörner.

Dies unterstreicht die Bedeutung des Salons der Steinböcke trotz allem, zumal nach Jean Maury diese Steinböcke von Rouffignac mit großer Sorgfalt behandelt und betont realistisch sind. Die Künstler geben eine bestimmte anatomische Einzelheit oder ein Detail in der Haltung des Tieres glücklich wieder, was es erlaubt, «mit einer gewissen Sicherheit die Art, das Geschlecht, oft sogar das Alter und das Verhalten dieser Tiere» zu bestimmen.

Dieser gründlichen Untersuchung entnehme ich, daß Darstellungen des Geschlechtes selber sehr selten sind und daß sich Männchen und Weibchen nach sekundären Geschlechtsmerkmalen, wie Entwicklung der Hörner, Vorhandensein oder Fehlen des Bartes, gut unterscheiden lassen. Gegenwärtig haben Männchen eindeutig längere Hörner als ihre weiblichen Gefährtinnen; von 50 bis 90 Zentimeter für die Männchen gegen 9 bis 31 Zentimeter für die Weibchen. Dies bedeutet ein Verhältnis von eins zu drei.

Von den Steinböcken auf der großen Decke von Rouffignac sind acht bestimmt männlich. Ihre Art existiert heute noch, was entsprechende Vergleiche erlaubt. Die Männchen erkennt man an ihren sekundären Geschlechtsmerkmalen. Der eine hat Hörner, die der Hälfte seiner Gesamtlänge entsprechen (beachten wir, daß die verhältnismäßige Größe sehr viel aussagekräftiger ist als der absolute metrische Wert).

Der Bart dieser Glücklichen erreicht drei bis vier Zentimeter im Sommer und das Doppelte im Winter, was den männlichen Charakter der acht Tiere bestätigt. Die drei anderen Steinböcke dagegen zeigen ihre Weiblichkeit durch ihren kurzen Bart und die verhältnismäßig bescheidene Entwicklung ihrer Hörner.

In diesem Salon des Steinbocks haben die Künstler demnach acht Männchen und drei Weibchen gezeichnet. Das bestätigt eine frühere Bemerkung, daß nämlich ein bestimmtes Geschlecht nicht einer bestimmten Tiergattung zugeordnet wird.

In der prähistorischen Ikonographie ist jede Art durch Männchen *und* Weibchen, in wechselndem Verhältnis, vertreten. Und während die Jäger des Magdalénien vor allem junge Tiere jagten, wie die gefundenen Knochen beweisen, sind die Steinböcke in Rouffignac «alt» oder sogar «sehr alt», also Patriarchen! Die Hirsche von Lascaux, stellt Jacques Blanchard fest, sind Tiere vorgerückten Alters, «wenn man nach den majestätischen, außerordentlich verzweigten Geweihen urteilt, oft mit verdoppeltem Ende, wie dies bei Tieren von fünfzehn bis zwanzig Jahren der Fall ist.» So stellt man den grundlegenden Unterschied fest, der zwischen der «dargestellten Fauna» (alte Tiere) und der «gegessenen Fauna» (junge Tiere) besteht. Die Gänge unserer Höhlen sind nicht, wie es sich gewisse Leute vorstellen, Ausstellungen im Stile «Schau der guten Küche» oder «Galerie der begehrten Jagdbeute». Sie sind auch keine Galerie eines Naturkundemuseums, Abteilung Zoologie. Sie entsprechen den verschiedensten menschlichen Motiven: der Mensch des Magdalénien ist selbst schon sehr vielschichtig und die erklärende Vielfalt die Regel. Es wäre kindisch, für eine Lebensform und eine Wirtschaft, die über mehr als zwanzig Jahrtausende dauerte und sich vom Baikal bis zum Atlantik erstreckten, nach einer einzigen Erklärung zu suchen.

## Die Brunstzeiten bei den Steinböcken

Wie sind diese Steinböcke von Rouffignac reizend und elegant, wie geistreich ist ihr kleiner, dichter aufgerichteter Schwanz. Nein, Sie täuschen sich nicht, die Angelegenheit ist ernst! Dieser aufgerichtete Schwanz wird gerne als eine spielerische Haltung gedeutet, sogar als Äußerung des «Humors» im Magdalénien. Aber für Zoologen, die oft ernsthaftere Leute sind als die Archäologen, wäre dieser kleine, aufgerichtete Schwanz das eindeutige Zeichen der sexuellen Erregtheit des Männchens. Und doch, «im Verlaufe der eigentlichen Brunst, und nur während dieser Zeit, tragen die erwachsenen Männchen ihren Schwanz immer ganz auf den Rücken hinuntergezogen, während des ganzen Tages», stellt der Spezialist M. Courtier fest. Ist dies nicht genau die Haltung unserer männlichen Steinböcke von Rouffignac mit dem Schwanz auf dem Rücken? «Muß man daher eine sexualistische Theorie hinter der Felskunst annehmen oder auf die klassische Theorie der Fortpflanzungsmagie zurückkommen?» fragt Jean Maury.

Müßte man darin nicht eine genaue Wiedergabe sehen, ein treues Abbild der Steinböcke, die während einer ganz genauen Phase ihres Tierlebens dargestellt wurden, während ihrer Liebeszeit?

Die sexuelle Aktivität der Steinböcke spielt sich im Winter ab: Sie verläuft zwischen dem 1. Dezember und dem 5. Januar, dauert 45 Tage oder ein Achtel ihres jährlichen Lebens. Den Höhepunkt erreicht sie zwischen dem 10. Dezember und dem 5. Januar, während weniger als einem Monat.

Diese Beobachtungen führen uns zur Frage nach dem tieferen Sinn der Steinbockzeichnungen. Wollte der Künstler die Tiere während ihrer Brunst wiedergeben, oder ging es ihm eher darum, eine Jahreszeit darzustellen und sich in gewisser Weise einen kalendarischen Anhaltspunkt auszudenken? Um so mehr, als bei anderen Tieren die Jahreszeit ebenfalls angedeutet wird: die Bären werden mit Vorliebe in ihrem Wintergewand gemalt, mit einem dichten Fell (das ihr Geschlecht verbirgt!), während sie fett und rundlich sind, und dasselbe gilt für die Mammute. Die Nashörner sind ebenfalls schwer und fleischig, um mit ihren Vorräten den winterlichen Hungersnöten zu trotzen oder den Winterschlaf überleben zu können.

Könnten diese genau aufgezeichneten physiologischen Einzelheiten eine jahreszeitliche Bedeutung haben? Und der Autor faßt die Wichtigkeit eines schwerwiegenden klimatischen Ereignisses ins Auge, in Beziehung zur winterlichen Sonnenwende, diese Wochen, in denen der Mensch fast befürchtet, die Sonne werde ihren Abstieg am Horizont weiterverfolgen und nie wieder auftauchen.

Seine persönliche Erfahrung, die Erfahrung seiner Umwelt und vor allem der Weisen werden ihm sagen, daß die Sonne wiederkehrt, aber eine unvernünftige, instinktive Furcht bleibt bestehen! Die außerordentliche Seltenheit der Wiedergabe der Sexualität in der prähistorischen Kunst läßt uns in diesen Steinböcken von Rouffignac darum mehr eine jahreszeitlich bedingte als eine sexuelle Darstellung sehen. Die Witterung wäre demnach «inspirierender» als die Sexualität.

Was für die Tierwelt wahr ist, gilt noch viel mehr für die menschliche Sexualität mit ihrem eigentlichen Ausnahmecharakter in der prähistorischen Kunst. Und diese Bemerkung leitet zu einer grundsätzlichen Frage über: Wie, wenn das Vergnügen nicht angeboren wäre, sondern erworben, und den letzten Pinselstrich auf dem Weg zur Menschwerdung bedeutete?

# Das Vorspiel zur Paarung

## Das Vorspiel zur Paarung in der Tierwelt

Vor einiger Zeit erschien ein Sammelband über die prähistorische Kunst, in dem mein ausgezeichneter Kollege, Hermann Müller-Karpe, nach zahlreichen anderen Spezialisten, eine Reihe allgemeiner Gedanken – gewissermaßen Schlüsselgedanken – über unsere prähistorische Kunst niederlegte. «Gruppen und Szenen erscheinen nur selten», glaubt er beobachten zu können, und er fährt fort: «Die bemalten Wände der spanischen und französischen Höhlen stellen fast immer zahlreiche Tierfiguren dar, die nebeneinander oder aufeinander gesetzt sind, aber diese bilden keine zusammenhängenden Gruppen, und sie stellen im allgemeinen ein unzusammenhängendes Nebeneinander verschiedener Figuren dar, von denen jede ihren eigenen Wert hat.»

Er überträgt seine Bemerkung von der Wandkunst auf den beweglichen Bereich: «Dies gilt auch für die beweglichen Gegenstände der Kleinkunst.»

Ein prozentualer Anteil, der auf der Grundlage von mehreren tausend Belegen errechnet wurde, bleibt einigermaßen gültig und wird nicht so rasch durch neue punktuelle Entdeckungen verändert. Es braucht eine ganz und gar außergewöhnliche Entdeckung wie Lascaux, mit seinen rund 1500 Bildern (oft in einem unentwirrbaren Durcheinander vermischt und überlagert), oder von Rouffignac, mit mehr als 400 Quadratmetern Decke mit Fingerspuren und einer Gesamtsumme von 150 Mammuten, um solche Werte zu verändern.

Man kann daher zugeben, daß einfach nebeneinander gestellte Tierdarstellungen in der Mehrzahl bleiben. Und doch sind die ursprünglichen Gruppenbilder zahlreich: Ich erinnere zunächst an die Friese, die aus gleichen, nebeneinander stehenden Elementen bestehen; dann an die Friese, die eine einheitliche Art mit einem anderen Element verbinden und ihm einen neuen anekdotischen oder Gefühlswert verleihen; die Gegenüberstellungen, entweder von zwei Tieren (das berühmte heraldische Motiv) oder die sexuelle Variante – das Männchen, das dem Weibchen gegenübergestellt ist (das Motiv der Paarung oder genauer des Vorspiels zur Paarung), ohne auch nur das sehr außergewöhnliche (sowohl beim Tier wie beim Menschen) Motiv der eigentlichen Paarung zu erwähnen; dann die familiäre Dreiheit, bestehend aus Vater, Mutter und Kind; die Familie, die nach den spezifischen Eigenheiten einer bestimmten Tierart erweitert wird, usw. Im übrigen können gewisse Themen untereinander verbunden und so außerordentlich kompliziert werden. Im gesamten machen diese Gruppierungen nicht mehr als 5% der Ikonographie aus, über die wir bis heute verfügen.

Die Entdeckung zweier interessanter Funde in der großen Kunstwerkstatt Alliat, die Romain Robert und ich gemacht haben, veranlaßten mich vor einigen Jahren, mich mit dem Vorspiel zur Paarung in der Tierwelt auseinanderzusetzen und die Untersuchung auf unsere eigene Gattung auszudehnen.

Die Gesamtzahl der Darstellungen des Vorspiels in der Tierwelt übertrifft nicht 0,6%. Berücksichtigen wir auch die mutmaßlichen Lücken bei den Belegen, nähern wir uns einer Größenordnung von einem Prozent!

Aber die Statistiken sollen unsere Aufmerksamkeit nicht ausschließlich auf sich lenken: Hier ist ein Fundstück, ein gravierter Werkstoff, die dicke Rippe eines Wiederkäuers, der Länge nach gespalten, aus dem Quadrat 136 des Saales Monika, in Schicht I, fünf oder sechs Meter entfernt von der Stammesfeuerstelle, im Handwerksabschnitt (während sie sich logischerweise im Abschnitt der Künstler hätte befinden müssen). Zeitlich liegt sie zwischen 10435 und 10745 v. Chr.

Gewisse Sachverhalte lassen uns vermuten, daß das Fundstück eine Gebrauchsfunktion erfüllte: das linke Ende ist unbeschädigt, das rechte jedoch abgebrochen. Der unregelmäßige schräge Bruch hat eine ganz zersetzte, vollkommen abgestumpfte Kante, was auf einen Gebrauch nach dem Bruch hinzuweisen scheint. Der Begriff Gebrauch drängt sich in der Tat aufgrund der Bearbeitung am äußersten linken Ende auf; dieses ist absichtlich abgerundet und vollkommen poliert, mit einer klaren Verengung, welche die Verwendung eines Bandes vermuten läßt.

Der Gegenstand konnte also wie ein Anhänger getragen werden; die einleuchtende Hypothese nimmt eine Art Rhombus an, eine jener Geweihschneiden, die man am Ende einer Schnur durch rasches Drehen zum Tönen bringt. Logisch, in diesem Fall, daß wir ihn im Abschnitt der Handwerker finden!

Auf der ausgebuchteten Seite sind zwei Rentiere von außergewöhnlichem Realismus eingeritzt *(Abb. 23)*. Die Gravierung ist tief und genau, ohne geringste Unsicherheit. In einem zweiten Arbeitsgang werden Zotten, Fell, Schnauze und Auge eingeritzt. Das rechte Rentier ist sexuell kräftig durch sein Hauptattribut sowie durch seine sekundären Geschlechtsmerkmale differenziert, wie dem im Vergleich zum vorausgehenden Weibchen massiven Hinterteil und dem prächtig entwickelten Geweih, das eine beachtliche Größe erreicht. Die Größenverhältnisse der sekundären Geschlechtsmerkmale sind sehr interessant, denn aus ihnen läßt sich auf andere Größenverhältnisse schließen und ein Maßstab aufstellen, der bei anderen, verwandten Arten verwendet werden kann. Für diese Rentiere bewegt sich das Verhältnis zwischen dem weiblichen und dem männlichen Geweih in der Größenordnung von 75%.

Die beiden Rentiere sind eng miteinander verbunden, in einer Vorbereitungsszene für die Paarung; das Weibchen geht

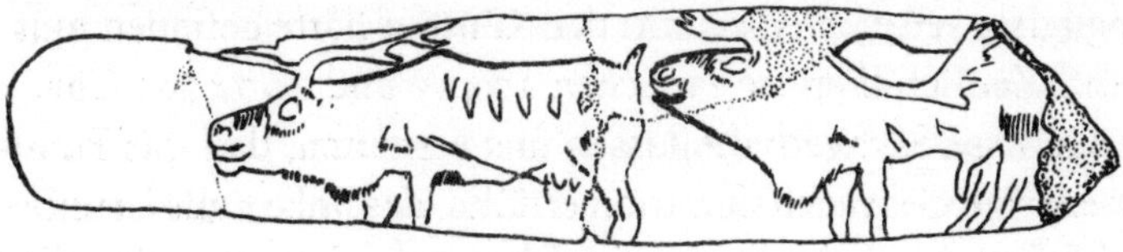

Abb. 23: Rentiere aus der Höhle von Alliat

voran, sein kleiner Schwanz aufgerichtet (wir finden hier eine Einzelheit, die für die Steinböcke von Rouffignac typisch ist), bietet sich dem Männchen an, das ihm sehr nahe folgt, die Nüstern für die erregenden Ausdünstungen seiner brünstigen Gefährtin weit geöffnet, sich erhebend, um den Akt zu erleichtern, das Geschlecht in Erektion.

Da diese Szene mit klinischer Genauigkeit wiedergegeben ist, können wir dieses Motiv als Vorspiel zur Begattung erkennen, wenn sich zwei Tiere folgen, selbst wenn gewisse Kriterien fehlen. Wer würde sich aber nicht über die Zurückhaltung, fast Prüderie unserer Künstler des Magdalénien wundern? Da man dabei offensichtlich nicht auf Erklärungen mit der jüdisch-christlichen Erziehung zurückgreifen kann, stellt uns das keusche Verhalten dieser Jagdvölker, bei denen die tierische Begattung ohne Zweifel eine banale und während der Brunstzeit alltägliche Erscheinung war, vor ein Problem. War der Nachwuchs der zukünftigen Jagdbeute nicht entscheidend? Oder war dieses Wild damals so überreichlich vorhanden, daß es nicht notwendig war, seine Fruchtbarkeit darzustellen, was das beinahe vollkommene Fehlen der Rentiere in der Ikonographie erklären würde?

Es gibt aber noch eine andere Erklärung: unsere Jäger des Magdalénien hätten keine direkte Beziehung zwischen Begattung, der Entwicklung der trächtigen Weibchen und den zahlreichen Geburten erkannt. Gewisse ethnologische Vergleiche aus dem letzten Jahrhundert würden uns solche Erklärungsversuche nahelegen, obschon es außerordentlich gewagt ist, ich gebe es gerne zu, aufsteigende Völkerschaften, wie das Magdalénien, mit stagnierenden Völkerschaften zu vergleichen. Trotzdem können wir uns daran erinnern, daß der Geschlechtsakt als Ursprung der Nachkommen nicht von allen Bevölkerungsschichten des 17. und 18. Jahrhunderts der christlichen Ära erfaßt worden war.

Bevor wir unseren Fund verlassen, betrachten wir noch eine letzte Einzelheit: die vordere Flanke des Männchens trägt eine eindeutige Wunde, mit zwei kurzen, zusammenlaufenden, aber nicht verbundenen Strichen angedeutet (mit einem winzigen mittleren Strich in der Achse), genau wie die Darstellungen der Wunden auf dem Bison mit den Einschußlöchern in Niaux. Das Weibchen trägt an der gleichen Stelle eine Wunde mit längeren und sicheren Strichen. Aber vor allem entdeckt man auf dem oberen Teil des Körpers, ein bißchen unterhalb der Wirbelsäule, sieben Wunden, alle durch zwei nach unten zusammenlaufende Striche bezeichnet. Dies sind ganz bestimmt keine Darstellungen der weiblichen Vulva, wie es gewisse Autoren zu behaupten belieben.

Es ist die Zahl der Wunden, die uns auf den rechten Weg führen muß: wir finden die Zahl sieben, welche ebenfalls für die sieben Wunden des Bisons von Lascaux gilt, sowie für weitere, weniger bekannte Beispiele. Sobald wir über die Gesamtheit der im Computer gespeicherten Figuren verfügen (die Museumsdienste von Saint-Germain haben mit dieser Arbeit begonnen), wird es einfach sein, die Zahl sieben abzurufen, um die Gesamtheit der beweglichen Gegenstände und der Wandgemälde zu erhalten, die siebenfach jenen einfachen oder doppelten Strich tragen. Einige Sekunden werden dazu ausreichen. Derselbe Vorgang würde gegenwärtig Monate von Aufnahmen und mühseligen Auswertungen erfordern! Aber ich sehe dort trotz allem Stoff für unerwartete Entdeckungen und eine sehr reiche Ausbeute.

## Das Vorspiel zur Paarung beim Pferd

Unser zweites Fundstück stammt aus der Schicht III der Werkstatt von Alliat, Quadrat 51; es wurde nahe bei der Höhlenwand gefunden, ebenfalls im Abschnitt der Handwerker, weniger als zehn Meter vom Stammesherdfeuer entfernt. Auf dem schmalen Fragment einer kleinen Rippe befinden sich zwei eingeritzte Pferde, auch sie im Stadium vor der Begattung. Das Stück ist trotz seines Alters von 12 000 Jahren unversehrt! Das erste Drittel bildet «die Spitze», während der Rest der Rippe mit vollkommen symmetrischen Rändern in einer leicht flachen Stelle endet. Daher seine mögliche Verwendung als Anhänger, genau wie beim vorher erörterten Fundstück. Das Pferd zur Rechten, von tiefer, sicherer Gravierung, ist der Hengst, der schnuppernd der Stute folgt, die ihm vorangeht. Der Hengst wurde zuerst eingeritzt, der schneidende Strich des langen Schweifs der Stute verbirgt ganz knapp seine Schnauze. Auf der Flanke des Hengstes sind drei Gruppen zusammenlaufender Striche sichtbar, zwei weitere auf dem Hals...

Mit Gewißheit entsprechen diese Szenen einer Vorphase des Tierpaares, das Männchen folgt vor der Begattung dem Weibchen ganz nahe. Zum tieferen Verständnis unserer prähistorischen Kunst ist es interessant, die Zahl und die zeitliche Einordnung dieser besonderen Szenen zu kennen. Einige lassen sich genau datieren. Dies sind die Fundstücke aus der Höhle Alliat, vom 11. Jahrtausend v. Chr., und eine Wandszene der Höhle Levanzo, einer kleinen Insel vor Sizilien, die dank eines vergrabenen Blockes in einer zeitgenössischen archäologischen Schicht auf 9700 v. Chr. datiert werden kann.

Archäologisch entspricht das 11. Jahrtausend dem letzten Ende der Kultur des Magdalénien. In unserer abendländischen Welt lassen sich für dieses Jahrtausend rund zwanzig Fundstücke datieren, oder eindeutig weniger als 0,5%! Ein winziger

Prozentsatz. Unter den bedeutendsten Fundstücken nenne ich die auf Knochen gravierten Hirschkühe, die 1837 in der Höhle Le Chauffaud in der Charente entdeckt wurden; zwei Pferde auf Rentiergeweih in Laugerie-Basse, unterhalb von Les Eyzies; zwei Hirschkühe auf einem durchbohrten Stab aus Rentiergeweih aus derselben Fundstätte, zwei gravierte Rentiere auf einer Schieferplatte der gleichnamigen Fundstätte von La Madeleine; ein Hirsch, der eine Hirschkuh verfolgt, und zwei Pferde, die sich auf einem durchbohrten Stab folgen, in der gleichen Fundstätte; ein prächtiger Stier, eindeutig sexuell differenziert, der eine Kuh mit schlankeren, feineren Formen verfolgt *(Abb. 24)*, auf einem stalagmitischen Block der Höhle Teyjat im Norden des Périgord eingraviert; zwei geschnitzte Rentiere auf dem Bruchstück eines Mammut-Stoßzahnes, das in einem Unterschlupf im unteren Teil des Aveyrontals gefunden, an Großbritannien verkauft wurde und nun in einer Vitrine des Britischen Museums getrennt ausgestellt ist (der Gegenstand ist zerbrochen); die Wandgravierungen von Levanzo: ein kräftiger Stier, der die Zunge begierig streckt und sich seiner Gefährtin nähert.

Alle diese wichtigen Arten zahlen demnach ihren Tribut ans Thema des Vorspiels: Rentier, Pferd, Rind, Hirsch, Hirschkuh, Bison... aber immer in sehr seltenen Beispielen. Nicht eine bestimmte Gattung ist verpönt, sondern das Thema selber: dem Künstler widerstrebt es, diese sexuelle Phase vor der Begattung häufig darzustellen!

Gilt dies ebenso für die näherliegenden Epochen, etwa von 8000/7000 bis gegen 3000/2000 v. Chr.? Oder in den fünf Jahrtausenden, die der Entwicklung der paläolithischen Kunst folgen?

Ich lege nur summarische Gedanken zur Entwicklung der Mentalität vor. Sie betreffen drei Gruppen von Darstellungen: die der Levante im östlichen Teil der spanischen Halbinsel, die der unendlich großen Schleife der eurasischen Taiga, vom Bai-

Abb. 24: Kuh und Stier aus der Höhle von Teyjat

kal bis nach Skandinavien, und schließlich jene, die wir in der großen Wüstenschleife der Sahara gesammelt haben.

Die Kunst der spanischen Levante ist im wesentlichen eine Malkunst; in der eurasischen Schleife herrscht die Felsgravierung vor, in der Saharaschleife dagegen sind die Wandgemälde auf Felsvorsprüngen in der Überzahl. Diese künstlerischen Äußerungen, die alle im Freien verwirklicht wurden, entsprechen neuen Wirtschaftsformen, im wesentlichen von Jägern *(Abb. 25)*. Sie sind die direkten Erben der Jagdwirtschaft des Magdalénien unserer Höhlen, und die Tierwelt spielt nach wie vor eine überragende Rolle.

## Die Kunst der spanischen Levante

Lya Dams[87] hat in ihrer Doktorarbeit für die Universität Toulouse vor einiger Zeit ein Verzeichnis von 7600 Figuren zusammengestellt. Sie teilen sich auf in 58,9% Tierfiguren und 41% menschliche Figuren, Männer und Frauen.

Diese Inventarisierung erlaubt, Zahlenwerte zu ermitteln, die über die Grenzen einer Universitätsarbeit hinausreichen

Abb. 25: Vorspiele zur Paarung. (1 und 2: Ciskino; 3: Libyen; 4: Baikal)

(während wir auf eine Auswertung mit dem Computer warten...)

Die sexuell differenzierten Tiere erreichen ein Total von zehn Beispielen, oder 0,2%! Eine so geringe Anzahl erleichtert die Aufnahme; in den Felsunterständen von Cogul, Torico del Pudial, Peña del Secrito, Selva Pascuala, Marmalo (Unterschlupf II) sind sechs Stiere sexuell differenziert.

Drei Hirsche sind ebenfalls sexuell differenziert: Prado de las Olivas, Cueva de la Vieja und Carasoles del Bosque. Zum Schluß rettet ein sexuell differenziertes Wildschwein die Ehre seiner Rasse im Unterschlupf III der Gesamtanlage von El Civil.

## Die Schleife der eurasischen Taiga

Man könnte die Schleife von Skandinavien bis zum Baikalsee das Reich des Elchs nennen, wie unser paläolithisches Abendland das Reich und die Kultur des Rentiers war. A. P. Okladnikov von der Universität Nowosibirsk erfaßte die Funde aus Ostsibirien. Unter seiner Leitung begann 1937 eine riesige Inventarisierung von Wandgravierungen, eine Arbeit, die wegen des Baus der großen Staudämme am Angara, einem Ausfluß des Baikalsees, dringend wurde. Tausende von Gravierungen wurden unter Wasser gesetzt, und die Forscherteams (bis zu hundert Leute) führten einen Kampf gegen die Uhr, um die Schätze zu erfassen, die ertränkt werden sollten.

Nach 1950 wurden Grabungen, Untersuchungen und Inventarisierungen erneut intensiviert: dies fand seinen Ausdruck in einer Reihe bedeutender Monographien, die der Gegend des Baikalsees (zwei Bände), der Gegend von Angara (ein Band), dem Oberlauf der Lena (ein Band) sowie dem besonders reichhaltigen Abschnitt von Ciskino an der Lena (ein Band) gewidmet waren. Die Inventarisierung der Wandgravierungen aus der Gegend von Tomsk im Becken des Ob bringt einen wertvollen geographischen Anhaltspunkt in Richtung Ural, aber die Gravierungen aus dieser Übersicht sind eindeutig neuer und betreffen unser Thema nicht. Im übrigen bringen diese Funde keine interessanten Auskünfte über sexuell differenzierte Tiere oder über Szenen, in denen solche vorkommen könnten.

1974 unternahm ich persönlich an Ort und Stelle Forschungen und untersuchte insbesondere eine Sammlung von Wandblöcken mit Tiergravierungen aus den Reserven des archäologischen Museums von Irkutsk. Ich kann bestätigen, daß in diesem riesigen geographischen Raum von mehr als 3000 auf mehrere hundert Kilometer keine sexuell differenzierten Tiere vorkommen.

Es finden sich nur einige seltene Szenen des Paarungsvorspiels, aber da das männliche Tier nie sexuell differenziert ist, paßt es nicht in unsere Statistik. Diese Zurückhaltung bei der Sexualität ist demnach eine Konstante in der ältesten abendländischen Kunst und in der eurasischen Schleife, die näher liegt. Die Szenen des Vorspiels zeigen oft den Elch, das typische Tier dieser Kultur. Im Bereich des Baikal sind es deren drei. Das letzte Beispiel kann sogar als eine vollendete Begattungsszene gelten, die erste, die ich melden kann, vom Atlantik her, über einen Zeitraum von mindestens zehn Jahrtausenden *(Abb. 26)*.

Aus dem Tal der Angara, wo die meisten Gravierungen nur fünfzig Meter unter Wasser liegen, führen die Inventare des Forscherteams von Okladnikov drei weitere Szenen mit einem Vorspiel zur Paarung auf. Die Männchen lassen sich wegen den außergewöhnlich entwickelten Geweihen identifizieren, die Weibchen haben in der Regel keine oder nur sehr verkrümmte. Im Becken der Lena fand sich eine typische Darstellung eines Vorspiels, der Abschnitt von Ciskino hat drei, ferner eine einzigartige Familienszene, in der das Männchen dem Weibchen folgt, getrennt durch einen jungen, ganz kleinen Elch. Die sekundären Geschlechtsmerkmale sind sehr ausgeprägt: ein längliches, kräftiges Männchen, ein Weibchen mit gedrungenen Formen, mit einem ganz runden Körper – aber es sind die einzigen!

## Die Paarung von Mensch und Tier

«Zwei Dinge der gleichen Art bilden ein Paar», erklärt unser nationaler kleiner Larousse und fährt fort: «Ein Mann und eine Frau können ein Paar bilden.» Gilt dies auch, wenn der Mann sich mit einem Tier «paart»? Wie soll man diese widernatürlichen Verbindungen benennen, ohne bis zur Zoophilie

Abb. 26: Paarungsszenen (Tomsk und Baikal)

zu gehen, ein Forschungsfeld unserer zeitgenössischen Psychologen?

Die prähistorischen Darstellungen dieses Themas sind spärlich: Ein typisches Beispiel finden wir in einer Komposition im Val Camonica *(Abb. 27)* nördlich des Iseo-Sees, eine an Gravierungen außerordentlich reiche Gegend mit mehreren zehntausend Figuren, die sich zeitlich vom 6. Jahrtausend, die ältesten (eine Zeichnung in Luino, die einen gefesselten Hirsch zeigt) bis zum Einfall der römischen Legionen in das Tal erstrecken. Auf einer Zeichnung vollzieht ganz eindeutig ein Mann, mit erhobenem Arm und aufrechtem Körper, den Geschlechtsakt mit einer Ziege.

Gewisse Leute sähen darin gerne eine rund um das Mittelmeer recht verbreitete Sitte. In einer Untersuchung über 1500 Gravierungen des Oued Djerat erwähnt Henri Lhote eine Figur in derselben Situation mit einer afrikanischen Antilope. Unter den Gravierungen des Kef Bou Beker in der Gegend von Tiaret fand Pierre Cadenat ebenfalls eine Antilope und einen ithyphallischen Mann.

Aber diese drei Beispiele sind spät, gehören alle derselben Epoche an, etwa dem 2. oder sogar 1. Jahrtausend v. Chr., und ihr prozentualer Anteil ist unendlich gering, in der Größenordnung von einem Prozent, also noch geringer als jene, die man üblicherweise als normal bezeichnet. Das kann uns nicht erstaunen, handelt es sich doch um Geschlechtsbeziehungen, die gewöhnlich als abnormal gelten.

Ein berühmter Psychologe nimmt sich dieser Angelegenheit an und stellt für den Bereich der Sinneslust eine große Regel auf: «Kein Akt ist gegen die Natur oder pervers, solange er nicht ausschließlich praktiziert wird, nicht zu einer Fixierung degeneriert und nicht Ausdruck einer tiefen Angst oder einer Zwanghaftigkeit ist...» Und er meint weiter: «Soll man jene als abnormal behandeln, die unter Bedingungen des gewöhnlichen Lebens jede Geschlechtsbeziehung zu Tieren verweigern?

Abb. 27: Paarung mit einem Tier (Val Camonica)

Diese Betätigungen werden noch vom Gesetzbuch und den sozialen Regeln verdammt. Besteht dagegen dasselbe Individuum unter außergewöhnlichen Bedingungen (beispielsweise auf einer einsamen Insel, wo es keine Wahl hat) hartnäckig auf seiner Weigerung, können wir es zu Recht als abnormal bezeichnen – obschon es nicht zum ernsthaften Fall wird.» (Albert Ellis[88])

Dies erlaubt uns, der Sittlichkeit unserer prähistorischen Menschen zu Hilfe zu kommen, die sich in gut zehntausend Jahren zweifellos einige seltene «Abweichungen» gestattet haben.

Wir haben auch keinen Beweis, daß sie Kannibalen waren, außer an Stätten, die zeitlich sehr weit zurückliegen, wie Chou-Kou-tien, gegen 500 000, oder Krapina gegen 50 000. Ich jedenfalls gebe mich nicht mit Gebeinen von Neandertalern zufrieden, die in Feuerstellen gefunden wurden, um daraus endgültig auf Kannibalismus der Horde zu schließen. Muß man denn immer das Schlimmste annehmen? Haben unsere Vorfahren, der *homo erectus*, der Neandertaler, der Cro-Magnon, private Tragödien gekannt, «ungewöhnliche Umstände»? Denken wir nur an das Floß der Medusa und, vor gar nicht allzu langer Zeit, an jenen Flugzeugunfall in den Anden...

Tafel 14: Ithyphallischer Mann aus Le Portel
(Photo Nougier/Robert)

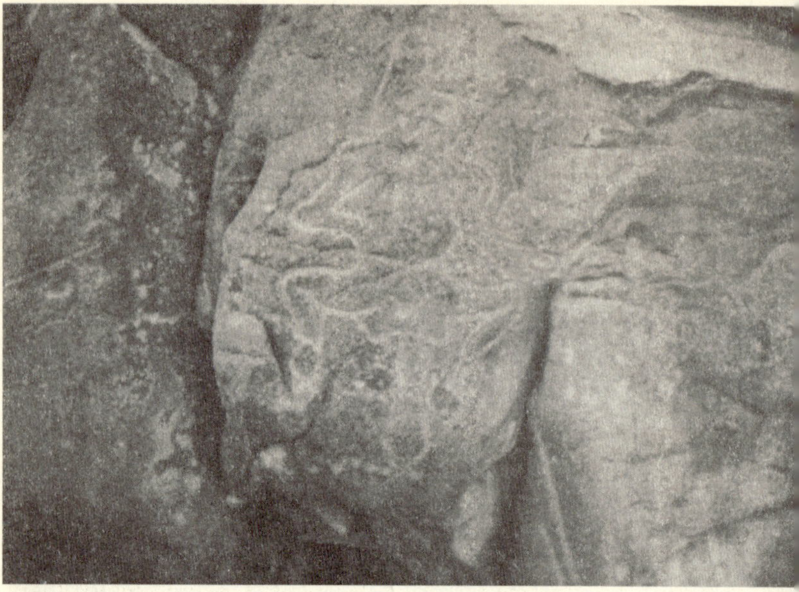

Tafel 15: «Ali Baba» (Photo Michel Bieuville)

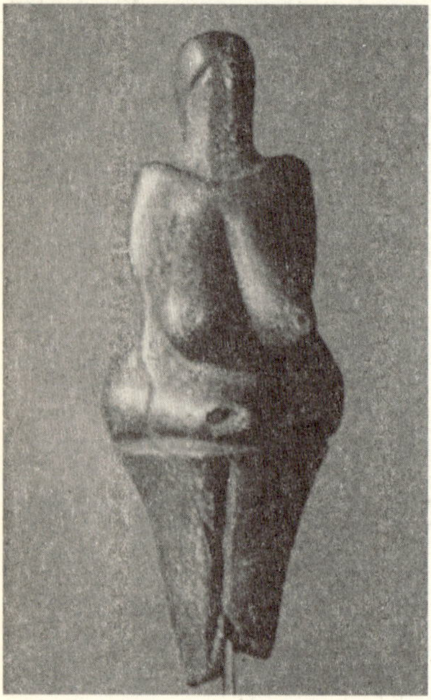

Tafel 17: Statuette aus Dolni-Vistonice (Photo L.-R. Nougier)

Tafel 18: Statuette aus Willendorf (Photo Naturhistorisches Museum Wien)

Tafel 16: Die Dame aus Brassempouy in den Landes (Photo Hachette)

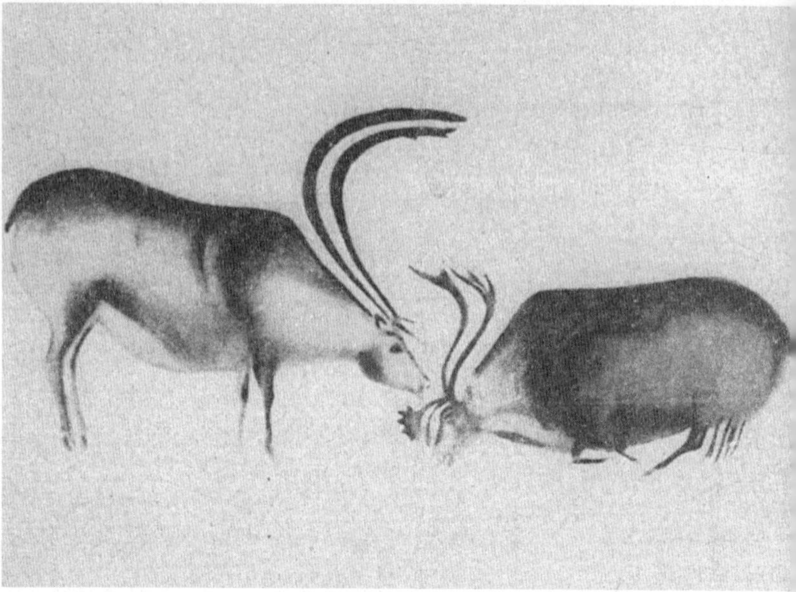

Tafel 19: Sich gegenüberstehende Rentiere aus Font-de-Gaume (D.R.)

Tafel 20: Eva aus Rouffignac (Photo Nougier/Robert)

'afel 21: Adam und Eva vom Onega-See (Photo L.-R. Nougier)

'afel 22: Paarungsszene aus Bardal, Norwegen (Photo L.-R. Nougier)

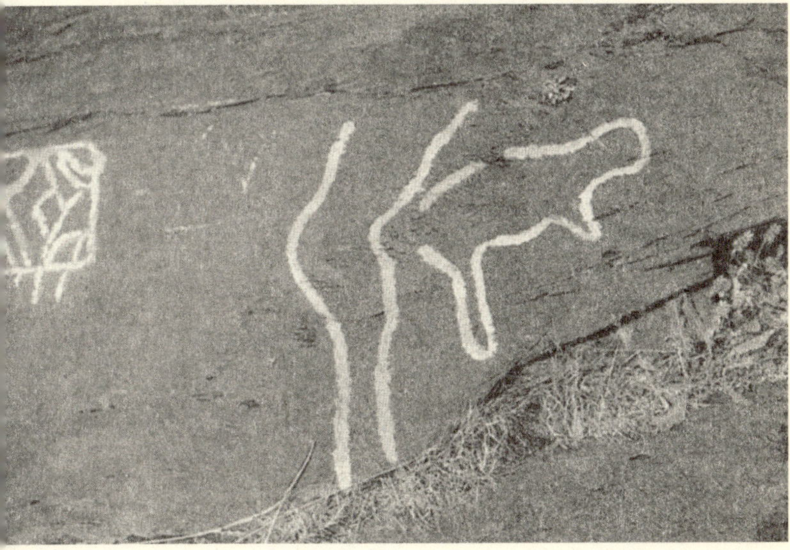

Tafel 23: Ithyphallische Darstellung aus Bardal, Norwegen (Photo L.-R. Nougier)

Tafel 24: Der Fezzan (Photo Graziosi)

Tafel 25: Sich umarmendes Paar aus dem Tempel von Khajuraho, 11. Jahrhundert (Photo Cl. J. Inbois, Atlas Photo)

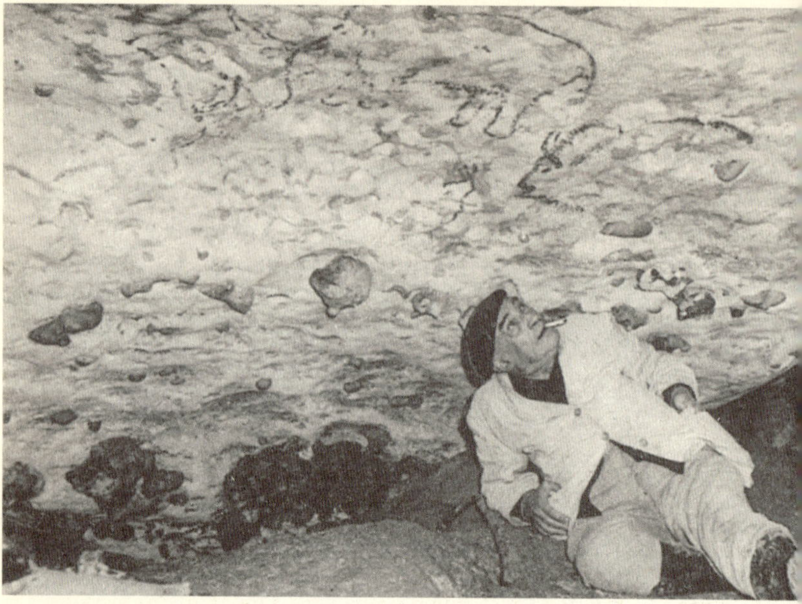

Tafel 26: Abbé Breuil unter der Großen Decke von Rouffignac 1956 (D.R.)

Tafel 27: Henri Lhote und der Autor in Mauretanien (Photo L.-R. Nougier)

# Das ewig Weibliche

## Die Lehmfiguren von Bédeilhac

Die monumentale Vorhalle von Bédeilhac, die zweiunddreißig Meter breit und siebzehn Meter hoch ist, ist in den großen Kalkstumpf des Soudour südlich von Tarascon-sur-Ariège eingegraben, als Stätte mit Funden aus dem Magdalénien war sie seit Jahrhunderten bekannt: das unsere wurde ihr zum Schicksal. 1940 wurde eine Straße angelegt, es wurde nivelliert, aufgeschüttet, mit Steinen gepflastert, um in den Vorraum zu gelangen, mit einer Geschwindigkeit der Ausführung, die der besten industriellen Leistungen würdig ist. Die deutsche Unternehmung Todt verfolgte die «große Absicht» im Dienste des Führers. Sie baute die Straßen über mehrere hundert Meter in der Höhle selber, schliff die neolithischen archäologischen Böden ab, grub in unberührte Böden aus dem Magdalénien. Ein Betonsockel sollte zur Unterlage für eine unterirdische Flugzeugfabrik werden, und im Mittelpunkt sollte eine mächtige Betonrinne das Abheben der Apparate erleichtern, usw.

Aber alle diese Zerstörungen waren umsonst, die Fabrik hat nie auch nur einen einzigen Propeller hergestellt.

Etwa hundert Meter vom Eingang entfernt hatten im April 1927 Mandement und Basile Jaunze zur Linken einen Komplex von Nischen entdeckt, die mit gewaltigen Blöcken versperrt, mit Lehm vollgestopft waren und auf welche sich ein enger schwieriger Schlauch öffnete.

Einer der Korridore steigt zunächst empor, dreht dann in einem scharfen Winkel ab und führt in die Tiefe. Man muß auf den Ellbogen kriechen, den Winkel überwinden, indem man zunächst den rechten Arm vorschiebt. Der linke Arm ist eingeklemmt! Schließlich kommt man in einen engen Gang. Auf einer Lehmbank lehnt sich ein kleiner Lehmbison an die Wand, der ungefähr dreißig Zentimeter lang ist. Sein Schwanz ist klar vom Körper abgetrennt, ebenso seine Füße. Der schwere Körper trägt zwei Wunden, die mit einem Finger in den Lehm geritzt wurden. Dahinter erinnert eine zweite, bescheidenere modellierte Figur an den kleinen Bison von Le Tuc-d'Audoubert. Links findet sich etwas erhöht ein weibliches Geschlechtsorgan, kräftig modelliert.

Dies ist die klassische Vulva von Bédeilhac. Ich bin mir sehr unschlüssig über die Bedeutung oder vielmehr über die tieferen Gründe, die ihre Herstellung veranlaßten. Lehm ist ein wunderbarer Werkstoff, leicht zu bearbeiten. Die in Lehm modellierten Tiere mußten zahlreich gewesen sein. Junge, Jugendliche fanden darin Möglichkeiten, die weder der kalte, schmelzende Schnee noch die Erde, die oft voll Kieselsteine war, boten. Der schöne gute Lehm offenbart sich als ausgesuchter Werkstoff, den man frei modellieren kann, geschützt vor der Unbill der Witterung, in einer angenehmen unterirdischen Temperatur, wenn draußen ein eisiger Wind von den hohen Ketten der Pyrenäen herunterfegt.

Im Laufe der Zeit mußten die Lehmbildner bei ihren Ausflügen Hunderte von Figuren modelliert haben, doch nur ganz wenige überlebten, die übrigen wurden von den Besuchern zerstört. Die Lehmfiguren sind daher nur jenseits der Engpässe erhalten geblieben, und da nun diese Vulva: ihre Anwesenheit an dieser Stelle kann das Ergebnis einer Reihe von Zufällen oder einer bewußten Entscheidung sein, der Suche nach einem geheimen Ort für ein magisches Ritual in dieser engen Sackgasse der unendlich großen Höhle.

Was den «Hintergrund» betrifft, geben wir zu, daß die Figur von Bédeilhac, die die Frau mit ihrem Geschlechtsteil gleichsetzt, beim Schöpfer kein sehr entwickeltes Seelenleben vor-

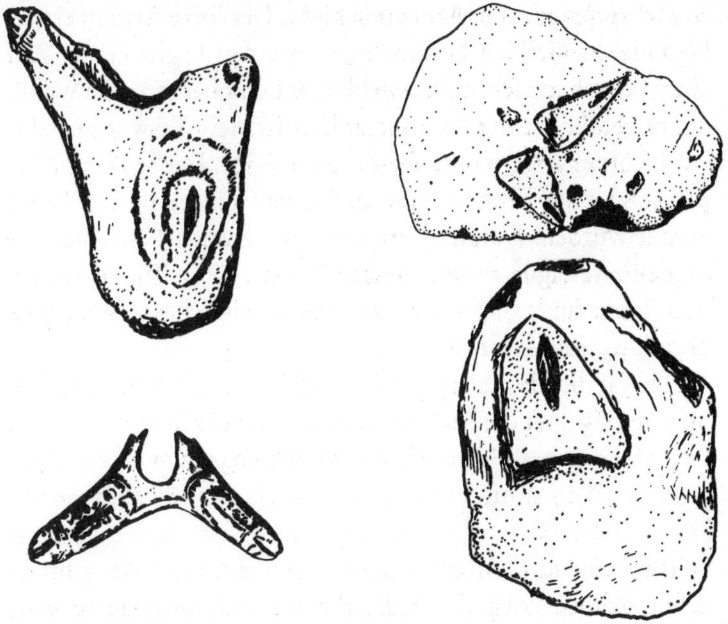

Abb. 28: Vulva-Gravierungen aus dem Périgord

aussetzt und nur eine sehr bescheidene Stufe auf dem langen, harten Weg zur Menschwerdung darstellt!

Die gegenwärtige Welt unserer Schüler und sogar der archaischen Erwachsenen (der «Zurückgebliebenen» im ursprünglichen Sinne des Wortes) kennt diese recht summarischen Graffiti, die unverblümt den männlichen Wunsch ausdrücken, «das Tier auszuleben». Es wäre daher sehr abenteuerlich, diese Vulva hinter irgendeinem Altar verbergen zu wollen. Sie wurde aus anderen Gründen im hintersten Teil des Ganges hergestellt.

Wir finden vergleichbare Gravierungen, ebenfalls Vulven, im Unterschlupf von Fongal, in der Nähe von Peyzac-le-Moustier; im Unterschlupf Cellier, in Tursac; auf den Wänden und an den Blöcken des Unterschlupfes Blanchard de Castelmerle,

Abb. 29: Vulva-Malereien aus Tito Bustillo

in Sergeac; schließlich in La Ferrassie, in der Nähe von Les Eyzies *(Abb. 28)*. Sie alle sind oval und haben eine klare Spalte in der Mitte. Allgemein stammen sie aus dem früheren Paläolithikum, gegen das 30. Jahrtausend. Die Höhle Tito Bustillo[89] in der Provinz Asturien beherbergt in einem sekundären Gang, zu dem man durch einen engen Korridor gelang, fünf Vulvae, die in rotem Ocker ausgeführt wurden *(Abb. 29)*. Sie befinden sich im Abseits, weit weg von der großartigen Fläche mit den Tierdarstellungen, einer Fläche über einer Schattenöffnung, durch die sich klar der Wildbach der unteren Ebene ergießt (es ist dies die Lage der Großen Decke in Rouffignac).

Diese gemalten Vulvae in Tito Bustillo sind sehr realistisch in ihrer Ausgestaltung und in der Art, wie sie modelliert sind: Einige Punkte oberhalb der Spalte könnten sich sogar als Zeichen der Pubis-Behaarung deuten lassen.

Ihre topographische Absonderung fällt auf und erinnert an jene der modellierten Vulva von Bédeilhac. Man nimmt an, daß alle diese eben zitierten Beispiele aus der Zeit des Magdalénien stammen, ungefähr aus dem 12. bis 10. Jahrtausend.

Einige Jahrtausende später, gegen das 4. oder 3. Jahrtausend, ruft uns die Welt der Sahara wichtige, mit dem weiblichen Geschlecht verbundene Praktiken in Erinnerung. Professor Paolo Graziosi hat vor einiger Zeit auf verschiedenen senkrechten Wänden bescheidener Steinfelsen im Udei El Chel untersucht, wie natürliche, kreisförmige Vertiefungen zu Symbolen für das weibliche Geschlechtsteil umgedeutet wurden. Die einen, durch tief eingeritzte Rillen vervollständigt, werden mit ihren wulstigen Lippen zu vereinzelten Vulven, andere sind von Anfang an vollständigere Kompositionen, die Frauen mit weit geöffneten Beinen darstellen, die ihr Geschlecht großzügig anbieten.

Ein stalagmitisches, senkrechtes Relief war der Auslöser einer der seltenen ithyphallischen Darstellungen in Le Portel. Hier wird ein Hohlrelief, eine suggestive Einbuchtung, zum Anlaß einer weiblichen Darstellung.

Dieser Realismus hat auch eine schlimme Bedeutung: Für den männlichen Schöpfer reduziert sich die Frau auf ein natürliches «Loch»! Henri Lhote bestätigt dies aufgrund einer verwandten Darstellung in der Stätte Ouan Abou im Tassili-n-Ajjer, mit folgender Beobachtung: «Ihr Geschlechtsteil wird hervorgehoben und tief in den Felsen eingeritzt. Die Tuareg, die diese Gravierung gut kennen, führen jedesmal, wenn sie dabei anhalten, einen Finger ein, was zur Folge hat, daß die Patina abgelöst und die Länge der Aushöhlung vertieft wird.»

Eine Geste, die sich seit fünf Jahrtausenden fortsetzt. Trotzdem geht es genausowenig darum, in der Vorgeschichte von einer Besessenheit durch das weibliche Geschlecht zu sprechen, wie von einer sexuellen Besessenheit. Selbst auf den geschnitzten oder modellierten Statuetten fehlt die Vulva oft. Die unzüchtige Statuette von Laugerie-Basse verdankt ihren Ruf und ihre Berühmtheit genau ihrem zur Schau gestellten Geschlecht, aber die meisten Figuren sind sehr zurückhaltend mit einem kaum bezeichneten Spalt, so bei der klassischen Statue von

Willendorf, der noch keuscheren von Savignano, Dolni Vestonice, Kostienki oder Gagarino, den berühmtesten Frauen der damaligen Zeit.

Eine einzige trägt ihr Geschlecht mit noch mehr Unverfrorenheit zur Schau als die stolze Statuette von Laugerie-Basse: die Frau aus Montpazier[90] in der Dordogne *(Abb. 30)*. «Wegen ihrer Größe ebenso wie wegen der Genauigkeit ihrer Morphologie ist die Vulva erstaunlich. Sie ist ganz offensichtlich in keinem Größenverhältnis zum restlichen Körper und scheint bemerkenswert ausgeführt: ein offensichtlich tiefer Rhombus zeichnet ihre Öffnung, seitwärts unterstrichen durch ein Reliefband, das die großen Lippen wiedergibt und sie unterstreicht.» Soweit die bewundernde Analyse der Entdecker Jean Clottes und Cérou.

Für die Männer des Paläolithikums reichen in zwei Dritteln der Fälle Darstellungen der Brüste als Symbol der Weiblichkeit aus. Man braucht sich nicht mit der Wiedergabe des Geschlechtes zu «belasten», sei es männlich oder weiblich. Außer vielleicht wie in Bédeilhac, verborgen in der Abgeschiedenheit, als Ergebnis des pubertären Juckreizes eines begabten Jugendlichen?

## Beweggründe für die Schaffung der weiblichen Figuren

1936 kam mein Freund, Professor Kühn aus Mainz, auf die Zahl von 125 prähistorischen weiblichen Figuren. 1947 war Elisabeth Saccasyn della Santa[91] aus Brüssel bereits auf der doppelten Zahl, nämlich 250. Heute zählt man gut 500 geschnitzte oder gravierte Beispiele. Im Vergleich zu den Tierdarstellungen an den Wänden machen sie trotzdem nur einen geringen Anteil von etwa 10 % aus. Setzt man sie in Beziehung zu den reichhaltigen (sehr ungenügend inventarisierten) Tier-

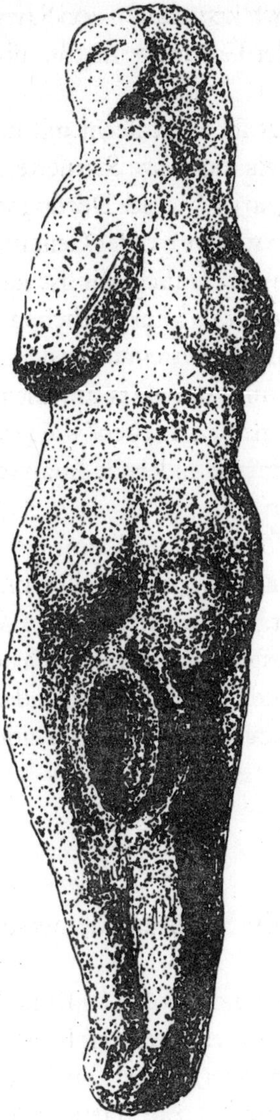

Abb. 30: Statuette von Montpazier

darstellungen auf beweglichen Gegenständen, verringert sich ihr Anteil auf eine Größenordnung von 5 %.

Kürzlich hat Henri Delporte[92] diesen Figürchen eine umfassende Arbeit gewidmet. Seiner wichtigen Untersuchung entnehme ich im folgenden einige Anregungen.

Wir begegnen den weiblichen Figuren zwar vom Baikalsee bis zum Atlantik während der Jagdkulturen in einer Zeitspanne von etwa zwanzig Jahrtausenden und über eine Ausdehnung von neuntausend Kilometern; es lassen sich jedoch gewisse zeitliche und geographische Schwerpunkte beobachten. Sie sind gegen Ende des Magdalénien zahlreicher; auf zweihundertsiebzig ausgegrabenen Fundstätten hat man achtzehn Entdeckungen in der Stratigraphie gemacht, was einem prozentualen Anteil von 6 % auf einer Fundstelle entspricht.

Südwestfrankreich ist in diesem Feld, wie für die ganze Vorgeschichte, ebenfalls bevorzugt, mit 8 % der bekannten Figürchen, unter denen sich auch eines der berühmtesten findet, die Dame von Brassempouy *(Tafel 16)*.

Der Werkstoff (im wesentlichen Elfenbein und Knochen, seltener Stein und Lehm) spielt eine bedeutende Rolle bei der Ausführung ihrer Formen, Haltung und Größe. Aber die Handwerker oder Künstler verstehen es, sich davon unabhängig zu machen. Diese Figürchen erleben vielleicht deutlicher als die Wandkunst den Einfluß ihres Modells, des Geschmackes der Schöpfer oder der Moden. Man kann wirklich nicht behaupten, es gebe nur einen ästhetischen Kanon für weibliche Figürchen während zwanzig Jahrtausenden und über 10 000 Kilometer!

Die einen sind gewaltig, die anderen schlank. Einige haben ein entwickeltes Becken, ausladende Hüften, und man könnte auf sie den unpassenden Ausdruck der Fettsteiß-Frau anwenden (von der Hottentottin beeinflußt, die damals im Musée de l'Homme ausgestellt war), während andere aus den gleichen archäologischen Gegenden eine feine Figur und kleine Brüste haben.

Die weibliche prähistorische Statuette ist in Wirklichkeit vielfältig *(Tafel 17)*. Sie gibt die verschiedenartigen physischen Typen der prähistorischen Frau wieder. So wie wir heute Große, Kleine, Fette, Rundliche und Schlanke antreffen! Ist dies nicht die Vielfalt des Lebens?

Der Vergleich mit zeitgenössischen Werken, Gemälden und Skulpturen würde den Fächer gewiß erweitern und uns erlauben, Abstand von rein anatomischen Überlegungen zu gewinnen. Aber dafür müßten wir Werk um Werk, zwanzigstes Jahrhundert und zwanzig Jahrtausende vergleichen!

Vermitteln die «Demoiselles d'Avignon» von Picasso, die Frauen Modiglianis, die Odalisken Ingres', die üppigen Gefährtinnen von Rubens nicht ein ebenso vielschichtiges Frauenbild wie das Paläolithikum?

Die Figur, genannt die Venus von Willendorf (die meisten Figuren wurden Venus genannt, nicht wegen ihrer Schönheit, sondern wegen ihrer Weiblichkeit und ihrer Nacktheit!), eine der typischsten, hat ihrer Fundstätte auf dem linken Donauufer in Unterösterreich zur Berühmtheit verholfen *(Tafel 18)*. Aus Kalk herausgemeißelt, mißt sie 110 Millimeter. Die Breite ihres Beckens entspricht etwa der Hälfte ihrer Körperhöhe, und ihre Dicke liegt in der Größenordnung von 40%; Maße, die gewiß wenig damit zu zun haben, was die Maßschneider heute «Figur» nennen. Am Strand würde die Dame keinen Andrang auslösen: die sehr kurzen Beine sind beim Fußgelenk abgeschnitten, was die Zahlenverhältnisse noch verschärft; der runde Kopf versteckt sich unter einer dichten Haarpracht, die die Stirne bedeckt und die Augen verbirgt; ihr Rumpf ist kurz und dick, die halbkreisförmigen Brüste fallen schwer auf den Bauch; die großen verkrümmten Arme ruhen verschränkt auf den Brüsten; der Bauch ist schwer und massiv, das Gesäß üppig, überbordend, und zeigt eine häufige, aber hier sehr ausgeprägte Verfettung; die Vulva schließlich ist genau und in realistischer Art behandelt. Nun wurde diese besonders fettleibige Dame neben einer schlanken Figur gefunden, von eindeutig anderem Aufbau. Henri Delporte bemerkt zu den Statuetten von Brassempouy richtig die außerordentliche «morphologische Verschiedenartigkeit» der Darstellungen!

Ist die Frau aus Willendorf ein außergewöhnliches Geschöpf? Während einer Dienstreise 1968 in die UdSSR hielt ich mich einige Tage in Kiew, der Hauptstadt der Ukraine auf. Man weiß vom Elend und den Entbehrungen der Bevölkerung dieser reichen Gegend während und nach dem Krieg. Auf die Jahre der Hungersnot folgten die Jahre, in denen stärkehaltige Nahrungsmittel in großen Mengen zur Verfügung standen, und dies löste bei vielen Frauen in der Ukraine eine Gewichtszunahme aus, die aus ästhetischer Sicht nicht immer «gut verteilt» war. Und die Frau aus Willendorf kam mir oft in den Sinn, wenn ich diese ukrainischen Frauen sah, Mütter kinderreicher Familien und wenig gewohnt, sich Schönheitspflege zu gönnen!

Elisabeth Saccasyn della Santa hat die sehr verschiedenen Gründe zusammengestellt, die die Entstehung dieser Figuren erklären können. Sind sie Abbilder der weiblichen Wirklichkeit jener Zeit? Sind sie Gebrauchsbilder, die einen Fruchtbarkeitsritus begleiten sollten? Sind sie schon Priesterinnen? Oder soll man in ihnen Darstellungen der Vorfahren der Familie oder des Stammes sehen?

Jede dieser Deutungen könnte etwas für sich haben, vielleicht gelten sogar mehrere für ein und dieselbe Figur. Ich möchte jedoch folgende Frage stellen: was haben diese Hunderte von Figuren gemeinsam?

Wir haben gesehen, daß es nicht Beleibtheit oder Schlankheit ist, Umfang oder Bescheidenheit der Brüste, Vorhandensein oder Fehlen einer Darstellung des Geschlechtsteiles, oder ich weiß nicht welche anderen morphologischen Einzelheiten.

Was diese Figuren verbindet, ist die Tatsache, daß sie nackt sind! Sie sind nackt, trotz der ungünstigen klimatischen Bedingungen der damaligen Zeit. Mehrere Grade unter unseren Durchschnittstemperaturen, gefrorene Wald-, Taiga- oder Savannenlandschaften mit seltenen Gräsern, Moosen und Flechten vom Typ der Tundra. Und die traditionelle Behausung in der Rentierkultur lädt kaum zur Nacktheit ein! Nun gibt es das Gewand. In der Höhle Bédeilhac wurde 1927 eine entsprechende Darstellung gefunden; ein Pferde-Eckzahn, an seiner Wurzel geschnitzt, stellt zweifellos eine weibliche Figur dar, deren Gesicht in einer engen Kapuze gefangen ist. Die natürliche Form das Zahnes verlängert die Kapuze und stellt eine Art Anorak dar, der die Person umhüllt.

Der wunderbare Kopf mit der Kapuze von Brassempouy ist ebenfalls bedeckt, wenigstens mit einer Haartracht, deren Masse durch mehr oder weniger Rillen kariert gezeichnet wurde.

Die Höhle Le Gabillou in der Nähe von Mussidan in der Dordogne beherbergt auf den Wänden zwei anthropomorphe Figuren, worunter die berühmte Frau mit dem Anorak. Ihr Entdecker, Dr. Gaussen, schreibt: «Die hier dargestellte Person ist mit einer dicken Tunika bekleidet, die den ganzen Körper einhüllt und nur das Gesicht frei läßt.» Die Ähnlichkeit dieser Bekleidung mit den Kleidern der Eskimos brachte dieser Frau den Namen Frau mit dem Anorak, obschon, wie H. Delporte[93] sehr richtig bemerkt, «die Bestimmung des Geschlechtes ins Reich der reinen Phantasie weist.» Es ist eindeutig, daß das Kostüm, vor allem das nordische Kostüm, die sexuelle Identifikation schwierig macht. In diesem Falle ist wichtig, daß wir Kenntnis von einer Bekleidung haben, dank der wunderbaren Nadel. Die Frau mit dem Anorak, falls es eine Frau ist, ist außergewöhnlich einfach, weil sie Kleider trägt. Gewisse Figuren der Höhle von La Marche, andere aus Osteuropa, sind ebenfalls bekleidet oder durch irgendeine Tätowierung vor

Kälte geschützt. Sind sie nackt, so heißt das, daß ihre Gefährten ein gewisses Vergnügen hatten, sie so zu sehen und zu betrachten, sie aus einem Block Elfenbein oder einem Knochensplitter herauszuhauen, sie in Lehm zu modellieren. Vielleicht waren ihre Gefühle der Bewunderung etwas anders als die unseren (die Formen des visuellen Vergnügens wandeln sich mit den wechselnden plastischen Moden), aber sie bezeugen nicht weniger eine tiefe Zuneigung oder sogar wahre Liebe.

In einer Doktorarbeit an der Universität Toulouse sucht Luce Passemard[94] ihrerseits nach einer Erklärung: «Warum hat man diese kleinen Figürchen gemacht? Wir müssen zugeben, daß wir nichts darüber wissen und daß wir sehr wahrscheinlich nie etwas darüber erfahren werden. Diese kleinen Bilder, Werke von weit entfernten Primitiven, entstammen der ihnen eigenen Mentalität, einer Mentalität, die wir kaum bei den gegenwärtigen Primitiven erfassen können und die uns vollständig verschlossen ist, wenn es sich um paläolithische Menschen handelt.»

Vielleicht könnte ich erneut die Bezeichnung «primitiv» erörtern, mit der die Schöpfer dieser Figürchen bezeichnet werden, die doch so unterschiedlich wie die menschliche Vielfalt selber sind. Verkörpern sie ein Schönheitsideal? Die Geschichte zeigt uns, daß alle Geschmacksrichtungen die Vorstellungen des Mannes ganz und gar beherrschen können, vor allem wenn es um die Frau geht! Priesterinnen oder Vorfahren? Sind die Orte ihrer Entdeckung bekannt, so sind die Figürchen treue Gefährtinnen des Mannes: man begegnet ihnen oft in der Hütte der Jäger. Beispielsweise in der Gegend von Voronej, in Gagarino, forschen Gelehrte und graben eine Hütte aus, auf die Bauern gestoßen waren, als sie auf dem nördlichen Abhang einer Schlucht des linken Donufers Lehm gewannen. Steinplatten wurden hergebracht, um einen Boden zu bilden; andere senkrechte, ein Meter hohe Platten, unterstützt von großen

Mammutknochen, begrenzen klar die Wände der ovalen Hütte, die rund sechs Meter lang ist. Der Boden ist fünfzig Zentimeter tiefer als die Terrasse, und die Überdachung wurde mit Hilfe einiger Pfähle erstellt, auf der Häute als Decken lagen.

Die Ausgrabungen, die 1926 begonnen wurden, zeigen die außerordentliche archäologische Reichhaltigkeit der Hütte: sechshundert Werkzeuge, tausendzweihundert Feuersteinklingen, zwanzig Mammutstoßzähne. Ausgezeichneter Rohstoff aus Elfenbein und das ganze notwendige Werkzeug, um zu meißeln, gravieren, schaben, alle unbedingt nötigen Geräte für eine eigentliche Figuren-Werkstatt. Zu diesen Funden kommen sechs Statuetten aus Elfenbein, alle in der Nähe der Wand entdeckt. Sie wurden an Ort und Stelle hergestellt. S. Zamiatnine würde sich gerne vorstellen, daß diese Statuetten «denselben magischen Tendenzen entsprachen, die den Erfolg der Jagd sicherstellen müssen». Sollten diese Statuetten die weibliche Fruchtbarkeit fördern? Machte sich die Notwendigkeit einer zahlreicheren Bevölkerung fühlbar? Oder hatten gewisse Figuren einen erotischen Wert? Wie H. Delporte feststellt: «Die Mutter, die das Leben gibt und weiterreicht, ist auch die Frau, die das Vergnügen gibt und teilt.» Aber warum dann nur ganz seltene Andeutungen, sobald es um Fruchtbarkeit oder Sexualität geht?

Um die Runde der erklärenden Hypothesen abzuschließen, hier noch S. Zamiatnine. Nachdem er den Reichtum der geschnitzten oder modellierten Tierfiguren in den umliegenden Fundstätten erwähnt hat (Predmost, Kostienki, Vestonice, Malta), meint er schüchtern, diese Figürchen könnten das «erste Puppentheater» sein.

Spielzeug! Es lohnt sich, für die kleine Schlucht der Issaieva Lochtine, die zum friedlichen Don hinfließt, diese Hypothese im Auge zu behalten. Dies würde ihren Fundort immer nahe bei den Wänden erklären. Aber dieser Standort innerhalb der

Behausung, sie ungefähr beherrschend, entlang den Mauern, erinnert mich an den Standort der Ikonen in diesen Gegenden der großen Steppe. Die Statuetten könnten dann die Rolle einer bevorzugten numinosen Anwesenheit, einer Beschützerin des Heimes spielen.

Wie soll man sich für eine einzige Deutung entscheiden im Angesicht einer fließenden Wahrheit, die erstaunlich vielfältig ist, ganz wie der Mensch selber? Außer wenn gewisse Beigaben, die an Venus erinnern, ihnen eine ganz besondere Bedeutung verleihen. Dies ist der Fall bei der Venus von Laussel in der Dordogne. Die Venus von Laussel *(Abb. 31)* trägt in der rechten Hand die obere Hälfte eines Bisonhornes. Ist dies nicht die Ankündigung des berühmten Füllhorns, das der klassischen Welt lieb ist und sich in der Welt des Mittelmeerraumes etwa zwanzig Jahrtausende später verbreitete? Und noch viel weiter! Eine Ausstellung über die «Schätze des alten Nigeria» im Mai 1984 zeigte eine bemerkenswerte Terracotta aus einem Steinbruch in der Gegend von Obalara in Ifé, nordöstlich von Lagos, zwischen dem 12. und 15. Jahrhundert entstanden und eine Frau darstellend, die zwei Büffelhörner hält, in jeder Hand eines. Ein wunderbarer, ewiger Gedanke, der die Vorstellung von Reichtum mit einem Tierhorn verbindet, einem natürlichen Behälter, über Tausende von Jahren und Tausende von Kilometern hinweg weitergereicht, die Kraft des Gedankens!

## Die Anthropomorphen von Marsoulas und die «Gelegenheitskünstler»

Henri Delporte erörtert eines des heikelsten und fesselndsten Probleme der paläolithischen Kunst: «Wie kommt es, daß gleichzeitig, sogar in derselben Höhle, in Rouffignac beispielsweise, die Tiere realistisch wiedergegeben werden, oft von

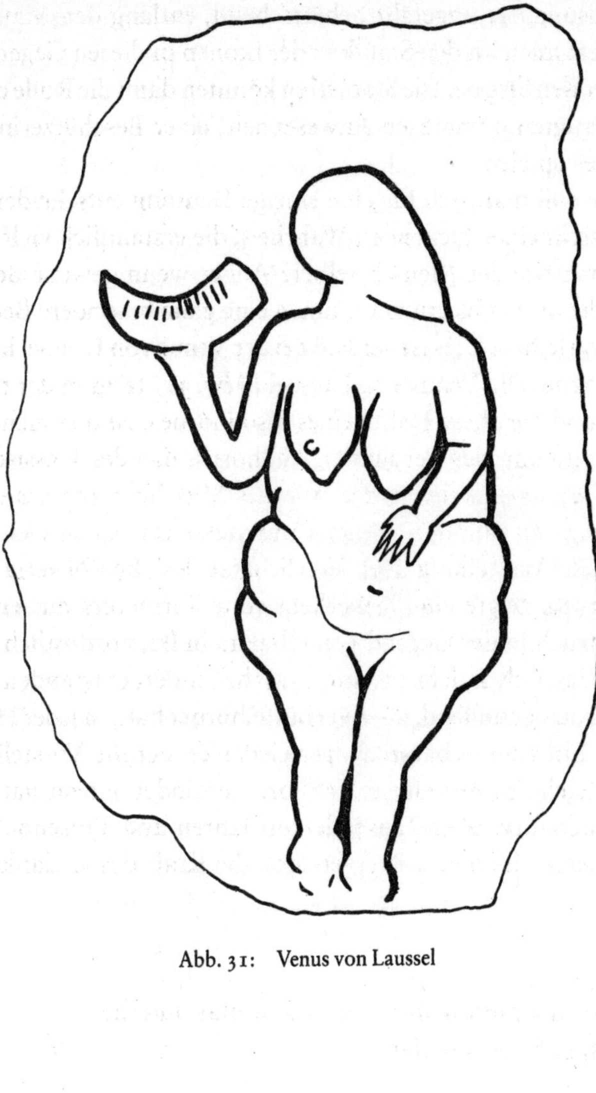

Abb. 31: Venus von Laussel

intensivem Leben beseelt, während die Menschen fast immer wie Karikaturen behandelt werden?» Der Autor schlägt folgende Erklärung vor: «Unserer Meinung nach würde eine zu große Genauigkeit in der Darstellung der menschlichen Person Gefahr laufen, bedrohlich zu sein; die paläolithische ist eine engagierte Kunst, magisch und gesellschaftlich; der Künstler hat jedes Interesse, daß das Tier, sei es Freund oder Feind, klar und deutlich erfaßt ist; im Grunde verpflichtet er das Tier... beim Menschen ist es etwas ganz anderes, er soll nicht auf die gleiche Stufe wie das Tier gestellt werden, daher der ausdrückliche Wille, kein Abbild des Menschen zu machen.» Und diese magische Deutung der Kunst erkläre «gleichzeitig den karikaturhaften Charakter vieler Darstellungen und das Fehlen von Gesichtszügen.»

Dieser Gegensatz zwischen der qualitativ hochstehenden Tierfigur und dem karikierten Menschen bekommt dadurch einen anderen, tieferen Sinn. Delporte bemerkt: «eine Art statische Darstellung der Frau steht fast systematisch einer *dynamischen* Darstellung des Tieres gegenüber.» Diese Dualität Frau-Tier hätte für ihn einen größeren Erkenntniswert als die Dualität Frau-Mann. Die Dualität weiblich-männlich, der sexuelle Gegensatz Mann-Frau, die «Sexomanie», die Abbé Breuil anprangerte, dem dieser Gedanke zutiefst zuwider war, sie stand damals in einem Ansehen, das sie inzwischen eingebüßt hat. Die Statistiken widerlegen sie eindeutig. Was aber soll aus jener Deutung Delportes werden, der feststellt, «der Gegensatz zwischen der Menschheit, dargestellt durch die Frau, und der lebenden Welt, vertreten durch das Tier, könnte uns eine andere Erklärung für das außergewöhnliche Abenteuer der paläolithischen Kunst bieten.»

Dieser Gedanke enthält viele neue Möglichkeiten, aber auch hier würde ich eine einfachere Erklärung vorziehen.

Zahlreich sind die gemalten oder gravierten Beispiele an den Wänden einer Höhle, die logischerweise gleichzeitig ausgeführt wurden. In Les Combarelles und Rouffignac sieht man oft Seite an Seite herrliche dynamische Tiergravierungen und Karikaturen von Anthropomorphen. Die menschlichen Darstellungen interessieren uns nicht in erster Linie wegen der Qualität ihrer Ausführung oder gar wegen ihres ästhetischen Wertes (falls wir diesen beurteilen können!).

Woher kommt es, daß die Gegenüberstellung von Adam und Eva in Rouffignac, trotz der karikaturhaften Seite der männlichen Person, von beachtlicher psychologischer Tragweite ist? Dieses Gegenüber löst mehr fruchtbare Gedanken aus als das «Mammut mit dem Lausbubenauge», der «Patriarch» oder der «Großvater».

Die zahlreichen anthropomorphen Figuren in der Höhle Marsoulas in den Vorpyrenäen *(Abb. 32)*, die Aleth Plénier gemeinsam mit den Wandbildern von Tierdarstellungen in einer ausgezeichneten Doktorarbeit untersuchte, bringen neue Gesichtspunkte[95].

Gewiß wird gleich zu Beginn der Unterschied bei der Ausführung von Tieren und anthropomorphen Figuren klar auseinandergehalten. Die Tierkunst erreicht eine Meisterschaft,

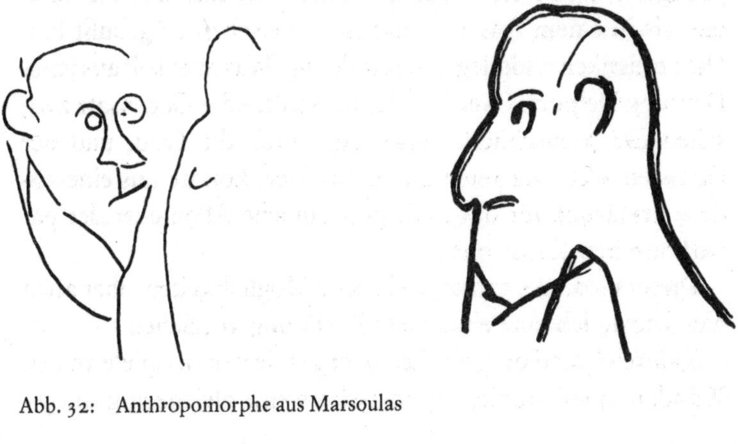

Abb. 32: Anthropomorphe aus Marsoulas

die man bei der Darstellung der Menschen vergeblich sucht. Vier Kilometer von Salies du Salat entfernt liegt der Eingang zur Höhle am Abhang eines Hügels.

Von seiner Anhöhe hat man eine großartige Sicht auf die Kalkgebirge der Vorpyrenäen. Auf diese Verbindung einer Höhle und eines großartigen Panoramas wurde nie verwiesen, und doch ist es ein bemerkenswertes geographisches Zusammentreffen. Man muß sich fragen, ob der prähistorische Mensch nicht versucht hat, für seine unterirdischen Tätigkeiten aus den unendlich vielen Höhlen jene auszuwählen, die in der unmittelbaren Umgebung die weitesten, oftmals großartigsten Ausblicke boten. Dies trifft auf die Fundstätten von Marsoulas, Gargas, Le Portel, Niaux in den Pyrenäen zu, wie die Höhlen des Mont Castillo und Altamira in Kantabrien, die Fundstätte Pindal l'Atlantique, La Pileta im tiefsten Süden Spaniens und Lascaux (einige hundert Meter entfernt die unvergeßliche Sicht auf das Tal der Vézère und das Becken von Montignac), Rouffignac (auf der Anhöhe der Hochebene, auf die sich die Höhle öffnet), um nur einige zu nennen. Ist dieser Gegensatz der Stätten der Finsternis und der lichtdurchfluteten Stätten der weiten Landschaften wirklich ganz zufällig? Oder ist er das Ergebnis einer systematischen Suche, wenn nicht gar das glückliche Zusammentreffen instinktiver Suche, unausgesprochener Wünsche, die sich glücklicherweise erfüllten?

Mit den ersten Grabungen des Abbé Cau-Durban tritt Marsoulas 1883 in die Geschichte ein. Der Abbé bemerkte an den Wänden bereits Spuren von rotem Ocker. Von ihrem Alter nicht überzeugt, vernachlässigte er sie. Zwar hatte der Marquis von Sautuola bereits 1879 die Entdeckung Altamiras verkündet. Der Kongreß von Lissabon[96] hatte sich 1880 heftig geweigert, den prähistorischen Wert anzuerkennen. Aber der Aufruhr auf der anderen Seite der Pyrenäen war nicht bis ins kleine Dorf Marsoulas gelangt!

Erst 1897 nimmt Félix Regnault die Forschungen wieder

auf. Er meldet «verschiedene Tiermalereien und zahlreiche geometrische Zeichnungen, mit Rötel gemalt, etwa zwanzig Meter vom Eingang entfernt.» Er meldet ferner «merkwürdige Wandzeichnungen aus der prähistorischen Zeit». Aber ach! eine Muschel, die man für zufällig halten könnte, weist darauf hin, daß diese Zeichnungen aus einer historischen Epoche stammen. Im August 1902 kommt Abbé Breuil als Gast Emile Cartailhacs, der endlich die Echtheit der Malereien von Altamira bezeugte und nun auch die Malereien von Marsoulas preist, um an den ersten Aufnahmen zu arbeiten. Im folgenden Jahr kehrt er zurück. 1952 schreibt er in seinen «Quatre cents siècles d'art pariétal»: «Eine merkwürdige Eigenheit sind die zahlreichen primitiven menschlichen Figuren, vor allem die Gesichter, gelegentlich auch groteske und kindische Profile ... Es gibt keinen Grund, sie von der Tierkunst loszulösen ...»

Diese sehr treffende Bemerkung des Abbé hat weitreichende Folgen. Sie erteilt gewissen Klassifizierungen eine Absage, gewissen Datierungen, die als einzig gültige Kriterien den zeitlichen Fortschritt bei der Ausführung kennen.

Die gründliche Untersuchung Aleth Pléniers bestätigt diese Gleichzeitigkeit von Grotesken und schönen Tierfiguren, jedoch mit einer interessanten Einschränkung.

Im ersten Teil von Marsoulas, der als Eingang gilt (obschon es unmöglich ist, einen Korridor abzutrennen), zählt Aleth Plénier siebzehn Tiere, vier Bisons und dreizehn Pferde. Und keine anthropomorphe Gestalt!

Im zweiten Teil, für gewisse Leute im Mittelpunkt der Höhle, finden sich neunzehn Tiere (zwölf Bisons, sieben Pferde) und zwei Anthropomorphe!

Schließlich im Hintergrund, im dritten Teil der Höhle, zählt man sechzehn Bisons und zwölf Pferde, aber auch fünfzehn Anthropomorphe. Der Autor erklärt: «Daraus schließen wir, daß die Bisons und die Pferde keinen bevorzugten Standort einnehmen, sondern sich zufällig auf den Wänden entlang der

Höhle verteilen.» Damit setzt er sich in einen radikalen Gegensatz zu jenem Ordnungssystem gewisser Leute, die in unseren Höhlen eine fixe Anordnung der Figuren seit zwanzig Jahrtausenden finden wollen, vom Ural bis hin zum Atlantik: edle Tiere im Mittelpunkt, sekundäre Tiere in den Eingängen und im hinteren Teil der Höhle. In diesen Deutungssystemen werden Bisons und Pferde als zentrale Tiere verstanden. Sie würden von Professor Leroi-Gourhan entsprechend als Männchen und Weibchen betrachtet, von Annette Laming-Emperaire «aus statistischen Gründen» als Weibchen und Männchen. Ich habe mich zu diesem Punkt bereits geäußert und möchte an dieser Stelle nur auf die merkwürdige Tatsache hinweisen, daß es in den drei Abschnitten 32 Pferde (13 + 7 + 12) gibt und daß die Bisons in der gleichen Zahl vorhanden sind (4 + 12 + 16). Dies bedeutet gewiß nicht, daß wir das Recht haben, Bison = Pferd zu schreiben! Und auch nicht, daß die einen dem einen und die andern dem andern Geschlecht zuzuordnen wären!

Aber der Standort der Anthropomorphen entlang der Wand dagegen ist interessant. Sie werden systematisch in den Hintergrund gedrängt. Warum? Zwölf wurden von vorne, fünf im Profil graviert. Sechs befinden sich auf der linken, elf auf der rechten Wand.

Die Anthropomorphen von Marsoulas weisen Eigenschaften auf, die sehr nahe verwandt sind mit den Darstellungen in andern Höhlen wie Font-de-Gaume, Les Combarelles und Rouffignac: Ihr Kopf ist mehr oder weniger rund, oft durch den Hals verlängert. Die Augen sind meistens kreisförmig, die Ohren gut gezeichnet. Immer ist die Gravierung klar, fein, gut eingeritzt, in einem Zug ohne eine Verbesserung.

Die Untersuchung der prozentualen Anteile der ästhetischen Qualitäten bringt uns interessante Angaben und führt uns zu einer Hypothese über die Schöpfung dieser Anthropomorphen. Man weiß, daß für die Gesamtheit der Tierkunst dieser

Anteil 15% ausmacht, für das Pferd ist er etwas geringer, 12%.

Aufgrund dieser Kriterien erzielt Marsoulas folgende Ergebnisse: Bei den vollständigen Tieren, Bisons und Pferde, zusammen 71, können wir 23 als Werke von guter Qualität bezeichnen (ein außergewöhnlicher Prozentsatz von 32%) trotz des ungünstigen Zustandes der Wände, der Abnützung gewisser Abschnitte, der Tatsache, daß der Fels gewisser weicher Wände sich in einen Brei verwandelt hat und daß die Tiere, die 1948 aufgenommen wurden, seither unkenntlich geworden sind. Der oder die Meister von Marsoulas sind demnach Künstler von einer Qualität, deren Wert sich mit dem Meister von Teyjat im Norden der Dordogne vergleichen läßt.

Nachdem der Tierdekor durch die Künstler vollendet war, tritt eine neue Kategorie Ausführender auf: der «Gelegenheitskünstler», der durch sein eigenes Werk versucht, die magische Atmosphäre der Höhle in seinen Dienst zu stellen.

*Er* ritzte die Anthropomorphen von Marsoulas ein! Wenn sich diese Gravierungen «gelegentlich neben einem Tier einfügen, so überschneiden sie nie eine Gravierung, und umgekehrt werden sie nie von einer Tiergravierung überschnitten.»[97]

Kann man diese ungehobelten Zeichnungen zu erklären versuchen, die so anders als die Tierbilder sind? Es scheint, daß der Künstler von Marsoulas, der als Zeichner von Bisons und Pferden sehr geschickt war, nicht auch solch rudimentäre menschliche Figuren machen konnte. Man kann sich darum vorstellen, daß diese Bilder von Jägern graviert wurden, die weder über die Ausbildung noch die Praxis der Künstler verfügten.

Was ihre Zeichnungen erklären würde, die nach Aleth Plénier «mittelmäßig, von bescheidenen Dimensionen, neben den großen Tieren gewissermaßen erdrückt sind.» Dies wäre genau die Eigenschaft des «Gelegenheitskünstlers», der sich gerne in die hintersten Abschnitte der Höhle zurückzieht, mit eifersüchtiger Sorge, mit ehrfürchtigem Respekt vor dem monumentalen Werk der Tiermeister. Sein rascher Strich ohne Verbesserungen achtet alle Tierstriche: da auch kein Tierstrich den geringsten anthropomorphen Strich stört, kann man sich vorstellen, daß diese flüchtigen Zeichnungen – obschon aus derselben Epoche wie die Tierwerke – wenig später entstanden sind, einige Tage, einige Wochen.

Aleth Plénier hat das Problem feinsinnig gedeutet: «Diese anthropomorphen Darstellungen sind der gemeinsame Ausdruck von Handwerkern (oder eher Jägern), welche mit ihren Familien auf den günstigen Wänden der Höhlen in den Genuß desselben Schutzes, desselben Lebens, desselben Überflusses kommen wollten wie das Wild, das der Meister aus magischen und religiösen Gründen geschaffen hatte»[98]. Sie bezeugen abergläubische Praktiken, vergleichbar mit jenen der Pilger von Lourdes und Lisieux, die es schätzen, ihre Ex-Voto an den Wänden der Basilika anzubringen.

Die Anthropomorphen von Marsoulas sind ungeschickter, naiver Ausdruck eines gemeinsamen Alltagslebens, demütige Zeugnisse von Gläubigen.

Die Bilder von verschiedenster Qualität kennzeichnen die sozialen Schichten, die an der Geschichte und dem zeitgenössischen Leben beteiligt sind. Und in Gedanken sieht man jene einfachen Jäger und Fischer aus dem Tal des Salat, die heimlich nach Einbruch der Dunkelheit herkommen, nachdem die Künstler verschwunden sind, um mit einem schnellen Strich das Bild der Ihren zu zeichnen, das naive Bild ihrer Liebe, auf die glücklichen Wände des Tempels, auf dem sich bereits Pferde und Bisons tummeln...

Ein wohltuender Ort ist Marsoulas gewiß. Ein heiliger Ort gewiß auch. Im Hintergrund des Ganges, nach den allerletzten Bisons, fließt ein Bach mit klarem, lebendigem Wasser... Das Symbol des Lebens selbst!

# Die Entstehung der Sanftmut

## Die sich gegenüberstehenden Rentiere von Font-de-Gaume

Das berühmteste Tierpaar der prähistorischen Welt wurde, zusammen mit der Höhle Font-de-Gaume, am 12. September 1902 von Denis Peyrony entdeckt. In den folgenden Jahren nahm Abbé Henri Breuil die Malereien auf, und seine Aufnahmen, von hoher künstlerischer Qualität, brachten der erstaunten Welt die sich gegenüberstehenden Rentiere zur Kenntnis.

«Aufgrund ihrer Geweihe und ihrer Haltung kann man annehmen, daß es sich bei dieser Darstellung um ein Männchen und ein Weibchen handelt. Das Männchen scheint den Kopf des vor ihm knienden Weibchens zu beschnuppern. Die beiden Figuren sind ziemlich verblaßt, und man sieht sie nur bei einer ganz bestimmten Beleuchtung. Einzig die Geweihe, die Rücken- und Kopflinien des Männchens, sind gut sichtbar. Die vorherrschenden Farben sind rot und braun. Sie werden durch feine Gravierungen unterstrichen.» Mit diesen Worten schilderte Abbé Henri Breuil das berühmte Paar in seiner Zusammenfassung von 1952[99].

Zu Beginn des Jahrhunderts ist Font-de-Gaume die wichtigste Höhle für prähistorische Malereien, während es Les Combarelles für die Gravierungen ist. Und merkwürdigerweise wurden diese beiden Riesen, um nochmals einen Ausdruck des Abbé aufzunehmen, in einem Abstand von nur acht Tagen entdeckt, an zwei Sonntagen (8. und 15. September) im Jahre 1901. Auch diese Geschichte ist erzählenswert. Sie ist ein wunderbares Beispiel von Gedankenassoziationen, logischen Verknüpfungen und überraschenden Entdeckungen, eine Lektion zum «Prinzip Hoffnung» für jede menschliche Eroberung.

Die Kleinkunst ist seit langem bekannt[100]. Ein durchbohrter Stab aus Rentiergeweih mit einem gravierten Steinbock auf der einen und einem dicht belaubten Zweig auf der anderen Seite wurde schon 1833 in einer prähistorischen Höhle gefunden, zusammen mit bearbeiteten Feuersteinen, insbesondere Klingen, Faunenresten, auf dem Salève gegenüber dem Genfersee, im Mont-Blanc-Massiv. Einige Monate später findet ein Notar im Innern der Höhle von Chaffaud in der Vienne den Unterschenkelknochen eines Rentiers mit zwei gravierten Hirschkühen, die sich folgen. Das dargestellte Motiv ist von außerordentlichem Interesse. Das vordere Weibchen ist auf der Seite durch zwei zusammenlaufende Striche verwundet. Das Männchen folgt ihm unmittelbar. Die Tiere lassen eindeutig auf ein Paarungsvorspiel schließen.

In der zweiten Hälfte des Jahrhunderts vervielfachen sich die Entdeckungen in der beweglichen Kunst. Die Höhle des Kesslerlochs in Thayngen (Schweiz) gibt ihr wunderbares, äsendes Rentier auf einem durchbohrten Stab aus Rentiergeweih frei, das alle Geschichtshandbücher meiner Jugend abbildeten. Gemeinsam mit Henri Christy veröffentlichte Edouard Lartet, einer der scharfsinnigsten Erforscher der Höhlen der Pyrenäen und des Périgord, 1864 seine wichtige Abhandlung «Sur les figures d'animaux gravés ou sculptés et autres produits d'art et d'industrie rapportables aux temps primordiaux de la période humaine». An der Weltausstellung 1867 wurden die zahlreichen bekannten Werke der Kleinkunst ausgestellt und bewundert, bis heute die schönsten, die klassischsten ... In einem großartigen Bildband, den Henri Delporte 1981 der prähistorischen Kunst gewidmet hat, machen diese Funde aus der ersten Zeit etwa 50% der abgebildeten Werke aus.

Trotz dieser frühen und offenkundigen Anerkennung der prähistorischen Kleinkunst wurde die Wandkunst, die dieselben Arten in monumentalem Maßstab auf den Wänden unserer Höhlen gemalt oder graviert darstellte, nur sehr langsam anerkannt. Dies ist zweifellos einer der ersten, bedeutendsten Widersprüche der Vorgeschichte. Sie wird noch viele weitere erleben, wie die Idee, die abendländische Kunst mit Hilfe ethnographischer afrikanischer Sachverhalte erklären zu wollen; wie jene, sich ein Umfeld, ganz von Sexualität durchtränkt, zu denken, um einem gewissen philosophischen Modernismus zu genügen; wie jene, der dieser gesamten Kunst Qualitäten zuschreibt, die immer nur einer Elite zukommen können; oder anzunehmen, daß Jahre oder Jahrhunderte nötig waren, um ein Meisterwerk zu schaffen, während doch ein paar Minuten dazu ausreichen ...

– 1867 sieht Dr. Garrigou die Malereien von Niaux, ohne sie zu verstehen ...

– 1878 sieht Léopold Chiron die Gravierung der Höhle Chabot – und dabei bleibt es.

– 1879 sieht die kleine Maria die Stiere von Altamira. Man versteht sie nicht.

– 1883 gräbt François Daleau in Pair-non-Pair *unter* den Gravierungen ...

– 1893 besucht Gaston Bertoumeyrou Les Combarelles und sieht nichts, gar nichts ...

Aber im April 1895 erkennt derselbe Bertoumeyrou einen gravierten Bison in der Höhle von La Mouthe: damit hat die glückliche Geschichte der Entdeckungen ihren Anfang genommen.

Seit je war der überhängende Felsen von La Mouthe für die Bauern ein willkommener Abstellplatz für ihre Werkzeuge oder Karren. Es ist üblich, auf diese Weise Felsvorsprünge, natürliche Vertiefungen im Kalksteinfelsen in der Umgebung von Les Eyzies, zu benützen, wie übrigens in allen Gegenden Frankreichs, in denen Höhlenbewohner gelebt hatten. Das Gewölbe des Felsvorsprunges bildet die erste Abschrägung des

Daches. Eine Fassadenmauer wird aufgebaut: Man braucht nur noch die zweite Abschrägung in Talrichtung zu überdekken, und schon ist das Haus fertig. Der Raum für die Pächter des 18. Jahrhunderts ist oft aus dem archäologischen Boden des Magdalénien ausgegraben worden.

In La Mouthe fühlt sich der Bauer in seinem engen felsigen Rahmen unbehaglich und beschließt, sein Wirtschaftsgebäude zu erweitern. Er läßt das Gewölbe in ganzer Breite abtragen. Während der Arbeiten mit der ungeheuren Erdmasse, die seit Jahrtausenden herbeitransportiert und aufgehäuft wurde, erscheint ein enges Loch, das sich – Schubkarren um Schubkarren – allmählich vergrößert. Vier Buben auf der Suche nach einem Abenteuer kommen vorbei. In ihrem Alter ist man gerne abenteuerlich, vor allem im Périgord, wo die Höhlen, die offenen Grotten im durchlöcherten Kalk, schon immer faszinierten, bevor die Vorgeschichte bekannt geworden war und ihre Anziehungskraft ausübte, oder eher seit der Vorgeschichte: die Menschen des Magdalénien selber und ihre Kinder erlagen bereits dem geheimnisvollen, wilden Ruf der Tiefen und der dunklen Höhlen.

Diese Verbindung, das Zusammenkommen von Kindern und Höhle, gab es zu allen Zeiten. Und unsere drei Buben – zweifellos an einem Donnerstag, dem Tag der pädagogischen Atempause, geeignet für Klettereien und Erkundungen – drangen in die neuerdings aufgedeckte Öffnung und krochen mit Mühe in den dunklen Korridor. Im Kerzenlicht erforschten sie ihren Weg und erlebten bei einem Halt – eine Offenbarung! Der junge Gaston Bertoumeyrou, «der ein wenig zur Schule gegangen war», erklärte Abbé Breuil, bemerkt und erkennt einen Bison, der in die Wand graviert ist. Wir haben den 11. April 1895. Zwei Jahre früher hatte er die Gänge von Les Combarelles umsonst durchsucht, wie ich selber fünfzig Journalisten an den Mammuten in Rouffignac vorbeigehen ließ, ohne daß ein einziger etwas bemerkt hätte!

Ein anderer Junge, Pomarel, hat das wundervolle Abenteuer von La Mouthe miterlebt. Gibt es in diesem Abschnitt nicht noch weitere Höhlen? Eine kennt er sehr gut, da er sie regelmäßig besucht: die Höhle von Les Combarelles, die seinem Stiefvater gehört. Die Vorhalle beherbergt die Arbeitstiere, Rinder, aber jenseits dieses Stalles setzt sich ein Gang weit in die Erde hinein fort. Er erkundet ihn gründlich, dann benachrichtigt er seinen ehemaligen Primarlehrer in Les Eyzies, Denis Peyrony. In Begleitung von Dr. Louis Capitan und von Abbé Breuil besuchen sie zu viert den langen Gang von Les Combarelles, am Sonntag, dem 8. September 1901.

Am folgenden Donnerstag, dem 12. September, kommen Denis Peyrony, der in den verflossenen Tagen viel über die Gravierungen von Les Combarelles nachgedacht hat, alte Berichte in den Sinn, Anekdoten und mehr oder weniger erloschene Erinnerungen an die Geheimnisse der unterirdischen Welt. Von einem Vorgefühl getragen, begibt er sich nach Font-de-Gaume. Die Höhle ist bekannt und regelmäßig besucht. In der verhältnismäßig trockenen, schönen Jahreszeit ist sie einladend. Die Jugend von Les Eyzies trifft sich gerne dort. Zahllose Graffiti, mit der Kerze gezeichnet, mit der Spitze eines Taschenmessers eingraviert, oft sogar eingerahmt, leuchten auf wundervollen roten, prähistorischen Bisons, die nicht beachtet worden waren. Am Sonntag, dem 15. September 1901, sieht Denis Peyrony Font-de-Gaume wieder, zusammen mit Dr. Capitan und Abbé Breuil. Und Font-de-Gaume tritt in die Geschichte ein.

## Erstes Erwachen

Im schönen Sommer 1936 befaßte ich mich mit dieser Gegend von Les Eyzies, das die Touristenführer als die Hauptstadt der Vorgeschichte preisen. Ganz klassisch, als der gute Tourist, der ich damals noch war, nach zehn Jahren prähistorischer Erkundungen zwischen Loire und Seine, besuchte ich die damals wichtigsten Fundstätten in der Reihenfolge ihrer Entdeckung. Darf ich ein Geständnis ablegen? Ich wurde enttäuscht. Die Gravierungen von Les Combarelles schienen mir schrecklich wirr. Ich folgte der langen Tierkohorte ... Pferde, Bisons, Rentiere, Pferde, Mammute, Pferde, und nochmals Pferde ... Ich habe das große Rentier nicht gesehen, das sich zur Spalte in der Wand hinunterbeugt, das Rentier, das zur Tränke kommt, wenn das Wasser in der feuchten Jahreszeit hervorquillt. Habe ich nur den großartigen Löwenkopf gesehen? Hier der Kopf, hier der Schwanz, hier die Pranken ... Die Malereien von Font-de-Gaume ließen mich gleichgültig. Die großen, prächtigen Bisons zogen an mir vorbei, zu sehr oder zu wenig beleuchtet, und weckten in mir kein Echo. Schließlich kamen die sich gegenüberstehenden Rentiere – zu klassisch, zu bekannte Szene, zu volkstümlich, zu sehr in allen Handbüchern prostituiert. Ich suchte umsonst, nicht die Wirklichkeit, sondern die Pastelle von Breuil.

Ich hatte Mühe, die Begeisterung Peyronys nachzufühlen, der in seinem Brief vom 12. September 1902 an Breuil schreibt: «Ich habe soeben, heute, in einer anderen Höhle Malereien von großer Schönheit entdeckt, die leider durch die Inschriften der Besucher etwas beschädigt sind. Es gibt ein paar Gravierungen ... Ich möchte gerne, daß Sie, wie ich, einen Teil Ihrer Ferien opfern würden.»

1936, nach Font-de-Gaume, besuchte ich endlich, begeistert, den Pferdefries von Cap Blanc. Ich war endgültig überzeugt; ich würde «Vorgeschichte machen»!

## Eine Höhle will verdient sein …

Der Besuch einer prähistorischen Höhle ist in der Tat kein einfacher Touristenausflug. Eine Höhle will verdient sein. Um sich in dieser so eigenartigen, besonderen Welt zurechtzufinden und die Handwerker und Künstler, Sammler und Großwildjäger aus zehn, fünfzehn, zwanzig Jahrtausenden vor unserer Zeit in ihrer ganz und gar fremden Welt zu verstehen, ist Vorbereitung unabdingbar. Man muß sich bereits vorstellen, was man sehen wird: nicht erwarten, beim Abbiegen eines Ganges Dinosaurier zu sehen, sondern sich bemühen, das Rentier, den Bison oder das Mammut einer verschwundenen Jagdtrilogie zu erkennen.

Auch ist Ehrfurcht geboten. Man kommt, um menschliche Werke zu sehen und gelegentlich zutiefst zu bewundern. Es braucht Respekt, als käme man in einen Tempel, sogar (oder eher vor allem), wenn dieser nicht alle seine Geheimnisse preisgibt.

Unsere «Führer» haben eine anspruchsvolle, schwierige Aufgabe. Einige erfüllen sie mit großem Erfolg. Ihr Geheimnis ist einfach: sie lieben ihre Höhle.

Abbé Breuil erstellte 1902 das erste Inventar der Tiergravierungen von Les Combarelles[101], einige Monate nach der Entdeckung vom September 1901. Am 1. Oktober 1900 hatte er auf Wunsch Emile Vivières die ersten Pausen von Wandgravierungen nach der Entdeckung durch Gaston Bertoumeyrou gemacht. Diese Daten zeigen, daß der junge Abbé – er war gerade 25 Jahre alt – in Les Combarelles seine zweiten Aufnahmen von Wandkunst durchführte und daß er damals weder über seine Meisterschaft in der Deutung noch graphische Geschicklichkeit verfügte. Das erste Inventar von Les Combarelles nennt von den wichtigsten Figuren folgende Gravierungen: vierzig Pferde, zwei Bisons, drei Rentiere, vierzehn Mammute.

1924 erstellte der Abbé ein zweites Inventar für die Veröffentlichung seiner monumentalen Monographie über Les Combarelles, die unter dem Patronat des Fürsten von Monaco erschien. Dieses Inventar von 1924 sieht recht anders aus: hundertsechzehn Pferde, siebenunddreißig Bisons, vierzehn Rentiere und dreizehn Mammute.

Die Summe der aufgeführten Gravierungen hat sich demnach beinahe verdreifacht, was normal ist: die ersten Aufnahmen übergehen ganz und gar zweitrangige Gravierungen. Spätere Aufnahmen sind immer darauf bedacht, allumfassend zu sein; gewisse Leute finden das lobenswert.

Heutzutage hält man für möglich, die Zahlen von 1924 noch um etwa hundert schwierige Gravierungen zu erweitern, aber ich zweifle, ob sich darunter noch neue Meisterwerke befinden. Diese Fortschritte sind üblich. Bei der «offiziellen» Vorstellung der Kunst Rouffignacs an der Schlußsitzung des französischen prähistorischen Kongresses vom 10. Juli 1956 in Poitiers zählte man einundsechzig Mammute. Bei der zweiten Zählung, die als Anhang an die Bekanntgabe der Entdeckung durch Abbé Breuil am Institut de France am 3. August 1956 vorgelegt wurde, waren es schon deren siebzig. Einige Monate später gestatteten mir einige zweitrangige Entdeckungen, einen etwas marktschreierischen Slogan – man möge mir dies nachsehen – in die Welt zu setzen: «die Höhle der hundert Mammute».

Das letzte Inventar, das Claude Barrière in seiner eindrücklichen Monographie über Rouffignac (1983) anführt, nennt hundertfünfzig Mammute. Aber ich glaube, daß seit Juli 1956 das Wesentliche bekannt war, daß keine so wichtigen Gemälde wie der Großvater oder der Einsiedler, daß keine Gravierung von so großem ästhetischem Wert wie der Patriarch, der Fries mit den fünf Mammuten oder das Mammut mit dem Lausbubenauge von den ersten Zählungen übersehen worden war.

Die zweite Aufnahme Breuils in Les Combarelles bietet mehr

als nur umfangreiches Zahlenmaterial. Tierarten, die in der ersten Liste mitaufgenommen waren, sind verschwunden; beispielsweise fehlt die Saiga-Antilope, eine seltene, mit Sicherheit schwer zu identifizierende Art. Gewisse Gattungen tauchen dagegen in der zweiten Liste auf: fünf Hirsche, drei Hirschkühe, fünf Löwen (darunter ein Meisterwerk von außerordentlicher Qualität), aber von einer sehr seltenen Art, ein Nashorn (ebenfalls sehr selten, wenigstens 1902).

Andere Gattungen dagegen wurden sogleich richtig erkannt. Die Rinder, von denen sechs bis acht angezeigt wurden, stabilisieren sich 1924 bei sieben. Steigt die Zahl der Rentiere in zweiundzwanzig Jahren von drei auf vierzehn, so jene der Pferde von vierzig auf hundertsechzehn; die interessantesten Bemerkungen betreffen die beiden typischen Arten der prähistorischen Tierkunst, zwei Arten, die heute im Abendland ausgestorben sind, den Bison und das Mammut.

Bei seiner ersten summarischen Aufnahme zählte der Abbé vierzehn Mammute und bei seiner zweiten dreizehn. Bei der ersten Untersuchung hat er also alle Mammute erkannt.

1902 zählte der Abbé nur zwei Bisons. In seiner methodischen Aufnahme, zweiundzwanzig Jahre später, sind sie auf eine Gesamtsumme von siebenunddreißig angewachsen. Bei der ersten Aufnahme wurden 100% der Mammute, aber nur 5% der Bisons erkannt.

Was können wir daraus schließen? Ein Spezialist, Professor Claude Barrière[102], hat gegenwärtig den Auftrag, eine dritte Aufnahme zu erstellen, die endgültig (wie lange?) und umfassend sein soll.

Gerne würde ich ihm empfehlen, sich mit folgender Frage auseinanderzusetzen: haben wir nicht in Les Combarelles, wenigstens für diese beiden sehr typischen Tierarten, die Arbeit von zwei verschiedenen Künstlern vor uns? Einerseits einen Graveur, einen Spezialisten für Mammute von der besten Qualität. Alle seine Werke werden auf den ersten Blick vom «Lehrling» erkannt, der Breuil 1902 noch ist. Andererseits der Künstler, der sich hinter den Bisons verbirgt. Ein Graveur mit weniger sicherem Strich, weniger kräftig, der übrigens auf einem schwierigen und unebenen Stein arbeitet. Es braucht ein höchst erfahrenes Auge, um seine Werke aufzuspüren und zu inventarisieren; dies gilt für Breuil 1924. Liegt hier nicht der Beweis vor, daß es eine tatsächliche Spezialisierung, eine eigentliche künstlerische Hierarchie gab?

## Das neue Font-de-Gaume

Unendliche Male habe ich die sich gegenüberstehenden Rentiere von Font-de-Gaume wiedergesehen: in Begleitung von Max Sarradet, dem Konservator der historischen Denkmäler Aquitaniens, mit zahlreichen Mitgliedern der Equipe von Font-de-Gaume, und vor einigen Monaten mit Madame Daubisse, deren zartes und aufgeklärtes Einfühlungsvermögen den «Zauber» der Höhle schätzen lehrt. Ja, Font-de-Gaume strömt eine Sanftheit, einen Zauber aus, der eine entscheidende Stufe auf dem langen Weg der menschlichen Gattung zur Menschwerdung markiert.

In den letzten Jahren hat sich Font-de-Gaume herausgeputzt! Unter der Anleitung und Verantwortung von Max Sarradet[103] hat «die Behandlung der bemalten Wand durch sanftes Abbürsten gestattet, Darstellungen erneut sichtbar werden zu lassen, die man nicht mehr sehen konnte. Versuche mit Säuren haben positive Ergebnisse gezeigt, aber ihr Gebrauch bleibt ziemlich gefährlich, denn es ist außerordentlich schwierig, ihre Wirkung auf die Oberfläche zu beschränken, ohne das (farbige) Pigment anzugreifen; daher hat man ihr eine mechanische, leichter zu überprüfende Technik vorgezogen.»

«Die verschiedensten Heilmittel und Maßnahmen müssen

mit großer Sorgfalt und Vorsicht eingesetzt werden: Sterilisierung der Bakterien durch Antibiotika, Zerstörung der Algen durch leicht formalinhaltiges Wasser, Konditionierung der Atmosphäre, Stabilisierung der Zugluft...»

Die Höhle brauchte diese schwierige und heikle Behandlung. 1902 wurde sie entdeckt und seit Jahrzehnten besucht, und wegen ihrer geringen Ausmaße verschlimmerten sich die Verfallserscheinungen.

Man kann daher die Schlußfolgerungen Max Sarradets nur unterstreichen: «Heute hat die Höhle von Font-de-Gaume, die unter dem Dreck verschwand, eine neue Jugend gefunden.»

## Die Zärtlichkeit der Rentiere

Ich habe die Rentiere von Font-de-Gaume *(Tafel 19)* wiedergesehen. Aber müßte man den Ausdruck «sich gegenüberstehend» nicht ablehnen? Kann sich ein glückliches Paar «gegenüberstehen»? Das große Geweih des Männchens zeichnet eine wundervolle Kurve: es hat den Hals nach vorne gestreckt, das Maul leicht geöffnet. Rechts ist das Weibchen auf den Knien, und die Linien seines Geweihs krümmen sich anmutig unter jenen seines Gefährten. Eine erhabene Harmonie strahlt aus ihren aufeinandergelegten, wie umschlungenen Geweihen. Diese friedliche Szene ist ganz durchdrungen von der unendlichen Zartheit des Paares, in eine tiefe Zärtlichkeit getaucht. Nein, dies ist nicht ein die Stirne bietendes Männchen, das das Weibchen erobern will. Die Vereinigung ist vollzogen. Glücklich hat sich das Weibchen niedergekauert, und sein erfüllter Gefährte, mit offenem Mund, leckt ihr zärtlich den Kopf, in ehrlicher Zuneigung, in verliebter Dankbarkeit.

Die Zärtlichkeit von Font-de-Gaume ist auch jene der jungen, verliebten Vögel von Le Mas-d'Azil ... es ist die Wende in der Menschwerdung.

## Der sich leckende Bison von La Madeleine

Diese Darstellung eines Bisons mit einem runden, abgeplatteten Buckel, weil die Form des Rentiergeweihes es so verlangte, ist ein seltenes Meisterwerk *(Abb. 33)*, ein tiefes Symbol für die großartige Fundstätte La Madeleine an der Vézère wie für die Kunst des Magdalénien in ihrer ganzen naturalistischen Fülle. Mit einer vertrauten Haltung richtet der Bison seinen Kopf nach dem hinteren Teil seiner Flanke, die er sich mit narzißtischer Hingabe leckt: «Dieses Hinwenden des Kopfes zum Körper läßt sich vermutlich auf die Morphologie des verwendeten, bruchstückhaften Werkstoffes zurückführen», schreibt Henri Delporte.

Gewiß – aber wie großartig verstand es der Künstler, sich dieses Erfordernis zunutze zu machen. Ein größeres Stück Werkstoff hätte ihm jede Möglichkeit der freien Entfaltung geboten, während ein Bruchstück Überlegung verlangt, voraussetzt, daß die Phantasie arbeitet. Eine Anstrengung ist nötig, und selbst in der Kunst zahlt sich Anstrengung, der Sieg über die Materie, aus.

Die feine Zunge des Bisons, der sich leckt (im Werkstoff ausgespart) und sich auf seine abgerundete, polierte Flanke konzentriert, erinnert an die gleiche Bewegung des Rentieres in Font-de-Gaume.

Welch ein Gegensatz zu den beiden Bisons, die Rücken an Rücken oberhalb des Schiffes von Lascaux gemalt sind: «Zwei ithyphallische Bisons, deren Hinterteile ineinander übergehen, fliehen in entgegengesetzte Richtungen. Der eine wie der andere ist dunkelbraun, aber ein Teil des Felles des linken Bisons

Abb. 33: Sich leckender Bison aus der Höhle von La Madeleine

spart eine rote Schärpe aus.» George Bataille, der Autor der berühmten farbigen Monographie über Lascaux, bemerkt: «Mir scheint dies die tumulthafteste Szene des Rentierzeitalters (...) Diese gesträubten Felle, diese struppigen Köpfe, diese wuchtige und verwirrende Bewegung, drücken mit nie übertroffener Macht eine tierhafte, verängstigte Gewalt aus, erotisch und blind.»

Zwei gegensätzliche, eigentlich menschliche Gefühle finden ihren Ausdruck auf die Tiere übertragen: die Gewalt von Lascaux, die Sanftheit von Font-de-Gaume. Aesop und La Fontaine werden dasselbe tun, den Tieren Gefühle des Menschen zuschreiben. Eine überraschende Stetigkeit, über fünfzehn Jahrtausende hinweg, ein einzigartiger Beweis auch hier der Einheit des Menschen!

Es ist ein Leichtes, in der Bergwelt der Pyrenäen mit ihrer vielfältigen Kleinkunst von teilweise höchster ästhetischer Qualität außergewöhnliche Werke zu finden, in denen wir diese ganz neuen menschlichen Gefühle erwachen und sich entfalten sehen.

Schleudern sind ballistische Geräte, und ich pflege sie zu definieren als: Abschußrampen für leichte Geschosse. Es sind sehr lange Stiele aus Geweih, an einem ihrer Enden mit einem kurzen Widerhaken versehen. Der Jäger legt seinen Speer gegen den Stiel und blockiert ihn mit dem Haken. Beim heftigen und schnellen Abschuß fliegt der Speer in sicherer Richtung mit verhundertfachtem Tempo. Viele Schleudern waren ohne Zweifel aus Holz, aber sie sind nicht überliefert. Diese Schießtechnik hat unsere modernen Archäologen zu den verschiedensten Hypothesen angeregt. Nach dem Beispiel primitiver Völker hat man ein plötzliches Entspannen des Unterarms angenommen, während die Hand die Schleuder noch kräftig festhält. Auf der Halbinsel Yukatan habe ich eine andere Technik beobachten können, ein mächtiges Wiegen, fast ein Drehen der Schleuder, bevor das Geschoß in die gewünschte Richtung abgeschossen wurde.

Diese Schleudern mußten eine außerordentliche Anziehungskraft gehabt haben. Ihre Besitzer schenkten ihnen eine große Beachtung. Dies bezeugt die Tatsache, daß ihr Widerhaken zur Unterlage für naturalistische Tiermotive von großer Schönheit wurde. Die seltenen Köpfe der erhaltenen Schleudern sind Meisterwerke. Viele deuten auf einen schöpferischen Geist hin, wie etwa beim Bison aus La Madeleine, der seinen Kopf dreht.

Das Fundstück aus der Grotte von Enlène, die eng verbunden ist mit den Höhlen von Le Tuc-d'Audoubert und Les Trois-Frères, besteht nur noch aus seinem Widerhaken: auf diesem sitzen sich auf dem Stiel zwei junge geschnitzte Steinböcke gegenüber, die sich wechselseitig zu «umarmen» scheinen. Die ausgestreckten Vorderpfoten liegen voll Zuneigung auf den Schultern des anderen.

Es ist nicht möglich, ihr Geschlecht zu erkennen. Ist es die brüderliche Umarmung zweier junger Steinböcke? Das verliebte Vorspiel eines jungen Paares? Die Bewegung weiblicher Zuneigung? Für uns ist vor allem wichtig, in dieser Haltung ein beredtes Zeichen zu finden, den Ausdruck einer unendlichen Zärtlichkeit...

## Die Schleuder mit dem Vogel von Bédeilhac

In einem engen Schlauch in der Höhle von Bédeilhac *(Abb. 34)*, die zum Engpaß mit den Lehmfiguren führt, entdeckte Romain Robert[104] 1950 eine Schleuder mit einem sehr originellen Motiv. Auf ihrem Schaft ist ein junges, geschnitztes Steinbockkitz niedergekauert dargestellt, die Vorderpfoten auf der Brust gefaltet, mit den Hufen die Hinterpfoten berührend, die unter den Bauch gepreßt sind.

Der Steinbock nimmt eine natürliche Ruhestellung ein, die von dieser Gattung bevorzugte Haltung. Noch heute lagern sich die Steinböcke oder Gemsen in den Alpen an den felsigen Rändern über den Abgründen in dieser Weise. Der Kopf des Tieres – das ausgeschnittene Auge ist mit einem schwarzen Material, irgend einem Pflanzenteer, ausgefüllt – hat einen verwunderten Ausdruck.

Den Kopf wendet es nach seinem Hinterteil und betrachtet ein eigenartiges Schauspiel: aus seinem Anus kommt eine lange, spindelförmige Masse, und an deren Ende ist, gut aufgepflanzt auf dieser merkwürdigen Unterlage, ein Vogel, dessen dichter Schwanz sich im Leeren wiegt!

Wird der Steinbock eines Tages erfahren, daß dieser schwere

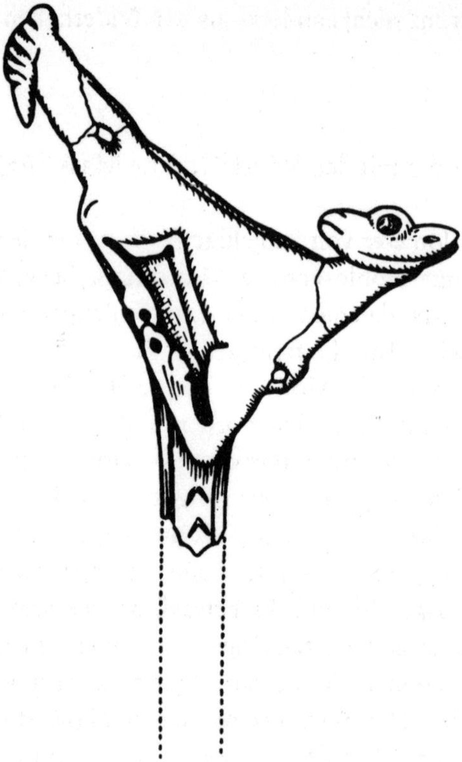

Abb. 34: Die Schleuder von Bédeilhac

Vogelschwanz nichts anderes als der Widerhaken der Schleuder ist?

## Die Schleuder mit den Vögeln von Le Mas-d'Azil

Dreißig Kilometer von Bédeilhac *(Abb. 35)* entfernt hatte die gleichnamige Höhle von Le Mas-d'Azil, bedeutende Fundstätte des Magdalénien, 1941 eine Schleuder von derselben künstlerischen Familie freigegeben[105].

Wiederum ist das Motiv ein junger Steinbock, der sich auf seinem Fels aufpflanzt. Die Vorder- und Hinterhufe des Tieres sind beieinander und umfassen einen Hohlraum, der sie sehr geschickt trennt, eine Ziselierungsarbeit des Künstlers. Das erhobene Hinterteil ist höher als der Kopf, welcher ebenfalls nach hinten gewendet ist, mit Augen, die mit demselben Harzmaterial ausgefüllt sind. Er betrachtet, wie sein Nachbar in Bédeilhac, dasselbe eigenartige Schauspiel: ein langer Kegel kommt aus seinem Anus, darauf sitzen zwei junge Vögel nebeneinander. Der Schwanz des einen bildet das natürliche Häkchen der Schleuder. Der orthodoxe Naturforscher wird sich zweifellos über diese zylindrischen Exkremente wundern, während die Losung bei den Steinböcken normalerweise klein und von rund hervorquellender Form ist. Die scharfe Naturbeobachtung, die man gerne bei unseren Künstlern des Magdalénien preist, fehlt hier.

Oder muß man sie dafür loben, daß sie es verstanden haben, sich von der physiologischen Wirklichkeit zu befreien und an deren Stelle eine andere, gültigere Wirklichkeit zu setzen?

Die graphische Komposition dieser Tiere – Zwitter wie die Lebewesen von Trois-Frères oder das Einhorn von Lascaux – beweist, daß es der Künstler wohl versteht, sich über die Wirklichkeit hinwegzusetzen, genauso wie er bei der Gestaltung des sich leckenden Bisons in La Madeleine mit einer zu schmalen

Unterlage fertig wird. Diese große Freiheit in der Deutung, in einer Kunst, die in ihren wesentlichen Äußerungen sonst streng auf den Tiernaturalismus beschränkt ist, wird hier zu einem wichtigen humanistischen Beitrag.

Bei der Schleuder von Le Mas wird den Ästheten die vollkommene Gestaltung der beiden Vögel mit ihren an den Körper angelegten Flügeln in Ruhestellung ansprechen, ihre bewegliche Haltung. Der Humanist dagegen wird sich von der Zärtlichkeit der beiden Vögel rühren lassen, die eng aneinander geschmiegt, sich verliebt picken. Die außerordentliche Sanftheit dieses Paares, mit seinen ineinander übergehenden Körpern, die sich beide an derselben inneren Flamme wärmen, diese kleinen Köpfe, die sich in einer glühenden Liebeshaltung nahekommen, Schnabel an Schnabel, erscheinen wie ein neues Gefühl in der prähistorischen Kunst. Um so mehr, als die Zärtlichkeit zu diesen jungen Vögeln gehört, so daß man versucht ist, sie auf unsere eigene Gattung zu übertragen, wie bei den Rentieren von Font-de-Gaume, sie auf Mann und Frau zu übertragen, die gegen das 12. Jahrtausend für die Liebe geboren werden.

Ich hatte das seltene Glück, diese beiden außergewöhnlichen Skulpturen zusammen zu untersuchen, sie in der Hand zu halten, eine nach der anderen, sie zu studieren, zu vergleichen. Hélène Saint-Just-Péquard, die hingebungsvolle Tochter der Entdecker, legte die Schleuder mit den Vögeln vor, während der Kunstfreund aus der Ariège, Romain Robert, den Steinbock mit dem Vogel mitgebracht hatte.

Schiedsrichter dieser friedlichen, eigentlich ästhetischen Gegenüberstellung waren Guy Gaudron, Inspektor der Provinzmuseen, und mein Kollege, Professor Georges Malvesin-Fabre von der naturwissenschaftlichen Fakultät von Bordeaux und ich selbst. Ein seltener Augenblick, ich gebe es zu. Gewiß war ich von der unleugbaren Verwandtschaft der beiden Werke berührt, die eine Beziehung unter Künstlern beweisen, quer

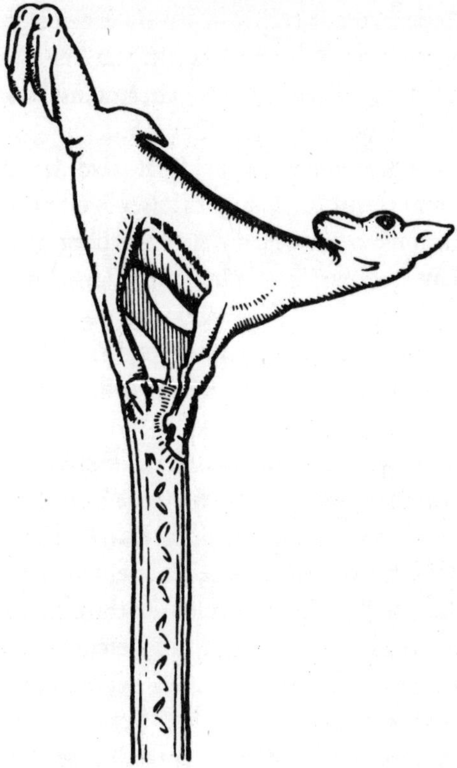

Abb. 35: Die Schleuder von Le Mas d'Azil

durch die Pyrenäentäler, oder sogar das Reisen eines einzigen Künstlers, der als Meister der Künste seine Wallfahrt vom Tal der Ariège ins Tal der Arise unternimmt. Die einfache technische Untersuchung läßt eine Entdeckung, einen Fortschritt beobachten, vom Steinbock mit dem Vogel, gewissermaßen das Vorbild, zur Schleuder mit den Vögeln: eine Verbesserung der Technik beim geschickten Durchbrechen der Pfoten und der Anwesenheit des verliebten Vogelpaares.

Die Tiefe der Gefühle bei diesem Motiv wurde mir erst dreißig Jahre später bewußt. Ohne Zweifel hatte auch ich eine wichtige Stufe in meinem Leben vollendet, in meiner Menschwerdung...

Später haben sich weitere kostbare Funde den ersten beigesellt. Das Steinbockkitz der Höhle von Arudy in den atlantischen Pyrenäen weist ebenfalls dieses eigenartige Analmotiv auf. Der Abguß eines Stückes aus Isturitz, aus der gleichen Gegend, stellt ein junges Steinbockkitz dar, ohne das Analmotiv, aber dessen Pfoten auf die gleiche Art aufeinanderliegen wie bei den früheren Beispielen. Schließlich eine kleine Skulptur aus Rentiergeweih aus Le Mas-d'Azil, die für einmal den Körper eines jungen Bisons darstellt, dessen unversehrte Füße sich in der üblichen Haltung der Steinböcke und Steinbockkitze gruppieren, über einem Felsabfall, die vier Hufe untereinander verbunden. Damit sind die Beispiele von Kleinskulpturen aus den Pyrenäengrotten auf vier angewachsen, die miteinander in Motiv und Eingebung verwandt sind.

Andere Höhlen in der Gegend haben zweitrangige, bruchstückhafte Fundstücke hervorgebracht, die sich vom gleichen Einfall anregen ließen. Neue Entdeckungen, an Fundstellen oder in den Depots der Museen, sind immer möglich. Eine pyrenäische Kunstschule ist schon jetzt gründlich bezeugt[106]. Die Haltung dieser Steinbockkitze läßt sich täglich beobachten. Postkarten zeigen oft Steinböcke, die ohne Schwindelgefühl ihre Hufe zusammenlegen.

Dagegen ist in der prähistorischen Kunst mit ihrer streng naturalistischen Beobachtung die Anwesenheit eines Analkegels im Augenblick des Ausgestoßenwerdens ungewöhnlich. Noch ungewöhnlicher ist der Einfall, dort einen Vogel hinzusetzen, dessen Schwanz zum Widerlager für eine Schleuder wird. Und noch mehr, dort ein Pärchen verliebter Vögel hinzusetzen. Wir müssen daher festhalten, daß sich in dieser sehr alten Kunst, die rund zwölf Jahrtausende alt ist, die Anwesenheit von außergewöhnlichen künstlerischen Begabungen beobachten läßt – von wirklichen, anonymen Schöpfern, deren Einfluß der großen Abschrankung der Pyrenäen den Stempel aufdrückt, von den Bergen der mittleren Ariège bis hin an die Grenze zum Meer, wo die Sonne untergeht.

# Die Zärtlichkeit des Stelldicheins

## Von Angesicht zu Angesicht: Adam und Eva in Rouffignac

Der Gang, der in Rouffignac als Ehrbezeugung Abbé Henri Breuil gewidmet und nach ihm benannt ist, enthält die großartigsten Friese: jenen der Nashörner, der zwei gegenüberstehenden Rudel Mammute, mit der aufsehenerregendsten Begegnung von sieben Riesen gegen vier. Die sieben Mammute, die nach links schauen und demnach in die Höhle hereinkommen, bewegen sich in Richtung der vier Mammute, die nach rechts schauen und zum Ausgang gehen. – Kommt man vom Heiligen Weg her, beleuchtet die Karbidlampe alle zwei oder drei Schritte ein Tier. Der Lichtkegel holt ein Tier hervor, während ein anderes in der Finsternis verschwindet. Und der Neuankömmling verschwindet seinerseits und gibt den Weg frei für den Anblick eines nächsten weiter vorne. Und so bis zur Begegnung der beiden Rudel, der beiden Chefs, die sich Auge in Auge gegenüberstehen. Der Fries setzt sich fort bis zum «Einsiedler», auch er großartig. Fünfzehn Meter Mammutfries! Sie weichen zurück, schwenken Ihre schwere Lampe, Sie versuchen, die ganze Szene zu beleuchten, und es gelingt Ihnen nicht. Sie richten das zitternde Licht auf diesen oder jenen, auf das zentrale Geschehen, aber immer verbergen Ihnen die Schatten einen Teil der Ansicht. Der Mammutfries in Rouffignac[107] verliert sich im Dunkel, setzt sich in der Nacht fort, wie ewig und unendlich.

Im weißen, grellen Scheinwerferlicht der Filmemacher dagegen werden Wand und Decke gleichzeitig beleuchtet. Die beiden Rudel stehen sich in ihrer Gesamtheit gegenüber. Das Geheimnis spielt nicht mehr, aber dafür bleibt die erhabene Sicht für immer im Gedächtnis haften. Religiöses Erschauern läßt einen den Atem anhalten, eindringlich tritt man mit dieser brüderlichen Menschheit vor fünfzehn Jahrtausenden in Gemeinschaft, die sich in unsere Richtung bewegt. Das Herz schlägt schneller, und man ist ganz betäubt und scheint in den tiefen Gängen den dumpfen Widerhall des schweren, langsamen Vorbeiziehens zu hören.

Jenseits teilt sich der große Gang auf: rechts öffnet sich eine Anlage, die sich in zwei Zweige spaltet, im Nordosten die Gänge Charles-Plassard, in Erinnerung an den Besitzer dieses riesigen Grundstücks, links eine zweite Anlage, mehr oder weniger symmetrisch zur vorhergehenden, die sich ihrerseits erneut unterteilt und in zwei noch engere Gänge führt, die den Nordwesten der Höhle bilden (Gänge L. R. Nougier). In diesem westlichsten Abschnitt der Höhle entdeckte Louis Plassard am 11. Oktober 1956 zwei eigenartige Figuren, die von einem Finger in der Mitte der Decke, die an dieser Stelle mindestens zwei Meter hoch ist, gezeichnet worden waren.

In diesen merkwürdigen Fingerspuren erkannte ich sogleich zwei anthropomorphe Figuren, Köpfe ohne Körper, merkwürdig und geheimnisvoll. In der Begeisterung der Entdeckung taufte ich sie spontan Adam und Eva. Viele Jahre später, nach reiflicher Überlegung, schien mir keine Taufe treffender, außer vielleicht jener vom Abbé gespendeten – er war immerhin Chorherr des Bistums Soissons –, die dem letzten gravierten Mammut der unendlich großen Höhle galt, dem Mammut mit dem Lausbubenauge. Die beiden Anthropomorphen[108] folgen den Regeln ihrer Art *(Tafel 20)* oder mit anderen Worten keiner. Sie sind tatsächlich «grotesk», mit großer Nase und großem Mund, wie früher die Großmutter in den Märchen von Perrault. Der Schönste, zur Linken, Adam, hat einen wirklichen Karnevalskopf. Vom Scheitel bis zum Halsansatz mißt er über achtzig Zentimeter. Die Oberlippe – glücklicherweise eingezeichnet – weist eine gewisse Menschlichkeit auf. Sein Gegenüber ist von bescheidenerem Ausmaß. Ist es wirklich eine Frau?

Gleich bei der Entdeckung war unsere Erregung beachtlich: Wer wäre nicht von der Anwesenheit dieses Mannes und dieser Frau gerührt gewesen, die damals denselben Platz einnahmen, auf dem wir nun standen, und die sich auf ihren Fußspitzen aufrichteten. Oftmals habe ich sie seither wiedergesehen. Sie kamen mir eigenartig nahe, sind mir geradezu vertraut geworden.

Adam hat einen langen tiefen Mund, «bis zu den Ohren gespalten», wie mein Schüler Claude Barrière in der monumentalen Monographie schreibt, die er der Höhle widmete. Ausgehend vom Scheitel hat der schöpferische Finger in einem Zug die Stirne gezeichnet und die Nase hochgezogen. In einem zweiten Anlauf hat er den langen Mund eingegraben und den Hals vollendet, der ebenfalls sehr lang ist. Eine dritte Fingerspur hat dieses merkwürdige Auge gezeichnet, beinahe übergroß, das ihn noch heute, nach vierzehn Jahrtausenden, belebt.

Aber seine Gefährtin, die sanfte, zärtliche Eva, hat wirklich all meine Gunst gewonnen! Wie sollte man sie nicht auch gerne bekommen? Ein leichter, anmutiger Hals, ein Profil ganz aus Krümmungen, aus Rundungen, mit einem einzigen wunderbaren Strich gezeichnet. Nase und Oberlippe abgerundet, ein offener Mund, ebenfalls reizend abgerundet... Ein Kinn, ebenfalls bezaubernd: Es hat nichts gemeinsam mit dem rechteckigen «aufwärtsgekrümmten» Kinn ihres Gefährten.

Ihr Kopf mit der harmonischen Krümmung steht im Gegensatz zum eckigen Schädel Adams. Bis auf ihr gut plaziertes Auge, das durch ein leichtes Eindrücken des schöpferischen Daumens kaum angedeutet ist, und das ihr einen menschlichen Ausdruck voll Zärtlichkeit und Liebe gibt.

«Ein Ausdruck der vergnügten Freude... ausgedrückt durch diese beiden Anthropomorphen, die sich gegenüberstehen», erklärt Claude Barrière. Gewiß nicht. Ich weigere mich heute energisch, diesen Ausdruck «gegenüberstehend» aufzunehmen, der vielleicht, ohne es zu wollen, eine gewisse Art von Gegensätzlichkeit bedeutet, von Kampf, den ich nicht mehr annehmen mag. Dies ist nicht der Mann im Gegensatz zur Frau. Dies sind Mann und Frau von Angesicht zu Angesicht. Habe ich mich so sehr verändert, daß ich sie nur noch in voller Übereinstimmung sehe und nicht mehr als Gegensätze? Bin ich das Opfer, das glückliche Opfer, einer neuen Liebe, daß ich es mir schuldig bin, Eva anzurufen?

Dieses «von Angesicht zu Angesicht» ist außerordentlich wichtig. Die Anthropomorphen sind äußerst selten. Ich habe bereits einige ihrer Eigenschaften erörtert, das Warum ihres karikaturalen Aussehens, den anekdotischen und magischen Ursprung ihrer Darstellung, wie in Marsoulas. Zweifellos sind die beiden Anthropomorphen von Rouffignac nicht wesentlich verführerischer als jene von Les Combarelles, La Marche oder von Marsoulas (außer Eva, selbstverständlich, für die ich die Augen Rodrigos habe!)

Aber sie sind zu zweit, und dieses Doppelbild ist ganz und gar außergewöhnlich, wenn nicht einzigartig in dem, was man gemeinhin «prähistorische Kunst» nennt. Dieses Stelldichein fügt sich wunderbar in den grundlegenden Wandel, in die eigentliche Revolution der Gefühle, die im 12., 11. und 10. Jahrtausend der Kultur der großen Jäger des Magdalénien ihren Stempel aufdrückt. Diese Revolution führt Sanftmut und Zärtlichkeit bei den Hominiden ein, auf daß sie endlich zu Menschen werden.

Wie nicht noch einmal diese seltenen, aber rührenden Beispiele der beiden verliebten Vögel von Le Mas-d'Azil in Erinnerung rufen, das Liebkosen der Rentiere von Font-de-Gaume, die Sanfheit des Bisons, der in La Madeleine den Kopf wendet... Alle erleben dieselbe Geschichte. Wenn das einzige Mammut der kleinen Grotte von La Croze-à-Contran so viel wert ist – man hat es behauptet – wie die hundertfünfzig Mammute von Rouffignac, so führen auf methodischer Ebene, zur Deutung unserer prähistorischen Kunst während zwanzig Jahrtausenden, die Darstellungen von Le Mas, La Madeleine und von Rouffignac unbestreitbar eine neue Atmosphäre in die Kunst des Magdalénien, des Abendlandes ein. Sie sind die Vorboten eines tiefen Wandels.

## Der Sinn des Stelldicheins

Die Untersuchung des «Von Angesicht zu Angesicht» in Rouffignac läßt uns nochmals auf die Anthropomorphen zurückkommen. In einer wichtigen Magisterarbeit aus Toulouse hat Maryse Lacourcelle[109] die anthropomorphen Darstellungen der abendländischen Welt unter die Lupe genommen. Sie zählte hundertdreißig Figuren, davon vierundvierzig Köpfe und sechsundachtzig Silhouetten. Mit der Zeit werden sie zahlreicher: sieben Köpfe und neununddreißig Silhouetten für die Zeit der Schule des Périgord, der ersten, und siebenunddreißig und neunundvierzig für die Schule des Magdalénien, der zweiten (im gesamten sechsundvierzig und vierundachtzig, oder doppelt so viele wie früher.)

Aber sobald es darum geht, das Geschlecht der abgebildeten Personen zu bestimmen, beginnen die Schwierigkeiten: Wie bei den Tierdarstellungen ist auch das menschliche Geschlecht sehr selten angegeben. Nur drei Figuren sind sexuell differenziert, und selbst wenn man sich mit sekundären Geschlechtsmerkmalen behilft, ist es manchmal sehr schwierig, das Geschlecht dieser hundertdreißig Figuren zu bestimmen. Bei der Frau ist es am einfachsten, das Geschlechtsteil selber zu suchen, dann die Brüste und zu beobachten, ob Bauch und Hüfte gerundet sind. Beim Mann führen uns das Geschlechtsteil und der Bart (dieser bei vier von vierundvierzig gezählten Figuren) auf den richtigen Weg. Dank ihrer Hartnäckigkeit und ihrem deduktiven Geist bestimmt die Forscherin auf diese Weise einen Prozentsatz von 61 % geschlechtlich nicht bestimmten Figuren, und 36 % von geschlechtlich bestimmten Figuren; diese unterteilen sich ihrerseits in 20 % männliche und 15 % weibliche.

Aber bedeutsamer ist die Untersuchung der Beziehungen zwischen den beiden Geschlechtern. Zum Schluß glaubt Maryse Lacourcelle sagen zu dürfen: «Es gibt keine Paarungsszenen in der paläolithischen abendländischen Kunst.» Selbst wenn eine lobenswerte Vorsicht sie gleich anfügen läßt: «Vielleicht nur eine Szene, die sie vorausahnen läßt.»

Es geht um die sehr umstrittene Szene, die im Gang von Les Combarelles eingraviert ist. Wenn die Personen tatsächlich Bestandteil dieser Szene sind, sehen wir von rechts nach links eine Frau mit gebeugtem Körper ohne Arme; ein Mann mit einem dicken Bauch, mit ausgeprägtem Geschlecht, der sich gebeugt nach vorne bewegt, die Arme nach vorn ausgestreckt, in Richtung der Figur, die ziemlich weit vorne links plaziert ist: eine Frau schließlich, mit schwerem Körper, die Arme nach dem Boden gerichtet. In seiner Deutung von 1924 hatte Abbé Breuil die Szene als intim qualifiziert, was als Euphemismus erscheinen mag, der ithyphallische Mann geht unbestreitbar in Richtung der Frau links. Es könnte sich um eine Paarung von der «tierischen Art» handeln, mit dem Mann, der die Frau vor ihm ergreift, die ihm den Rücken zukehrt. Aber diese Hypothese läßt sich kaum aufrechterhalten. Spätere Darstellungen, gewiß, aber viel genauere, erschweren ihr Verständnis. Die beiden Personen sind deutlich zu weit voneinander entfernt. Die Anatomie der Frau befriedigt nicht. Zunächst: Ist es wirklich eine Frau? Wäre es nach der Aufnahme von Abbé Breuil nicht eher ein Tier? Ein Vierbeiner, übrigens mit einem leichten Schwanz?

Diese Deutung der «intimen Szene» war lebhaft bekämpft worden, vor allem durch Professor Leroi-Gourhan: «Auf verschiedene Arten gesehen und gedeutet, hat diese Figurengruppe den Stoff für mehrere Untersuchungen über die Sexualität des Paläolithikums geliefert, während wir darauf nur eine Reihe Vierbeiner vermuten.» Was ich meinem bedeutenden Kollegen gerne bestätige.

## Die menschliche Paarung

Andere Fundstücke zeigen mit größerer Gewißheit die menschliche Paarung: die gravierte Kalkplakette, die Louis Béguën[110] in Enlène gefunden hat und die kürzlich durch ein entsprechendes Bruchstück ergänzt wurde, das bei neueren Grabungen durch Robert Bégouën und Jean Clottes zum Vorschein kam. Die Plakette wird wiederhergestellt und gründlich untersucht. Darauf sind zwei Personen dargestellt, eng miteinander verbunden, der Mann in der oberen Position, beherrschend (das Gesicht kann als «männlich» gesehen werden), der die Frau innig umschlingt, deren Ausdruck als «weiblich» gelten kann, mit ihren langen Haaren, die nach vorne geworfen sind...

Neue Bruchstücke, die entdeckt und im Mai 1984 publiziert wurden, ergänzen die Plakette und fügen einen ausgezeichneten gravierten Bison bei. Wie in Marsoulas kam das Paar später hinzu und nimmt auf ihn ganz und gar Rücksicht.

Die Paarung scheint offensichtlich: eine menschliche Paarung nach dem Vorbild der Tiere. Andere, spätere Funde bestätigen uns diese Form der Geschlechtsbeziehungen.

Unter den reichhaltigen Wandgravierungen am Onega-See im sowjetischen Karelien *(Abb. 36)* auf einem überhängenden

Abb. 36: Paarungsszenen (Onega-See)

Felsen im Abschnitt Peri-Noss, zeigt eine gesprenkelte Gravierung von hoher Qualität eine gleichartige Szene: der Mann sehr nahe hinter der Frau, die von hinten gezeichnet ist, das Auge sorgfältig «ausgespart», eine technische Einzelheit, die eindeutig auf das Paläolithikum hinweist. *(Tafel 21)*.

Eine gleiche, aber summarischer ausgeführte Szene, das einfache Profil der Personen, fand sich in der Fundstätte Bardal *(Tafel 22 und 23)* in Skandinavien. Der Mann, ohne dargestelltes Gesicht, mit aufgerichtetem Körper, ist in Beziehung mit der kleineren, Frau, die vor ihm liegt.

Diese nordischen Gravierungen können ungefähr ins 3. Jahrtausend datiert werden. Aus derselben, jedoch etwas älteren Zeit (Mitte 4. Jahrtausend), aus der sogenannten Rinderphase der Malereien im Tassili-N-Ajjer, bietet uns eine einfarbige rote Malerei auf einem Felsvorsprung im Abschnitt Jabbaren, der im April 1974 fotografiert wurde, ein bemerkenswertes Beispiel einer menschlichen Paarung. Der Mann, fein, hoch, beugt sich über seine Partnerin und streichelt ihr mit ausgestreckten Armen den Rücken. Vor ihm ist die Frau niedergekauert, mit ausladenden Seiten, kleinen, schlaffen Brüsten, auf die Knie gestützt.

Während einer Vortragsreise, die mich im Mai 1984 auch nach Florenz führte, bestätigte mir mein befreundeter Kollege, Professor Paolo Graziosi, Direktor des italienischen Institutes für Vorgeschichte, die außerordentliche Seltenheit der sexuellen Darstellungen und der Paarungsszenen in der afrikanischen Welt, im Tripolitaine und Fezzan *(Tafel 24)*, Gegenden, die er sorgfältig, während Jahrzehnten erforscht hat. Aus einem wissenschaftlichen Werk zeigte er mir eine gravierte Figur, die aus der Fundstätte In Abeter III in Fezzan stammt. Der maskierte (?) Mann ist gehörnt und reitet auf dem Weibchen, das vor ihm niederkauert, in der gleichen Haltung wie das gemalte Paar von Tassili-N-Ajjer.

Die unterschiedliche Technik (grobe Gravierung mit schwacher Farbe) und die mutmaßlichen Datierungen ändern über Jahrtausende nichts an der gebräuchlichen Haltung.

Diese Art der Paarung, gegen das 4. und 3. Jahrtausend solide und klar belegt (seit dem 11. Jahrtausend, wenn wir die mutmaßliche Plakette von Enlène dazurechnen), gilt gerne als eine Form der Paarung, die die «natürliche» ist *(Abb. 37)*. Eine der «tierähnlichsten» auch, und zum Beweis kann man anführen, daß sie gelegentlich mit dem Namen des Windhundweibchens bezeichnet wird, dieses rassigsten der menschlichen Gefährten.

Gewisse Autoren bestehen tatsächlich gerne auf dem tierischen Charakter dieser Art der Paarung und bedauern es, daß dabei jenes Gefühl der Intimität fehlt, das die Position von Angesicht zu Angesicht vermittelt.

Mit dieser Art des Eindringens ist der Kontakt wirklich brutal, aufgedrängt, schnell. Die Frau wird ergriffen, im wahrsten Sinne des Wortes besessen, geschnappt.

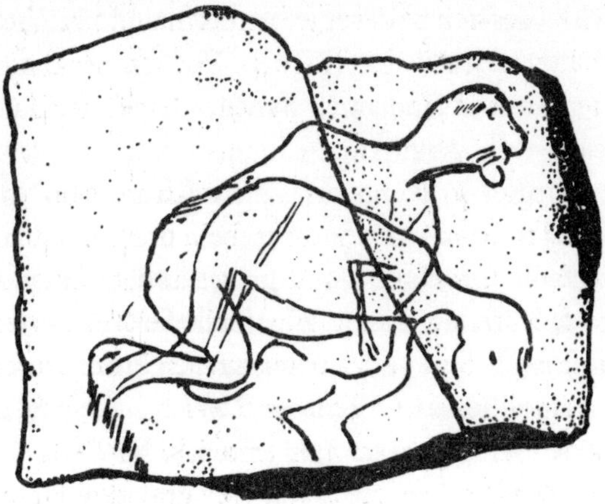

Abb. 37: Paarung von Enlène

Sie befindet sich in einem Zustand der Unterlegenheit vor der männlichen Beherrschung, eine physische Brutalität. In einer überwiegenden Jagdkultur kann diese Art der Paarung völlig normal erscheinen, nach dem Vorbild aus der Tierwelt. Die genauen Szenen des Tassili-N-Ajjer zeigen dagegen andere Gesten, andere Haltungen *(Abb. 38)*.

Das «Von-Angesicht-zu-Angesicht» von Adam und Eva in Rouffignac kündet einen Wandel an: er ist das Vorspiel zu einer neuen Vereinigung von Mann und Frau, zu neuen Formen der Beziehung des Paares.

Zwar ist die Sexualität (jedenfalls in ihren hauptsächlichsten Zeugnissen) mehr als diskret in der prähistorischen Kunst, trotzdem gibt es sie, latent, in den Köpfen. Gewisse Darstellungen, selbst aus der Tierwelt, sind Vorspiele zur Sanftheit, sogar zur Zärtlichkeit. Ist das «Von-Angesicht-zu-Angesicht» von Rouffignac nicht ein wunderbares, neues Beispiel dafür? Darin »haben die Augen die Macht, die Aufmerksamkeit auf sich zu lenken, zu versprechen... Die Liebe ist eine Kunst, die das menschliche Paar vom Tierpaar unterscheidet, indem sie diesen Akt zu einer Handlung erhebt, in der sich der Geist ebenso verausgabt, wie die Sinne sich freuen.»

Im Blick dieses «Von-Angesicht-zu-Angesicht» drückt sich ein neues Gefühl aus. Wenn das Gehirn durch einen Unfall, der das Rückenmark unterbrochen hat, vom unteren Teil des Körpers losgetrennt ist, kann der Mensch immer noch sexuelle Erregung verspüren und selbst zum höchsten Vergnügen gelangen, aber diese Erregung ist das Ergebnis einer Stimulierung durch Berühren seiner Organe und nicht einer Erregung im Gehirn. Das Gehirn spielt eine wesentliche Rolle, um den sexuellen Appetit zu wecken oder zu ermöglichen.

«Im Register der sexuellen Freuden spielt die Phantasie eine wichtige Rolle»[111], und das zentrale Nervensystem übermittelt dem Gehirn die Gefühle, die von der Haut, den Gliedern, den Muskeln, den Augen, den Ohren, der Nase, der Zunge ausgehen. Alle Sinne haben an dieser Verbindung, dieser unmittelbar bevorstehenden Gemeinschaft, teil.

«Die Liebeskunst ist die Kunst, sich aufmerksam zu zeigen, sicher, kontaktfreudig, tolerant und unternehmungslustig zu sein. Zuletzt sind es Herz und Kopf, die den Sieg davontragen, wenn es darum geht, seinen Partner zu befriedigen.» Das «Von-Angesicht-zu-Angesicht» Adams und Evas ermöglicht einen besseren Kontakt auf der körperlichen wie auf der Ebene einer umfassenderen, tieferen Intimität. Die Partner können sich sehen, berühren, sich küssen. Sie können miteinander sprechen, kommunizieren. «Die Übereinstimmung des Geistes geht jener der Sinne voraus, denn im Gegensatz zu den Tieren braucht die Liebe des Menschen die Musik der Worte.» Adam und Eva bereiten sich darauf vor. Sie spielen das Vorspiel des letzten Schrittes der Menschwerdung. Unsere Magdalénienleute kennen die Zärtlichkeit, die Sanftheit der Liebkosungen. Sie sind auf dem königlichen Weg, der sie von der Tierwelt unterscheiden wird. Vielleicht befinden sie sich schon in jenem

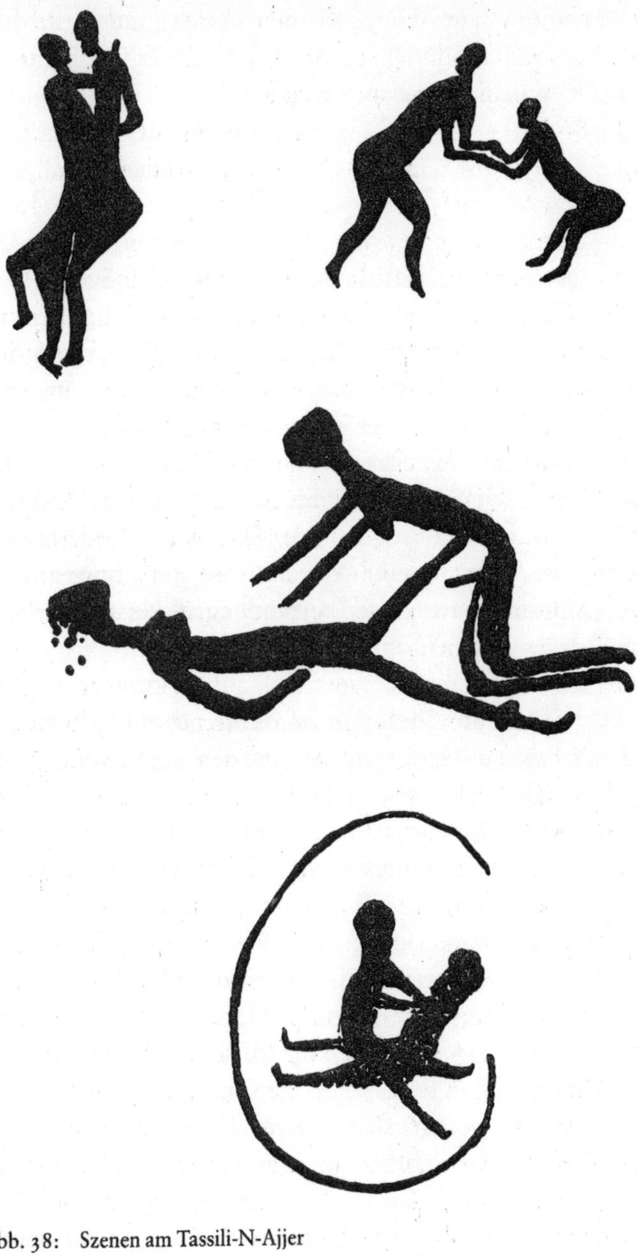

Abb. 38: Szenen am Tassili-N-Ajjer

neuen Raum, in dem sich während Jahrtausenden die Liebesabenteuer abspielen werden? Im vierten, im dritten Jahrtausend machen die Menschen «nicht mehr das Tier», sie «machen Liebe».

## Die Vorgeschichte geht zu Ende ... die Liebe beginnt

Mit Vorsicht kann man eine Paarung von Angesicht zu Angesicht *(Abb. 39)* in die Mitte des 4. Jahrtausends legen, die mein Freund Henri Lhote im Tassili-N-Ajjer entdeckt hat (Ausstellung im Musée des Arts décoratifs, 1974[112].
Der Mann, mit leicht gebeugten Beinen, umarmt seine Gefährtin, die ihm recht eigentlich auf den Knien sitzt. Vergleichbare Szenen häufen sich in dieser Welt der Sahara, in der sich eine reiche und aktive Hirten- und Landwirtschaftskultur entfaltet, als die Wüste noch nicht die Wüste war, die Mimosen blühten und die Turteltauben gurrten.

Im Djebel Acacus nähert sich ein Mann mit einem Schakalkopf einer Frau, die senkrecht bei ihm liegt, mit offenen Beinen. Dieselbe Szene in der Zentralsahara, ebenfalls aufgenommen von Henri Lhote: der Mann, mit erigiertem Geschlecht, kauert sich vor der liegenden Frau nieder, die die Beine auseinander gestreckt hat.

Attilio Gaudio entdeckte eine ähnliche Szene, aber das nahe beieinanderliegende Paar verbirgt sich keusch vor den Blicken in einer Familienhütte, die durch eine große Kurve angedeutet ist. Und nochmals im Tassili entdeckte und publizierte Lhote ein liegendes Paar, das sich leidenschaftlich umarmt.

Und damit sind wir zu den Pforten der Geschichte gekommen! Aus der ersten Hälfte des 3. Jahrtausends beherbergte die Fundstätte Mari die entzückende Statuette eines sich umarmenden Paares, das sich an den Händen hält (Museum

Abb. 39: Liebe von Angesicht zu Angesicht (Tassili-N-Ajjer)

Aleppo). Von nun an blühen diese Szenen. So wie der Mensch das Nötige unternommen hat, um die Ernährung zu einem delikaten Vergnügen zu machen, steigert er die sexuelle Verbindung bis zu einer Wissenschaft.

In unserer Kultur rechtfertigt das Hohe Lied, das Salomon zugeschrieben wird, das «Von-Angesicht-zu-Angesicht» Adams und Evas von Rouffignac:

> Ja, deine Liebe ist köstlicher als Wein.
> An Duft sind lieblich deine Salben;
> dein Name ist glättendes Öl...

Ja, schön bist du, meine Freundin,
ja schön;
deine Augen sind wie Täubchen!

Wie ein Streifen von Scharlach
sind deine Lippen
und lieblich ist dein Plaudermund.

Deine beiden Brüste sind wie zwei Kitzlein,
wie Zwillinge einer Gazelle...
Alles an dir ist schön, meine Freundin.

Der Historiker Jacques Delumeau stellt fest, daß bis ins 18. Jahrhundert «eine einzige Position, jene des Mannes auf der Frau, die auf dem Rücken liegt, als natürlich betrachtet wird.»

Diese ganze Zeit richtet streng über eheliche Beziehungen, die nach der Art der Tiere vollzogen werden. Und gute Autoren halten es für eine Todsünde, wenn eine solche Haltung gewählt wurde, um das Vergnügen zu steigern.

Wäre es eine Erinnerung an solche Verbindungen, fleischliche Reminiszenzen, der Jahrhunderte und Jahrtausende der Vorgeschichte, die unsere neuere Moral verdammt?

«In den Heiligtümern des Abendlandes erscheint das Paar nur unter dem Zeichen des Fluches und des Exorzismus.» André Malraux fährt weiter – zweifellos bitter –: «Nie hat der Christ in der Frau ein ganz und gar menschliches Wesen gesehen.»

Wenn das Abendland diese Sonnenfinsternis kennt, verbindet die indische Kultur im Orient «Sinnlichkeit und Spiritualität, beleuchtet mit Seligkeit die Verbindung des Mannes mit der Frau[113]», nach Max-Pol Fouchet. Das sich umarmende Paar des Tempels von Khajuraho *(Tafel 25)* des 11. Jahrhunderts nimmt fünf Jahrtausende später und in einer Entfernung von mehr als achttausend Kilometern dieselbe Haltung ein wie das Paar des Tassili-N-Ajjer. Man begegnet darin der Zärtlichkeit Adams und Evas von Rouffignac.

Der menschliche Körper erwacht zum wahren Leben. Der Mensch gibt das Flüchtige zugunsten der Übereinstimmung, das Brutale und Aufgedrängte zugunsten des Teilens auf. Der Hominide ist endlich menschlich geworden. Er hat die unendliche Zartheit der Vorspiele zur Liebe entdeckt...

# Anmerkungen

1 Yves Coppens, Le Singe, l'Afrique et l'Homme, Fayard Paris, 1983. Dt. Die Wurzeln des Menschen. Das neue Bild unserer Herkunft, Deutsche Verlags-Anstalt, Stuttgart, 1985.
2 Elwyn Simons, «Les Premiers Primates», in «L'Aube de l'Humanité», Berlin, Paris, 1983 – Origines de l'Homme, musée de l'Homme, Paris, 1976.
3 Jean Piveteau, Origine et destinée de l'Homme, Masson, Paris, 1973.
4 Marcellin Boule, Les Hommes fossiles, Masson, Paris, 1946. Dt. Fossile Menschen, Vlg. f. Kunst u. Wiss., Baden-Baden, 1954.
5 André Cailleux, Géologie générale, Masson, Paris, 1976.
6 G. H. R. von Königswald, Les Premiers Hommes sur la terre, Denoël, Paris, 1956. Dt. Begegnungen mit dem Vormenschen, erweiterte Ausg., dtv, München, 1965.
7 Henri-V. Vallois, Les Races humaines, Paris, PUF, 1957.
8 Richard Leakey, La Naissance de l'Homme, Éditions du Fanal, Paris, 1981. Dt. Die Suche nach dem Menschen. Wie wir wurden, was wir sind, Umschau, Frankfurt a. M., 1981.
9 Jules Carles, Le Premier Homme, Paris, PUF, 1970.
10 André Langaney, Génétique et origines de l'Homme, Science et Vie, Paris, 1979.
11 Jean Bernard, Le Sang et l'Histoire, Buchet-Chastel, Paris, 1983.
– Theodosius Dobzhansky, L'Homme en évolution, Flammarion, Paris, 1966.
12 Jean Bernard, Anm. 11
13 Henri-V. Vallois, Anm. 7
14 Jules Carles, Anm. 9
15 André Leroi-Gourhan, Les Hommes de la préhistoire, Bourrelier, Paris, 1955.
16 Émile Cartailhac, La France préhistorique, Félix Alcan, Paris, 1896.
17 Denis Peyrony, La Ferrassie, in «Préhistoire», PUF, tome III, Paris 1934.
18 Denis Peyrony, Anm. 17
19 Baron de Loë, Belgique ancienne, Vromant et C[ie], Bruxelles, 1928.
20 Richard Leakey/Roger Lewin, Origins, E.-P. Dutton, New York, 1977. Dt. Wie der Mensch zum Menschen wurde, Hoffmann + Campe, Hamburg, 1978.
– Richard Leakey, Anm. 8
21 L.-R. Nougier/R. Robert, Rouffignac, La Table Ronde, Paris, 1957.
22 Ali Sahly, Les Mains mutilées dans l'art préhistorique, publication du ministère des Affaires culturelles (Tunisie), Tunis, 1966.
23 René Thévenin/Paul Coze, Mœurs et histoire des Peaux-Rouges, Payot, Paris, 1928.
24 René Thévenin/Paul Coze, Anm. 23
25 Id., ibid.
26 Maurice Brillant, Histoire des religions, introduction, Bloud et Gay, Paris, 1953.
27 Louis-René Nougier, Religions du monde, «La Préhistoire», Bloud et Gay, Paris, 1963.
28 Ali Sahly, Anm. 22
29 Tim Severin, Le Voyage du Brendan, Albin Michel, Paris, 1978.
30 Louis-René Nougier, Anm. 26.
31 Louis-René Nougier et Romain Robert, Anm. 21
32 Id., ibid.
33 Abbé Henri Breuil, Communications Académie des Inscriptions et Belles-Lettres, 1956.
34 Louis-René Nougier/Romain Robert Anm. 21
35 Id., ibid.
36 Id., ibid.

37 N. Aujoulat, R. Bégouën, J. Clottes, F. Delpech, J. Gaussen, J.-M. Geneste, H. Laville, M. Lorblanchet, J.-Ph. Rigaud, A. Roussot, Découvertes de gravures pariétales dans la grotte de Jovelle (Dordogne), in «Bulletin de la Société préhistorique française», 1984.
38 Abbé Henri Breuil, Quatre Cents Siècles d'art pariétal, Les Cavernes ornées de l'âge du renne, Centre d'études et de documentation préhistoriques, Montignac, 1952.
39 Louis René Nougier et Romain Robert, Les Décors abstraits dans l'art magdalénien terminal de la grotte de La Vache (Alliat), Estudios dedicados al profesor D[r] Luis Pericot, Barcelona, 1973.
40 Louis-René Nougier, Nouvelles Approches de l'art préhistorique animalier, Simposium Internacional de arte rupestre, Santander 1972.
41 Paolo Graziosi, Levanzo, Pitture e incisioni, Sansoni, Firenze, 1962.
42 G. Malvesin-Fabre, Louis-René Nougier et Romain Robert, Empreintes de pieds humains préhistoriques de Niaux (Ariège), in «Bulletin société préhistorique de l'Ariège», tome VII, 1952.
– Émile Caralp, Louis-René Nougier, Romain Robert, L'Intérêt archéologique du nouveau réseau «René Clastres» dans la caverne de Niaux, in «Bulletin Société préhistorique de l'Ariège», tome XXV, 1970.
43 A. Lemozi, La Grotte-temple du Pech-Merle, A. Picard, Paris, 1929.
– L.-R. Nougier/R. Robert, Anm. 21
44 Louis-René Nougier, Les Fréquentations humaines de la caverne de Niaux (Ariège), travaux Institut d'art préhistorique, XV, 1973.
– Jean Clottes/Robert Simonnet, Quelques éléments nouveaux sur le réseau René-Clastres de la caverne de Niaux, in «Bulletin Société préhistorique de l'Ariège», tome XXVII, 1972.
45 Marthe Chollot-Varagnac, Les Origines du graphisme symbolique, Éditions de la Fondation Singer-Polignac, Paris, 1980.
46 Louis-René Nougier/Romain Robert, Anm. 39
47 Louis-René Nougier/Romain Robert. Le Foyer tribal du magdalénien pyrénéen, in «La Nature», n° 3253, Dunod, Paris, 1956.
– Louis-René Nougier, Une grotte type des Pyrénées: la grotte de La Vache à Alliat, in «Information Histoire de l'art», XIII[e] année, J.-B. Baillière et Fils, Paris, 1968.
48 Béatrice Schmider, L'Industrie lithique de la grotte de La Vache à Alliat, in «Bulletin de la Société préhistorique de l'Ariège», tome XXXIII, 1978.
49 Louis-René Nougier/Romain Robert, Galets gravés du magdalénien final des Pyrénées, grotte de La Vache, Alliat, in «Bulletin de la Société préhistorique de l'Ariège», tome XXVI, 1971.
– Louis-René Nougier, Storia Universale dell'Arte, in «La Preistoria», UTET, Torino, 1982.
50 Yves Manessier, Les Galets ornés du paléolithique supérieur français, Travaux Institut d'art préhistorique de Toulouse, XXIV, 1982.
51 Louis-René Nougier, Anm. 27
52 Hans Georg Bandi, Henri Breuil, Lilo Berger, Kirchner, Henri Lhote, Erik Holm, Andreas Lommel, L'Age de pierre, quarante millénaires d'art pariétal, Albin Michel, Paris, 1960.
53 Louis-René Nougier, L'Art préhistorique, Les Neuf Muses, PUF, Paris, 1966.
54 F. Mowat, Möurs et coutumes des Esquimaux Caribous, Payot, Paris, 1953.
55 Richard Leakey, Anm. 20
56 Pierre Deffontaines, préface de Géographie humaine préhistorique, Coll. Géographie humaine, Gallimard, Paris, 1959.
57 V. Gabori-Csank, La Station du paléolithique moyen d'Erd. (Hongrie), Akadémiai Kiado, Budapest, 1968.
58 Arlette Leroi-Gourhan, Jacques Allain, Lascaux inconnu, Éditions du Centre national de la recherche scientifique, Paris, 1979.
59 Louis-René Nougier/Romain Robert, Anm. 21
60 Pierre Deffontaines, Anm. 56

61 Louis-René Nougier/Romain Robert, Harpons «aziliens» et harpons «magdaléniens» de la grotte de La Vache à Alliat, in «Bulletin Société préhistorique de l'Ariège», tome XXXII, 1977.
62 Louis-René Nougier/Romain Robert, Présentation de deux «bâtons perforés» de la grotte de La Vache, in «Bulletin Société préhistorique de l'Ariège», tome XXX, 1975.
63 F. Mowat, Anm. 54
64 E.-W. Pfizenmayer, Les Mammouths de Sibérie, Payot, Paris, 1939. Dt. Mammutleichen und Urwaldmenschen in Nordost-Sibirien, Brockhaus, Leipzig, 1926.
65 Louis-René Nougier/Romain Robert, Anm. 21
66 Louis-René Nougier, Anm. 53
67 Michel Lorblanchet, Les Dessins noirs du Pech-Merle.
– Michel Lorblanchet, Ph. Renault, J. Brunet, P. Vidal, Étude de la Frise noire du Pech-Merle, conclusions générales.
– La Préhistoire du Quercy dans le contexte de Midi-Pyrénées, Société préhistorique française, Paris, 1981.
68 Claude Barrière, Les Gravures pariétales de la grotte des Combarelles, Travaux Institut d'art préhistorique, Toulouse XXV, 1983.
69 Henri Bégouën/Abbé Henri Breuil, Les Cavernes du Volp: Trois-Frères, Tuc-d'Audoubert. Arts et métiers graphiques, Paris, 1958.
70 Louis-René Nougier/Romain Robert, Anm. 21
71 Louis-René Nougier/Romain Robert, Les Félins dans l'art quaternaire, in «Bulletin Société préhistorique de l'Ariège», XX, 1965.
72 Louis-René Nougier/Romain Robert, Le «Lissoir aux ours» de la grotte de La Vache à Alliat et l'ours dans l'art franco-cantabrique, in «Bulletin Société préhistorique de l'Ariege, XI, 1956.
73 Claude Barrière, L'Art pariétal de Rouffignac, Picard, Paris, 1982.
74 Henri Bégouën/Abbé Henri Breuil, Anm. 69
75 Id., ibid.
76 Louis-René Nougier, Anm. 27
77 Louis-René Nougier/Romain Robert, Anm. 21
78 Louis-René Nougier, Anm. 53
79 Louis-René Nougier, Anm. 27
80 Louis-René Nougier/Claude Barrière, Les Peintures du second étage de Rouffignac et la signification de l'art préhistorique, à Pedro Bosch-Gimpera, Mexico, 1963.
81 Louis-René Nougier, Le «Grand Être» de Rouffignac et la signification de l'art quaternaire, universidade de Lisboa, faculdade de Letras, Lisboa, 1967.
82 Louis-René Nougier, Anm. 53
83 Henri Bégouën/Abbé Henri Breuil, Anm. 69
84 Lya Dams. L'art pariétal de la grotte du Roc Saint-Cirq, BAR International Series, Oxford, 1980.
85 Albert Ellis, L'Art et la science de l'amour, Robert Laffont, Paris, 1960.
86 Jean Maury, Les Bouquetins du Grand Plafond de Rouffignac, travaux Institut d'art préhistorique, Toulouse, XXVII, 1975.
87 Lya Dams, les peintures rupestres du Levant espagnol, Picard, Paris 1984.
88 Albert Ellis, Anm. 85
89 Francisco Jorda Cerda, Manuel Mallo et Manuel Perez, Les Grottes du Pozo de Ramu et de La Lloseta (Astureis) [Tito Bustillo] in «Bulletin Société préhistorique de l'Ariège», XXV, 1970.
– Louis-René Nougier, A propos de Tito Bustillo, id., tome XXV, 1970.
90 Jean Clottes, Découverte d'une statuette féminine paléolithique à Montpazier, in «Bulletin Société préhistorique de l'Ariège», XXVI, 1971.
91 Élisabeth della Santa, Les Figures humaines du paléolithique supérieur, De Sikkel, Anvers, 1947.
92 Henri Delporte, L'Objet d'art préhistorique, Éditions des Musées nationaux, Paris, 1981.

– L'Image de la femme dans l'art préhistorique, Picard, Paris, 1979.
93 Henri Delporte, Anm. 92
94 Luce Passemard, Les Statuettes paléolithiques dites «Vénus stéatopyges»,Teissier, Nîmes, 1938.
95 Aleth Plénier, L'art de la grotte de Marsoulas, Travaux Institut d'art préhistorique, Toulouse, 1971.
96 Louis-René Nougier, Anm. 53
97 Aleth Plénier, Anm. 95
98 Aleth Plénier, Anm. 95
99 Henri Breuil, Quatre Cents Siècles d'art pariétal, Les Cavernes ornées de l'âge du renne, réalisation Fernand Windels, Montignac, Dordogne, 1952.
100 Louis-René Nougier, Anm. 53
101 Id., ibid.
102 Claude Barrière, Anm. 73
103 Max Sarradet, Font-de-Gaume en Périgord, Fanlac, Périgueux, 1969.
104 Romain Robert, Le Faon à l'oiseau, in «Bulletin Société préhistorique de l'Ariège», VIII, 1953.
105 Romain Robert, Georges Malvesin-Fabre/Louis-René Nougier, Sur l'existence possible d'une école d'art dans le magdalénien pyrénéen, Congrès des sociétés savantes, Toulouse, 1953.
106 Romain Robert, Georges Malvesin-Fabre, Louis-René Nougier, Anm. 105
107 Claude Barrière, Anm. 73
108 Louis-René Nougier/Romain Robert, Anm. 21
109 Maryse Lacourcelle, Les Représentations anthropomorphes dans l'art pariétal, 3e cycle, Toulouse, 1971.
110 Louis Bégouën, Robert Bégouën, Jean Clottes, Plaque de la grotte d'Enlène, in «Bulletin Société préhistorique de l'Ariège», XXXV, 1980.
111 Albert Ellis, Anm. 85
112 Henri Lhote, A la découverte des fresques du Tassili, Arthaud, Paris, 1958.
– Id, Vers d'autres Tassili, Arthaud, Paris, 1976.
113 Max Pol Fouchet, L'Art amoureux des Indes, Gallimard, Paris, 1967.

# BIBLIOGRAPHIE

## Weitere Werke von Louis-René Nougier


*La Préhistoire,* Collection «Religions du monde», essai de paléosociologie religieuse, Bloud et Gay, Paris 1964.
*La Femme dans la préhistoire,* in «Histoire mondiale de la femme», direction P. Grimal, Nouvelle Librairie de France 1965.
*Géographie préhistorique,* in «Encyclopédie de la Pléiade, géographie générale», NRF 1966.
*L'Art préhistorique,* Collection «Les Neuf Muses», PUF 1966.
*L'Économie préhistorique,* Collection «Que sais-je?», n° 1397, 1977.
*Rouffignac, la grotte aux cent mammouths,* Éditions du Périgord noir 1978.
*L'Economia preistorica,* Collection «Libri di base», Edizioni Riuniti Rom 1981.
*La Preistoria, vol.* 1 von «Storia universale dell'arte», UTET, Turin 1982.
*L'Aventure humaine de la préhistoire,* Hachette, 2. Auflage 1983.


## Ergänzende Übersichtswerke für den deutschsprachigen Leser

*Altsteinzeit allgemein*


François Bordes, Faustkeil und Mammut. Die Altsteinzeit. Kindlers Universitäts-Bibliothek, München 1962.
Hermann Müller-Karpe, Geschichte der Steinzeit. C. H. Beck, München 1974.


*Frühe Menschheitsgeschichte*


Donald Johansen/Maitland Edey, Lucy. Die Anfänge der Menschheit. Piper, München 1982.
André Leroi-Gourhan, Hand und Wort. Die Evolution von Technik, Sprache, Kunst. Suhrkamp, Frankfurt 1980.


*Kunst und Religion*


André Leroi-Gourhan, Die Religionen der Vorgeschichte. Edition Suhrkamp, Neue Folge, Bd. 73. Frankfurt a. M. 1981.
André Leroi-Gourhan, Prähistorische Kunst. Herder, Freiburg i. Br. 1971.
Herbert Kühn, Eiszeitkunst – Die Geschichte ihrer Erforschung. Musterschmidt, Göttingen 1965.
Hans-Georg Bandi/Johannes Maringer, Kunst der Eiszeit. Holbein, Basel 1952.
Mario Ruspoli, Lascaux – Heiligtum der Eiszeit. Herder, Freiburg i. Br. 1986.
Lascaux – Höhle der Eiszeit. Ausstellungskatalog. Zabern, Mainz 1982.
L'art des Cavernes. Atlas des grottes ornées paléolithiques françaises. Imprimerie nationale, Paris 1984.
Peter J. Ucko/Andrée Rosenfeld, Felsbildkunst im Paläolithikum. Kindlers Universitäts-Bibliothek. München 1967.
Hansjürgen Müller-Beck (Hrsg.), Die Anfänge der Kunst vor 30000 Jahren. Theiss, Stuttgart 1987.
Gerhard Bosinski, Die Kunst der Eiszeit in Deutschland und in der Schweiz. Habelt, Bonn 1982.